Medienbeteiligungen politischer Parteien

STUDIEN UND MATERIALIEN ZUM ÖFFENTLICHEN RECHT

Herausgegeben von Herbert Bethge

Band 43

PL ACADEMIC RESEARCH

Michael Winter

Medienbeteiligungen politischer Parteien

PL ACADEMIC RESEARCH

Bibliografische Information der Deutschen Nationalbibliothek
Die Deutsche Nationalbibliothek verzeichnet diese Publikation in der Deutschen Nationalbibliografie; detaillierte bibliografische Daten sind im Internet über http://dnb.d-nb.de abrufbar.

Zugl.: Passau, Univ., Diss., 2013

Gedruckt auf alterungsbeständigem, säurefreiem Papier.

D 739
ISSN 1433-1500
ISBN 978-3-631-64199-6 (Print)
E-ISBN 978-3-653-03466-0 (E-Book)
DOI 10.3726/978-3-653-03466-0

PL Academic Research ist ein Imprint der Peter Lang GmbH.
Peter Lang – Frankfurt am Main · Bern · Bruxelles · New York · Oxford · Warszawa · Wien

Diese Publikation wurde begutachtet.

www.peterlang.com

Vorwort

Die vorliegende Arbeit wurde im Sommersemester 2013 von der Juristischen Fakultät der Universität Passau als Dissertation angenommen. Rechtsprechung und Literatur befinden sich auf dem Stand von Januar 2012. Bis zu diesem Zeitpunkt konnten noch aktuelle Entwicklungen in der Gesetzgebung und auf Faktenebene berücksichtigt werden.

Es ist mir ein großes Anliegen, an dieser Stelle meinem verehrten Doktorvater, Herrn Professor Dr. Herbert Bethge, herzlich zu danken. Er hat die Arbeit in vorbildlicher Weise betreut und mich bei deren Erstellung stets unterstützt und gefördert. Sehr dankbar bin ich ihm auch für die zügige Erstellung des Erstgutachtens sowie für die Aufnahme der Studie in die vorliegende, von ihm herausgegebene Schriftenreihe. Vielmals danken möchte ich ihm schließlich auch dafür, dass ich als Wissenschaftlicher Mitarbeiter bei ihm in die akademische Lehre gehen durfte. Meine Zeit an seinem Lehrstuhl war fachlich sehr anspornend und persönlich überaus bereichernd.

Mein aufrichtiger Dank gilt ferner Herrn Professor Dr. Michael Schweitzer für die rasche Erstellung des Zweitgutachtens sowie der Hanns-Seidel-Stiftung für die Gewährung eines Promotionsstipendiums. Herrn Dr. Philipp S. Fischinger, LL.M., danke ich herzlich für die kritische Lektüre des Manuskripts sowie für wertvolle weiterführende Anregungen. Herrn Rechtsanwalt Professor Dr. Ernst Fricke, Mag. rer. publ., gebührt Dank für großzügige Dienstfreistellungen sowie für diverse Hinweise auf relevante Zeitungsartikel.

Sehr dankbar bin ich auch all jenen, die die Mühe des Korrekturlesens auf sich genommen haben. Besonders erwähnt seien insoweit meine Eltern, meine Schwester Sabine, mein Cousin Bernd, Frau Redakteurin Stephanie Thaler, Frau Rechtsanwältin Stefanie Meier sowie die Herren Rechtsanwälte Sebastian Günther, Dr. Christoph Kurzböck, LL.M., Dr. Cornelius Langer, Uwe Patrunky, Matthias Pauly, LL.M., Matthias Wilfurth, Herr Richter am Amtsgericht Hans-Christopher Theißen, Herr Regierungsrat Thomas Thaller und Herr Dipl.-Informatiker Josef Nürnberger. Auch den Herren studentischen Mitarbeitern Martin Fischer und Ralf Gengnagel schulde ich großen Dank für ihren unermüdlichen Einsatz.

Meine Eltern haben mich nicht nur bei der Endkorrektur des Manuskripts tatkräftig unterstützt. Ich danke ihnen von ganzem Herzen für ihre liebevolle und fürsorgliche Begleitung meiner gesamten Ausbildung sowie meiner Promotionszeit. Ihnen, meiner lieben Schwester sowie dem Andenken meiner Großmutter Maria Winter sei die Arbeit gewidmet.

Michael Winter
Regensburg, im Frühjahr 2014

Inhaltsverzeichnis

„Den Zeitungen fehlt es gerade noch, dass es bei ihnen zugeht wie beim ZDF – dass also die politischen Parteien glauben, sie könnten sich nicht nur den Chefredakteur beim ZDF, sondern auch noch den bei der taz aussuchen".

(*Heribert Prantl*, Eröffnungsrede zum Jahrestreffen des *netzwerk recherche* 2009)

Kapitel 1: Grundlagen

A. Der Anlass der Überlegungen

Politische Parteien unterschiedlicher Couleur agieren in Deutschland auch als Medienunternehmer[1]. Von einer breiten Öffentlichkeit noch immer unbemerkt[2], verfügen sie über zum Teil beträchtliche Unternehmensbeteiligungen in den Bereichen Presse, Rundfunk und Telemedien. Sie sind auf diese Weise strukturell mit – im weitesten Sinne – neutralen Medien gekoppelt[3], also solchen, die „sich nicht als Artikulationsorgan einer spezifischen Partei oder eines spezifischen Verbands verstehen"[4] und auch nicht als ein solches firmieren[5]. Medien dieser Art berichten zwar keineswegs stets objektiv; sie weisen durchaus auch eine spezifische Grundhaltung auf[6]. Im Unterschied zur klassischen Parteipresse[7] sind sie aber – und das wird in der verfassungsrechtlichen Diskussion oft verkannt – *nicht* „bewusst und offiziell parteiisch"[8]. Als Beispiele für „Mainstreammedien"[9] in diesem Sinn seien an dieser Stelle die *Frankfurter Rundschau*, die *taz* und die *Hannoversche Allgemeine Zeitung* genannt. Diese Auswahl ist keineswegs willkürlich; sie ist allein dem Umstand geschuldet, dass an den Verlagen der entsprechenden Blätter politische Parteien beteiligt sind.

---

1 Vgl. BVerfGE 121, 30 ff.; Nds. StGH, LVerfGE 16, 377 ff.; *Scholz*, Deutschland – in guter Verfassung?, 2004, S. 136; *Schmitt Glaeser*, Der freiheitliche Staat des Grundgesetzes, 2008, S. 186 f.; *Kotzur*, VVDStRL Heft 69 (2010), S. 213.

2 Kritisch bereits *Scholz*, Deutschland – in guter Verfassung?, 2004, S. 136.

3 Wendung nach *Shirvani*, Das Parteienrecht und der Strukturwandel im Parteiensystem, 2010, S. 186. Von „Verflechtung" spricht *Paal*, Medienvielfalt und Wettbewerbsrecht, 2010, S. 23 Fn. 61.

4 *Strohmeier*, Politik und Massenmedien, 2004, S. 34.

5 *Hans H. Klein*, Festschrift für Hartmut Maurer, 2001, S. 195.

6 So (im Blick auf Zeitungen) *Strohmeier*, Politik und Massenmedien, 2004, S. 34.

7 Zu dieser *Dagtoglou*, Die Parteipresse, 1967, passim; *Reffken*, Politische Parteien und ihre Beteiligungen an Medienunternehmen, 2007, S. 51 ff.

8 *Strohmeier*, Politik und Massenmedien, 2004, S. 34.

9 Ausdruck nach *Haller*, in: Duve/Haller (Hrsg.), Leitbild Unabhängigkeit, 2004, S. 146.

B. Fragestellung und Gang der Untersuchung

I. Fragestellung

Die vorliegende Studie will auf verfassungsrechtlicher Ebene klären, ob „Medienbeteiligungen politischer Parteien", wie sie soeben angesprochen wurden, mit dem Grundgesetz vereinbar sind. Diese Frage wurde verfassungsrechtlich bislang nur selten breiter untersucht. Im Mittelpunkt der Urteile und Abhandlungen zum Thema der Medienbeteiligungen von Parteien steht regelmäßig allein oder doch zumindest primär die Frage, ob und ggf. wie weit solche Beteiligungen *einfachgesetzlich* beschränkt werden dürfen[10]. Die damit zusammenhängenden Fragen werden ebenso breit wie kontrovers diskutiert, wohingegen die für eine Demokratie keineswegs unbedeutende Grundsatzfrage, *ob* sich politische Parteien überhaupt medienunternehmerisch betätigten dürfen[11], oftmals nicht oder jedenfalls nicht näher beleuchtet wird.

II. Gang der Untersuchung

Die vorliegende Untersuchung ist in sechs Kapitel gegliedert. Auf die einleitenden Bemerkungen in diesem Kapitel, in welchem es noch für die Untersuchung wichtige Begriffe zu klären und die verfassungsrechtliche Problematik näher zu entfalten gilt, folgt eine Bestandsaufnahme zum Medienanteilseigentum von

---

10 BVerfGE 121, 30 ff.; Nds. StGH, LVerfGE 16, 377 ff.; wegen eines Überblicks zum Meinungsstand in der Literatur: *Kersjes*, Medienbeteiligungen politischer Parteien, 2009, S. 322 f.; Darstellungen zu den *einfachgesetzlichen* Regelungen die Medienbeteiligungen von politischen Parteien betreffend bei *Bornemann/v. Coelln/Hepach/Himmelsbach/Lörz* (Hrsg.), BayMG, Loseblatt, Stand Oktober 2011, Art. 24 Rdnrn. 48 ff.; *Dietlein*, in: Stern, Staatsrecht IV/2, 2011, § 114 V 2 g β, S. 93 ff.; *Ahmed*, Begrenzung politischer Parteien im Rundfunk, 2011, S. 35 ff.; *Paul*, Die Rundfunkbeteiligungen politischer Parteien, 2010, S. 41 ff.; *Kersjes*, Medienbeteiligungen politischer Parteien, 2009, S. 67 ff., 306 ff.; *Cordes*, Medienbeteiligungen politischer Parteien, 2009, S. 78 ff.; *Reffken*, Politische Parteien und ihre Beteiligungen an Medienunternehmen, 2007, S. 160 ff.

11 Zu dieser *Reffken*, Politische Parteien und ihre Beteiligungen an Medienunternehmen, 2007, S. 231; *Möstl*, Orientierungen zur Wirtschafts- und Gesellschaftspolitik 101 (3/2004), S. 74; *Morlok*, in: ders./v. Alemann/Streit (Hrsg.), Medienbeteiligungen politischer Parteien, 2004, S. 10; *Kremer*, Frankfurter Allgemeine Zeitung v. 21.2.2002, Nr. 44, S. 11.

politischen Parteien in der Bundesrepublik Deutschland (Kapitel 2). Nicht zuletzt vor dem Hintergrund, dass zum Thema der Medienbeteiligungen von Parteien zwei verfassungsgerichtliche Entscheidungen jüngeren Datums (BVerfGE 121, 30 ff.; Nds. StGH, LVerfGE 16, 377 ff.) sowie zahlreiche Stellungnahmen aus der Wissenschaft vorliegen, schließt sich hieran eine überblicksartige Darstellung des Meinungs- und Forschungsstandes zu der hier interessierenden Frage an (Kapitel 3). Dabei wird sich erweisen, dass die zu klärende Frage weit umstrittener ist als gemeinhin angenommen. Auf dem so bereiteten Boden erfolgt dann zunächst die Erörterung des Problems, ob sich die politischen Parteien von Verfassungs wegen überhaupt erwerbswirtschaftlich betätigen dürfen (Kapitel 4). Diese Frage ist insofern von zentralem Interesse, als der Erwerb von Medienbeteiligungen genau in diesem Bereich angesiedelt ist.

Sodann wird in Kapitel 5 das Problem zu untersuchen sein, ob Medienbeteiligungen von politischen Parteien mit dem Verfassungsgrundsatz der Freiheitlichkeit der politischen Willensbildung vereinbar sind. Gleichsam einleitend gilt es dabei zunächst, das Einflusspotential von Medienbeteiligungen von Parteien auf die redaktionellen Inhalte darzustellen, sowie des Weiteren darzulegen, dass dieses auch praktisch relevant ist. Dieser Schritt ist dem Umstand geschuldet, dass Medienbeteiligungen von politischen Parteien oft keineswegs als Instrumente der Einflussnahme auf die öffentliche Meinung angesehen werden, sondern als allein erwerbswirtschaftlich motivierte Kapitalbeteiligungen und damit als ein bloßes Mittel der Parteienfinanzierung. Im Anschluss daran erfolgt eine Auseinandersetzung mit der populären These, es bestehe – zumindest partiell – eine verfassungsrechtlich relevante Inkompatibilität der Funktionen von Parteien und Medien. Ebenfalls unter der Chiffre der Freiheitlichkeit der politischen Willensbildung soll sodann der Blick auf die Frage gelenkt werden, ob Medienbeteiligungen von politischen Parteien mit der verfassungsgebotenen Staatsfreiheit der Medien sowie – im Blick speziell auf den Rundfunk – mit dessen verfassungsgebotener Überparteilichkeit in Einklang stehen. Da sich ein „so vielschichtiges und vielgliedriges Phänomen wie die Massenkommunikation […] nicht erschöpfend von *einer* Seite her wissenschaftlich bewältigen“ lässt[12], werden stets und insbesondere in Kapitel 5 immer wieder auch die Forschungserträge aus anderen Wissenschaftsdisziplinen zu berücksichtigen sein. Dies gilt vor allem im Blick auf jene der Medienwirkungsforschung[13].

---

12 *Maletzke*, Psychologie der Massenkommunikation, 1963, S. 13. Vgl. auch *Isensee/ Axer*, Jugendschutz im Fernsehen, 1998, S. 34 ff.

13 So *Hans H. Klein*, Diskussionsbeitrag, in: Morlok/v. Alemann/Streit (Hrsg.), Medienbeteiligungen politischer Parteien, 2004, S. 100, sowie *E. Noelle*, Schriftliche

Die Untersuchung schließt mit Kapitel 6, in welchem die wesentlichen Ergebnisse zusammengefasst werden.

C. Begriffsbestimmungen

I. Medien

1. Einleitung

Nicht zuletzt vor dem Hintergrund des Befundes, dass der Innovationsschub in wohl keinem anderen Bereich der jüngeren Zeit „derart groß und umfassend" sein dürfte wie auf dem Feld von Information und Kommunikation[14] und wir uns „mitten in einer neuen Medientransformation" befinden[15], gilt es zunächst, den Terminus „Medien" zu konturieren.

Der Begriff „Medien" ist kein Rechtsbegriff. Er geht auf das lateinische Adjektiv „*medius*" zurück[16] und findet im alltäglichen Sprachgebrauch Verwendung als „Sammelbegriff für die verschiedenen aktuellen Massenmedien"[17]. In eben diesem Sinne soll er auch in der vorliegenden Studie Anwendung finden.

Auskunft zum Thema der Medienbeteiligungen von politischen Parteien v. 4.11.2005. Zur interdisziplinären Wirkung der Jurisprudenz auf allgemeiner Ebene: *Bethge,* in: Geiss/Wortmann/Zuber (Hrsg.), Nachhaltige Entwicklung – Strategie für das 21. Jahrhundert?, 2003, S. 169, sowie *Hoffmann-Riem,* Festschrift für Thomas Raiser, 2005, S. 515 ff.

14 *Hoffmann-Riem,* in: Eifert/Hoffmann-Riem (Hrsg.), Innovation, Recht und öffentliche Kommunikation, Innovation und Recht Bd. IV, 2011, S. 14; vgl. auch *Wolling/Will/Schumann* (Hrsg.), Medieninnovationen, 2011, passim; s. ferner *Holznagel/Schumacher*, MIND – Co:llaboratory Discussion Paper Series No. 1 (2011), S. 19, sowie *Wandtke*, in: ders. (Hrsg.), Medienrecht I, 2. Aufl., 2011, Kap. 1, § 1 Rdnrn. 68 ff.

15 *Hömberg*, in: BayernForum der Friedrich Ebert-Stiftung (Hrsg.), Medien und Politik, 2010, S. 15; in diesem Sinne (in seiner Antrittsvorlesung an der Universität Bielefeld) auch *Prantl*, Blätter für deutsche und internationale Politik 6/2010, S. 92; s. ferner *Bethge*, HStR IX, 3. Aufl., 2011, § 203 Rdnr. 90; *v. Coelln*, in: Institut für interdisziplinäre Medienforschung (Hrsg.), Medien und Wandel, 2011, S. 210 ff.; *Vesting*, BLM-Symposion Medienrecht 2011, 2011, S. 21. Vgl. auch *H. Schmidt*, in: ders./F. Stern, Unser Jahrhundert, 2010, S. 116. Einen Blick in die Medienzukunft wagt *Jäckel*, Medienwirkungen, 5. Aufl., 2011, S. 349 ff.

16 *v. Coelln*, Zur Medienöffentlichkeit der Dritten Gewalt, 2005, S. 16.

17 *K. Meier*, Journalistik, 2. Aufl., 2011, S. 121; zum Begriff speziell der „Massenmedien" vgl. *Sjurts* (Hrsg.), Gabler Lexikon Medienwirtschaft, 2. Aufl., 2011, Stichwort „Massenmedium", S. 371; *Kloepfer*, HStR III, 3. Aufl., 2005, § 42 Rdnr. 7.

2. Presse und Rundfunk

Im Einzelnen soll sich der Begriff der Medien dabei zunächst auf die (klassische) Presse – wie sie aus der (periodischen) Zeitungs- und Zeitschriftenpresse besteht[18] – sowie auf den (klassischen) Rundfunk, dem Hörfunk und Fernsehen unterfallen[19], beziehen. Das dritte „traditionelle"[20] Massenmedium, der Film, soll hingegen nicht erfasst sein. Dies ist deshalb gerechtfertigt, weil diesem Medium heute kaum mehr Bedeutung für die Bildung der öffentlichen Meinung zukommt[21]. Im Übrigen ist, soweit ersichtlich, kein Fall überliefert, in dem heute eine politische Partei in der Filmwirtschaft aktiv wäre.

3. Telemedien mit journalistisch-redaktionell gestalteten Angeboten i.S.d. § 54 Abs. 2 S. 1 RStV

a) Telemedien mit journalistisch-redaktionell gestalteten Angeboten

Dem Medienbegriff der vorliegenden Studie sollen ferner die Telemedien mit journalistisch-redaktionell gestalteten Angeboten (vgl. § 54 Abs. 2 S. 1 RStV[22])

---

18 *Reffken*, Politische Parteien und ihre Beteiligungen an Medienunternehmen, 2007, S. 39. Der verfassungsrechtliche Pressebegriff i.S.d. Art. 5 Abs. 1 S. 2 GG reicht weiter. Er ist weit und formal zu verstehen (vgl. BVerfGE 34, 269 [283]; 66, 116 [134]; *Bethge*, in: Sachs [Hrsg.], GG, 6. Aufl., 2011, Art. 5 Rdnr. 68; *Kloepfer*, Verfassungsrecht II, 2010, § 61 Rdnr. 53). S. auch *Schwetzler*, Persönlichkeitsschutz durch Presseselbstkontrolle, 2005, S. 96; *Ladeur*, in: Paschke/Berlit/Meyer (Hrsg.), Hamburger Kommentar – Gesamtes Medienrecht, 2. Aufl., 2012, 1. Teil, Kap. 3, 4. Abschn., Rdnr. 18.

19 *Herrmann/Lausen*, Rundfunkrecht, 2. Aufl., 2004, § 2 Rdnr. 12.

20 Begriffsverwendung nach *Eifert/Hoffmann-Riem*, in: Schulte/Schröder (Hrsg.), Handbuch des Technikrechts, 2. Aufl., 2010, S. 678.

21 *v. Coelln*, in: Stern/Peifer/Hain (Hrsg.), Publizistischer und ökonomischer Wettbewerb unter den Bedingungen der neuen Medienwelt, 2010, S. 37.

22 Telemedien sind gem. § 1 Abs. 1 S. 1 TMG „alle elektronischen Informations- und Kommunikationsdienste, soweit sie nicht Telekommunikationsdienste nach § 3 Nr. 24 des Telekommunikationsgesetzes, die ganz in der Übertragung von Signalen über Telekommunikationsnetze bestehen, telekommunikationsgestützte Dienste nach § 3 Nr. 25 des Telekommunikationsgesetzes oder Rundfunk nach § 2 des Rundfunkstaatsvertrages sind" (vgl. hierzu auch *Holznagel/Nolden*, in: Hoeren/Sieber [Hrsg.], Handbuch Multimedia-Recht, Loseblatt, Stand August 2011, Teil 5, Rdnr. 82). Soweit im Folgenden von „Telemedien" gesprochen wird, sind stets solche mit journalistisch-redaktionell gestalteten Angeboten i.S.v. § 54 Abs. 2 S. 1 RStV gemeint.

unterfallen[23]. Von diesen werden insbesondere die Online-Versionen von Zeitungen und Zeitschriften erfasst[24].

b) Zur heutigen Bedeutung der Internetkommunikation

Die Einbeziehung der Telemedien mit journalistisch-redaktionell gestalteten Angeboten als „Neuen Medien“[25] ist deshalb geboten, weil sich im gesellschaftlichen Leben in den letzten Jahren „mit dem Internet ein neues Medium einen weitgehend gleichberechtigten Platz neben den traditionellen Medien erkämpft [hat] – mit Potential zum weiteren Ausbau der Stellung“[26]. Es ist abzusehen, dass die schon heute weit verbreiteten Smartphones und Tabletcomputer sowie ähnliche Neuerungen dafür sorgen werden, „dass das Internet auch mobil von einem rasant wachsenden Teil der Bevölkerung genutzt wird und die mobile Nutzung zum gesellschaftlichen Standard avanciert“[27].

Gewiss ist nicht zu übersehen, dass das wichtigste Medium für die Informations- und Meinungsbildung – wie die BLM-Studie „Relevanz der Medien für die Meinungsbildung 2011“ belegt – nach wie vor das Fernsehen ist[28].

---

23 Wie hier *Dietlein*, in: Stern, Staatsrecht IV/2, 2011, § 114 VIII 2 c δ, S. 133, der insoweit von „Online-Medien“ spricht. Vgl. auch *Kube*, HStR IV, 3. Aufl., 2006, § 91 Rdnr. 77; *Kohler*, Politikfinanzierung, 2010, S. 288. Kritikwürdig erscheint vor diesem Hintergrund, dass *Kersjes* die Neuen Medien „höchstens am Rande“ thematisiert (vgl. *dies.*, Medienbeteiligungen politischer Parteien, 2009, S. 55 f.). Dies gilt umso mehr, als die Autorin die zentrale Bedeutung dieser Medien für die „Herausbildung der öffentlichen Meinung“ an anderer Stelle ihrer Studie selbst hervorhebt (*Kersjes*, a.a.O., S. 214).

24 Vgl. *Ory*, in: Wandtke (Hrsg.), Medienrecht IV, 2. Aufl., 2011, Teil 1, Kap. 1, § 1 Rdnr. 55.

25 Der Begriff „Neue Medien“ (kritisch: *Beater*, Medienrecht, 2007, II. Teil, § 5 Rdnr. 269) ist ein „globaler Schlüsselbegriff für die Gesamtheit der Neuerungen im Bereich der Kommunikationstechniken“ (vgl. *Bethge*, in: Fuhr/Rudolf/Wasserburg [Hrsg.], Recht der Neuen Medien, 1989, S. 74). Zur Verfassungsrelevanz des Begriffs vgl. bereits *Tettinger*, Neue Medien und Verfassungsrecht, 1980, passim.

26 *Dietlein*, in: Stern, Staatsrecht IV/2, 2011, § 114 V 2 h, S. 99; vgl. auch *Degenhart*, CR 2011, 231 ff., sowie *Baer*, Blätter für deutsche und internationale Politik 1/2011, S. 90 ff. S. auch bereits *Grimm*, in: Heun/Honecker/Morlok/Wieland (Hrsg.), Evangelisches Staatslexikon, Neuausgabe 2006, Stichwort „Medien“, Sp. 1504 ff.

27 *Gersdorf*, AfP 2011, 209; vgl. auch *K. Meier*, Journalistik, 2. Aufl., 2011, S. 154.

28 *Ecke*, BLM-Studie „Relevanz der Medien für die Meinungsbildung“, 2011, S. 33, abrufbar unter <http://www.blm.de/apps/documentbase/data/pdf1/Medienkonzentration.pdf> [letzter Abruf 5.1.2012].

Das spricht dafür, dass sich zumindest insoweit das *Riepl'sche* Gesetz[29] bewahrheitet, demzufolge neu aufkommende Medien die alten nicht verdrängen, sondern nur ergänzen[30]. Allerdings kommt nach dem „Smartphone“ nun auch das „Smart-TV“ mehr und mehr in Mode, wie es sich durch „Internet-Zugang, Apps und [die] Einladung zu interaktiver Selbstbestimmung“ auszeichnet[31]. Vor diesem Hintergrund erscheint nicht ausgeschlossen, dass Fernseher ihrem ursprünglichen Zweck – ähnlich wie die Smartphones, die nur mehr *auch* zum Telefonieren verwendet werden, in der Hauptsache aber kleine Mobilcomputer sind – künftig lediglich noch „nebenher“ dienen[32]. Wir befinden uns gerade auch insofern „an einer Schwelle“[33]; möglicherweise sind lineare Angebote[34] schon

29 *Riepl*, Das Nachrichtenwesen des Altertums, 1913, S. 5.

30 *Marschall*, Das politische System Deutschlands, 2. Aufl., 2011, S. 94; *H. M. Kepplinger*, in: Faulbaum/Wolf (Hrsg.), Gesellschaftliche Entwicklungen im Spiegel der empirischen Sozialforschung, 2010, S. 135 f. Deutlich zurückhaltender: *K. Meier*, Journalistik, 2. Aufl., 2011, S. 77.

31 *Tunze*, Frankfurter Allgemeine Zeitung v. 6.9.2011, Nr. 207, S. T 1; angesprochen ist insoweit vor allem das sog. Hybridfernsehen. Dieses bringt „die Internetinhalte auf den Fernseher“ (*Michel*, ZUM 2011, 450). Vgl. hierzu auch die Beiträge von *v. Coelln* und *Müller-Terpitz/Rauchhaus*, in: Institut für interdisziplinäre Medienforschung (Hrsg.), Medien und Wandel, 2011, S. 209 ff./309 ff.; s. ferner *die medienanstalten – ALM GbR* (Hrsg.), Digitalisierungsbericht 2011: Offen, neutral, hybrid – die neue (Un-) Ordnung der Medien, 2011, passim, sowie *Frenkel*, Stuttgarter Zeitung v. 25.10.2011, Nr. 247, S. 27 (Bericht über die 25. Medientage München).

32 So *Tunze*, Frankfurter Allgemeine Zeitung v. 6.9.2011, Nr. 207, S. T 1.

33 *v. Coelln*, BLM-Symposion Medienrecht 2010, 2011, S. 43.

34 Der Rundfunk wird in § 2 Abs. 1 S. 1 RStV seit dem 1.7.2009 (einfachgesetzlich) definiert als „ein *linearer* Informations- und Kommunikationsdienst; er ist die für die Allgemeinheit und zum zeitgleichen Empfang bestimmte Veranstaltung und Verbreitung von Angeboten in Bewegtbild oder Ton entlang eines Sendeplans unter Benutzung elektromagnetischer Schwingungen“ (Hervorhebung nur hier). Mit dieser neuen Begrifflichkeit (zu dieser: *Heckmann*, in: ders. [Hrsg.], jurisPK-Internetrecht, 3. Aufl., 2011, Kap. 1, Rdnrn. 47 ff.) sollen die Vorgaben der Richtlinie über audiovisuelle Mediendienste (AVMD-Richtlinie, Richtlinie 2007/65/EG des Europäischen Parlaments und des Rates v. 11.12.2007, ABl. L 332 v. 18.12.2007, S. 27 ff.) erfüllt werden (vgl. *v. Coelln*, BLM-Symposion Medienrecht 2010, 2011, S. 40; s. auch *Gersdorf*, in: Gundel/Heermann/Leible [Hrsg.], Konvergenz der Medien – Konvergenz des Rechts?, 2009, S. 31 ff.). Zu den medienrechtlichen Veränderungen, die die AVMD-Richtlinie mit sich gebracht hat, vgl. den Überblick bei *Stender-Vorwachs*, JöR n.F. Bd. 58 (2010), S. 235 ff.

bald nicht mehr „potentiell wirkmächtiger und bedeutsamer für die Meinungsbildung […] als Abrufangebote“[35].

Nicht außer Betracht bleiben darf ferner, dass das Internet das Medium mit den höchsten Wachstumsraten ist[36]. Ausweislich der ARD/ZDF-Onlinestudie für das Jahr 2011 hat die Zahl der Internetnutzer in Deutschland binnen eines Jahres um 2,7 Millionen Personen zugenommen. Besonders auffällig ist dabei, dass der Zuwachs vor allem auf die Gruppe der ab 60-Jährigen zurückgeht. Innerhalb dieser sind heute bereits 34,5 Prozent Nutzer des Internets[37]. Insgesamt nutzen mittlerweile rund 52 Millionen Menschen in Deutschland das Internet[38]. Das sind mehr als je zuvor[39]. Der genannten BLM-Studie zufolge hat für die 14- bis 29-Jährigen und die besser Gebildeten das Internet heute sogar bereits das größte Gewicht für die Meinungsbildung[40].

c) Zur heutigen Bedeutung von Presse und öffentlich-rechtlichem Rundfunk

Mit diesen Befunden korreliert ein spürbarer Bedeutungsrückgang der klassischen Presse. In der Gruppe der 14- bis 29-Jährigen gehörte 2010 nur mehr jeder Vierte zu den täglichen Zeitungslesern (gegenüber 36 Prozent im Jahr 2000)[41]. Das liegt auch daran, dass es Jugendlichen und jungen Erwachsenen „stark an Bewusstsein für spezifische – journalistische – Qualitäten der Zeitung“ fehlt[42].

---

35 *v. Coelln*, BLM-Symposion Medienrecht 2010, 2011, S. 43; vgl. auch *Frenkel*, Stuttgarter Zeitung v. 25.10.2011, Nr. 247, S. 27. Kritisch: *Hasebrink*, im Interview mit o.V., pro media 12/2011, 24.

36 *K. Meier*, Journalistik, 2. Aufl., 2011, S. 154.

37 *van Eimeren/Frees*, MP 2011, 347.

38 *van Eimeren/Frees*, a.a.O.

39 *van Eimeren/Frees*, a.a.O.

40 *Ecke*, BLM-Studie „Relevanz der Medien für die Meinungsbildung“, 2011, S. 33, abrufbar unter <http://www.blm.de/apps/documentbase/data/pdf1/Medienkonzentration.pdf> [letzter Abruf 5.1.2012]; s. auch *Köcher*, Frankfurter Allgemeine Zeitung v. 17.8.2011, Nr. 190, S. 5; zur Meinungsbildung im Internet auf grundsätzlicher Ebene: *Holznagel*, NordÖR 2011, 205 ff.

41 *van Eimeren/Ridder*, MP, 2011, 9.

42 *Arnold*, Qualitätsjournalismus, 2009, S. 482; zum entsprechenden Problem bei politischen Sendungen im Rundfunk vgl. den Intendanten des Bayerischen Rundfunks, *Ulrich Wilhelm*, im Interview mit di Lorenzo, DIE ZEIT v. 1.9.2011, Nr. 36, S. 11. S. zum Ganzen auch *K.-D. Altmeppen*, Journalism Studies, Vol. 11 (No. 4), 2010, 567 ff. Plädoyers für Qualität im Online-Journalismus finden sich bei *Goderbauer-Marchner*, in: Hohlfeld/Müller/Richter/Zacher, Crossmedia – Wer bleibt auf der Strecke?, 2010, S. 70 ff., und *Prantl*, Blätter für deutsche und internationale Politik 6/2010, S. 91 f.

Damit droht der Presse dauerhaft das Schicksal, das der Film schon vor langer Zeit erleiden musste, nämlich ein erheblicher Verlust an Bedeutung für die Bildung der öffentlichen Meinung[43]. Für den Eintritt dieses Szenarios sprechen auch die Ergebnisse der ARD/ZDF-Langzeitstudie Massenkommunikation 2010, derzufolge der Reichweitenrückgang im Bereich der Tageszeitungen anhält[44]. Demnach griffen im Jahr 2010 nur mehr 44 Prozent der Deutschen täglich zur Zeitung (gegenüber 51 Prozent noch im Jahr 2005)[45]. Die Verlagsbranche befindet sich in der Krise[46]. Den Regionalzeitungen wird bereits „chronische Schwindsucht" attestiert[47].

Ob die Presse in ihrer tradierten Form eine Zukunft hat, ist vor diesem Hintergrund nicht gewiss. Während etwa *Helmut Thoma* die Zeitungen bereits am Absterben[48] sieht, vertritt der Soziologe *Todd Gitlin* die Ansicht, die Zeitungen würden lediglich wieder ein „Elite-Phänomen" werden[49]. Er prognostiziert:

---

43 *v. Coelln*, in: Stern/Peifer/Hain (Hrsg.), Publizistischer und ökonomischer Wettbewerb unter den Bedingungen der neuen Medienwelt, 2010, S. 37; vgl. auch *Bullinger*, AfP-Sonderheft 2007, 21 ff.; andere Tendenz bei *H. M. Kepplinger*, in: Faulbaum/Wolf (Hrsg.), Gesellschaftliche Entwicklungen im Spiegel der empirischen Sozialforschung, 2010, S. 135 f.

44 *van Eimeren/Ridder*, MP 2011, 9; vgl. auch *Schwartmann*, Die Beteiligung von Presseunternehmen am Rundfunk, 2010, S. 7 f.; *Holznagel*, VVDStRL Heft 68 (2009), S. 406.

45 *van Eimeren/Ridder*, MP 2011, 9. Auch weltweit betrachtet ist die Auflage im Jahr 2010 gesunken, und zwar um rund zwei Prozent (vgl. *Riehl*, Süddeutsche Zeitung v. 18.10.2011, Nr. 240, S. 15).

46 Vgl. dazu *Deutsche Druck- und Verlagsgesellschaft mbH* (Hrsg.), Geschäftsbericht 2010, S. 6 ff.; *G. Grass*, Süddeutsche Zeitung v. 4.7.2011, Nr. 151, S. 11; *J. Habermas*, Süddeutsche Zeitung v. 16./17.5.2007, Nr. 112, S. 13. Eine jüngere Studie des Verbands Deutscher Zeitschriftenverleger (VDZ) zeigt allerdings, dass viele iPad-Nutzer bereit sind, für digitale Zeitschriften zu zahlen (vgl. *o.V.*, Frankfurter Allgemeine Zeitung v. 20.9.2011, Nr. 219, S. 21). Zur heute (noch) vorherrschenden „Gratiskultur" im Internet vgl. BSG, Urteil v. 21.7.2011 – B 3 KS 5/10 R, BeckRS 2011, 76500; *Vesting*, BLM-Symposion Medienrecht 2011, 2011, S. 43; *Holznagel*, VVDStRL Heft 68 (2009), S. 407. Vgl. in diesem Kontext auch die aktuelle Debatte um die Statuierung eines Leistungsschutzrechts für Presseverleger (hierzu: *Tieschky*, Süddeutsche Zeitung v. 19./20.11.2011, Nr. 267, S. 23, sowie *D. Frey*, MMR 2010, 291 ff.).

47 *Beck*, Süddeutsche Zeitung v. 11./12./13.6.2011, Nr. 134, S. 20.

48 *H. Thoma*, im Interview mit Winkler, Süddeutsche Zeitung v. 17./18.4.2010, Nr. 88, S. V2/8; auf der nämlichen Linie *Meyer*, The Vanishing Newspaper, 2006. Zum Ganzen ferner *Riehl*, Süddeutsche Zeitung v. 18.10.2011, Nr. 240, S. 15.

49 *Gitlin*, im Gespräch mit Grimberg, taz v. 18.6.2011, Nr. 9523, S. 39.

„Shopping for news will be like shopping for socks – some like it cheap, some want high profile brands"[50]. Dennoch assoziiert auch er mit Zeitungsverlagen heute bereits „dinosaur organisations"[51]. Auch für *Jeff Jarvis* ist es „ein Nachteil", Druckerpressen zu besitzen[52].

Nicht außer Betracht bleiben darf aber, dass sich – weltweit gesehen – heute noch die Mehrheit der Menschen aus Zeitungen informiert[53]. Auch im arabischen Frühling kam nicht nur dem Internet eine bedeutsame Rolle zu[54], sondern auch der gedruckten Presse[55]. So konnte die in Ägypten erscheinende Zeitung *Al-Masry Al-Youm* Medienberichten zufolge im Jahr 2011 ein starkes Wachstum verzeichnen[56]. Dies weist darauf hin, dass die Menschen augenscheinlich Zeitungen brauchen, um die immense Nachrichtenfülle, die das Internet bietet, zu bündeln[57].

Insoweit ist eine Parallele zur Bedeutung des öffentlich-rechtlichen Rundfunks unverkennbar. Denn dessen Aufgabe besteht heute zentral (auch) darin, *„die* Informationsquelle zu sein, die Gewähr für Objektivität und Binnenpluralität bietet, weil sie weder dem Staat noch einer gesellschaftlichen Gruppe noch den Anzeigen- und Werbekunden ausgeliefert ist"[58]. Es trifft zu, dass die „Besonderheit des öffentlich-rechtlichen Rundfunks [...] nicht nur darin [besteht], *überhaupt* die Vielfalt der gesellschaftlichen Meinungen zu präsentieren, sondern auch darin, sie

50 *Gitlin*, a.a.O.

51 So (jedenfalls im Blick auf die Verlagsbranche der USA) *Gitlin*, a.a.O.

52 *Jarvis*, Süddeutsche Zeitung Magazin 19/2009 v. 8.5.2009, S. 10 ff.

53 *Riehl*, Süddeutsche Zeitung v. 18.10.2011, Nr. 240, S. 15.

54 Vgl. dazu etwa *Neuberger*, tendenz 2/2011, 13.

55 *F. Augstein*, Süddeutsche Zeitung v. 10./11.9.2011, Nr. 209, S. 23 (Bericht über das Sanssouci Colloquium 2011, das sich dem Thema „Globale Demokratie: Ein Triumph der sozialen Netzwerke?" widmete).

56 *F. Augstein*, a.a.O.

57 *F. Augstein*, a.a.O.; für eine fortbestehende Bedeutung der Presse auch *Holznagel*, MMR 2011, 304, sowie *Di Fabio*, Rede beim Festakt 200 Jahre Solinger Tageblatt, solinger-tageblatt.de v. 21.12.2009, „Ohne freie Presse gibt es keine Demokratie", abrufbar unter <http://www.solinger-tageblatt.de/Home/Solingen/Ohne-freie-Presse-gibt-es-keine-Demokratie-d1a2b4a0-ed9d-46ed-a2dd-b80186f14187-ds> [letzter Abruf 5.1.2012].

58 So richtig: *Papier/Schröder*, Verfassungsfragen des Dreistufentests, 2011, S. 76 (unter Bezugnahme auf die st. Rspr. des Bundesverfassungsgerichts seit BVerfGE 12, 205 [262]). Vgl. auch *Holznagel*, VVDStRL Heft 68 (2009), S. 407. Zum Problem der „extremen Zerstreuung der Aufmerksamkeit" im Internet: *Vesting*, BLM-Symposion Medienrecht 2011, 2011, S. 43.

konzentriert zu präsentieren“[59]. Es liegt auf dieser Linie, dass sich der öffentlich-rechtliche Rundfunkauftrag[60] – so angefochten das auch sein mag[61] – auch auf das Internet erstreckt[62]. „Es gilt auch im Internet qualitative Orientierung zu geben“[63].

II. Unternehmen

1. Allgemein

Ein weiterer zentraler Begriff der vorliegenden Untersuchung ist jener des Unternehmens. Insoweit gilt es zunächst zu konstatieren, dass die Definition des Unternehmensbegriffs nicht nur in der Wirtschafts-, sondern auch in der

---

59 *Papier/Schröder*, Verfassungsfragen des Dreistufentests, 2011, S. 76; kritisch: *Fink*, Medienrechtliches Kolloquium zum 75. Geburtstag von Hartmut Schiedermair, 2011, S. 145 ff.; *Müller-Terpitz*, AfP 2008, 340.

60 Zu diesem: BVerfGE 83, 238 (298); *A. Hesse*, Rundfunkrecht, 3. Aufl., 2003, Kap. 4 Rdnrn. 4 ff.; *Paal*, Medienvielfalt und Wettbewerbsrecht, 2010, S. 346 ff.; *Winter*, SpuRt 2004, 99.

61 *Degenhart*, in: Kloepfer (Hrsg.), Netzneutralität in der Informationsgesellschaft, 2011, S. 79 f.; *ders.*, CR 2011, 237; *Gersdorf*, Legitimation und Limitierung von Onlineangeboten des öffentlich-rechtlichen Rundfunks, 2009, S. 107 ff.; vgl. auch *Müller-Terpitz*, in: Menzel/Müller-Terpitz (Hrsg.), Verfassungsrechtsprechung, 2. Aufl., 2011, Artikel „BVerfGE 119, 181 – ‚Rundfunkgebühren II‘“, S. 845.

62 *Papier/Schröder*, Verfassungsfragen des Dreistufentests, 2011, S. 77; *Hans H. Klein*, Frankfurter Allgemeine Zeitung v. 17.12.2009, Nr. 293, S. 8; *Eberle*, in: Stern/Prütting/Peifer, Neue Mediendienste und öffentlich-rechtlicher Rundfunk, 2009, S. 87 (unter Bezugnahme auf BVerfG, AfP 2007, 457, Rdnrn. 116 ff. [BVerfGE 119, 181, 214 f.] sowie BVerfG, NVwZ 2008, 658, Rdnr. 91 [BVerfGE 121, 30, 51]). Auf BVerfGE 119, 181 ff. rekurriert auch BVerwG, MMR 2011, 261. S. zum Ganzen auch den aktuellen Streit um die *Tagesschau*-App. Gegen diese haben acht Zeitungsverleger im Juni 2011 Klage zum Landgericht Köln erhoben (Az.: 31 O 360/11; vgl. hierzu *Vesting*, BLM-Symposion Medienrecht 2011, 2011, S. 22). Das Gericht hat im Oktober 2011 einen Vergleich angeregt (*Busse*, Süddeutsche Zeitung v. 14.10.2011, Nr. 237, S. 15). Den sog. „Dreistufentest“ hatte die *Tagesschau*-App schon im Jahr 2010 bestanden (zu diesem Test § 11 f RStV sowie *Papier/Schröder*, Verfassungsfragen des Dreistufentests, 2011; *Peters*, Öffentlich-rechtliche Online-Angebote, 2010; *Hain*, Die zeitlichen und inhaltlichen Einschränkungen der Telemedienangebote von ARD, ZDF und Deutschlandradio nach dem 12. RÄndStV, 2009; *P. M. Huber*, ZUM 2010, 201 ff.; *Dörr*, Festschrift für Herbert Bethge, 2009, S. 463 ff.).

63 *Holznagel*, VVDStRL Heft 68 (2009), S. 407, unter Bezugnahme namentlich auf BVerfGE 121, 30 (51).

Rechtswissenschaft Gegenstand von Kontroversen ist[64]. Ein einheitlicher Rechtsbegriff des Unternehmens existiert nicht[65].

Für die Zwecke der vorliegenden Untersuchung soll der Begriff des „Unternehmens" mit dem Bundesarbeitsgericht verstanden werden als „eine organisatorische Einheit [...], innerhalb derer der Unternehmer allein oder in Gemeinschaft mit seinen Mitarbeitern unter Zuhilfenahme von sachlichen und immateriellen Mitteln einen wirtschaftlichen oder ideellen Zweck, der hinter dem arbeitstechnischen Zweck des Betriebes steht, fortgesetzt verfolgt"[66]. Dieser Begriff hat den Vorzug, dass er allgemein gehalten ist und sich nicht etwa auf einen bestimmten Sektor bezieht.

Zu betonen ist insoweit, dass die betreffende „organisatorische Einheit" selbst *keine* Rechtsfähigkeit besitzt. Rechtsfähigkeit genießt allein der *Unternehmensträger*. Dieser ist Inhaber des „Unternehmens" und „Zuordnungssubjekt aller Rechte, Geschäftswerte, Verpflichtungen und Belastungen"[67]. Technisch gesprochen sind Gegenstand der vorliegenden Untersuchung danach die Beteiligungen politischer Parteien an *Rechtsträgern* von Medienunternehmen[68]. Im Einklang mit der „etablierten Terminologie"[69] und aus Gründen der Einfachheit werden die Begriffe „Unternehmensträger" und „Unternehmen" im Folgenden aber als Synonyme zur Anwendung kommen[70].

2. Medienunternehmen

a) Unternehmen mit strategischem Fokus auf der Inhalte-Produktion

Vor dem Hintergrund der beschriebenen Schwierigkeiten bei der Bestimmung der Begriffe „Medien" und „Unternehmen" kann es nicht verwundern, dass auch der Begriff des „Medienunternehmens" näherer Betrachtung bedarf. Angelehnt an den Sprachgebrauch des Instituts für Medien- und Kommunikationspolitik sollen mit

64 Näher: *Kendziur*, Neue Wege für den Rechtsschutz Privater gegen die Wirtschaftstätigkeit der öffentlichen Hand, 2009, S. 33 ff.

65 *Hopt*, in: Baumbach/Hopt, HGB, 35. Aufl., 2012, Einl. v. § 1 Rdnr. 31 m.w.N.

66 BAG, NZA 1987, 594; *Richardi/Fischinger*, in: Staudinger, BGB, Dienstvertragsrecht I, Neubearbeitung 2011, Vorbem. 527 ff. zu §§ 611 ff.

67 *Reffken*, Politische Parteien und ihre Beteiligungen an Medienunternehmen, 2007, S. 43.

68 *Reffken*, a.a.O.; *Paul*, Die Rundfunkbeteiligungen politischer Parteien, 2010, S. 25.

69 *Paul*, a.a.O., S. 26.

70 Wie hier: *Paul*, a.a.O., S. 26.

ihm in der vorliegenden Untersuchung Unternehmen angesprochen sein, deren strategischer Fokus auf der *Inhalte-Produktion* liegt[71].

Hierzu rechnen – und dieser Hinweis fehlt (soweit ersichtlich) in den bisherigen verfassungsrechtlichen Untersuchungen zum Thema der Medienbeteiligungen von Parteien – auch *Nachrichtenagenturen*. Das sind Unternehmen, „die Nachrichten sammeln, redaktionell bearbeiten und an eine große Zahl von Beziehern gegen Bezahlung liefern"[72]. Sie spielen eine „herausragende Rolle" bei der Medienproduktion[73] und haben „einen starken Einfluss auf die Inhalte von Nachrichten in den Massenmedien"[74]. Zugang zu den von ihnen vermittelten Inhalten zu erhalten, ist eine wichtige Bedingung gerade für die politische Öffentlichkeitsarbeit[75].

b) Presse-, Rundfunk- und Telemedienunternehmen

Im Einklang mit der Verwendung des Begriffs „Medien" in der vorliegenden Untersuchung (sowie auch mit anderen verfassungsrechtlichen Untersuchungen zum Thema der Medienbeteiligungen von Parteien[76]) sollen im Folgenden die Spielarten der Presse-, Rundfunk- und Telemedienunternehmen unterschieden werden.

---

71 Vgl. hierzu <http://www.mediadb.eu/datenbanken> [letzter Abruf 5.1.2012]. Ausgenommen von der Betrachtung sind damit Medienunternehmen, die in der Regel keine eigenen Inhalte produzieren, sondern – wie etwa Suchmaschinenanbieter oder Netzanbieter – Inhalte nur vermitteln (vgl. <http://www.mediadb.eu/datenbanken/onlinekonzerne.html?PHPSESSID=4064668bc991c431911151313efdc8ad> [letzter Abruf 5.1.2012]). Das bedeutet freilich nicht, dass nicht auch Beteiligungen politischer Parteien an solchen Anbietern problematisch sind (richtig [im Blick auf Netzanbieter]: *Kohler*, Politikfinanzierung, 2010, S. 289). Für ein Verfassungsgebot der Netzselbständigkeit (im Zuge seiner Betrachtungen zum Pressevertrieb durch Presse-Grosso) *Kloepfer*, Vielfaltsicherung durch Ebenentrennung in der Massenkommunikation, 2010, S. 78 ff. Offenbar gegen ein solches Gebot nun aber BGH, AfP 2011, 569 ff. (Wirksame Kündigung eines Pressegrossisten durch die Bauer Media Group).

72 *Gensch*, in: Sjurts (Hrsg.), Gabler Lexikon Medienwirtschaft, 2. Aufl., 2011, Stichwort „Nachrichtenagentur", S. 435.

73 *Gensch*, a.a.O.

74 *Gensch*, a.a.O., S. 436.

75 *Schulz*, Politische Kommunikation, 3. Aufl., 2011, S. 296.

76 Vgl. etwa *Reffken*, Politische Parteien und ihre Beteiligungen an Medienunternehmen, 2007, S. 44 ff.

aa) Die Entwicklung von Medienunternehmen zu Multimediaunternehmen

Sicherlich ist nicht zu übersehen, dass Presseunternehmen heute „mehr und mehr zu Multimediaunternehmen [mutieren], die sowohl Presse-, Rundfunk-, als auch Onlineangebote anbieten“[77], und dass auch die Rundfunkveranstalter beider Sektoren des – hinkenden – dualen Rundfunksystems[78] im Internet agieren[79]. Dies zeigt, dass die Konvergenz der Medien, mithin die „Annäherung und Integration von Medien, Netzen und Diensten“[80], mit der beträchtliche Herausforderungen für das Medienrecht einhergehen[81], auch in Deutschland bereits weit fortgeschritten ist[82]. Crossmedialer Journalismus gehört mittlerweile „zum redaktionellen

---

77 Vgl. *Holznagel*, MMR 2008, 597; *Schwartmann*, Die Beteiligung von Presseunternehmen am Rundfunk, 2010, S. 10 ff. Der Vorstandsvorsitzende der Axel Springer AG, *Mathias Döpfner*, hat im August 2011 ausgeführt, Springer sei nun „nicht länger ein Print-Unternehmen mit angeschlossener Online-Abteilung, sondern ein echter Multimediakonzern“ (*Döpfner*, zitiert in: o.V., Frankfurter Allgemeine Zeitung v. 4.8.2011, Nr. 179, S. 16). Auch wenn noch nicht alle Verlage so weit sind wie Springer, so sind sie doch offenbar mittlerweile alle im Internet angekommen (hierzu *Tieschky*, Süddeutsche Zeitung v. 19./20.11.2011, Nr. 267, S. 23; vgl. auch *Karle*, journalist 11/2011, S. 78 ff.).

78 Vgl. hierzu *Bethge*, HStR IX, 3. Aufl., 2011, § 203 Rdnr. 90; zu den aktuellen Herausforderungen, denen sich dieses System ausgesetzt sieht, vgl. den Bericht von *Heymann* über die 108. Tagung des Studienkreises für Presserecht und Pressefreiheit e.V. in Hamburg (*dies.*, AfP 2011, 25 ff.).

79 *Ory*, AfP 2011, 19 ff.; *ders.*, in: Wandtke (Hrsg.), Medienrecht IV, 2. Aufl., 2011, Kap. 1, § 1 Rdnrn. 96 ff.; vgl. auch *Kunisch*, Rundfunk im Internet und der Grundsatz der Staatsfreiheit des Rundfunks, 2011, S. 24 ff., sowie *Koreng*, Zensur im Internet, 2010, S. 86, 96 ff.

80 *v. Coelln*, Spielräume des Gesetzgebers für die Erweiterung des Zugangs der Zeitungsverlage zum Rundfunk in Bayern, 2006, S. 12; *ders.*, OstEuR 2011, Beilage zu Heft 1, 10; vgl. auch *Gundel/Heermann/Leible* (Hrsg.), Konvergenz der Medien – Konvergenz des Rechts?, 2009, passim; *Stürner*, AfP 2002, 283. S. ferner das Grünbuch der Europäischen Kommission zur Konvergenz der Branchen Telekommunikation, Medien und Informationstechnologie und ihren ordnungspolitischen Auswirkungen – Ein Schritt in Richtung Informationsgesellschaft [KOM (97) 623].

81 Vgl. *v. Coelln*, in: Stern/Peifer/Hain (Hrsg.), Publizistischer und ökonomischer Wettbewerb unter den Bedingungen der neuen Medienwelt, 2010, S. 26 ff.; *Kloepfer*, Vielfaltsicherung durch Ebenentrennung in der Massenkommunikation, 2010, S. 79.

82 Vgl. hierzu auch BVerfGE 121, 30 (51); s. ferner *Fink*, Medienrechtliches Kolloquium zum 75. Geburtstag von Hartmut Schiedermair, 2011, S. 140 f.; *Hoffmann-Riem*, in: Eifert/Hoffmann-Riem (Hrsg.), Innovation, Recht und öffentliche Kommunikation, Innovation und Recht Bd. IV, 2011, S. 20; *Bruns*, AfP 2011, 421.

Alltag“[83]. Immer mehr Medienunternehmen handeln nach dem Motto „Online first“, d.h. sie publizieren Beiträge zuerst im Internet[84].

bb) Die gleichwohl fortbestehende Gebotenheit einer Unterscheidung nach verschiedenen Arten von Medienunternehmen

Gleichwohl griffe es zu kurz, nicht mehr zwischen verschiedenen Arten von „Medienunternehmen“ zu unterscheiden. Maßgeblich für diese Sicht ist zum einen der Wortlaut der Verfassung und zum anderen die Rechtsprechung des Bundesverfassungsgerichts, nach der die in Art. 5 Abs. 1 S. 2 GG verbürgten Freiheiten von Presse und Rundfunk unterschiedlich auszulegen sind.

aaa) Die „Medientrias“ des Art. 5 Abs. 1 S. 2 GG

Nicht außer Betracht bleiben darf, dass die Verfassung in Art. 5 Abs. 1 S. 2 GG zwischen den Medien Presse, Rundfunk und Film unterscheidet[85]; schon diese „Medientrias“[86] verbietet die Annahme einer (einheitlichen) Medienfreiheit[87].

---

83 *K. Meier*, in: Hohlfeld/Müller/Richter/Zacher (Hrsg.), Crossmedia – Wer bleibt auf der Strecke?, 2010, S. 94; *K.-D. Altmeppen*, in: Bentele/Brosius/Jarren (Hrsg.), Lexikon Kommunikations- und Medienwissenschaft, 2006, Stichwort „Cross-Media“, S. 33 f.

84 (Nur) im Blick auf Exklusivmeldungen: *Holznagel*, NordÖR 2011, 207. Zur Aktualität als Leitkategorie: *Neverla*, in: Festschrift für Walter Hömberg, 2010, S. 83 ff.

85 *Bethge*, BLM-Symposion Medienrecht 2011, 2011, S. 84; vgl. auch *v. Coelln*, OstEuR 2011, Beilage zu Heft 1, 10 ff., sowie BVerfGE 121, 30 (57), wo von den „Kommunikationsfreiheiten aus Art. 5 Abs. 1 GG“ die Rede ist.

86 *Bethge*, BLM-Symposion Medienrecht 2011, 2011, S. 84; vgl. auch *Papier/Schröder*, Verfassungsfragen des Dreistufentests, 2011, S. 75.

87 *Bethge*, in: Sachs (Hrsg.), GG, 6. Aufl., 2011, Art. 5 Rdnr. 89 c, mit zutreffendem Hinweis darauf, dass sich das nationale Recht insoweit von Art. 11 Abs. 2 EU-Grundrechte-Charta und Art. 10 EMRK unterscheide. Art. 11 Abs. 2 EU-Grundrechte-Charta spricht ohne Differenzierungen allein von der „Freiheit der Medien“. Art. 10 EMRK gewährleistet ein einheitliches Kommunikationsgrundrecht der Meinungsfreiheit, welches auch die Presse- und die Rundfunkfreiheit umfasst (vgl. *Bethge*, a.a.O.; näher zum Schutz der Freiheit der Medien im europäischen Recht: *Müller-Terpitz*, K&R Beihefter 1/2011, S. 20 ff.; *Schulz*, in: Paschke/Berlit/Meyer [Hrsg.], Hamburger Kommentar – Gesamtes Medienrecht, 2. Aufl., 2012, 1. Teil, Kap. 2, 3. Abschn., Rdnrn. 1 ff.; vgl. auch *Krausnick*, Das deutsche Rundfunksystem unter dem Einfluss des Europarechts, 2005; *Kühling*, Die Kommunikationsfreiheit als europäisches Gemeinschaftsgrundrecht, 1999). Für eine Interpretation von Art. 5 Abs. 1 S. 2 GG als *übergreifende* Medienfreiheit hingegen *Holznagel/Schumacher*, in: Kloepfer (Hrsg.),

bbb) Die unterschiedliche Interpretation von Pressefreiheit und Rundfunkfreiheit durch das Bundesverfassungsgericht

Ein weiterer Umstand tritt hinzu. Das Bundesverfassungsgericht als maßgeblicher Interpret und Hüter der Verfassung[88] interpretiert die in Art. 5 Abs. 1 S. 2 GG verbürgten Freiheiten von Presse und Rundfunk je unterschiedlich. Während es die Pressefreiheit als Freiheitsrecht im klassisch-liberalen Sinne ansieht, deutet es die Rundfunkfreiheit als *dienende* Freiheit.

α) Die Pressefreiheit als klassisch-liberale Freiheit

Das Bundesverfassungsgericht deutet die Pressefreiheit aus Art. 5 Abs. 1 S. 2 GG als Freiheitsrecht im klassisch-liberalen Sinne. Es geht davon aus, der sachliche Schutzbereich der Pressefreiheit umfasse die freie Gründung von Presseunternehmen[89]. Es liegt auf dieser Linie, dass dem Bundesverfassungsgericht der Tendenzschutz als eine Grundbedingung freier Presse gilt[90].

β) Die Rundfunkfreiheit als *dienende* Freiheit

αα) Darstellung des Ansatzes des Gerichts

Im Blick auf die Rundfunkfreiheit führt das Bundesverfassungsgericht hingegen aus:

> „Im Unterschied zu anderen Freiheitsrechten des Grundgesetzes handelt es sich bei der Rundfunkfreiheit […] nicht um ein Grundrecht, das seinem Träger zum Zweck der Persönlichkeitsentfaltung oder Interessenverfolgung eingeräumt ist. Die Rundfunkfreiheit ist vielmehr eine *dienende* Freiheit. Sie dient der freien individuellen und öffentlichen Meinungsbildung (vgl. BVerfGE 57, 295 [319], st. Rspr.)“[91].

Netzneutralität in der Informationsgesellschaft, 2011, S. 59 f.; vgl. auch *Grimm*, in: Heun/Honecker/Morlok/Wieland (Hrsg.), Evangelisches Staatslexikon, Neuausgabe 2006, Stichwort „Medien“, Sp. 1500 f., sowie *Stern*, Staatsrecht IV/1, 2006, § 110 I 1, S. 1641.

88 BVerfGE 40, 88 (93); vgl. hierzu auch *Lepsius*, in: Jestaedt/Lepsius/Möllers/Schönberger, Das entgrenzte Gericht, 2011, S. 162 ff.

89 *Hans H. Klein*, Festschrift für Hartmut Maurer, 2001, S. 196 f., unter Rekurs auf BVerfGE 20, 162 (175).

90 *Bethge*, Festschrift für Walter Schmitt Glaeser, 2003, S. 473, unter Bezugnahme auf BVerfGE 52, 283 (296).

91 BVerfGE 87, 181 (197 f.) – Hervorhebung nur hier.

Das Bundesverfassungsgericht ist der Ansicht, auch die Rundfunkfreiheit privater Veranstalter diene der freien und öffentlichen Meinungsbildung[92]. Auch ein privater Rundfunkveranstalter betreibt in dieser Sicht „nicht ein gewöhnliches Wirtschaftsunternehmen. Er genießt ein besonderes Grundrecht, und das ist auch mit einem besonderen Auftrag verbunden“[93].

ββ) Zur Richtigkeit des Ansatzes des Gerichts

Der Ansatz des Gerichts[94] ist keineswegs unbestritten. Im Gegenteil: Die Kritik an ihm ist „beinah ebenso alt und wohl auch bekannt wie dieser dogmatische Ansatz selbst“[95]. Gleichwohl verdient er Zustimmung. *Holznagel/Dörr/Hildebrand* haben

---

92 BVerfGE 121, 30 (50), unter Bezugnahme auf BVerfGE 73, 118 (152 f., 157 f.); vgl. auch *Bethge*, DÖV 2002, 677; *Isensee/Axer*, Jugendschutz im Fernsehen, 1998, S. 41; zur Bedeutung (auch) des privaten Fernsehens für die öffentliche Meinungsbildung: *Müller-Terpitz*, Diskussionsbeitrag, in: BLM-Symposion Medienrecht 2011, 2011, S. 118 f.; fundamentalkritisch hingegen *J. Habermas*, Süddeutsche Zeitung v. 16./17.5.2007, Nr. 112, S. 13.

93 *Limbach*, im Interview mit Gäbler, Der Tagesspiegel v. 9.3.2010, Nr. 20553, S. 27.

94 Zu diesem: *Bethge*, in: Sachs (Hrsg.), GG, 6. Aufl., 2011, Art. 5 Rdnrn. 92 ff.; *ders.*, VVDStRL Heft 57 (1998), S. 30 f.; *P. M. Huber*, Medienrechtliches Kolloquium zum 75. Geburtstag von Hartmut Schiedermair, 2011, S. 81 ff.; *Hain*, Die zeitlichen und inhaltlichen Einschränkungen der Telemedienangebote von ARD, ZDF und Deutschlandradio nach dem 12. RÄndStV, 2009, S. 32 ff.; *Steiner*, in: Gottwald (Hrsg.), Recht und Gesellschaft in Deutschland und Japan, 2009, S. 16 ff.; *Ladeur*, in: Paschke/Berlit/Meyer (Hrsg.), Hamburger Kommentar – Gesamtes Medienrecht, 2. Aufl., 2012, 1. Teil, Kap. 3, 4. Abschn., Rdnrn. 68 ff.; *Winter*, SpuRt 2004, 99.

95 *Hain*, Medienrechtliches Kolloquium zum 75. Geburtstag von Hartmut Schiedermair, 2011, S. 63. Exemplarisch für die Reihe der Kritiker: *ders.*, a.a.O., S. 66 ff.; *Paul*, Die Rundfunkbeteiligungen politischer Parteien, 2010, S. 86 f.; *Kersjes*, Medienbeteiligungen politischer Parteien, 2009, S. 143 ff.; *Kull*, Festschrift für Peter Lerche, 1993, S. 663 ff.; *Bullinger*, Festschrift 50 Jahre BVerfG II, 2001, S. 194 ff. Vgl. ferner die Nachweise in Nds. StGH, LVerfGE 16, 377 (390). Der Staatsgerichtshof selbst hat in einem „auffällig ausführlichen obiter dictum“ (so richtig: *Knies*, in: Bitburger Gespräche 2007/I, S. 3 Fn. 8; vgl. auch *Branahl*, Frankfurter Rundschau v. 16.9.2005, Nr. 216, S. 20; *Kamps*, MIP 2007, 37) die Rechtsprechung des Bundesverfassungsgerichts deutlich in Frage gestellt (Nds. StGH, LVerfGE 16, 377 [389]). Auf der nämlichen Linie lag auch die Antragsschrift in jenem Verfahren (vgl. *Poscher*, Antrag im Verfahren der abstrakten Normenkontrolle nach Art. 54 Nr. 3 NdsVerf. i.V.m. § 8 Nr. 8, § 33 f. StaatsgerichtshofG Nds gegen § 6 Abs. 3 Satz 2–4 NMedienG [i.d.F. v. 11.12.2003] vor dem Niedersächsischen Staatsgerichtshof [StGH 4/04], 2004, S. 39).

Recht, wenn sie bemerken, in der Interpretation des Gerichts komme keineswegs eine freiheitsfeindliche und antiliberale Grundrechtsauslegung zum Ausdruck[96]. Der Ansatz des Gerichts bezweckt vielmehr, dem Bürger eine umfassende und ausgewogene Information zu sichern[97]. Er gibt in jedem Fall die für die Praxis „maßgeblichen Leitlinien" vor[98].

---

96 *Holznagel/Dörr/Hildebrand*, Elektronische Medien, 2008, S. 173. Vgl. auch *Winter*, SpuRt 2004, 99.

97 *Holznagel/Dörr/Hildebrand*, a.a.O. Weitergehend meint namentlich *Grimm*, auch die Pressefreiheit sei eine „dienende Freiheit" (*Grimm*, Diskussionsbeitrag, in: BLM-Symposion Medienrecht 2010, 2011, S. 96; *ders*., epd medien 41/2006 v. 27.5.2006, S. 8). *Grimm* ist der Ansicht, auch die Pressefreiheit sei eine funktionsbezogene Freiheit, die sich auf die publizistische Vermittlungstätigkeit beziehe. Nicht anders als die Rundfunkfreiheit sei auch sie eine Freiheit in Erfüllung einer gesellschaftlichen Funktion, nicht zur beliebigen Verwendung (*Grimm*, epd medien 41/2006 v. 27.5.2006, S. 7; vgl. auch *ders*., in: Heun/Honecker/Morlok/Wieland [Hrsg.], Evangelisches Staatslexikon, Neuausgabe 2006, Stichwort „Medien", Sp. 1501; kritisch: *Bethge*, HStR IX, 3. Aufl., 2011, § 203 Rdnr. 90). *Grimm* betont, das Bundesverfassungsgericht habe das Konzept der dienenden Freiheit „zwar in der Rundfunkrechtsprechung entwickelt, aber nicht auf den Rundfunk begrenzt" (*Grimm*, Diskussionsbeitrag, in: BLM-Symposion Medienrecht 2010, 2011, S. 96). Er hält die „Differenzierung zwischen Printmedien und elektronischen Medien" nach dem Grundgesetz nicht für eine „prinzipielle", sondern nur für eine „situative". (Allein) wegen der „situativen Unterschiede" ergäben sich unterschiedliche Anforderungen für die beiden Sektoren (*Grimm*, Diskussionsbeitrag, in: BLM-Symposion Medienrecht 2010, 2011, S. 96). *Grimm* ist sicherlich zuzugeben, dass auch die Pressefreiheit der freien individuellen und öffentlichen Meinungsbildung dient (vgl. BVerfGE 73, 118 [152]; 57, 295 [319]). Auch ihr wohnen objektiv-rechtliche Gehalte inne (vgl. zum Institut „Freie Presse" BVerfGE 20, 162 [175] und 80, 124 [133]; *v. Coelln*, OstEuR 2011, Beilage zu Heft 1, 13; *Kloepfer*, HStR III, 3. Aufl., 2005, § 42 Rdnr. 66). Allerdings überwiegt bei der Pressefreiheit die subjektiv-rechtliche Prägung die objektiv-rechtlichen Gehalte (so richtig: *Hain*, Medienrechtliches Kolloquium zum 75. Geburtstag von Hartmut Schiedermair, 2011, S. 65 Fn. 23; *Bethge*, BLM-Symposion Medienrecht 2011, 2011, S. 86 f.).

98 *v. Coelln*, Diskussionsbeitrag, in: BLM-Symposion Medienrecht 2010, 2011, S. 99; vgl. auch *ders*., in: Menzel/Müller-Terpitz (Hrsg.), Verfassungsrechtsprechung, 2. Aufl., 2011, Artikel „BVerfGE 121, 30 – Pressebeteiligung", S. 861. *Stern*, Staatsrecht IV/1, 2006, § 110 I 3 i, S. 1657, erscheint die Interpretation des Gerichts sogar bereits „irreversibel". Zurückhaltender: *Holznagel*, MMR 2008, 596, sowie *Steiner*, in: Gottwald (Hrsg.), Recht und Gesellschaft in Deutschland und Japan, 2009, S. 25 f.

γγ) Die Rundfunkfreiheit als normgeprägtes Grundrecht

Zu diesen Leitlinien gehört es, die Rundfunkfreiheit als ein normgeprägtes Grundrecht anzusehen[99]. Art. 5 Abs. 1 S. 2 GG enthält danach einen „Auftrag zur Gewährleistung der Rundfunkfreiheit, der auf eine Ordnung zielt, die sicherstellt, dass die Vielfalt der bestehenden Meinungen im Rundfunk in möglichster Breite und Vollständigkeit Ausdruck findet“[100]. Die Ausgestaltung dieser Ordnung ist „Aufgabe des Gesetzgebers, der dabei einen weiten Spielraum, auch für Differenzierungen insbesondere nach der Regelungsart und Regelungsdichte, vorfindet“[101].

Das Gericht führt zu Recht aus, der Auftrag an den Gesetzgeber zur Ausgestaltung der Rundfunkordnung bestehe „auch vor dem Hintergrund der zunehmenden horizontalen und vertikalen Verflechtung auf den Medienmärkten und der auch in technischer Hinsicht damit einhergehenden Konvergenz der Medien fort“[102]. Die Anforderungen an die gesetzliche Ausgestaltung der Rundfunkordnung zur Sicherung der Rundfunkfreiheit im Sinne des Art. 5 Abs. 1 S. 2 GG seien durch die Entwicklung von Kommunikationstechnologie und Medienmärkten nicht überholt[103].

III. Beteiligungen

Ein weiterer wichtiger Begriff der vorliegenden Untersuchung ist jener der „Beteiligungen“.

---

99 *Bethge*, BLM-Symposion Medienrecht 2011, 2011, S. 87; vgl. auch *ders.*, HStR IX, 3. Aufl., 2011, § 203 Rdnrn. 57 u. 90; *v. Coelln*, in: Institut für interdisziplinäre Medienforschung (Hrsg.), Medien und Wandel, 2011, S. 212.

100 BVerfGE 121, 30 (50) – Rückverweise entfernt. Für die Literatur: *Bethge*, BLM-Symposion Medienrecht 2011, 2011, S. 87; *Degenhart*, HGR III, 2009, § 61 Rdnr. 36; *Winter*, ZUM 2003, 539; kritisch: *Hain*, Medienrechtliches Kolloquium zum 75. Geburtstag von Hartmut Schiedermair, 2011, S. 66 ff.; *Hillgruber*, HStR IX, 3. Aufl., 2011, § 200 Rdnr. 71.

101 BVerfGE 121, 30 (50) – Rückverweise entfernt.

102 BVerfGE 121, 30 (51).

103 BVerfGE 121, 30 (51), unter Bezugnahme auf BVerfGE 57, 295 (322 f.); 114, 371 (388) sowie 119, 181 (214); vgl. hierzu auch *Bethge*, HStR IX, 3. Aufl., 2011, § 203 Rdnr. 90; *Holznagel*, MMR 2008, 596; *Eberle*, in: Stern/Prütting/Peifer, Neue Mediendienste und öffentlich-rechtlicher Rundfunk, 2009, S. 87.

1. Beteiligungen als Unternehmensbeteiligungen

a) Anlehnung an § 271 Abs. 1 S. 1 HGB

Der Begriff der „Beteiligungen" soll im Folgenden prinzipiell wie in § 271 Abs. 1 S. 1 HGB (auf den auch § 24 Abs. 7 Nr. 1 S. 3 PartG verweist) verstanden werden, mithin im Sinne von Anteilen an Unternehmen, „die bestimmt sind, dem eigenen Geschäftsbetrieb durch Herstellung einer dauernden Verbindung zu jenen Unternehmen zu dienen". Gemünzt auf die politischen Parteien sind als „Beteiligungen" danach Anteile an einem Unternehmen anzusehen, „die bestimmt sind, der politischen Partei durch Herstellung einer dauernden Verbindung zu jenem Unternehmen zu dienen"[104]. Um den Raum für die verfassungsrechtliche Untersuchung nicht unnötig (und letztlich auch unzulässig) einzuengen, soll vorliegend allerdings – anders als bei § 271 Abs. 1 S. 1 HGB[105] – nicht entscheidend sein, ob die geforderte dauernde Verbindung über eine bloße Kapitalanlageabsicht hinausreicht oder nicht.

b) Mitgliedschaft in einer eingetragenen Genossenschaft

Entgegen der Norm des § 271 Abs. 1 S. 5 HGB, derzufolge die Mitgliedschaft in einer eingetragenen Genossenschaft nicht als Beteiligung gilt, soll in der vorliegenden Untersuchung auch eine solche Mitgliedschaft dem Beteiligungsbegriff unterfallen. Auch diese Grundentscheidung dient dem Zweck, das Feld für die verfassungsrechtliche Untersuchung nicht unnötig (und letztlich auch unzulässig) einzuschränken.

c) Mehrstufig mittelbare Beteiligungen und Treuhandbeteiligungen

Als Beteiligungen der Parteien sollen in der vorliegenden Studie nicht nur die unmittelbaren Beteiligungen von Parteien gelten, sondern auch die mehrstufig mittelbaren Beteiligungen sowie die Treuhandbeteiligungen von Parteien[106].

Eine mehrstufige mittelbare Beteiligung beschreibt den Fall, dass eine Partei „nicht unmittelbar selbst Gesellschafterin eines Medienunternehmens ist",

---

104 In Anlehnung an *Reffken*, Politische Parteien und ihre Beteiligungen an Medienunternehmen, 2007, S. 47, der selbst auf *Küstermann*, Das Transparenzgebot des Art. 21 Abs. 1 Satz 4 GG und seine Ausgestaltung durch das Parteiengesetz, 2003, S. 163, Bezug nimmt.

105 Vgl. hierzu die Nachweise bei *Reffken*, a.a.O., S. 47.

106 Im Anschluss an *Reffken*, a.a.O., S. 47 ff.; vgl. auch *Möstl*, DÖV 2003, 113, sowie *Birkert/Reiter/Scherer* (Hrsg.), Landesmediengesetz Baden-Württemberg, Kommentar, Nachtrag zur 2. Aufl., 2003, Erl. zu § 13 n.F., Rdnr. 5.

sondern „das Beteiligungsverhältnis durch Tochter-/Enkel-Gesellschaften, die ‚zwischen' das Medienunternehmen und die politische Partei ‚geschaltet' sind, vermittelt wird"[107].

Mit den Treuhandbeteiligungen sollen die Fälle erfasst werden, in denen die betreffende Partei „nicht selbst (als Rechtssubjekt) die entsprechenden Anteile an einem Medienunternehmen oder einer ‚zwischengeschalteten' Gesellschaft innehat", sondern in denen „ein Treuhänder die entsprechenden Anteile für die Partei als Treugeber hält und verwaltet und ihr so die wirtschaftliche Beteiligung an der Gesellschaft mittelt"[108]. Dieser Fall ist, wie die Bestandsaufnahme zeigen wird, von eminenter praktischer Bedeutung.

2. (Negative) Abgrenzungen

Die in der vorliegenden Untersuchung behandelten Unternehmensbeteiligungen von Parteien im Medienbereich gilt es (negativ) abzugrenzen von anderen Formen der Beteiligung der Parteien an/in den Medien[109] sowie von Unternehmensbeteiligungen im Medienbereich, die (auch führende) Parteimitglieder für eigene Rechnung halten.

a) Andere Formen der Beteiligung der Parteien an/in den Medien

aa) Parteimedien (insb.: Parteipresse)

aaa) Charakteristik und Vergleich mit Medienbeteiligungen von Parteien

Die hier relevanten Beteiligungen an Medienunternehmen erweisen sich, und das wird oft verkannt[110], in erster Linie als wesensverschieden[111] zum Phänomen

---

107 *Reffken*, a.a.O., S. 48.

108 *Reffken*, ebenda; s. ferner *Dietlein*, in: Stern, Staatsrecht IV/2, 2011, § 114 VIII 2 a, S. 126 Fn. 499; *Schindler*, Die Partei als Unternehmer, 2006, S. 26; *Angelov*, Vermögensbildung und unternehmerische Tätigkeit politischer Parteien, 2006, S. 35 ff., 443.

109 Terminologische Anleihe bei *Schuler-Harms*, in: Morlok/v. Alemann/Streit (Hrsg.), Medienbeteiligungen politischer Parteien, 2004, S. 29.

110 Besonders prononciert: *Hans-Peter Schneider*, Öffentliche Anhörung des Innenausschusses des Deutschen Bundestags zum Thema „Parteiengesetz" in der 89. Sitzung am 28.2.2002, Prot. BT-Innenausschuss 14/89, S. 43; vgl. auch *Boll*, Orientierungen zur Wirtschafts- und Gesellschaftspolitik 101 (3/2004), S. 78 ff.; *ders.*, in: Morlok/v. Alemann/Streit (Hrsg.), Medienbeteiligungen politischer Parteien, 2004, S. 15 ff., 28.

111 *Reffken*, Politische Parteien und ihre Beteiligungen an Medienunternehmen, 2007, S. 51 ff.; *Cao*, Parteien als Eigentümer von Medien, 2010, S. 103; *Schindler*,

der sog. Parteimedien[112], denen namentlich die Parteipresse[113] und die – mittlerweile etablierten[114] – Parteitelemedien (wie etwa www.spd.de oder www.cdu.de) unterfallen[115]. Denn diese sind durch ihre parteiadäquate Tendenzhaltung zu charakterisieren[116]. Die im Zentrum der vorliegenden Untersuchung stehenden Medienbeteiligungen von Parteien hingegen beziehen sich auf Unternehmen, „deren Produkte, obschon nicht ohne Standpunkt im politischen Streit, einen ‚überparteilichen', besser und richtiger: nicht einseitig parteigebundenen, Charakter zu haben beanspruchen"[117]. Derart etikettiert, wenden sie sich auch an den Bürger[118]. Als „Parteipresse" lassen sich heute nur noch „einzelne Druckerzeugnisse wie der regelmäßig erscheinende *vorwärts* der SPD oder der *Bayernkurier* der CSU" einordnen[119]. Um diese Unterscheidung mit *Andreas Feser* zu illustrieren: „Die SPD äußert ihre Meinung beispielsweise im *vorwärts.* Der Leser rechnet auch damit, im *vorwärts* die Meinung der SPD kennen zu lernen. Die *Hannoversche Allgemeine Zeitung* oder die *Sächsische Zeitung* dagegen werden dem Leser nicht verkauft, um die Meinung der SPD zu verbreiten, sondern mit dem Anspruch, unabhängig zu informieren"[120].

Die Partei als Unternehmer, 2006, S. 52; *Strohmeier*, Politik und Massenmedien, 2004, S. 237; *Feser,* Vermögensmacht und Medieneinfluss, 2003, S. 313, sowie *Schmitt Glaeser*, JöR n.F. Bd. 50 (2002), S. 189.

112 Begriff nach *Reffken*, Politische Parteien und ihre Beteiligungen an Medienunternehmen, 2007, S. 56 mit Fn. 91; vgl. auch *Walther,* NG/FH 6/2011, S. 58.

113 Zu dieser: *Reffken*, Politische Parteien und ihre Beteiligungen an Medienunternehmen, 2007, S. 51 ff.; *Cao*, Parteien als Eigentümer von Medien, 2010, S. 103; *Schindler*, Die Partei als Unternehmer, 2006, S. 52; *Strohmeier*, Politik und Massenmedien, 2004, S. 237.

114 *v. Coelln*, in: Menzel/Müller-Terpitz (Hrsg.), Verfassungsrechtsprechung, 2. Aufl., 2011, Artikel „BVerfGE 121, 30 – Pressebeteiligung", S. 858. Vgl. auch *Michael Müller*, AfP 2009, 440 f.

115 *Neuberger*, tendenz 2/2011, 14; *Schulz*, PVS, Sonderheft 45/2011 (2012), S. 420. Skeptisch, ob die Nutzung des Internets durch die politischen Parteien auf Dauer erfolgreich sein wird: *H. M. Kepplinger*, in: Faulbaum/Wolf (Hrsg.), Gesellschaftliche Entwicklungen im Spiegel der empirischen Sozialforschung, 2010, S. 135 f.

116 Zu dieser Terminologie *Reffken*, Politische Parteien und ihre Beteiligungen an Medienunternehmen, 2007, S. 56 mit Fn. 91.

117 So treffend (und im Blick auf Presseverlage): *Hans H. Klein*, Festschrift für Hartmut Maurer, 2001, S. 195.

118 *Hans H. Klein*, a.a.O.

119 *Reffken*, Politische Parteien und ihre Beteiligungen an Medienunternehmen, 2007, S. 55.

120 *Feser,* Vermögensmacht und Medieneinfluss, 2003, S. 311; ebenso: *Eschweiler,* Diskussionsbeitrag, in: Wettig-Danielmeier/Stiegler (Hrsg.), Reform der Parteienfinanzierung,

bbb) Die Hinwendung von Parteien zu Medienbeteiligungen als „Paradigmenwechsel“

Die populäre These, die unternehmerische Betätigung der politischen Parteien im Bereich des Pressewesens sei im Blick auf das „vorverfassungsrechtliche Erscheinungsbild“ der Parteien „eine Selbstverständlichkeit“[121], ist nicht valide. Unabhängig von den Zweifeln daran, ob das „vorverfassungsrechtliche Erscheinungsbild“ der Parteien überhaupt als eigenständige Auslegungsmethode taugt[122], gilt es nicht zu verkennen, dass die hier relevanten Medienbeteiligungen „kein Überbleibsel aus Zeiten des Kaiserreichs“[123] sind. Zwar musste sich die 1863 gegründete SPD anfangs eigener Zeitungen bedienen, um überhaupt Gehör zu finden[124]. Aber die Abkehr von der Parteipresse im engeren Sinne und die damit verbundene Hinwendung zu Medienbeteiligungen[125] (namentlich in der Form von Minderheitsbeteiligungen) stellt „einen Paradigmenwechsel“ dar, der einer Berufung auf die Vergangenheit im Wege steht[126]. Die Medienbeteiligungen von Parteien im hier relevanten Sinne stellen ein zum Zeitpunkt der Schaffung des Grundgesetzes

---

2001, S. 29; *Schuler-Harms*, Diskussionsbeitrag, in: Morlok/v. Alemann/Streit (Hrsg.), Medienbeteiligungen politischer Parteien, 2004, S. 64.

121 *Hans H. Klein*, in: Bundespräsidialamt (Hrsg.), Bericht der Kommission unabhängiger Sachverständiger zu Fragen der Parteienfinanzierung, 2001, S. 228; in diesem Sinne auch *Kamps*, MIP 2007, 37; *Schütz*, im Gespräch mit Schömann-Finck, Die Medienbeteiligungen der SPD, Diplomarbeit Katholische Universität Eichstätt-Ingolstadt, März 2005, Anhang, S. II.

122 Zu dem entsprechenden Problem im Blick auf die Kategorie des vorkonstitutionellen Gesamtbilds im Sinne von *H. Nawiasky* (*ders.*, Allgemeine Rechtslehre als System der rechtlichen Grundbegriffe, 2. Aufl., 1948, S. 138), an welche die Wendung vom „vorverfassungsrechtlichen Erscheinungsbild“ der Parteien erinnert: *Gersdorf*, Öffentliche Unternehmen im Spannungsfeld zwischen Demokratie- und Wirtschaftlichkeitsprinzip, 2000, S. 367 ff.

123 So richtig: *Hanfeld*, Frankfurter Allgemeine Zeitung v. 13.3.2008, Nr. 62, S. 40 (in seinem Kommentar zu BVerfGE 121, 30 ff.).

124 *v. Coelln*, in: Menzel/Müller-Terpitz (Hrsg.), Verfassungsrechtsprechung, 2. Aufl., 2011, Artikel „BVerfGE 121, 30 – Pressebeteiligung“, S. 858. Vgl. auch BVerfGE 121, 30 (31 f., 65) sowie *Boll*, Die deutsche Sozialdemokratie und ihre Medien, 2002, S. 44 ff., und *Schwabe/Danker/Oddey/Roth*, Am Anfang standen Arbeitergroschen, 2003, S. 8 ff.

125 Hierzu *Dörr*, JuS 2009, 69 ff.

126 So richtig: *Cordes*, ZParl 40 (2009), S. 139; *ders.*, Medienbeteiligungen politischer Parteien, 2009, S. 122.

unbekanntes Phänomen dar[127]. Vor allem die Aussage, der „Status quo" der Rundfunkbeteiligungen der SPD erweise sich als „Bestandteil eines historischen Kontinuums der Partei als Medienunternehmerin"[128], liegt daher neben der Sache[129].

bb) Beteiligung der politischen Parteien an der Medienaufsicht

Auch die Beteiligung der politischen Parteien an der Binnenkontrolle[130] des öffentlich-rechtlichen Rundfunks[131] und die Beteiligung der politischen Parteien an der Aufsicht über private Rundfunkveranstalter[132] sollen im Folgenden nicht als „(Medien-) Beteiligungen" von Parteien verstanden werden.

aaa) Beteiligung an der Binnenkontrolle des öffentlich-rechtlichen Rundfunks

Eine Parallele zwischen dem hier zu erörternden Phänomen und der Mitwirkung der politischen Parteien an der Selbstverwaltung des öffentlich-rechtlichen Rundfunks ginge fehl[133]. Sicherlich ist nicht zu übersehen, dass sowohl die Vertretung

---

127 *Reffken*, Politische Parteien und ihre Beteiligungen an Medienunternehmen, 2007, S. 243; s. auch *Kersjes*, Medienbeteiligungen politischer Parteien, 2009, S. 64, sowie *Feser*, Die Politische Meinung, Nr. 400, März 2003, S. 71 ff.

128 So *Paul*, Die Rundfunkbeteiligungen politischer Parteien, 2010, S. 37, unter Bezugnahme auf BVerfG, 2 BvF 4/03 v. 12.3.2008 (5, 131) [BVerfGE 121, 30, 32, 65]; auf der nämlichen Linie *Dietlein*, in: Stern, Staatsrecht IV/2, 2011, § 114 V 2 g α, S. 92 mit Fn. 353.

129 Wie hier: *Reffken*, Politische Parteien und ihre Beteiligungen an Medienunternehmen, 2007, S. 144, 240; *Schwabe/Danker/Oddey/Roth*, Am Anfang standen Arbeitergroschen, 2003, S. 191.

130 Hiervon zu scheiden ist die externe begrenzte staatliche Rechtsaufsicht über den öffentlich-rechtlichen Rundfunk (vgl. *Bethge*, BLM-Symposion Medienrecht 2011, 2011, S. 78).

131 Wie hier: *Reffken*, Politische Parteien und ihre Beteiligungen an Medienunternehmen, 2007, S. 50. Grundlegend zur prinzipiellen Zulässigkeit der Mitwirkung von Vertretern der politischen Parteien in den Gremien des öffentlich-rechtlichen Rundfunks: BVerfGE 12, 205 (263). Zu diesem Thema auch *Dörr*, Der Grundsatz der Staatsferne und die Zusammensetzung der Rundfunkgremien 2010, S. 11 ff.; *C. Hahn*, Die Aufsicht des öffentlich-rechtlichen Rundfunks, 2010, S. 176 ff.

132 Vgl. hierzu BVerfGE 121, 30 (67), sowie *Bumke*, Die öffentliche Aufgabe der Landesmedienanstalten, 1995, S. 164 ff.

133 So richtig: *Badura*, Anhörung des Ausschusses für Hochschule, Forschung und Kultur des Bayerischen Landtags zum Thema „Änderung des Art. 24 des Bayerischen Mediengesetzes (Verbot der Beteiligung von politischen Parteien und Wählergruppen an Rundfunkanbietern)" in der 94. Sitzung am 4.6.2003, Wortlautprotokoll S. 8.

der Parteien in den Aufsichtsgremien des öffentlichen-rechtlichen Rundfunks als auch das Halten von Medienbeteiligungen durch Parteien zu einer „strukturelle[n] Kopplung“[134] zwischen dem Parteien- und dem Mediensystem führt; beide Fälle sind Spielarten der „Verschwisterung zwischen Medien und Politik“[135]. Allerdings sind die Parteien in der Aufsicht des öffentlich-rechtlichen Rundfunks „nicht mit einem Amt als Interessensvertreter oder Meinungsbildner ausgestattet“[136]. Dies hat auch das Bundesverfassungsgericht deutlich gemacht. In seinem Rundfunkratbeschluss heißt es ebenso zutreffend wie unmissverständlich, der Rundfunkrat habe *nicht* die Aufgabe, an der politischen Willensbildung des Volkes im Sinne des Art. 21 GG mitzuwirken, sondern „als Organ [der betreffenden Rundfunkanstalt] im Rahmen des ihm durch den Staatsvertrag zugewiesenen Aufgabenkreises zu

---

134 *Shirvani,* Das Parteienrecht und der Strukturwandel im Parteiensystem, 2010, S. 186.

135 *Lembcke*, ZParl 40 (2009), S. 224; s. auch *Cornils*, Medienrechtliches Kolloquium zum 75. Geburtstag von Hartmut Schiedermair, 2011, S. 41. In der Kommunikationswissenschaft wird das Verhältnis von Politik und Medien überwiegend als „oft diskrete symbiotische Beziehung, eine Art Tauschverhältnis mit wechselseitigen Abhängigkeiten“ angesehen (vgl. *Sarcinelli*, Politische Kommunikation in Deutschland, 3. Aufl., 2011, S. 82, 123 ff.; *H. M. Kepplinger*, in: Faulbaum/Wolf [Hrsg.], Gesellschaftliche Entwicklungen im Spiegel der empirischen Sozialforschung, 2010, S. 131; *K.-D. Altmeppen/M. Löffelholz*, in: Sarcinelli [Hrsg.], Politikvermittlung und Demokratie in der Mediengesellschaft, 1998, S. 113; s. auch *Dahlkamp et. al.*, DER SPIEGEL 2/2012 v. 9.1.2012, S. 24 f.). Fundamentalkritisch zu dem (auch) in Deutschland bestehenden „Mischverhältnis“ aus Medien und Politik: *Schmitt Glaeser*, Die politische Meinung, Nr. 391, Juni 2002, S. 11 ff.; *ders.*, HStR III, 3. Aufl., 2005, § 38 Rdnr. 52.; *ders.*, JöR n.F. Bd. 50 (2002), S. 180 ff.; s. ferner *Kloepfer*, Verfassungsrecht II, 2010, § 61 Rdnr. 185, sowie *Isensee*, in: ders./Meyer, Zur Regierbarkeit der parlamentarischen Demokratie, Cappenberger Gespräche der Freiherr-vom-Stein-Gesellschaft, Bd. 14, 1979, S. 22.

136 *Badura,* Anhörung des Ausschusses für Hochschule, Forschung und Kultur des Bayerischen Landtags zum Thema „Änderung des Art. 24 des Bayerischen Mediengesetzes (Verbot der Beteiligung von politischen Parteien und Wählergruppen an Rundfunkanbietern)“ in der 94. Sitzung am 4.6.2003, Wortlautprotokoll S. 8; vgl. auch *Cornils*, Medienrechtliches Kolloquium zum 75. Geburtstag von Hartmut Schiedermair, 2011, S. 58, sowie *Möstl*, in: Lindner/Möstl/Wolff, Verfassung des Freistaates Bayern, 2009, Art. 111 a Rdnr. 12 Fn. 71. Vor diesem Hintergrund lässt sich die Zulässigkeit der Vertretung der Parteien in der Gremienaufsicht des öffentlich-rechtlichen Rundfunks auch nicht als Argument für (so aber Nds. StGH, LVerfGE 16, 377 [389]; *Morlok*, in: Ipsen [Hrsg.], 40 Jahre Parteiengesetz, 2009, S. 76; *Holznagel*, MMR 2008, 596) oder gegen (so allerdings *Jarass*, Gutachten 56. DJT, 1986, G 19) die Verfassungsmäßigkeit eines medienunternehmerischen Engagements von Parteien ins Feld führen.

seinem Teil zur Verwirklichung und Sicherung der verfassungsrechtlich garantierten Rundfunkfreiheit beizutragen"[137]. Die Aufgabe des Rundfunkrates und seiner Mitglieder ist es nach zutreffender Ansicht des Gerichts, „den Prozess der freien Meinungsbildung offen zu halten, indem sie dafür Sorge tragen, dass die Vielfalt der vorhandenen Meinungen und Zielsetzungen in objektiver und ausgewogener Weise durch den Rundfunk vermittelt und das Gesamtprogramm von einseitiger Einflussnahme freigehalten wird"[138].

Im Falle der Inhaberschaft von Medienbeteiligungen operieren die politischen Parteien dagegen gleichsam am Herzen der betreffenden Unternehmen. Sie sind nichts weniger als deren Miteigentümer. Dementsprechend kann der Versuch von Parteien, Medienbeteiligungen zu erwerben, als „weitaus direkter"[139] bezeichnet werden als der Versuch von Parteien, über die Aufsichtsgremien Einfluss zu gewinnen[140]: Das Medienanteilseigentum von Parteien stellt die *„intensivste Form"* dar, in der die Parteien Kontrolle über im weitesten Sinne (partei-)neutrale[141] Medien ausüben können[142]. Vermittels Medienbeteiligungen ist ihnen der „direkte Zugriff" auf die redaktionellen Inhalte möglich und nicht lediglich, wie bei ihrer Beteiligung an der Gremienaufsicht des öffentlich-rechtlichen Rundfunks, ein solcher „über die Hintertür"[143].

---

137 BVerfGE 60, 53 (63); vgl. auch *Bethge,* ZUM 2003, 256.

138 BVerfGE 60, 53 (67); umfassend zur Aufgabe des Rundfunkrats aus jüngerer Zeit: *Papier/Schröder*, Verfassungsfragen des Dreistufentests, 2011, S. 14 ff.

139 *v. Alemann* (unter Mitarbeit von *Erbentraut* u. *J. Walther*), Das Parteiensystem der Bundesrepublik Deutschland, 4. Aufl., 2010, S. 141.

140 So richtig: *v. Alemann,* a.a.O. Zumindest ähnlich gelagert sehen die Fälle auch *Zippelius/Würtenberger*, Deutsches Staatsrecht, 32. Aufl., 2008, § 11 III Rdnr. 50, und *Degenhart,* in: Bonner Kommentar, Loseblatt, Stand Oktober 2011, Art. 5 Abs. 1 u. 2 Rdnr. 725. Andere Tendenz dagegen bei *Grimm*, in: v. Alemann/Morlok/Krüper (Hrsg.), (Partei-) Politik im Zeichen des Marketing, 2010, S. 124, der meint, während „der gebührenfinanzierte öffentlich-rechtliche Sektor des dualen Rundfunksystems eher der Gefahr einer Politisierung durch die politischen Parteien ausgesetzt" sei, drohe „dem werbefinanzierten privatrechtlichen Sektor eher Gefahr von Seiten der Eigentümer, die ihn im Interesse der Gewinnerzielung betreiben". Zum Paradigmenwechsel in der Finanzierung des öffentlich-rechtlichen Rundfunks durch den neuen Rundfunk*beitrags*staatsvertrag vgl. *Bosman*, K&R 2012, 5 ff.

141 Vgl. *Strohmeier*, Politik und Massenmedien, 2004, S. 34.

142 So richtig: *Kersjes*, Medienbeteiligungen politischer Parteien, 2009, S. 50.

143 Zutreffend: *v. Alemann* (unter Mitarbeit von *Erbentraut* u. *J. Walther*), Das Parteiensystem der Bundesrepublik Deutschland, 4. Aufl., 2010, S. 141. Vgl. auch bereits *Schmidt*, Rundfunkvielfalt, 1984, S. 80 f.

bbb) Beteiligung an der Aufsicht über private Rundfunkveranstalter

Die Unvergleichbarkeit von Medienbeteiligungen politischer Parteien mit der Beteiligung der politischen Parteien an der Aufsicht des privaten Rundfunks rührt daher, dass die insoweit relevanten Landesmedienanstalten (zumindest prinzipiell) nicht selbst als Rundfunkveranstalter operieren. Sie sind prinzipiell lediglich mit der Zulassung und Beaufsichtigung der privaten Rundfunkveranstalter betraut[144].

cc) Beteiligung der politischen Parteien am Rundfunk vermittels des Rechts auf Ausstrahlung von Wahlwerbung

Die in der vorliegenden Untersuchung primär bedeutsamen Medienbeteiligungen von politischen Parteien unterscheiden sich ferner von der Beteiligung der

---

144 Vgl. dazu *Gersdorf*, Grundzüge des Rundfunkrechts, 2003, Rdnr. 371; *E. Fricke*, in: ders./Ott, Verwaltungsrecht in der anwaltlichen Praxis, 2. Aufl., 2005, § 43 C Rdnrn. 180 ff.; *Dörr/Schwartmann*, Medienrecht, 3. Aufl., 2010, Rdnrn. 196 ff. Im Freistaat Bayern besteht die Besonderheit, dass die Bayerische Landeszentrale für neue Medien (BLM) als Aufsichtsorgan gleichzeitig die Rolle des Rundfunkveranstalters einnimmt (vgl. *Degenhart*, ZUM 2011, 376; *Bethge*, Der verfassungsrechtliche Status der Bayerischen Landeszentrale für neue Medien [BLM], 2. Aufl., 2011, S. 13 ff.; *Ladeur*, in: Paschke/Berlit/Meyer [Hrsg.], Hamburger Kommentar – Gesamtes Medienrecht, 2. Aufl., 2012, 1. Teil, Kap. 3, 4. Abschn., Rdnr. 91). Diese Konstruktion ist vor dem Hintergrund des öffentlich-rechtlichen Trägerschaftsvorbehalts in Art. 111 a Abs. 2 S. 1 BV zu sehen. Nach diesem existiert im Freistaat Bayern von Verfassungs wegen ein rein öffentlich-rechtliches Rundfunkmodell (vgl. *Müller-Terpitz*, Die Finanzautonomie der Bayerischen Landeszentrale für neue Medien im Lichte der aktuellen Förderung lokaler und regionaler Fernsehangebote, 2010, S. 22). Dieses schließt zwar die Beteiligung Privater am Rundfunk nicht aus. Es hindert aber an deren Zulassung als Veranstalter. Die Unternehmen, welche in anderen Bundesländern als Veranstalter agieren, haben im bayerischen Recht nur die Rolle von Anbietern inne (s. *v. Coelln*, Diskussionsbeitrag, in: BLM-Symposion Medienrecht 2010, 2011, S. 99 f.; vgl. auch *ders.*, in: Menzel/Müller-Terpitz [Hrsg.], Verfassungsrechtsprechung, 2. Aufl., 2011, Artikel „BVerfGE 121, 30 – Pressebeteiligung“, S. 861 Fn. 17; dazu, dass sich auch diese Anbieter auf das Grundrecht der Rundfunkfreiheit berufen können, vgl. BayVerfGH, ZUM-RD 2002, 35). Aktuell stellt sich die schwierige Frage, bei welchen Formen von Rundfunk der Trägerschaftsvorbehalt des Art. 111 a Abs. 2 S. 1 BV Geltung beansprucht. *v. Coelln* (*ders.*, Diskussionsbeitrag, in: BLM-Symposion Medienrecht 2010, 2011, S. 99) hegt „eine gewisse Sympathie“ für die – sicherlich praxisgerechte – Idee, „die Grenze des Trägerschaftsvorbehalts […] da zu sehen, wo die Grenze des klassischen Rundfunks verläuft“. In diesem Sinne auch *Bethge*, BLM-Symposion Medienrecht 2011, 2011, S. 93.

politischen Parteien an den Medien vermittels des (einfachgesetzlichen)[145] Rechts der Parteien auf Ausstrahlung von Wahlwerbesendungen im Rundfunk[146]. Die Verpflichtung von Rundfunkveranstaltern, Wahlwerbung zu senden, trägt „der grundlegenden Bedeutung des Wahlakts und dem Anliegen der Parteien Rechnung, sich [im demokratischen] Meinungsbildungsprozess auch unabhängig von redaktionell gestalteten Rundfunkprogrammen Gehör zu verschaffen und ihre Kandidaten zu präsentieren"[147]. Sie macht die Parteien – und hierin liegt der entscheidende Unterschied zum Fall des Erwerbs von Unternehmensbeteiligungen durch Parteien – aber nicht zum (Mit-) Eigentümer des betreffenden Mediums.

b) Medienunternehmensbeteiligungen von Parteimitgliedern auf eigene Rechnung

Auch (Medien-) Unternehmensbeteiligungen von Parteimitgliedern, welche diese für eigene Rechnung halten, stellen keine Medienbeteiligungen der Parteien dar, und zwar selbst dann nicht, wenn das betreffende Mitglied eine führende Position in der jeweiligen Partei innehat[148]. Die Unvergleichbarkeit solcher Beteiligungen mit der Inhaberschaft von Medienbeteiligungen durch die Parteien selbst resultiert in erster Linie aus dem hinter einer Partei stehenden „Apparat" sowie aus der den Parteien gem. Art. 21 Abs. 1 S. 1 GG zukommenden verfassungsrechtlichen Stellung. Schon letztere verbietet eine Gleichsetzung von Parteien und „Privaten"[149].

---

145 Ein verfassungsrechtlicher Anspruch auf Wahlwerbung lässt sich weder aus Art. 5 Abs. 1 S. 2 GG noch aus Art. 21 Abs. 1 S. 1 GG herleiten (vgl. hierzu *Degenhart*, in: Bonner Kommentar, Loseblatt, Stand Oktober 2011, Art. 5 Abs. 1 u. 2 Rdnr. 717 m.w.N.).

146 Vgl. hierzu exemplarisch die für bundesweiten privaten Rundfunk geltende Norm des § 42 Abs. 2 RStV; s. ferner *Flechsig*, in: Hahn/Vesting (Hrsg.), Beck'scher Kommentar zum Rundfunkrecht, 2. Aufl., 2008, § 42 RStV Rdnrn. 37 ff.; *Gundel*, ZUM 2005, 346.

147 BayVerfGH, AfP 2007, 557.

148 Wie hier: *Reffken*, Politische Parteien und ihre Beteiligungen an Medienunternehmen, 2007, S. 50.

149 Dies gegen *Cornils*, Medienrechtliches Kolloquium zum 75. Geburtstag von Hartmut Schiedermair, 2011, S. 46, und *Heun*, Diskussionsbeitrag, in: Ipsen (Hrsg.), 40 Jahre Parteiengesetz, 2009, S. 114. Wie hier: *Kloepfer*, Verfassungsrecht I, 2011, § 7 Rdnr. 234; *Schmitt Glaeser*, Festschrift für Herbert Bethge, 2009, S. 74.; *Möllers*, Staat als Argument, 2. Aufl., 2011, S. 334 ff.

IV. Politische Parteien

Die politischen Parteien werden in § 2 Abs. 1 S. 1 PartG legaldefiniert als

> „Vereinigungen von Bürgern, die dauernd oder für längere Zeit für den Bereich des Bundes oder eines Landes auf die politische Willensbildung Einfluss nehmen und an der Vertretung des Volkes im Deutschen Bundestag oder einem Landtag mitwirken wollen, wenn sie nach dem Gesamtbild der tatsächlichen Verhältnisse, insbesondere nach Umfang und Festigkeit ihrer Organisation, nach der Zahl ihrer Mitglieder und nach ihrem Hervortreten in der Öffentlichkeit eine ausreichende Gewähr für die Ernsthaftigkeit dieser Zielsetzung bieten".

Das Bundesverfassungsgericht sieht diesen (einfachgesetzlichen)[150] Parteibegriff als verfassungsgemäß an[151]. Er kann daher auch in der vorliegenden Untersuchung Verwendung finden. Hinzuweisen gilt es allein darauf, dass im Folgenden anstatt von „politischen Parteien" auch (nur) von „Parteien" die Rede sein wird.

V. Wirtschaftliche Tätigkeit einer politischen Partei

Mit der „wirtschaftlichen Tätigkeit" einer politischen Partei schließlich sollen all jene Fälle erfasst werden, in welchen „eine politische Partei selbst, durch ein selbständiges Unternehmen oder durch eine Beteiligung auf einem inneren oder äußeren Markt Dienstleistungen oder Waren gegen ein Entgelt anbietet"[152]. Synonym zur Anwendung kommen sollen insoweit auch die Begriffe „(erwerbs-)wirtschaftliche Betätigung/Aktivität" bzw. „unternehmerische Tätigkeit/Betätigung/Aktivität".

D. Problemaufriss

I. Hinführung

Auf den ersten Blick mag es „keinen (verfassungs-)rechtlichen Anstoß erregen"[153], wenn sich politische Parteien an Medienunternehmen beteiligen. Schließlich ist die

150 Dazu *Scheuner*, DÖV 1968, 90.

151 BVerfGE 24, 260 (263 f.); vgl. dazu auch *Kloepfer*, Verfassungsrecht I, 2011, § 7 Rdnr. 239; *Hans H. Klein*, in: Maunz/Dürig, GG, Loseblatt, Stand Oktober 2011, Art. 21 Rdnr. 222.

152 Im Anschluss an *Schindler*, Die Partei als Unternehmer, 2006, S. 25, und *Hientzsch*, Die politische Partei in der Insolvenz, 2010, S. 37.

153 *Schmitt Glaeser*, JöR n.F. Bd. 50 (2002), S. 189.

den Parteien in Art. 21 Abs. 1 S. 1 GG aufgegebene Mitwirkung an der politischen Willensbildung des Volkes „notwendig auch auf eine gezielte Beeinflussung der individuellen und öffentlichen Meinungsbildung im Sinne der von ihnen entwickelten und vertretenen politischen Auffassungen gerichtet“[154]. Die Parteien sind nicht nur Sprachrohre des Volkes[155] oder Transmissionsriemen[156] für die Willensbildung vom Volk zu den Staatsorganen[157]. Ihre Funktion ist nicht „idealtypisch und primär rezeptiver Natur“[158]. Sie beugen sich nicht nur der bereits existierenden öffentlichen Meinung, sondern suchen auch, die öffentliche Meinung für sich zu gewinnen[159]. Sie sind in diesem Sinne „auch Werkstätten, in denen Meinungen erst geschmiedet werden“[160]. Sie wirken, um es mit *Fritz Ossenbühl* auszudrücken, im Prozess der Meinungs- und Willensbildung des Volkes „gleichsam als Katalysatoren, ohne die die für den Prozess notwendige politische Dynamik gar nicht erst entfacht werden könnte oder zum Erliegen käme“[161]. Die öffentliche und ungehinderte Auseinandersetzung ist nichts weniger als ihre Lebensluft[162].

Hinzu kommt, dass die Parteien prinzipiell nicht beeinflussen können, ob und in welchem Umfang ihre Auffassungen von anderen als parteieigenen Medien aufgegriffen werden[163], die Wirksamkeit der Parteien im politischen Prozess

---

154 BVerfGE 60, 53 (67); vgl. auch *Schmitt Glaeser*, JöR n.F. Bd. 50 (2002), S. 189.

155 Vgl. zu diesem Bild etwa BVerfGE 1, 208 (224); 20, 56 (101); grundlegend: *Leibholz*, Referat 38. DJT, 1950, C 7.

156 *Scholz*, Deutschland – in guter Verfassung?, 2004, S. 121; *P. M. Huber,* Festschrift 50 Jahre BVerfG II, 2001, S. 610. Kritisch: *Hans H. Klein*, Festschrift für Friedrich Karl Fromme, 2002, S. 120 f.

157 Vgl. BVerfGE 121, 30 (57, 59); *Jörn Ipsen,* in: Sachs (Hrsg.), GG, 6. Aufl., 2011, Art. 21 Rdnr. 26.

158 In diesem Sinne aber *P. M. Huber*, Festschrift 50 Jahre BVerfG II, 2001, S. 622; ähnlich *Kohler*, Politikfinanzierung, 2010, S. 287.

159 *v. d. Heydte/Sacherl*, Soziologie der deutschen Parteien, 1955, S. 107 f.; zum Begriff der öffentlichen Meinung: *Kloepfer*, HStR III, 3. Aufl., 2005, § 42 Rdnrn. 1 ff.

160 *Hohmann-Dennhardt*, in: v. Alemann/Morlok/Krüper (Hrsg.), (Partei-) Politik im Zeichen des Marketing, 2010, S. 71; vgl. auch *Kloepfer*, Verfassungsrecht I, 2011, § 7 Rdnrn. 251 f.

161 *Ossenbühl*, BayVBl. 2000, 163; vgl. auch *Cornils*, Medienrechtliches Kolloquium zum 75. Geburtstag von Hartmut Schiedermair, 2011, S. 47, sowie *Paal*, Medienvielfalt und Wettbewerbsrecht, 2010, S. 74.

162 *Stolleis*, VVDStRL Heft 44 (1986), S. 8.

163 Ohne die hiesigen Einschränkungen: *v. Coelln*, in: Menzel/Müller-Terpitz (Hrsg.), Verfassungsrechtsprechung, 2. Aufl., 2011, Artikel „BVerfGE 121, 30 – Pressebeteiligung“, S. 858. Vgl. auch *K.-D. Altmeppen/M. Löffelholz*, in: Sarcinelli (Hrsg.), Politikvermittlung und Demokratie in der Mediengesellschaft, 1998, S. 114.

aber „naturgemäß einen Zugang zu der von den Massenmedien vermittelten und organisierten öffentlichen Meinung“ voraussetzt[164]. Dies gilt vor allem in einer „Mediendemokratie“[165], wie sie heute zwangsläufig jede Demokratie darstellt[166]. Es mögen heute bereits Medien ohne Politik denkbar sein[167]. Politik ohne Medien aber ist undenkbar. Auch in der Bundesrepublik Deutschland ist die Demokratie in hohem Maße „medialisiert“[168]. Die Massenmedien sind die „Politikvermittlungsinstanz par excellence“[169]. Die „Berichterstattung der Medien [ist] zu einer funktionalen Voraussetzung für die Existenz der Parteien geworden und der

---

164 *Badura,* Festschrift für Richard Bartlsperger, 2006, S. 5, unter Hinweis auf § 1 Abs. 2 PartG; *Schmitt Glaeser,* JöR n.F. Bd. 50 (2002), S. 189.

165 *Dietlein,* in: Stern, Staatsrecht IV/2, 2011, § 114 II 3, S. 26 m.w.N.; vgl. auch bereits *Hoffmann-Riem,* Der Staat Bd. 42 (2003), S. 193 ff.

166 *Marcinkowski/Pfetsch,* in: dies. (Hrsg.), Politik in der Mediendemokratie, 2009, S. 11.

167 Vgl. hierzu *Bruns,* NG/FH 7/8 2010, S. 33: „Medien brauchen keine Politik. In privaten Fernsehsendern sind die fast politikfreien Zonen bereits zu besichtigen. Die Quote, die auch in öffentlich-rechtlichen Sendern das Denken in den Führungsetagen beherrscht, ist mit nahezu allem leichter zu machen als mit politischen Themen“. Diese Einschätzung teilt der Vorstandsvorsitzende der ProSiebenSat.1 Media AG, *Thomas Ebeling.* Er führte im Jahr 2009 im Blick auf mögliche Veränderungen bei dem – später verkauften – Nachrichtenkanal *N24* aus: „[W]ir haben mit Nachrichten [...] ein wirtschaftliches Problem. Nachrichten sind vielleicht für das Image bei Politikern wichtig, aber nicht unbedingt bei allen Zuschauern. Der Durchschnittszuschauer wird nicht verzweifeln, falls es bei *N24* Veränderungen geben sollte“ (*Ebeling,* im Interview mit Busse, Süddeutsche Zeitung v. 27.11.2009, Nr. 274, S. 21). Zu den rundfunkrechtlichen Implikationen des Falles *N24* vgl. *Hain,* K&R 2010, 638 ff., sowie *Limbach,* im Interview mit Gäbler, Der Tagesspiegel v. 9.3.2010, Nr. 20553, S. 27. Zu den Resonanzproblemen der Politikberichterstattung vgl. auch *K.-D. Altmeppen,* Journalism Studies, Vol. 11 (No. 4), 2010, S. 567 ff., sowie *Schulz,* PVS, Sonderheft 45/2011 (2012), S. 439. Vgl. im Kontext von alledem auch die aktuelle Diskussion um eine anreizorientierte Regulierung des privaten Rundfunks (hierzu *Tieschky,* Süddeutsche Zeitung v. 24.11.2011, Nr. 271, S. 17, sowie *Schulz/Held,* Regulierung durch Anreize, 2011; fokussiert auf den Aspekt einer möglichen Steuerung durch finanzielle Anreize: *Droege,* BLM-Symposion Medienrecht 2011, 2011, S. 97 ff.; kritisch: *Bethge,* Diskussionsbeitrag, in: BLM-Symposion Medienrecht 2011, 2011, S. 129).

168 Vgl. *Schulz,* Politische Kommunikation, 3. Aufl., 2011, S. 30 ff. S. ferner *Oberreuter,* IKaZ 40 (2011), S. 328, der zu Recht bemängelt, nicht (mehr) „Rationalität und Orientierung“ bestimmten den Diskurs, sondern „Visualisierung und Personalisierung“. In diesem Sinne auch *Hans H. Klein,* Frankfurter Allgemeine Zeitung v. 17.12.2009, Nr. 293, S. 8.

169 *Sarcinelli,* Politische Kommunikation in Deutschland, 3. Aufl., 2011, S. 120; vgl. auch *H. M. Kepplinger,* Politikvermittlung, 2009, passim.

Tenor ihrer Darstellung zu einer Ursache ihres Erfolges oder Misserfolges bei den Wählern"[170]. Es liegt auf dieser Linie, dass bisweilen regelrechte „Medienkommunikationsparteien" entstehen[171].

All das darf aber nicht darüber hinwegtäuschen, dass Medienbeteiligungen von politischen Parteien einen „ganzen Fächer von Grundsatzfragen" aufwerfen[172], die, soweit sie die Jurisprudenz betreffen, nicht nur medien-, sondern auch parteienverfassungsrechtlicher Art sind. Das wird, wie die folgenden Ausführungen zeigen werden, oft verkannt[173].

II. Zulässigkeit einer erwerbswirtschaftlichen Betätigung von politischen Parteien?

So provozieren Medienbeteiligungen von politischen Parteien bei genauerem Besehen schon die – in Zeiten einer globalen Finanzkrise besonders virulente – Frage, ob sich politische Parteien überhaupt erwerbswirtschaftlich betätigen dürfen[174]. Denn bei Lichte betrachtet stellt der Erwerb von Medienbeteiligungen zunächst einmal nichts anderes dar als eine Form der erwerbswirtschaftlichen Betätigung[175].

---

170 *Kepplinger/Maurer*, Abschied vom rationalen Wähler, 2005, S. 188; vgl. auch *Kepplinger*, in: Faulbaum/Wolf (Hrsg.), Gesellschaftliche Entwicklungen im Spiegel der empirischen Sozialforschung, 2010, S. 135.

171 *Marcinkowski/Pfetsch*, in: dies. (Hrsg.), Politik in der Mediendemokratie, 2009, S. 22.

172 Vgl. *v. Alemann*, Diskussionsbeitrag, in: Morlok/v. Alemann/Streit (Hrsg.), Medienbeteiligungen politischer Parteien, 2004, S. 165; s. auch *Dörr*, in: Paul, Die Rundfunkbeteiligungen politischer Parteien, 2010, S. 5.

173 Besonders prononciert: *Möstl*, AöR Bd. 135 (2010), S. 137 f.; vgl. auch *Reffken*, Politische Parteien und ihre Beteiligungen an Medienunternehmen, 2007, S. 307 ff.; *Eschweiler*, Diskussionsbeitrag, in: Wettig-Danielmeier/Stiegler (Hrsg.), Reform der Parteienfinanzierung, 2001, S. 29; s. auch *T. Schneider*, Vermögen und erwerbswirtschaftliche Betätigung politischer Parteien, 2008, der die Medienbeteiligungen der politischen Parteien im „faktischen" Teil seiner Studie breit darstellt (a.a.O., S. 7 ff., insb. S. 85 ff.), im „rechtlichen" Teil dann aber ausführt, die Diskussion um die Begrenzung von Medienbeteiligungen politischer Parteien weise über das Thema der Arbeit hinaus (a.a.O., S. 205). In der gebotenen Tiefe dagegen *Angelov*, Vermögensbildung und unternehmerische Tätigkeit politischer Parteien, 2006, S. 148 ff.

174 So richtig: *Sannwald*, in: Schmidt-Bleibtreu/Hofmann/Hopfauf (Hrsg.), GG, 12. Aufl., 2011, Art. 21 Rdnr. 60 mit Rdnr. 29; deutlich auch *Morlok*, in: Ipsen (Hrsg.), 40 Jahre Parteiengesetz, 2009, S. 55.

175 Vgl. *Henzgen*, Die Rechenschaftslegung politischer Parteien, 2008, S. 116.

Maßgeblich für diese Sicht ist, dass Medienunternehmen auch Wirtschaftsunternehmen sind[176]. Als „Content-Packager“ verfolgen sie immer zugleich publizistische und ökonomische Ziele[177]. Wäre daher ein wirtschaftliches Engagement der Parteien von der Verfassung nicht gedeckt, würde sich das – zumindest prinzipiell – auch auf die Medienbeteiligungen erstrecken[178].

Die Frage, ob sich politische Parteien erwerbswirtschaftlich betätigen dürfen, wird im verfassungsrechtlichen Schrifttum seit einigen Jahren intensiv diskutiert.[179] Mehrheitlich wird sie im positiven Sinne beantwortet. So ist *Johannes Dietlein* der Ansicht, die Parteien genössen „umfassende Dispositionsfreiheit“ und könnten – unter dem Schutz von Art. 12 GG und Art. 14 GG – auch erwerbswirtschaftliche Aktivitäten entfalten[180], und zwar selbst solche, die keinen unmittelbaren Bezug zur Parteitätigkeit haben[181]. Andererseits ist aber auch nicht zu übersehen, dass

---

176 Exemplarisch: *K.-D. Altmeppen*, in: Raupp/Jarolimek/Schultz (Hrsg.), Handbuch CSR, 2011, S. 247 ff.; *ders.*, Journalismus und Medien als Organisationen, 2006, S. 146 ff.; *Hoffmann-Riem*, in: Berka/Grabenwarter/Holoubek (Hrsg.), Unabhängigkeit der Medien, 2011, S. 62 Fn. 28; *Isensee/Axer*, Jugendschutz im Fernsehen, 1998, S. 66; *Degenhart*, K&R 2008, 217 f.; *Kohler*, Politikfinanzierung, 2010, S. 286; *Winter*, SpuRt 2004, 100; *ders.*, ZUM 2003, 531 ff.

177 Vgl. hierzu *Sjurts*, in: dies. (Hrsg.), Gabler Lexikon Medienwirtschaft, 2. Aufl., 2011, Stichwort „Medienunternehmen“, S. 400. Vgl. in diesem Kontext auch *Prantl*, Blätter für deutsche und internationale Politik 6/2010, S. 91, der zu Recht bemerkt, aktuell bestehe „wie noch nie seit 1945 die Gefahr, dass der deutsche Journalismus verflacht und verdummt, weil der Renditedruck steigt“.

178 Vgl. *Schindler*, Die Partei als Unternehmer, 2006, S. 16; *Morlok*, in: Ipsen (Hrsg.), 40 Jahre Parteiengesetz, 2009, S. 55; immerhin andeutungsweise auch *Cordes*, Medienbeteiligungen politischer Parteien, 2009, S. 249 f.; anders: *Gersdorf*, Diskussionsbeitrag, in: Morlok/v. Alemann/Streit (Hrsg.), Medienbeteiligungen politischer Parteien, 2004, S. 129 f.

179 Exemplarisch: *Angelov*, Vermögensbildung und unternehmerische Tätigkeit politischer Parteien, 2006; *Schindler*, Die Partei als Unternehmer, 2006; *T. Schneider*, Vermögen und erwerbswirtschaftliche Betätigung politischer Parteien, 2008; vgl. auch *Dietlein*, in: Stern, Staatsrecht IV/2, 2011, § 114 VIII 2 a, S. 127 f., sowie *Betzinger*, Sponsoring im öffentlichen Raum, 2011, S. 149, und *Morlok/v. Alemann/Streit* (Hrsg.), Sponsoring – ein neuer Königsweg der Parteienfinanzierung?, 2006, passim.

180 *Dietlein*, in: Stern, Staatsrecht IV/2, 2011, § 114 VIII 2 a, S. 127 f.; vgl. auch *Hans H. Klein*, in: Maunz/Dürig, GG, Loseblatt, Stand Oktober 2011, Art. 21 Rdnr. 282, sowie *Kunig*, HStR III, 3. Aufl., 2005, § 40 Rdnr. 92.

181 *Dietlein*, in: Stern, Staatsrecht IV/2, 2011, § 114 VIII 2 a, S. 127 f.; s. ferner *Angelov*, Vermögensbildung und unternehmerische Tätigkeit politischer Parteien, 2006, S. 262.

Art. 21 Abs. 1 S. 1 GG die Parteien nicht nur anerkennt[182], sondern ihnen auch die Funktion zuweist, an der politischen Willensbildung des Volkes mitzuwirken[183]. Es erscheint möglich, dass dies eine „Konzentration der Parteien auf ihren verfassungsrechtlichen Mitwirkungsauftrag" impliziert[184] und erwerbswirtschaftliche Aktivitäten von Parteien eo ipso verfassungsrechtlich unzulässig sind[185].

Für die Richtigkeit der letztgenannten Position streitet, dass die Parteien „eigentlich politische Organisationen" sind[186]. Es bleibt bei „aller zunehmend Besorgnis erregenden Ökonomisierung des öffentlichen Lebens" zu bedenken, „dass Parteien keine Unternehmen sind"[187]. Jedenfalls ihr „Kerngeschäft" ist nicht im Wirtschaftswettbewerb zu sehen, sondern im Parteienwettbewerb[188]. Sie kämpfen um Wählerstimmen, nicht um Marktanteile[189]. Ihr Auftrag ist jener der politischen Gestaltung[190].

---

182 Vgl. dazu *Laufer*, Verfassungsgerichtsbarkeit und politischer Prozess, 1968, S. 480, sowie *Bethge/v. Coelln*, Grundriss Verfassungsrecht, 4. Aufl., 2011, S. 13. Vgl. auch *Maurer*, Staatsrecht I, 6. Aufl., 2010, § 11 Rdnrn. 6 ff.; *ders.*, JuS 1991, 881.

183 Dazu *Grimm*, in: Adolf-Arndt-Kreis (Hrsg.), Parteien ohne Volk, 2008, S. 9; *Herzog*, Verfassungsrechtliche Grundlagen des Parteienstaates, 1993, S. 2 ff.; *Kunig*, HStR III, 3. Aufl., 2005, § 40 Rdnrn. 72 ff.

184 *P. M. Huber*, Festschrift 50 Jahre BVerfG II, 2001, S. 620. Wie dieser auch die CDU/CSU-Bundestagsfraktion in ihrem Gesetzesentwurf zur Änderung des Parteiengesetzes v. 13.11.2001 (BT-Drucks. 14/7441, Begründung, S. 7). Deutlich auch *Stolleis*, VVDStRL Heft 44 (1986), S. 25, sowie *Burmeister*, Diskussionsbeitrag, in: Stern (Hrsg.), 40 Jahre Grundgesetz, 1990, S. 155.

185 In diesem Sinne: *P. M. Huber*, Festschrift 50 Jahre BVerfG II, 2001, S. 620. Vgl. auch *Morlok*, in: Tsatsos (Hrsg.), 30 Jahre Parteiengesetz in Deutschland, 2002, S. 70.

186 *Morlok*, in: Ipsen (Hrsg.), 40 Jahre Parteiengesetz, 2009, S. 55.

187 *Hans-Peter Schneider*, Öffentliche Anhörung des Innenausschusses des Deutschen Bundestags zum Thema „Parteiengesetz" in der 89. Sitzung am 28.2.2002, Prot. BT-Innenausschuss 14/89, S. 41.

188 *Köhler*, Parteien im Wettbewerb, 2006, S. 203. S. auch *Krumbholz*, Finanzierung und Rechnungslegung der politischen Parteien und deren Umfeld, 2010, S. 94. Zur Demokratie als Wettbewerbsordnung: *Müller-Franken*, DVBl. 2009, 1072 ff.

189 So plastisch: *Hans-Peter Schneider*, Öffentliche Anhörung des Innenausschusses des Deutschen Bundestags zum Thema „Parteiengesetz" in der 89. Sitzung am 28.2.2002, Prot. BT-Innenausschuss 14/89, S. 41.

190 *Burmeister*, Diskussionsbeitrag, in: Stern (Hrsg.), 40 Jahre Grundgesetz, 1990, S. 155. Vgl. auch *Tsatsos*, demzufolge jede „Ausweitung des Aufgabenbereichs, die über das hinausgeht, was den Parteien durch das Grundgesetz zugewiesen ist", zu einem (verfassungsrechtlich unzulässigen) „Parteienstaatsübermaß" führt (*ders.*, in: Gabriel/Niedermayer/Stöss [Hrsg.], Parteiendemokratie in Deutschland, 2. Aufl., 2002, S. 155; vgl. auch *ders.*, Festschrift für Ernst Gottfried Mahrenholz, 1994, S. 408 f.).

Denkbar ist aber auch, dass zumindest primär *der Gesetzgeber* befugt ist, Beschränkungen der erwerbswirtschaftlichen Aktivität von Parteien zu statuieren. *Martin Morlok* etwa führt aus:

> „Parteien sind von Rechts wegen Spezialorganisationen, die als Instrumente zur Verfolgung eines bestimmten Zweckes konzipiert sind, zugleich aber genießen sie in ihren Handlungen auch den Schutz der Grundrechte. Während die festgestellte gesteigerte Typizität für eine Einschränkung des Handlungskreises der Parteien spricht, insbesondere also dafür, nicht zweckdienliche Aktivitäten ihnen vorzuenthalten, geben die Grundrechte im Ansatz alle Handlungsmöglichkeiten frei, allerdings unter dem Vorbehalt rechtfertigungspflichtiger Eingriffsmöglichkeiten. Angesichts dessen, dass die Funktion der Parteien in Art. 21 Abs. 1 GG verfassungskräftig festgelegt ist, haben wir es mit einem Konflikt von zwei Rechtsbestimmungen zu tun, die beide Verfassungsrang haben. Damit stellt sich die Aufgabe der Herstellung praktischer Konkordanz. Die Handlungsfreiheit der Parteien kann eingeschränkt werden, so weit es die Aufgabenverfolgung, die in Art. 21 Abs. 1 GG normiert ist, verlangt. Diese Zuordnung grundrechtlicher Freiheit und organisatorischer Spezialität ist wesentlich Sache des Gesetzgebers“[191].

Morlok zufolge sind erwerbswirtschaftliche Aktivitäten von Parteien selbst dann nicht rechtswidrig, wenn sie bei einer Partei „die Oberhand“ gegenüber der politischen Willensbildung gewinnen. In einem solchen Fall verliert die betreffende Partei nach *Morlok* lediglich ihren Parteistatus[192].

---

191 *Morlok*, in: Ipsen (Hrsg.), 40 Jahre Parteiengesetz, 2009, S. 65. Auf der Linie von *Morlok* auch *Wieland*, Zur verfassungsrechtlichen Zulässigkeit des Hessischen Privatrundfunkgesetzes, Antrag beim Bundesverfassungsgericht v. 15.6.2003, S. 7 f.; *Badura*, Festschrift für Richard Bartlsperger, 2006, S. 9 Fn. 14; *Dietlein*, in: Stern, Staatsrecht IV/2, 2011, § 114 VIII 2 a, S. 126 ff.; *Kersjes*, Medienbeteiligungen politischer Parteien, 2009, S. 195 ff.; *Kluth*, in: Epping/Hillgruber (Hrsg.), BeckOK GG, Ed. 13 (Stand: 1.1.2012), Art. 21 Rdnr. 97; *Schmitt Glaeser*, JöR n.F. Bd. 50 (2002), S. 190.

192 *Morlok*, in: Ipsen (Hrsg.), 40 Jahre Parteiengesetz, 2009, S. 70 (dies freilich in tendenziellem Widerspruch zu seinen eigenen Worten in: Tsatsos [Hrsg.], 30 Jahre Parteiengesetz in Deutschland, 2002, S. 70); *Hans-Peter Schneider*, Festschrift für Inge Wettig-Danielmeier, 2001, S. 328; *Kersjes*, Medienbeteiligungen politischer Parteien, 2009, S. 176 m.w.N. Enger: *Kunig*, in: von Münch/Kunig, GG II, 4./5. Aufl., 2001, Art. 21 Rdnr. 15, demzufolge die Parteien ihren besonderen Status bereits dann verlieren, wenn sie sich überwiegend erwerbswirtschaftlich betätigen; auf dieser Linie auch *Angelov*, Vermögensbildung und unternehmerische Tätigkeit politischer Parteien, 2006, S. 263; *T. Schneider*, Vermögen und erwerbswirtschaftliche Betätigung politischer Parteien, 2008, S. 179; *Schreiber*, BWahlG, 8. Aufl., 2009, § 18 Rdnr. 4.

Als „wirksamste Waffe“ gegen Missbrauchsgefahren gilt den Autoren dieser Meinungsgruppe die Norm des Art. 21 Abs. 1 S. 4 GG, nach welcher die Parteien über die Herkunft und Verwendung ihrer Mittel sowie über ihr Vermögen öffentlich Rechenschaft geben müssen[193]. So hat *Heinig* im Zusammenhang mit Betrachtungen zum Thema der erwerbswirtschaftlichen Aktivitäten von Parteien ausgeführt, Art. 21 Abs. 1 S. 1 GG liege „die Blaupause eines freiheitlichen Parteienwesens“ zugrunde, das soweit wie möglich auf Handlungsverbote verzichte und die Parteien stattdessen der Kontrolle durch die Öffentlichkeit aussetze[194].

Die danach im Raum stehende Frage, ob sich politische Parteien erwerbswirtschaftlich betätigen dürfen, wird in Kapitel 4 ausführlich untersucht werden. An dieser Stelle gilt es, auf weitere verfassungsrechtliche Probleme aufmerksam zu machen, die Medienbeteiligungen von politischen Parteien aufwerfen.

III. Vereinbarkeit von Medienbeteiligungen der politischen Parteien mit dem Verfassungsgrundsatz der Freiheitlichkeit der politischen Willensbildung?

1. Einleitung

Medienbeteiligungen von politischen Parteien werden oft als zumindest primär erwerbswirtschaftlich motiviert[195] und/oder der klassischen Parteipresse jedenfalls vergleichbar[196] angesehen. Hieraus resultiert der Befund, dass Medienbeteiligungen von politischen Parteien oftmals nicht näher auf ihre Vereinbarkeit mit

---

193 *Dietlein*, in: Stern, Staatsrecht IV/2, 2011, § 114 VIII 2 d, S. 133. In diesem Sinne auch *Morlok*, in: ders./v. Alemann/Streit (Hrsg.), Sponsoring – ein neuer Königsweg der Parteienfinanzierung?, 2006, S. 16; *Krumbholz*, Finanzierung und Rechnungslegung der politischen Parteien und deren Umfeld, 2010, S. 94 f.

194 *Heinig*, JZ 2010, 488; vgl. auch *Angelov*, Vermögensbildung und unternehmerische Tätigkeit politischer Parteien, 2006, S. 254 f.

195 *P. M. Huber*, Öffentliche Sachverständigenanhörung der CDU/CSU-Bundestagsfraktion zum Thema „Das Transparenzgebot des Grundgesetzes und die SPD-Parteifinanzen“ am 20.10.2000, Protokoll S. 10 f. (BT-Drucks. 14/9300, Anlagenband III, S. 847 f.).

196 So *Karpen*, Öffentliche Sachverständigenanhörung der CDU/CSU-Bundestagsfraktion zum Thema „Das Transparenzgebot des Grundgesetzes und die SPD-Parteifinanzen“ am 20.10.2000, Protokoll S. 5 (BT-Drucks. 14/9300, Anlagenband III, S. 842).

dem Verfassungsgrundsatz der Freiheitlichkeit der politischen Willensbildung hin untersucht werden[197].

Dies greift möglicherweise deutlich zu kurz. Dass sich Medienbeteiligungen von Parteien und die klassische Parteipresse nicht über einen Kamm scheren lassen, wurde bereits dargelegt[198]. Doch auch an der Richtigkeit der These, Medienbeteiligungen von Parteien seien jedenfalls primär erwerbswirtschaftlich motiviert, bestehen zumindest Zweifel. Schließlich können die Parteien, und ein Blick auf deren (zu Recht beklagte) „Landnahme" in der Gremienaufsicht des öffentlich-rechtlichen Rundfunks[199] bestätigt dies, den „Okkupationsverlockungen im Blick auf die Medien kaum widerstehen"[200].

Gewiss sind heute auch „viele so genannte unabhängige Medien in Wahrheit fest eingebunden in ökonomische Zwänge und Abhängigkeiten"[201]. Allerdings sind die Parteien im Blick auf die freie öffentliche Meinungsbildung nicht mit anderen Unternehmern vergleichbar[202]. Das zeigt letztlich schon die Norm des Art. 21 GG[203]. Ferner stehen die Parteien gegenüber den Medien in einer „Position erheblich höherer Interessiertheit als die anderen, von den Medien weniger

---

197 Exemplarisch: *Hans-Peter Schneider*, Festschrift für Inge Wettig-Danielmeier, 2001, S. 331; besonders prononciert: *Schuler-Harms*, in: Morlok/v. Alemann/Streit (Hrsg.), Medienbeteiligungen politischer Parteien, 2004, S. 47 f.

198 Vgl. dieses Kapitel, C. III. 2. a) aa), S. 41 ff.

199 So plastisch *Bethge*, Festschrift für Walter Schmitt Glaeser, 2003, S. 485; vgl. auch *Kloepfer*, Verfassungsrecht II, 2010, § 61 Rdnr. 97, sowie *Ladeur*, in: Paschke/Berlit/Meyer (Hrsg.), Hamburger Kommentar – Gesamtes Medienrecht, 2. Aufl., 2012, 1. Teil, Kap. 3, 4. Abschn., Rdnr. 113, und *Hain*, Antrag gemäß Art. 93 Abs. 1 Nr. 2 GG, §§ 13 Nr. 6, 76 ff. BVerfGG der Regierung des Landes Rheinland-Pfalz v. 3.1.2011, S. 19 ff.

200 *Schmitt Glaeser*, Der freiheitliche Staat des Grundgesetzes, 2008, S. 187; *Grimm*, Diskussionsbeitrag, in: VVDStRL Heft 44 (1986), S. 125; *Cornils*, Medienrechtliches Kolloquium zum 75. Geburtstag von Hartmut Schiedermair, 2011, S. 41; *v. Alemann* (unter Mitarbeit von *Erbentraut* u. *J. Walther*), Das Parteiensystem der Bundesrepublik Deutschland, 4. Aufl., 2010, S. 137.

201 *Haller*, Zur gesellschaftlichen Rolle der Parteipresse, vorwaerts.de v. 17.12.2009, abrufbar unter <http://www.vorwaerts.de/artikel/zur-gesellschaftlichen-rolle-der-parteipresse> [letzter Abruf 5.1.2012]; vgl. auch *ders.*, in: Duve/Haller (Hrsg.), Leitbild Unabhängigkeit, 2004, S. 155 f.; s. ferner *Grimm*, in: v. Alemann/Morlok/Krüper (Hrsg.), (Partei-) Politik im Zeichen des Marketing, 2010, S. 124, sowie *Leyendecker*, wistra 2011, 176 ff.

202 *Badura*, Festschrift für Richard Bartlsperger, 2006, S. 9.

203 *Badura*, ebenda.

existentiell und umfassend betroffenen Gruppen"[204]. Hieraus folgt, dass die Versuchung, manipulativ auf die öffentliche Meinungsbildung zu wirken, bei Parteien prinzipiell größer ist als bei „normalen" Medienunternehmern[205]. Das gilt vor allem im Wahlkampf[206]. Letztlich stellt das Problem der Abhängigkeit der Medien von politischer Einflussnahme nichts weniger als das Grundproblem freier Medien schlechthin dar[207]. Es ist anerkannt, dass die Medien in einer Demokratie nicht zum Spielball der Politik werden dürfen[208]. Maßgeblich ist insofern, dass eine freie Meinungsbildung „nur unter den Bedingungen umfassender Information gelingen" kann, wie sie „vorzugsweise Sache der Medien ist"[209]. Die Wahrnehmung demokratischer Entscheidungsprozesse erfolgt nahezu exklusiv medienvermittelt[210].

Die sich danach aufdrängende Frage, ob Medienbeteiligungen von politischen Parteien mit der Freiheitlichkeit der politischen Willensbildung vereinbar sind, hat drei Hauptdimensionen: Jene, ob eine (zumindest partielle) funktionale Unvereinbarkeit von Parteien und Medien besteht (im Folgenden unter 2.), jene, ob Medienbeteiligungen von politischen Parteien mit dem Grundsatz der Staatsfreiheit der Medien vereinbar sind (vgl. hierzu sub 3.) und jene, ob speziell Rundfunkbeteiligungen von Parteien mit dem Grundsatz der Überparteilichkeit des Rundfunks in Einklang stehen (vgl. 4.). Die sich insoweit ergebenden Probleme sollen im Folgenden näher betrachtet werden.

---

204 So (im Hinblick auf die Einflussnahmeversuche der Parteien auf die öffentlich-rechtlichen Rundfunkanstalten) *Grimm*, HdbVerfR, 2. Aufl., 1994, § 14 Rdnr. 74.

205 Vgl. *Angelov*, Vermögensbildung und unternehmerische Tätigkeit politischer Parteien, 2006, S. 291; vgl. auch *Grimm*, in: Heun/Honecker/Morlok/Wieland (Hrsg.), Evangelisches Staatslexikon, Neuausgabe 2006, Stichwort „Medien", Sp. 1499; *Eberle/Gersdorf*, JuS 1991, 494; anders freilich: *Gersdorf*, in: Morlok/v. Alemann/Streit (Hrsg.), Medienbeteiligungen politischer Parteien, 2004, S. 74 f.; *Cornils*, Medienrechtliches Kolloquium zum 75. Geburtstag von Hartmut Schiedermair, 2011, S. 41 ff.; *ders.*, ZJS 2009, 465 ff.; *Schömann-Finck*, Die Medienbeteiligungen der SPD, Diplomarbeit Katholische Universität Eichstätt-Ingolstadt, März 2005, S. 97.

206 *Angelov*, Vermögensbildung und unternehmerische Tätigkeit politischer Parteien, 2006, S. 291; vgl. auch *M. Maurer*, Publizistik 52 (2007), S. 177.

207 So im Blick auf die Presse: *Depenheuer*, in: Nußberger/Schmidt (Hrsg.), Medienrecht und Meinungsfreiheit in Russland, 2005, S. 50.

208 So *Herzog*, in: Hall (Hrsg.), Jugendwahn und Altersängste, 1999, S. 24.

209 *Bethge*, Festschrift für Walter Schmitt Glaeser, 2003, S. 468, unter Bezugnahme auf BVerfGE 97, 228 (257). Vgl. auch *Frank*, in: Böckelmann (Hrsg.), Medienmacht und Politik, 1989, S. 180 Fn. 3.

210 *Kotzur*, VVDStRL Heft 69 (2010), S. 213.

2. Unvereinbarkeit der Funktionen von Parteien und Medien?

In der Diskussion des Themas der Medienbeteiligungen von Parteien ist die These populär, die Funktionen von Parteien und Medien seien (zumindest partiell) nicht miteinander vereinbar[211]. Es bestehe eine strukturelle Inkompatibilität der Funktionen von Parteien und Medien[212]. Überwiegend wird dabei allein auf die demokratienotwendige Funktion der *Medien*[213] abgehoben[214]. Man argumentiert, die Parteien als die von den Medien zu Kontrollierenden sollten (und dürften) sich nicht als Medienbetreiber selbst kontrollieren[215]. Gerade Medienbeteiligungen von Parteien beförderten einen solchen Zustand.

Sicherlich dürfen in einer Demokratie „die maßgeblichen Akteure auf der politischen Bühne" nicht zugleich „die maßgeblichen Rezensenten" sein[216]. Maßgeblich hierfür ist vor allem, dass die Selektion von Themen „eine positive und eine negative Seite" hat, also immer auch „*Nicht*selektion von Themen" heißt[217]. Medienunternehmerisch tätige Parteien werden zumindest auf ein Agenda-Cutting bedacht sein, mithin darauf, für sie nicht günstige Aspekte von der Medien-Agenda zu nehmen[218]. Dieser „Nachrichten-Bias"[219] kann „politisch fatale Konsequenzen" haben[220], und dies nicht nur, aber doch gerade auch deshalb, weil negative

211 *Möstl*, Orientierungen zur Wirtschafts- und Gesellschaftspolitik 101 (3/2004), S. 75 f.; grundlegend: *ders.*, DÖV 2003, 106 ff.

212 Zuletzt *Möstl*, AöR Bd. 135 (2010), S. 137.

213 Grundlegend: BVerfGE 20, 162 (175).

214 Vgl. *Möstl*, AöR Bd. 135 (2010), S. 137.

215 *Möstl*, Orientierungen zur Wirtschafts- und Gesellschaftspolitik 101 (3/2004), S. 75.

216 Vgl. hierzu *Morlok*, Gutachten zum Entwurf zur Änderung des Niedersächsischen Mediengesetzes (Gesetzentwurf der Fraktionen der CDU und der FDP, Nds. LT-Drucks. 15/450) anlässlich der Anhörung des Ausschusses für Bundes- und Europaangelegenheiten und Medien des Niedersächsischen Landtags am 24.11.2003, Vorlage 14 zu Nds. LT-Drucks. 15/450, S. 3. Vgl. auch *Grimm*, DIE ZEIT v. 11.4.2002, Nr. 16, S. 15.

217 *Luhmann*, Die Politik der Gesellschaft, 2000, S. 309. Vgl. auch *Schmitt Glaeser*, HStR III, 3. Aufl., 2005, § 38 Rdnr. 52.

218 S. dazu *Brettschneider*, in: v. Alemann/Marschall (Hrsg.), Parteien in der Mediendemokratie, 2002, S. 78; vgl. auch *v. Arnim*, DÖV 1985, 603, sowie *M. Maurer*, Publizistik 52 (2007), S. 177.

219 Dieser Begriff bezeichnet in der politischen Kommunikationsforschung eine parteiliche Berichterstattung zugunsten bestimmter politischer Akteure oder Themeninterpretationen zum Nachteil anderer Akteure oder Themeninterpretationen (vgl. *Boomgaarden/Semetko*, PVS, Sonderheft 45/2011, 2012, S. 443).

220 *Luhmann*, Die Politik der Gesellschaft, 2000, S. 309.

Informationen wie Skandalberichte über einen Politiker auch von dessen Anhängern registriert werden[221]. Allerdings könnte es sich bei der öffentlichen Aufgabe der in Privatrechtsform betriebenen Medien eher um Grundrechtserwartungen denn um sanktionierbare Auflagen handeln[222]. Wäre dem so, verböte sich jedenfalls insoweit die Annahme einer verfassungsrechtlich relevanten funktionalen Unvereinbarkeit von Parteien und Medien.

Bei der Betrachtung der Frage, ob sich die Funktionen von Parteien und Medien als nicht miteinander vereinbar erweisen[223], gilt es den Blick auch auf die Norm des Art. 21 Abs. 1 S. 1 GG zu lenken, welche den Parteien die Funktion zuweist, bei der politischen Willensbildung des Volkes mitzuwirken. Es ist anerkannt, dass hierin keine Ermächtigung zur Manipulation dieser Willensbildung zu sehen ist[224]. Zumindest in dem Fall, dass Medienbeteiligungen von Parteien nicht offen gelegt werden, steht aber genau eine solche Manipulation im Raum. In der Literatur findet sich der Ansatz, es komme jedenfalls dann zu (verfassungsrechtlich relevanten) „[k]onkrete[n] Gefährdungen für die Funktionsfähigkeit der *Parteien*", wenn die über die betreffenden Medien „parteiinduziert veröffentlichte Meinung […] als öffentliche Meinung rezipiert" werde[225].

---

221 So *Noelle*, Schriftliche Auskunft zur Problematik der Medienbeteiligungen von politischen Parteien v. 4.11.2005. Zu den Konsequenzen von Parteilichkeit in den Massenmedien s. auch *Boomgaarden/Semetko*, PVS, Sonderheft 45/2011 (2012), S. 442 ff. m.w.N. Zu Recht und Politik im Zustand des Skandals vgl. *Bethge*, in: Jahres- und Tagungsbericht der Görres-Gesellschaft 2000, 2000, S. 59 ff.

222 Vgl. *Bethge*, DÖV 2002, 677; *ders*., Festschrift für Walter Rudolf, 2001, S. 411 f.; *ders.*, HStR IX, 3. Aufl., 2011, § 203 Rdnr. 84; vgl. ferner *Isensee*, HStR IX, 3. Aufl., 2011, § 190 Rdnr. 234; *v. Coelln*, Zur Medienöffentlichkeit der Dritten Gewalt, 2005, S. 174. S. auch *Schwetzler*, Persönlichkeitsschutz durch Presseselbstkontrolle, 2005, S. 95. Andere Tendenz bei *Häberle/Scheuing*, JuS 1970, 525 ff.

223 *Möstl*, Orientierungen zur Wirtschafts- und Gesellschaftspolitik 101 (3/2004), S. 75 f.; grundlegend: *ders.*, DÖV 2003, 106 ff.

224 *P. M. Huber*, K&R 2004, 222.

225 *Cordes*, Medienbeteiligungen politischer Parteien, 2009, S. 362 (Hervorhebung nur hier); s. auch *ders.*, ZParl 40 (2009), S. 131; zustimmend: *Kersjes*, Medienbeteiligungen politischer Parteien, 2009, S. 299. Im dargestellten Sinne auch *Möstl,* AöR Bd. 135 (2010), S. 137; s. ferner *Lenski*, PartG, 2011, § 1 Rdnr. 10, sowie *v. Alemann* (unter Mitarbeit von *Erbentraut* u. *J. Walther*), Das Parteiensystem der Bundesrepublik Deutschland, 4. Aufl., 2010, S. 141. Anders: *Schütz,* im Gespräch mit Schömann-Finck, Die Medienbeteiligungen der SPD, Diplomarbeit Katholische Universität Eichstätt-Ingolstadt, März 2005, Anhang, S. II.

3. Vereinbarkeit der Medienbeteiligungen von politischen Parteien mit dem Verfassungsgrundsatz der Staatsfreiheit der Medien?

In der Literatur wird die Vereinbarkeit der Medienbeteiligungen von Parteien mit dem Verfassungsgrundsatz der Staatsfreiheit der Medien oft schon allein mit dem Hinweis bejaht, die Parteien seien gar nicht Adressaten dieses Grundsatzes. So birgt für *Reffken* die Thematisierung der politischen Parteien unter der Chiffre der Staatsfreiheit des Rundfunks die Gefahr, „die aus Gründen rechtsstaatlicher Freiheitssicherung klar zu treffende Unterscheidung von Staat und Gesellschaft verfassungsrechtlich zu verwischen und sich der Parteienstaatslehre von *Leibholz* wieder anzunähern“[226].

Nach anderer Ansicht rühren Bedenken an Medienbeteiligungen von Parteien daher, dass im „real existierenden Parteienstaat der Bundesrepublik Deutschland Parteienmitwirkung häufig der Sache nach ein Medium staatlicher Herrschaft ist“[227]. Man verweist auf die „staatstragende Bedeutung“, welche den Parteien nach dem Grundgesetz zukomme[228]. Auch das Bundesverfassungsgericht hat in seiner Entscheidung zum Hessischen Privatrundfunkgesetz ausgeführt, es gehe bei der Begrenzung der Einflussmöglichkeiten der Parteien auf den Rundfunk um „die Abwehr einer spezifischen Gefahr“, nämlich jener „staatsnaher Einflussnahme auf

226 *Reffken*, NVwZ 2008, 860; zur Parteienstaatslehre von *Gerhard Leibholz* vgl. *ders.*, Das Wesen der Repräsentation unter besonderer Berücksichtigung des Repräsentativsystems, 1929; zur berechtigten Kritik an dieser Lehre: *Böckenförde*, in: Nonnenmacher (Hrsg.), Die gespendete Macht, 2000, S. 59 f.; *Grimm*, in: Adolf-Arndt-Kreis (Hrsg.), Parteien ohne Volk, 2008, S. 11; *Ossenbühl*, BayVBl. 2000, 164; *Schwartmann*, Verfassungsfragen der Allgemeinfinanzierung politischer Parteien, 1995, S. 132 ff.; *Oberreuter*, in: ders. (Hrsg.), Ungewissheiten der Macht, 1998, S. 26.

227 *Kloepfer*, Verfassungsrecht II, 2010, § 61 Rdnr. 97; vgl. auch *Degenhart*, in: Bonner Kommentar, Loseblatt, Stand Oktober 2011, Art. 5 Abs. 1 u. 2 Rdnr. 725; *Schmitt Glaeser*, HStR III, 3. Aufl., 2005, § 38 Rdnr. 52; *Dörr/Schwartmann*, Medienrecht, 3. Aufl., 2010, Rdnr. 174 a; *v. Alemann* (unter Mitarbeit von *Erbentraut* u. *J. Walther*), Das Parteiensystem der Bundesrepublik Deutschland, 4. Aufl., 2010, S. 137.

228 *Gounalakis/Zagouras*, Medienkonzentrationsrecht, 2008, S. 20. Vgl. auch *Hartstein/Ring/Kreile/Dörr/Stettner/Cole*, RStV, Loseblatt, Stand Oktober 2011, § 20 a Rdnr. 6; *Scholz*, Deutschland – in guter Verfassung?, 2004, S. 136; *Lenski*, PartG, 2011, § 1 Rdnr. 9; (nur) im Blick auf den Rundfunk auch *v. Coelln*, in: Menzel/Müller-Terpitz (Hrsg.), Verfassungsrechtsprechung, 2. Aufl., 2011, Artikel „BVerfGE 121, 30 – Pressebeteiligung“, S. 859. Im Blick auch auf die Presse: *Degenhart*, in: Bonner Kommentar, Loseblatt, Stand Oktober 2011, Art. 5 Abs. 1 u. 2 Rdnr. 485.

die inhaltliche Programmgestaltung vermittels der beteiligten Parteien“[229]. Das Gericht hebt hervor, die Parteien wiesen „verglichen mit anderen gesellschaftlichen Kräften eine besondere Staatsnähe auf“[230]. Sie könnten auch im Rundfunkbereich einen Einfluss ausüben, der sich von einem als „staatlich“ in Erscheinung tretenden Einfluss der Mehrheitsparteien kaum unterscheiden lasse[231].

Die (medien-)verfassungsrechtliche Relevanz dieser Aussagen liegt auf der Hand: Eine staatlich gelenkte oder auch nur staatsnah agierende Medienlandschaft wird höchstens zu einer „gelenkten“ Demokratie führen, welche mit einer „Herrschaft des Volkes“ wenig gemein hat[232]. Es ist anerkannt, dass nach dem Grundgesetz „nicht durch ein Beherrschen Meinung gemacht werden, sondern – umgekehrt – […] vom Meinen her Einfluss auf das Herrschen genommen werden soll“[233]. Es ist ein Kennzeichen von Diktaturen, dass die Medien gegenüber dem politischen System nicht verselbständigt sind[234]. Diese Hinweise erscheinen umso

---

229 BVerfGE 121, 30 (63). Zustimmend: *v. Coelln*, in: Menzel/Müller-Terpitz (Hrsg.), Verfassungsrechtsprechung, 2. Aufl., 2011, Artikel „BVerfGE 121, 30 – Pressebeteiligung“, S. 859; *P. M. Huber*, Öffentliche Anhörung des Hauptausschusses des Landtags Nordrhein-Westfalen in der 64. Sitzung am 19.5.2009, Prot. NRW LT-Hauptausschuss 14/890, S. 9. Vgl. auch Nds. StGH, LVerfGE 16, 377 (392), sowie *Schmidt*, Rundfunkvielfalt, 1984, S. 80, der von der Gefahr eines „Regierungssender[s] durch die Hintertür“ spricht.

230 BVerfGE 121, 30 (54); zustimmend: *Möllers*, Staat als Argument, 2. Aufl., 2011, S. 334 ff.; *Degenhart*, Staatsrecht I, 27. Aufl., 2011, Rdnr. 47; *Holznagel*, MMR 2008, 596; *C. Hahn*, Die Aufsicht des öffentlich-rechtlichen Rundfunks, 2010, S. 178; *Cordes*, ZParl 40 (2009), S. 128; *Cao*, Parteien als Eigentümer von Medien, 2010, S. 24 f.; kritisch *Cornils*, Medienrechtliches Kolloquium zum 75. Geburtstag von Hartmut Schiedermair, 2011, S. 53: „unglückliche Begriffsprägung“, welche der Verwechslung von Parteien und Staat Vorschub leiste. Auf dieser Linie auch *Reffken*, Politische Parteien und ihre Beteiligungen an Medienunternehmen, 2007, S. 277 f.; differenzierend: *v. Coelln*, in: Menzel/Müller-Terpitz (Hrsg.), Verfassungsrechtsprechung, 2. Aufl., 2011, Artikel „BVerfGE 121, 30 – Pressebeteiligung“, S. 861.

231 BVerfGE 121, 30 (61 f.), unter Bezugnahme auf BVerfGE 73, 118 (165). Vgl. auch bereits BVerfGE 90, 60 (89).

232 *Depenheuer*, in: Nußberger/Schmidt (Hrsg.), Medienrecht und Meinungsfreiheit in Russland, 2005, S. 56. Vgl. auch *Degenhart*, AfP 2010, 324 ff., und *Horn*, VVDStRL Heft 68 (2009), S. 443.

233 *A. Arndt*, in: Löffler (Hrsg.), Die öffentliche Meinung, 1962, S. 19.

234 *Grimm*, in: Heun/Honecker/Morlok/Wieland (Hrsg.), Evangelisches Staatslexikon, Neuausgabe 2006, Stichwort „Medien“, Sp. 1498; *Loewenstein*, Verfassungslehre, 2. Aufl., 1969, Kap. 9, S. 284; vgl. auch *Feser*, Orientierungen zur Wirtschafts- und Gesellschaftspolitik 101 (3/2004), S. 65.

bedeutsamer, als sich namentlich der Grundsatz der Staatsfreiheit des Rundfunks in jüngerer Zeit „massiven Erosionstendenzen" ausgesetzt sieht[235].

4. Vereinbarkeit speziell von Rundfunkbeteiligungen von Parteien mit dem Verfassungsgrundsatz der Überparteilichkeit des Rundfunks?

Speziell im Blick auf Rundfunkbeteiligungen von Parteien stellt sich des Weiteren das Problem, ob diese mit der verfassungsgebotenen Überparteilichkeit des Rundfunks[236] vereinbar sind. Schließlich ist nicht zu übersehen, dass die politischen

---

235 *P. M. Huber*, Festschrift für Herbert Bethge, 2009, S. 497. Seit dem Erscheinen des Beitrags von *Huber* wurden in Deutschland im Blick auf die Staatsferne des Rundfunks namentlich die Personalien „*Wilhelm*", „*Seibert*" und „*Schneider*" diskutiert. Hinsichtlich der beiden Erstgenannten heißt es etwa bei *Grimberg*, taz v. 12.7.2010, Nr. 9236, S. 10: „Dass nun mit *Ulrich Wilhelm* ein Regierungssprecher ausscheidet, um bei der ARD [beim Bayerischen Rundfunk, der Verfasser] als Intendant anzufangen, und an seine Stelle ausgerechnet ein ZDF-Mann [*Steffen Seibert*, der Verfasser] nachrückt – ein absurderes Signal für fehlende Staatsferne könnte es kaum geben". Der „Fall *Schneider*" betraf die Wahl des (damaligen) Leiters der Bayerischen Staatskanzlei, *Siegfried Schneider*, zum Präsidenten der Bayerischen Landeszentrale für neue Medien (BLM) im Jahr 2011. Scharf kritisiert wurde hier insbesondere, dass die – seinerzeit noch von *Schneider* geleitete – Bayerische Staatskanzlei im Vorfeld der Wahl offenbar ausgewählte Medienräte der BLM [der Präsident der BLM wird gem. Art. 15 Abs. 1 S. 2 BayMG vom Medienrat gewählt], zu einem Mittagessen eingeladen hatte, bei welchem dem Vernehmen nach Unterschriftslisten für *Siegfried Schneider* herumgereicht wurden (vgl. dazu *Auer/Szymanski*, Süddeutsche Zeitung v. 2.2.2011, Nr. 26, S. 39; zum „Fall *Schneider*" ferner *V. Henle*, Süddeutsche Zeitung v. 9.2.2011, Nr. 32, S. 2; *Pitzer*, epd medien 7/2011 v. 18.2.2011, S. 3 ff.). Auf europäischer Ebene wurde das Thema mangelnder Staatsferne in den Medien in jüngerer Zeit u.a. im Blick auf das neue ungarische Mediengesetz diskutiert (hierzu *Frank/Kahlweit*, Süddeutsche Zeitung v. 21.12.2011, Nr. 294, S. 15; *Müller*, Frankfurter Allgemeine Zeitung v. 6.1.2011, Nr. 4, S. 8).

236 Vgl. hierzu BVerfGE 73, 118 (190). Gegen die Vereinbarkeit der Medienbeteiligungen von Parteien mit der Überparteilichkeit des Rundfunks namentlich *Sannwald*, in: Schmidt-Bleibtreu/Hofmann/Hopfauf (Hrsg.), GG, 12. Aufl., 2011, Art. 21 Rdnr. 60; anders: *Bethge*, Rundfunkfreiheit und privater Rundfunk, 1985, S. 38 f. Bei der Presse und den in Privatrechtsform betriebenen Telemedien ist anerkanntermaßen keine Überparteilichkeit gefordert. Die Presse unterliegt keinen wie auch immer gearteten inhaltlichen Vorgaben (richtig: *Stürner*, AfP 2002, 284). Sie genießt ebenso vollumfänglichen Tendenzschutz (vgl. BVerfGE 52, 283 [296]) wie in Privatrechtsform betriebene Telemedien (*v. Coelln*, AfP 2008, 443, und *Müller-Terpitz*, AfP 2008, 340; dazu, dass die öffentlich-rechtlichen Rundfunkanstalten im Rahmen ihres

Parteien – und das tragen sie schon im Namen (vgl. lat. „pars": „Teil")[237] – parteiisch sind[238]. Sie sind nichts weniger als „politische Tendenzbetriebe"[239]. In der Literatur wird vor diesem Hintergrund die Ansicht vertreten, politische Parteien als Rundfunkveranstalter böten aufgrund ihrer Aufgabenstellung mit einer bestimmten politischen Ausrichtung keine Gewähr für ein meinungsplurales Programm[240]. Sie ließen – im Gegenteil – eine *Gefahr* für die Meinungsvielfalt befürchten[241]. Dies steht im Gegensatz zu der nicht minder häufig vertretenen Meinung, nach der Parteien als Rundfunkveranstalter bzw. Anteilseigner an Rundfunkunternehmen das Meinungsspektrum bereichern[242].

Zu dieser Streitfrage sowie zu den anderen in diesem Kapitel aufgeworfenen Fragen wird in den Kapiteln 4 und 5 Stellung genommen werden. Gleichsam als empirische Basis hierfür soll im Folgenden ein repräsentativer Überblick zu Medienbeteiligungen von politischen Parteien gegeben werden, die in der Bundesrepublik Deutschland bestehen.

„Internet-Grundversorgungsauftrags" mit ihren Online-Angeboten eine „objektive, binnenplurale Informationsquelle" darzustellen haben: *Papier/Schröder*, Verfassungsfragen des Dreistufentests, 2011, S. 96).

237 *Stein/Frank*, Staatsrecht, 21. Aufl., 2010, § 41 III 1, S. 341.

238 Vgl. dazu *Betzinger*, Sponsoring im öffentlichen Raum, 2011, S. 148; *ders.*, DVBl. 2010, 1207; s. auch *Volkmann*, Politische Parteien und öffentliche Leistungen, 1993, S. 205.

239 *Sarcinelli*, Politische Kommunikation in Deutschland, 3. Aufl., 2011, S. 221.

240 *Eberle/Gersdorf*, JuS 1991, 494.

241 *Fehling*, Die Konkurrentenklage bei der Zulassung privater Rundfunkveranstalter, 1994, S. 71; s. auch *Sannwald*, in: Schmidt-Bleibtreu/Hofmann/Hopfauf (Hrsg.), GG, 12. Aufl., 2011, Art. 21 Rdnr. 60 a; *Schmitt Glaeser*, Der freiheitliche Staat des Grundgesetzes, 2008, S. 187; *Geerlings*, AfP 2004, 330; *Ladeur*, in: Paschke/Berlit/Meyer (Hrsg.), Hamburger Kommentar – Gesamtes Medienrecht, 2. Aufl., 2012, 1. Teil, Kap. 3, 4. Abschn., Rdnr. 135; ähnlich: *Schulze-Fielitz*, in: Dreier, GG I, 2. Aufl., 2004, Art. 5 I, II Rdnr. 268; vgl. auch *Leyendecker*, Süddeutsche Zeitung v. 23.5.2008, Nr. 118, S. 17.

242 Exemplarisch: *Cornils*, Medienrechtliches Kolloquium zum 75. Geburtstag von Hartmut Schiedermair, 2011, S. 60; *Ahmed*, Begrenzung politischer Parteien im Rundfunk, 2011, S. 44; *Gersdorf*, in: Morlok/v. Alemann/Streit (Hrsg.), Medienbeteiligungen politischer Parteien, 2004, S. 74 (anders freilich: *Eberle/Gersdorf*, JuS 1991, 489 ff.); *v. Coelln*, Stellungnahme der Bayerischen Staatsregierung et al. zum Normenkontrollantrag der Landesregierung Rheinland-Pfalz gegen den ZDF-Staatsvertrag vor dem Bundesverfassungsgericht (Vf. 1 BvF 1/11), Funkkorrespondenz 34/2011, S. 30. S. auch *Lackner*, Verfassungsrechtliche Probleme von Sendezeiten für Dritte im Rahmen der dualen Rundfunkordnung, 1999, S. 125; *Kleber*, Privater Rundfunk, 1986, S. 125 ff.

Kapitel 2: Bestandsaufnahme zu in der Bundesrepublik Deutschland bestehenden Medienbeteiligungen von politischen Parteien

A. Einleitung

Um die Praxisrelevanz der Frage nach der Zulässigkeit von Medienbeteiligungen von politischen Parteien zu untermauern, sei im Folgenden eine überblicksartige Bestandsaufnahme zum Medienanteilseigentum der politischen Parteien in der Bundesrepublik Deutschland gegeben. Eine solche erscheint unabdingbar, weil sich nicht zuletzt in wissenschaftlichen Betrachtungen zum Thema der Medienbeteiligungen von Parteien oft der Hinweis findet, *nur* die SPD verfüge über solche Beteiligungen. Eine solche Annahme ist, wie die folgenden Ausführungen[243] zeigen werden, falsch. Richtig ist allein die Aussage, dass die SPD die *größte* Medienunternehmerin unter den deutschen Parteien ist[244]. Sie hat sich „nach und nach ein weit

243 Diese basieren vor allem auf den eigenen Angaben der Parteien sowie auf den Angaben von Unternehmen, an denen die betreffenden Parteien beteiligt sind. Soweit die eigenen Angaben der Parteien betroffen sind, wird primär auf die im Jahr 2011 veröffentlichten Rechenschaftsberichte der Parteien rekurriert, mithin jene für das Jahr 2009. Dieser Ansatz erscheint insofern zielführend, als die Rechenschaftsberichte der Parteien auch eine Vermögensbilanz enthalten müssen, der ein Erläuterungsteil beizufügen ist (vgl. § 24 Abs. 1 S. 1, Abs. 6, Abs. 7 PartG; zur Einführung der entsprechenden Regelungen durch das Achte Gesetz zur Änderung des Parteiengesetzes v. 28.6.2002 [BGBl. I 2002, S. 2268] vgl. *Badura,* Festschrift für Richard Bartlsperger, 2006, S. 6). In diesem Erläuterungsteil sind (auch) die unmittelbaren und mittelbaren Beteiligungen der betreffenden Partei an Unternehmen auszuweisen (vgl. § 24 Abs. 7 Nr. 1 PartG; hierzu: *Lenski*, PartG, 2011, § 24 Rdnr. 92). Ferner sind die Hauptprodukte derjenigen Medienunternehmen zu benennen, an denen direkte Beteiligungen bestehen (s. § 24 Abs. 7 Nr. 2 PartG; näher: *Lenski*, PartG, 2011, § 24 Rdnr. 96; vgl. auch *Rixen*, in: Kersten/Rixen, PartG, 2009, § 24 Rdnrn. 107 ff.; *Jochum*, in: Ipsen [Hrsg.], PartG, 2008, § 24 Rdnr. 86; *Paul*, Die Rundfunkbeteiligungen politischer Parteien, 2010, S. 43).

244 *v. Coelln*, in: Menzel/Müller-Terpitz (Hrsg.), Verfassungsrechtsprechung, 2. Aufl., 2011, Artikel „BVerfGE 121, 30 – Pressebeteiligung“, S. 858. Vgl. auch *Schmitt Glaeser*, HStR III, 3. Aufl., 2005, § 38 Rdnr. 52.

gespanntes ‚Medienimperium' aufgebaut", das durch „beachtliche Beteiligungen an einer Reihe von Zeitungsverlagen" geprägt ist[245]. Falsch wiederum ist hingegen die These, allein das Medienengagement der SPD habe eine Dimension, die „eine verfassungsrechtliche Diskussion überhaupt erst nahe legt"[246]. Denn wenn Medienbeteiligungen von politischen Parteien verfassungswidrig wären, dann bestünde insoweit ein *absolutes* Beteiligungsverbot für politische Parteien; auch Parteien, die nur mit einem geringen Anteil an „fremden"[247] Medienunternehmen beteiligt sind, handelten dann rechtswidrig. Der Umstand, dass auch kleine Unternehmensbeteiligungen von Parteien für die freie individuelle und öffentliche Meinungsbildung relevant sind, tritt hinzu[248].

B. Sozialdemokratische Partei Deutschlands (SPD)

I. Die dd_vg. als Holdinggesellschaft der SPD

Wie soeben erwähnt, ist die SPD die größte Medienunternehmerin unter den deutschen Parteien. Sie ist über ihre Holdinggesellschaft „deutsche druck- und verlagsgesellschaft mbh" (dd_vg.)[249] an einer großen Zahl von Medienunternehmen beteiligt[250].

245 *Rudzio*, Das politische System der Bundesrepublik Deutschland, 8. Aufl., 2011, S. 448.

246 *Schuler-Harms*, in: Morlok/v. Alemann/Streit (Hrsg.), Medienbeteiligungen politischer Parteien, 2004, S. 30.

247 *v. Alemann* (unter Mitarbeit von *Erbentraut* u. *J. Walther*), Das Parteiensystem der Bundesrepublik Deutschland, 4. Aufl., 2010, S. 141; *Hans-Peter Schneider*, Festschrift für Inge Wettig-Danielmeier, 2001, S. 331.

248 Näher: Kap. 5 B. III. 2. d), S. 188 ff.

249 Vgl. <http://www.spd.de/Partei/Organisation/1974/der_unternehmensbereich_der_spd.html > [letzter Abruf 5.1.2012].

250 *v. Coelln*, in: Menzel/Müller-Terpitz (Hrsg.), Verfassungsrechtsprechung, 2. Aufl., 2011, Artikel „BVerfGE 121, 30 – Pressebeteiligung", S. 858. Vgl. auch *Möstl,* AöR Bd. 135 (2010), S. 136; grundlegend: *Feser*, Der Genossen-Konzern, 2002, passim. Entgegen *Schuler-Harms*, in: Morlok/v. Alemann/Streit (Hrsg.), Medienbeteiligungen politischer Parteien, 2004, S. 35, könnte die in der Rechtsform des nicht eingetragenen Vereins organisierte SPD die betreffenden Beteiligungen sehr wohl auch unmittelbar halten. Maßgeblich hierfür ist die Anerkennung der Teilrechtsfähigkeit der Gesellschaft bürgerlichen Rechts durch BGHZ 146, 341, wie sie durch den Verweis in § 54 S. 1 BGB auch für den nicht eingetragenen Verein bedeutsam ist (richtig: *Reffken*, Politische Parteien

„Aufgabe der [dd_vg.] ist professionelles Beteiligungsmanagement für ihre Eigentümerin, die Sozialdemokratische Partei Deutschlands. Das Ziel ist, die Beteiligungen wirtschaftlich zu führen, die Substanz zu mehren – und damit zugleich einen finanziellen Beitrag zur Arbeit der SPD zu leisten“[251].

An der dd_vg. hält die Schatzmeisterin der SPD, *Barbara Hendricks*, als Generaltreuhänderin für die SPD 94,67 Prozent der Anteile; die verbleibenden 5,33 Prozent werden von der Solidarität GmbH gehalten, treuhänderisch für den Parteivorstand der SPD[252].

Barbara Hendricks als Generaltreuhänderin für die SPD wird von einem Treuhand-Aufsichtsrat in den wirtschaftlichen Grundsatzfragen des Unternehmens- und Liegenschaftsbereichs beraten[253]. Diesem Aufsichtsrat gehören nach Angaben der dd_vg. die folgenden Personen an: *Björn Engholm*, *Barbara Hendricks*, *Uwe Jacobsen*, *Sigrid Keler*, *Ernst Maul*, *Werner Müller*, *Jobst Plog* sowie – als Vorsitzende – die ehemalige Bundesschatzmeisterin der SPD, *Inge Wettig-Danielmeier*[254]. Bis Juli 2010 war *Hannelore Kraft* Mitglied, bis Februar 2010 *Gisela Marx*[255].

Die dd_vg. führt zu ihrem Tätigkeitsfeld aus:

„Der Schwerpunkt des Beteiligungsportfolios im Bereich der regionalen Tageszeitungen sowie der Druckereien ist das Ergebnis einer langen historischen Entwicklung. Die dd_vg. öffnet sich aber auch für andere Engagements, sofern sie eine solide wirtschaftliche Perspektive haben und eine attraktive Rendite erwarten lassen. Beispiele hierfür sind Investitionen in Zeitschriften, in das Tourismusgeschäft oder in Handelsgeschäfte“[256].

Beträchtliches Medienecho hat es in jüngerer Zeit insoweit provoziert, als die dd_vg. ab Mai 2012 Reisen auf dem Kreuzfahrtschiff „*MS Princess Daphne*“ vermarkten will; dem Vernehmen nach soll sie für jedes verkaufte Ticket eine Provision erhalten[257].

---

und ihre Beteiligungen an Medienunternehmen, 2007, S. 164 m.w.N.; s. auch *Rüfner*, HStR IX, 3. Aufl., 2011, § 196 Rdnr. 88; vgl. auch Palandt-*Sprau*, BGB, 71. Aufl., 2012, § 705, Rdnrn. 23 ff.).

251 <http://www.ddvg.de/wirueberuns/> [letzter Abruf 27.12.2011].

252 Vgl. <http://www.ddvg.de/wirueberuns/geschaeftsfuehrer-gesell-schafter-und-aufsichtsrat/> [letzter Abruf 27.12.2011].

253 Ebenda.

254 Deutsche Druck- und Verlagsgesellschaft mbH (Hrsg.), Geschäftsbericht 2010, S. 26.

255 Ebenda.

256 <http://www.ddvg.de/wirueberuns/> [letzter Abruf 27.12.2011].

257 *o. V.*, Frankfurter Allgemeine Zeitung v. 21.7.2011, Nr. 167, S. 15.

Im Blick auf ihren Schwerpunkt im Bereich der regionalen Presse[258] schreibt die dd_vg.:

> „Das Engagement im Segment der regionalen Tageszeitungen trägt zum Erhalt einer lebendigen mittelständischen Presselandschaft bei. Dabei vermeidet die dd_vg. beherrschenden Einfluss und hält in der Regel Minderheitsbeteiligungen. Die Geschäftsführung der dd_vg. ist aktiver Gesellschafter, macht selbst aber keine Zeitungen. Die dd_vg. fühlt sich der inneren Pressefreiheit verpflichtet"[259].

Die dd_vg. beschreibt sich selbst als „eine kleine Holding, die sich auf Minderheitsbeteiligungen an Zeitungsverlagen konzentriert hat, die wirtschaftliches Beteiligungsmanagement betreibt und das Zeitungsmachen den Redaktionen überlässt und die – [...] – einen wichtigen Beitrag leistet zur Erhaltung der Eigentümer- und Pressevielfalt in Deutschland"[260]. Man wolle „keinen neuen Medienkonzern aufbauen, sondern eine Medienkonzentration in Deutschland verhindern"[261]. Man sei

---

258 Fundamentalkritisch: *Schmitt Glaeser*, DIE WELT v. 10.10.2003, Nr. 236, S. 9. Zum Problem fehlender medialer Meinungsvielfalt auf lokaler und regionaler Ebene vgl. BVerfGE 74, 297 (338), sowie *v. Coelln*, AfP 2008, 436; *ders.*, Spielräume des Gesetzgebers für die Erweiterung des Zugangs der Zeitungsverlage zum Rundfunk in Bayern, 2006, S. 31 f., und *Winter*, SpuRt 2004, 99.

259 <http://www.ddvg.de/wirueberuns/unternehmens_philosophie/> [letzter Abruf 27.12.2011]. In diesem Sinne auch dd_vg.-Geschäftsführer *Linnekugel*, Stellungnahme zum Gesetzentwurf der Hessischen Landesregierung für ein Zweites Gesetz zur Änderung des Hessischen Pressegesetzes (Hess. LT-Drucks. 18/2731) anlässlich der Anhörung des Innenausschusses des Hessischen Landtags am 25.11.2010, Ausschussvorlage INA/18/34, Teil 2, S. 25; vgl. freilich auch *Bähr/Wendt*, FOCUS 24/1997 v. 9.6.1997, S. 198 ff., zu einem Fall, in dem sich dd_vg.-Geschäftsführer *Berendsen* in die Berichterstattung der *Südthüringer Zeitung* eingemischt haben soll. *v. Olenhusen*, UFITA 2011, 262, sieht im Falle eines unternehmerischen Engagements von Parteien ein „besonders ausgeprägtes Bedürfnis für innere Absicherungen und Regularien" (kritisch zur Effektivität solcher Regularien im Blick auf die Problematik der Medienbeteiligungen von Parteien: *Kersjes*, Medienbeteiligungen politischer Parteien, 2009, S. 328 f.).

260 Vgl. dazu die Stellungnahme des damaligen dd_vg.-Geschäftsführers *Walter*, Öffentliche Anhörung des Hauptausschusses des Hessischen Landtags in der 3. Sitzung v. 27.5.2009, Sten. Bericht HAA/18/3, S. 8. Auf dieser Linie auch *Schütz*, welcher im Blick auf die Medienbeteiligungen der SPD den Begriff vom „Bonsai-Imperium" geprägt hat (*Schütz*, Der Tagesspiegel v. 13.1.2003, Nr. 18001, S. 30; auf der nämlichen Linie auch *ders.*, im Gespräch mit Schömann-Finck, Die Medienbeteiligungen der SPD, Diplomarbeit Katholische Universität Eichstätt-Ingolstadt, März 2005, Anhang, S. I ff.). Kritisch: *Feser*, Der Tagesspiegel v. 19.1.2003, Nr. 18007, S. 7.

261 *Wettig-Danielmeier*, im Interview mit Wiedemann/Rosigkeit, „Wir wollen die Pressevielfalt erhalten", vorwaerts.de v. 24.10.2005, abrufbar unter <http://www.vorwaerts.

„nicht auf Expansion angelegt", habe aber „in der Vergangenheit, wie im Falle der *Frankfurter Rundschau*, ausgeholfen, wenn es Probleme gab"[262]. Nach anderer Ansicht ist die dd_vg. „ein moderner Medienkonzern, und zwar einer der größeren im Lande"[263]. Wie der folgende Überblick zum Beteiligungsportefeuille der dd_vg. im Medienbereich zeigt, lässt sich im Blick auf sie von einem „Multimediakonzern" sprechen[264].

II. Überblick zum Beteiligungsportefeuille der dd_vg. im Medienbereich

Die dd_vg. ist an diversen Medienunternehmen beteiligt. Sie hat in ihrem Geschäftsbericht für das Jahr 2010 die folgende Übersicht zu Beteiligungen an – von ihr allesamt so titulierten – „Verlagshäusern" veröffentlicht[265]:

---

de/artikel/wir-wollen-die-pressevielfalt-erhalten> [letzter Abruf 5.1.2012]. Auch *Kersjes* (Medienbeteiligungen politischer Parteien, 2009, S. 54) ist der Ansicht, dass die Meinungsvielfalt gesichert werden könne, wenn eine Partei durch ihre Beteiligungen zum Erhalt von Zeitungen oder Sendern beitrage. Fundamentalkritisch zu dieser Position (im Blick auf das Medienengagement der SPD) *Hanfeld*, Frankfurter Allgemeine Zeitung v. 13.3.2008, Nr. 62, S. 40.

262 *Wettig-Danielmeier*, a.a.O.; vgl. auch *dies.*, NG/FH 9/2011, S. 58. Zur (kontrovers diskutierten) 90-prozentigen Übernahme der Druck- und Verlagshaus Frankfurt am Main GmbH, in welcher die *Frankfurter Rundschau* erscheint, durch die dd_vg. im Jahr 2004 vgl. *Lückemeier*, Frankfurter Allgemeine Zeitung v. 5.5.2004, Nr. 104, S. 42; *Appelius*, Frankfurter Allgemeine Zeitung v. 14.5.2004, Nr. 112, S. 44; *Lilienthal*, epd medien 35/2004 v. 8.5.2004, S. 3 ff.; *Kersjes*, Medienbeteiligungen politischer Parteien, 2009, S. 82 ff., und (mit zahlreichen Interviews) *Schömann-Finck*, Die Medienbeteiligungen der SPD, Diplomarbeit Katholische Universität Eichstätt-Ingolstadt, März 2005, passim. Auch dem Süddeutschen Verlag, in welchem die *Süddeutsche Zeitung* erscheint, ist die dd_vg. bereits zu Hilfe gekommen: „Hätte die dd_vg. [...] nicht dem Süddeutschen Verlag die *Frankenpost* abgekauft, hätte die Südwestdeutsche Medienholding bei dem in Finanznot geratenen Verlag gar nicht einsteigen können" (*Hanfeld*, Frankfurter Allgemeine Zeitung v. 13.3.2008, Nr. 62, S. 40).

263 *Hanfeld*, Frankfurter Allgemeine Zeitung v. 13.3.2008, Nr. 62, S. 40; s. ferner *Feser*, Der Genossen-Konzern, 2002, passim, sowie *Vorkötter*, Frankfurter Rundschau v. 30.9.2006, Nr. 228, S. 3.

264 Im Anschluss an *Zentara*, Medienordnung und Öffentlicher Diskurs, 2009, S. 67. Vgl. auch *Bösch*, Archiv für Sozialgeschichte (44) 2004, S. 506 ff.

265 *Deutsche Druck- und Verlagsgesellschaft mbH* (Hrsg.), Geschäftsbericht 2010, S. 10.

- „Westfälische Verlagsgesellschaft mbH“ mit 100 Prozent: ist mit 13,1 Prozent an der „Zeitungsverlag Westfalen GmbH & Co. KG“ in Dortmund beteiligt (*Westfälische Rundschau*)
- „Oliva Druck- und Verlagsgesellschaft mbH“ mit 100 Prozent: ist mit 32,5 Prozent an der „Cuxhaven-Niederelbe Verlagsgesellschaft mbH & Co. KG“ beteiligt (*Cuxhavener Nachrichten, Niederelbe Zeitung*)
- „Presse-Druck GmbH“ mit 100 Prozent: ist mit 57,5 Prozent an der „Zeitungsverlag Neue Westfälische GmbH & Co. KG“ in Bielefeld beteiligt (*Neue Westfälische*)
- „Druckhaus Bayreuth Verlagsgesellschaft mbH“ mit 47,5 Prozent: ist mit 62,5 Prozent an der „Nordbayerischen Kurier GmbH & Co. Zeitungsverlag KG“ beteiligt (*Nordbayerischer Kurier*)
- „Dresdner Druck- und Verlagshaus GmbH & Co. KG“ mit 40 Prozent (*Sächsische Zeitung, Morgenpost Sachsen*)
- „Druck- und Verlagshaus Frankfurt am Main GmbH“ mit 40 Prozent (*Frankfurter Rundschau*)
- „Frankenpost Verlag GmbH“ in Hof mit 35 Prozent (*Frankenpost*)
- „Suhler Verlagsgesellschaft mbH & Co. KG“ mit 30 Prozent (*Freies Wort, Südthüringer Zeitung*)
- „Druck- und Verlagsanstalt ‚Neue Presse’ GmbH“ mit 30 Prozent (*Neue Presse Coburg*)
- „Verlagsgesellschaft Madsack GmbH & Co. KG“ mit rund 23,1 Prozent (u.a. *Hannoversche Allgemeine, Neue Presse Hannover, Leipziger Volkszeitung, Dresdner Neueste Nachrichten, Kieler Nachrichten, Lübecker Nachrichten, Ostsee-Zeitung, Göttinger Tageblatt)*
- „Berliner vorwärts Verlagsgesellschaft mbH“ mit 100 Prozent (*vorwärts, Demokratische Gemeinde*)
- „vorwärts-Buch Verlagsgesellschaft mbH“ mit 100 Prozent
- „ÖKO-TEST Holding AG“ mit rund 65,7 Prozent: ist mit 100 Prozent an der ÖKO-TEST Verlag GmbH (*ÖKO-TEST Magazin*) beteiligt
- „TIVOLA Publishing GmbH“ mit rund 51 Prozent
- „tredition GmbH“ mit 10 Prozent
- „Rheinland-Pfälzische Rundfunk GmbH & Co. KG“ mit rund 9 Prozent (*RPR 1, RPR2*) (über dd_vg.-Rundfunk-Beteiligungsges. mbH, i.G.)[266]

266 Vgl. dazu auch BVerfGE 121, 30 (33).

Des Weiteren besteht auf Seiten der dd_vg. „eine ausgeprägte Struktur“[267] indirekter Rundfunkbeteiligungen, welche sich auf mehrere Bundesländer erstrecken[268]. Exemplarisch seien an dieser Stelle genannt ein durchgerechneter mittelbarer dd_vg.-Anteil von 7,5 Prozent am Funkhaus Coburg und ein ebensolcher Anteil in Höhe von 0,4 Prozent an der Radio Hamburg GmbH & Co. KG[269].

Im Bereich der Telemedien ist die dd_vg. über ihre Beteiligung an der Verlagsgesellschaft Madsack GmbH & Co. KG an der (dieser Gesellschaft zu 100 Prozent gehörenden) Madsack Online GmbH & Co. KG beteiligt[270]. Medienangebote der letztgenannten Gesellschaft sind so bekannte Portale wie jenes der *Hannoverschen Allgemeinen Zeitung* (*haz.de*) oder der *Neuen Presse Hannover* (*neuepresse.de*)[271].

Selbst in der Fachöffentlichkeit ist so gut wie unbekannt, dass die SPD-Medienholding, soweit ersichtlich, auch an der Nachrichtenagentur Deutsche Presse-Agentur GmbH (dpa) beteiligt ist: Für sie wird in der Gesellschafterliste der dpa vom 12.5.2011 ein Anteil von 215.020 Euro ausgewiesen[272]. Dies erscheint von besonderem Interesse, versorgt die dpa doch als Marktführer tagesaktuelle Medien aus dem In- und Ausland mit Nachrichten[273]. Auch viele kleinere nationale Agenturen gehören zu ihren Kunden[274].

---

267 *Dietlein*, in: Stern, Staatsrecht IV/2, 2011, § 114 V 2 g α, S. 92; vgl. ferner *v. Coelln*, in: Menzel/Müller-Terpitz (Hrsg.), Verfassungsrechtsprechung, 2. Aufl., 2011, Artikel „BVerfGE 121, 30 – Pressebeteiligung“, S. 858 f.

268 Vgl. die Nachweise unter <http://www.ddvg.de/w/files/neue-dokumente/sonstige-dokumente/uebersicht_mittelbare_radiobeteiligungen_ddvg_stand_1111.pdf> [Stand: November 2011; letzter Abruf 27.12.2011]; s. ferner BVerfGE 121, 30 (33), sowie *Paul*, Die Rundfunkbeteiligungen politischer Parteien, 2010, S. 37 ff.

269 Zu diesen Angaben vgl. <http://www.ddvg.de/w/files/neue-dokumente/sonstige-dokumente/uebersicht_mittelbare_radiobeteiligungen_ddvg_stand_1111.pdf> [Stand: November 2011; letzter Abruf 27.12.2011].

270 Vgl. dazu die Mediendatenbank der Kommission zur Ermittlung der Konzentration im Medienbereich (KEK), <http://www.kek-online.de/db/index.php?c=3715&mt=-1&s=Madsack+Online&f=0> [letzter Abruf 5.1.2012].

271 Ebenda.

272 Vgl. AG Hamburg, HR B 68431, Gesellschafterliste v. 12.5.2011, Nr. 77. Zum Thema auch bereits *Feser*, Politische Studien, Heft 403, 56. Jahrgang, September/Oktober 2005, S. 103.

273 Vgl. <http://www.dpa.com/UEber-uns.41.0.html> [letzter Abruf 5.1.2012]; zur dpa ausführlich *Gensch*, in: Sjurts (Hrsg.), Gabler Lexikon Medienwirtschaft, 2. Aufl., 2011, Stichwort „Deutsche Presse-Agentur (dpa)“, S. 107 ff.

274 So *Gensch*, in: Sjurts (Hrsg.), Gabler Lexikon Medienwirtschaft, 2. Aufl., 2011, Stichwort „Nachrichtenagentur“, S. 436. Die dd_vg.-Beteiligung an der dpa steht in tendenziellem Widerspruch zu § 5 (2) des Gesellschaftsvertrages der Nachrichtenagentur,

III. Die publizistische Bedeutung der dd_vg./SPD (unter besonderer Berücksichtigung des Marktes der Tageszeitungen)

Welche publizistische Bedeutung der dd_vg. bzw. SPD zukommt, wird nicht einheitlich beurteilt. Für *Walter J. Schütz* spricht „einiges dafür, dass die dd_vg. und damit die SPD aus ihrer Beteiligung an erfolgreichen Zeitungen durchaus ökonomischen Nutzen zieht, ihr publizistischer Einfluss aber marginal sein dürfte“[275]. Er hat insoweit den Begriff des „Bonsai-Imperiums“ geprägt[276]. Dies steht im Gegensatz zu der Wertung von *Andreas Feser*, der einen „Genossen-Konzern“ ausmacht[277]. Auch für *Wolfgang Rudzio* können die Pressebeteiligungen der SPD „nicht als irrelevante Marginalie durchgehen“[278]. Er sieht durch sie die „vielbeschworene Trennung zwischen Medien und Parteien“ als „durchlöchert“ an[279]. Nach dem Dafürhalten des *SPIEGEL* avancierte die dd_vg. „endgültig zum aktiven Spieler im deutschen Medienmarkt“, als sie im Jahr 2004 (vorübergehend) 90 Prozent der Anteile an der Druck- und Verlagshaus Frankfurt am Main GmbH erwarb, in welcher die *Frankfurter Rundschau* erscheint[280]. In eben diesem Kontext sprach der seinerzeitige Vorsitzende der FDP, *Guido Westerwelle*, angelehnt

in welchem es heißt: „Das Unternehmen erfüllt seine Aufgabe unparteiisch und unabhängig von Einwirkungen und Einflüssen durch Parteien, Weltanschauungsgruppen, Wirtschafts- oder Finanzgruppen und Regierungen“ (Gesellschaftsvertrag der dpa i.d.F. v. 26.6.2001, S. 2).

275 *Schütz*, Der Tagesspiegel v. 13.1.2003, Nr. 18001, S. 30.

276 *Schütz*, ebenda.

277 *Feser*, Der Genossen-Konzern, 2002.

278 *Rudzio*, Das politische System der Bundesrepublik Deutschland, 8. Aufl., 2011, S. 448.

279 *Rudzio*, a.a.O. Für *v. Alemann* (unter Mitarbeit von *Erbentraut* u. *J. Walther*), Das Parteiensystem der Bundesrepublik Deutschland, 4. Aufl., 2010, S. 142, wurde diese Trennung mit der Mehrheitsübernahme der *Frankfurter Rundschau* durch die SPD-Medienholding durchbrochen.

280 *Hornig/Nelles/Pauly/Schulz*, DER SPIEGEL 18/2004 v. 26.4.2004, S. 208 ff. Heute gehört die *Frankfurter Rundschau* mehrheitlich der Verlagsgruppe M. DuMont Schauberg. Letztere hat im Jahr 2006 50 Prozent der Anteile und eine Stimme an der Druck- und Verlagshaus Frankfurt am Main GmbH von der dd_vg. erworben (vgl. <http://www.fr-online.de/wir-ueber-uns/pressemitteilung-eigentuemerwechsel-bei-der-frankfurter-rundschau,4353508,2748702.html> [letzter Abruf 27.12.2011]; o.V., DIE WELT v. 19.7.2006, Nr. 166, S. 26; s. auch *Hanfeld/Rossmann*, Frankfurter Allgemeine Zeitung v. 19.7.2006, Nr. 165, S. 36).

an den großen Medienbesitz des damaligen italienischen Ministerpräsidenten *Silvio Berlusconi*[281], von einer drohenden „Berlusconisierung" der deutschen Medienlandschaft[282]. Nach Ansicht von *Hendrik Reffken* ist die dd_vg. „[v]on einer den Meinungsmarkt beherrschenden Stellung [...] zwar noch weit entfernt"[283]. Für „publizistisch unbedeutend" hält allerdings auch er die Medienbeteiligungen der dd_vg. nicht.

Vor allem der Anteil der dd_vg. am Markt der Tageszeitungen in Deutschland ist immer wieder Gegenstand von Spekulationen[284]. In der jüngsten Auflage seiner regelmäßig erscheinenden Konzentrationsstudie aus dem Jahr 2010 schreibt *Horst Röper* der SPD-Medienholding insoweit eine anteilige Auflage von 556 300 Exemplaren zu (gegenüber 498 800 in der betreffenden Studie aus dem Jahr 2008)[285]. Das entspricht einem Marktanteil von 3,0 Prozent (im Jahr 2008 lag dieser Wert *Röper* zufolge noch bei 2,4 Prozent)[286]. Dieser Wert liegt nur um 0,1 Prozent unter jenem, den *Röper* für die *Frankfurter Allgemeine Zeitung* errechnet hat, und sogar um 0,7 Prozent über jenem, den *Röper* für die Verlagsgruppe *Holtzbrinck* angibt[287]. Insgesamt lag die dd_vg. im Ranking der größten deutschen Zeitungsverleger im Jahr 2010 auf dem achten Rang[288].

Hervorzuheben ist, dass die Verlagsgesellschaft Madsack GmbH & Co KG[289], bei der die SPD-Holding dd_vg. nach Medienberichten die größte Anteilseignerin

---

281 Hierzu: *Heun*, Diskussionsbeitrag, in: Ipsen (Hrsg.), 40 Jahre Parteiengesetz, 2009, S. 114; *Ginsborg*, Berlusconi: Politisches Modell der Zukunft oder italienischer Sonderweg?, 2005, S. 29 ff., 119 ff.; *Tranfaglia*, Ma esiste il quarto potere in Italia?, 2005, passim; *Rusconi*, APuZ 35-36/2004, S. 32 ff. Eine nüchterne Betrachtungsweise mahnen an: *Köppl*, GWP 59. Jg. (2010), Nr. 1, S. 57; *ders.*, ZfP 53. Jg. (2006), S. 442; *Depenheuer*, in: Nußberger/Schmidt (Hrsg.), Medienrecht und Meinungsfreiheit in Russland, 2005, S. 56 f.

282 *Westerwelle*, zitiert in: o.V., Berliner Zeitung v. 26.4.2004, Nr. 97, S. 34; vgl. auch *M. Naumann*, DIE ZEIT v. 13.5.2004, Nr. 21, S. 60; kritisch: *Kurt Beck*, epd medien 100/2003 v. 20.12.2003, S. 31.

283 *Reffken*, Politische Parteien und ihre Beteiligungen an Medienunternehmen, 2007, S. 68 f.

284 Vgl. <http://www.ddvg.de/themen/marktanteil-der-ddvg-zeitungsbeteiligungen/> [letzter Abruf 27.12.2011].

285 *Röper*, MP 2010, 231.

286 *Röper*, a.a.O., sowie Übersicht 3, S. 222.

287 *Röper*, Übersicht 3, S. 222.

288 *Röper*, ebenda.

289 Näher zu dieser *Röper*, MP 2010, 228; vgl. auch *Cordes*, Medienbeteiligungen politischer Parteien, 2009, S. 54 ff.

ist[290], im Vergleich zum Jahr 2008 „[d]urch die Übernahme des wesentlichen Teils der Regionalzeitungen vom Springer-Konzern […] sprunghaft gewachsen“ ist[291]. Sie wird in der aktuellen Studie von *Horst Röper* nun mit einem Marktanteil von 4,0 Prozent (gegenüber 2,5 Prozent in der Studie aus dem Jahr 2008) auf Rang sechs geführt[292].

IV. Die Bedeutung der dd_vg. für die Finanzierung der SPD

Es ist das erklärte Ziel der dd_vg., „gute Gewinne zu erwirtschaften“[293]. Ihre Gewinnausschüttungen an die SPD tragen nach Unternehmensangaben zur „finanziellen Unabhängigkeit“ der Partei bei[294]. Die Bundesschatzmeisterin der SPD, *Barbara Hendricks*, stellt insofern fest: „Während Union und FDP geradezu überhäuft werden mit Großspenden aus der Wirtschaft, in Zeiten der Finanzkrise nicht zuletzt aus dem Bereich der Finanzwirtschaft, generieren wir einen wichtigen Teil unserer Einnahmen aus unternehmerischer Tätigkeit selbst“[295].

---

290 *Simon*, Berliner Zeitung v. 15.11.2011, Nr. 267, S. 26.

291 *Röper*, MP 2010, 228. Zu dieser Transaktion: *v. Lucius*, Frankfurter Allgemeine Zeitung v. 6.2.2009, Nr. 31, S. 37.

292 *Röper*, a.a.O.

293 <http://www.ddvg.de/wirueberuns/unternehmens_philosophie/> [letzter Abruf 27.12.2011].

294 *dd_vg.*, a.a.O.; vgl. ferner *SPD Parteivorstand*, Finanzbericht der Schatzmeisterin 2007-2008, S. 12: „Einnahmen aus Vermögen erhält die Partei insbesondere in Form von jährlichen Ausschüttungen der Deutschen Druck- und Verlagsgesellschaft mbh (dd_vg.), in der zahlreiche Unternehmensbeteiligungen gebündelt sind. Die finanzielle Bedeutung dieser Ausschüttungen hat dabei in den letzten 10 Jahren stetig zugenommen: bis 1997 betrugen die Ausschüttungen der dd_vg. in keinem Jahr mehr als 500.000 Euro (brutto, vor Steuern). Danach stiegen sie deutlich an und wurden zunächst vorrangig für die Finanzierung der Hypothekendarlehen eingesetzt, mit denen der Bau des *Willy-Brandt*-Hauses finanziert wurde. In den Jahren 2005 und 2006 wurden insgesamt ca. 14 Mio. Euro (brutto, vor Steuern) ausgeschüttet, in 2007 und 2008 gut 20 Mio. Euro, davon 8,6 Mio. Euro 2007 und 11,4 Mio. Euro 2008“. Die so umrissene Entwicklung übersieht *Ahmed*, Begrenzung politischer Parteien im Rundfunk, 2011, S. 34. Richtig hingegen *Kohler*, Politikfinanzierung, 2010, S. 286.

295 So SPD-Schatzmeisterin *Hendricks* in ihrer Rede auf dem SPD-Bundesparteitag am 13.11.2009 in Dresden (vgl. *o.V.*, „SPD: Hendricks wiedergewählt“, RP ONLINE v. 15.11.2011, abrufbar unter <http://www.rp-online.de/niederrhein-nord/kleve/nachrichten/spd-hendricks-wiedergewaehlt-1.1045358> [letzter Abruf 5.1.2012]).

Die dd_vg. konnte sich im Geschäftsjahr 2010 „erneut in robuster Verfassung" präsentieren[296]. In ihrem Geschäftsbericht für jenes Jahr verlautbarte sie: „Das Betriebsergebnis in Höhe von 20,0 Mio. Euro liegt gut 3,1 Prozent über dem Vorjahr. Die positive Entwicklung des Unternehmens findet auch in dem operativen Cashflow ihren Niederschlag: mit 19,2 Mio. Euro liegt dieser gut 57 Prozent über dem Vorjahr"[297]. Die Erträge aus den Medienbeteiligungen seien auf hohem Niveau geblieben[298]. Das Jahresergebnis „von minus 14,3 Mio. Euro" wurde nach Unternehmensangaben „ausschließlich durch Sondereffekte negativ beeinflusst"[299]. Nach dd_vg.-Angaben erhielt die SPD aus dem Bilanzgewinn 2009 im Jahr 2010 einen Betrag von 7,7 Mio. Euro. Dies bewege sich „in der Dimension der Vorjahre"[300].

C. BÜNDNIS 90/DIE GRÜNEN

Im aktuellen Rechenschaftsbericht von BÜNDNIS 90/DIE GRÜNEN heißt es lapidar: „Es bestehen keine Beteiligungen der Partei an Medienunternehmen. Ein entsprechender Ausweis entfällt daher"[301]. Diese Angabe ist formaljuristisch korrekt[302]. Denn gem. § 271 Abs. 1 S. 5 HGB gilt die Mitgliedschaft in einer eingetragenen Genossenschaft *nicht* als Beteiligung. Genau an einer solchen Genossenschaft aber sind BÜNDNIS 90/DIE GRÜNEN beteiligt. Der damalige Bundesschatzmeister der Partei, *Dietmar Strehl*, hat auf einer (von der SPD-Medienholding dd_vg. gesponserten[303]) Tagung zum Thema der Medienbeteiligungen von Parteien an der Heinrich-Heine Universität Düsseldorf ausgeführt:

Vgl. zum Thema auch *Krumbholz*, Finanzierung und Rechnungslegung der politischen Parteien und deren Umfeld, 2010, S. 95 m.w.N.

296 *Deutsche Druck- und Verlagsgesellschaft mbH* (Hrsg.), Geschäftsbericht 2010, S. 6.

297 *Deutsche Druck- und Verlagsgesellschaft mbH* (Hrsg.), a.a.O.

298 *Deutsche Druck- und Verlagsgesellschaft mbH* (Hrsg.), a.a.O., S. 22.

299 *Deutsche Druck- und Verlagsgesellschaft mbH* (Hrsg.), a.a.O., S. 6. Vgl. hierzu auch *Simon*, Berliner Zeitung v. 21.7.2011, Nr. 168, S. 30.

300 *Deutsche Druck- und Verlagsgesellschaft mbH* (Hrsg.), Geschäftsbericht 2010, S. 6. Vgl. dazu auch die Übersicht zu den Ausschüttungen an die SPD unter <http://www.ddvg.de/w/files/neue-dokumente/beteiligungen/gewinnausschuettung_2010_1.pdf> [letzter Abruf 27.12.2011].

301 BT-Drucks. 17/4800, S. 201.

302 Vgl. auch *Cordes*, ZParl 40 (2009), S. 123 Fn. 6; *Angelov/Roth*, KritV 2006, S. 34 Fn. 85.

303 Vgl. *Morlok/v. Alemann/Streit*, in: dies. (Hrsg.), Medienbeteiligungen politischer Parteien, 2004, S. 7. Fundamentalkritisch zu diesem Sponsoring ob der Selbstbetroffenheit der SPD-Medienholding: *L. Hegemann*, Diskussionsbeitrag, in: Morlok/v.

„Ich will zur Klarstellung noch etwas sagen, damit kein Gerücht im Raum bleibt. Die GRÜNEN haben auch eine Medienbeteiligung. Nicht, dass Sie nachher sagen, ich hätte das verheimlicht. [...] Wir sind bei der *taz*-Genossenschaft beteiligt mit 20.000 Mark“[304].

Im Juni 2011 ergänzte *Dietmar Strehl* auf entsprechende Anfrage hin:

„[W]ir als Bundespartei sind mit ursprünglich 20.000 DM bei der *taz*-Genossenschaft eingestiegen. Dieser Betrag wurde in 2004 auf 7.362,60 Euro nach Beschluss der *taz*-Genossenschaft abgewertet“[305].

Das Bestehen einer Medienbeteiligung auf Seiten von BÜNDNIS 90/DIE GRÜNEN mag überraschen. Denn *Tarek Al-Wazir* hat wiederholt hervorgehoben, die GRÜNEN verfügten über *keine* Medienbeteiligung. Er habe „immer ausdrücklich gesagt: Wir haben als Partei keine Beteiligung an Medien und streben auch keine an“[306]. Er betonte, er „hätte gerne, offensichtlich als Vertreter der einzigen Partei, bei der kein Landesverband oder irgendeine Stiftung irgendeine Beteiligung an irgendeiner Zeitung hält, absolute Offenheit“[307].

Ferner hat kein geringerer als der inoffizielle Vater der *taz*[308], *Hans-Christian Ströbele*, auf konkrete Anfrage hin mitgeteilt: „Irgendwelche Aktivitäten oder gar

---

Alemann/Streit (Hrsg.), Medienbeteiligungen politischer Parteien, 2004, S. 157; Antikritik bei *v. Alemann*, Diskussionsbeitrag, in: ebenda, S. 157 f., und *Strehl*, Diskussionsbeitrag, in: ebenda, S. 158.

304 *Strehl*, Diskussionsbeitrag, a.a.O., S. 158; vgl. auch *Schindler*, Die Partei als Unternehmer, 2006, S. 42.

305 *Strehl*, Schriftliche Auskunft v. 14.6.2011. Weitere Medienbeteiligungen von BÜNDNIS 90/DIE GRÜNEN bestehen nach Angaben von *Strehl* nicht (*Strehl*, a.a.O.).

306 Vgl. den Abg. *Al-Wazir*, Hess. LT-Plenarprotokoll 18/13 (Sitzung vom 16.6.2009), S. 838.

307 *Al-Wazir*, Hess. LT-Plenarprotokoll 16/78 (Sitzung vom 22.9.2005), S. 5434; vgl. auch *ders.*, Hess. LT-Plenarprotokoll 16/86 (Sitzung vom 13.12.2005), S. 5975: „Die GRÜNEN haben weder mittelbar noch unmittelbar eine Zeitung. Das unterscheidet uns von allen anderen hier. Denn Sie wissen, dass im Saarland ein Anteil der *Saarbrücker Zeitung* zumindest mittelbar über Stiftungen auch von CDU und FDP gehalten wird. Wir haben so etwas gar nicht, und ich finde das ausdrücklich richtig. Denn manchmal kann schon der Anschein schwierig sein“. S. hierzu freilich auch BVerfGE 73, 1 (31): „Die Tätigkeiten der politischen Parteien und der Stiftungen verfolgen verschiedene, voneinander abgrenzbare Ziele“. Für eine Gleichbehandlung von Parteien und Stiftungen hingegen *v. Arnim*, Politische Parteien im Wandel, 2011, S. 26, sowie, gerade im Kontext der Unternehmensbeteiligungen von Parteien im Medienbereich, *Degenhart*, in: Bonner Kommentar, Loseblatt, Stand Oktober 2011, Art. 5 Abs. 1 u. 2 Rdnr. 725.

308 *o.V.*, DER SPIEGEL 16/2004 v. 10.4.2004, S. 97.

Einflussnahmen von GRÜNEN in der *taz* oder im Rahmen von Beteiligungen sind mir nicht bekannt. Nach der rechtlichen Konstruktion des *taz*-Unternehmens sind Einflussnahmen auf Grund von finanziellen Einlagen ausgeschlossen. Ich gehe deshalb davon aus, dass *taz*-Beteiligungen, wenn es sie überhaupt gibt, eher symbolischen Charakter haben“[309].

D. DIE LINKE

Die Partei DIE LINKE weist in ihrem aktuellen Rechenschaftsbericht Beteiligungen an der „Neues Deutschland Druckerei und Verlag GmbH“ sowie an der „NDZ Neue Zeitungsverwaltung GmbH“ aus[310]. Als Beteiligungsmittler nennt sie in beiden Fällen die ihr gehörende FEVAC GmbH. Für diese wird ein 50-prozentiger Anteil an der „Neues Deutschland Druckerei und Verlag GmbH“ sowie ein 100-prozentiger Anteil an der „NDZ Neue Zeitungsverwaltung GmbH“ angegeben[311].

Relevant für den Gegenstand der vorliegenden Untersuchung ist allein die Beteiligung der Partei an der „Neues Deutschland Druckerei und Verlag GmbH“. Denn in dieser erscheint die überregionale Tageszeitung *Neues Deutschland*, welche für sich heute in Anspruch nimmt, eine *unabhängige* Zeitung (und damit kein Parteiblatt mehr) zu sein[312]. Das frühere „SED-Zentralorgan“[313] – oder auch die „schärfste Lenkwaffe“[314] der SED – legt Wert auf die Feststellung, dass man schon „seit 1990 ohne redaktionelle Einflussnahme der Eigentümer“ arbeite[315].

---

309 *Ströbele*, Schriftliche Auskunft v. 8.12.2007.

310 BT-Drucks. 17/4800, S. 236 ff.

311 BT-Drucks. 17/4800, S. 236 f.

312 Das übersieht *Schindler*, Die Partei als Unternehmer, 2006, S. 42. Richtig: *Rudzio*, Das politische System der Bundesrepublik Deutschland, 8. Aufl., 2011, S. 443 und S. 448; vgl. auch *Strohmeier*, Politik und Massenmedien, 2004, S. 237.

313 Vgl. *Wilke*, in: Noelle-Neumann/Schulz/Wilke (Hrsg.), Lexikon Publizistik/Massenkommunikation, Ausgabe 2009, Stichwort „Medien DDR“, S. 241; *Bösch*, Mediengeschichte, 2011, S. 193.

314 So *Schabowski*, Frankfurter Allgemeine Sonntagszeitung v. 23.4.2006, Nr. 16, S. 8.

315 Vgl. die Rubrik „Über uns“ auf <http://www.neues-deutschland.de> [letzter Abruf 5.1.2012]. In Widerspruch hierzu könnte freilich stehen, dass *Lothar Bisky* während seiner Zeit als Parteivorsitzender der Linken längere Zeit auch Herausgeber des *Neuen Deutschland* war (vgl. hierzu Verlagsgeschäftsführer *Koppe*, Neues Deutschland v. 21./22.11.2009, Nr. 271, S. 5).

E. Christlich Demokratische Union (CDU)

Kaum bekannt ist ferner, dass, soweit ersichtlich, auch die CDU an mindestens einem Medienunternehmen im hier relevanten Sinn beteiligt ist: Über ihre Union-Betriebs-GmbH[316] ist (auch) sie an der Nachrichtenagentur dpa beteiligt. Für die Union-Betriebs-GmbH wird ein Anteil von 15.600 Euro an der dpa ausgewiesen[317].

Diese Beteiligung steht in deutlichem Widerspruch zum Wahlprogramm von CDU/CSU für die Bundestagswahl 2009. Denn in diesem hieß es:

> „Freie und starke Medien sind ein wesentliches Element unserer freiheitlichen Ordnung. […] *Eine unmittelbare oder mittelbare finanzielle Beteiligung politischer Parteien an nicht klar in ihrem parteipolitischen Auftrag erkennbaren Medien und Medienunternehmen lehnen wir ab*“[318].

Zwar fand diese Position in den später zwischen CDU, CSU und FDP geschlossenen Koalitionsvertrag keinen Eingang[319]. Allerdings hieß es Medienberichten zufolge noch im abschließenden Entwurf der Wirtschaftspolitiker dieser Parteien:

> „Wir stellen gemeinsam mit den Ländern die wirtschaftlichen Beteiligungen von Parteien an Rundfunksendern, Zeitungsverlagen und anderen meinungsbildenden Medienunternehmen auf den Prüfstand“ [320].

F. Christlich-Soziale Union (CSU)

Die CSU verfügt, soweit ersichtlich, über keine Beteiligungen an „fremden“ Medienunternehmen. In ihrem Rechenschaftsbericht für das Jahr 2009 weist sie lediglich den „Verlag Bayernkurier“ aus[321], welcher allerdings allein für die vorliegend nicht näher betrachtete Parteipresse bedeutsam ist.

---

316 Vgl. *Feser*, Politische Studien, Heft 403, 56. Jahrgang, September/Oktober 2005, S. 102; *Angelov*, Vermögensbildung und unternehmerische Tätigkeit politischer Parteien, 2006, S. 109 ff.; *Angelov/Roth*, KritV 2006, S. 31.

317 Vgl. AG Hamburg, HR B 68431, Gesellschafterliste v. 12.5.2011, Nr. 165. Vgl. dazu auch *Feser*, Politische Studien, Heft 403, 56. Jahrgang, September/Oktober 2005, S. 102 f. Auch diese Medienbeteiligung einer Partei ist kaum vereinbar mit § 5 (2) des Gesellschaftsvertrages der dpa (i.d.F. vom 26.6.2001).

318 CDU/CSU, WIR HABEN DIE KRAFT, REGIERUNGSPROGRAMM 2009 – 2013, S. 52 (Hervorhebung nur hier).

319 Vgl. *Sauerbrey*, Der Tagesspiegel v. 27.10.2009, Nr. 20423, S. 27.

320 Vgl. *Leyenberg*, Frankfurter Allgemeine Zeitung v. 22.10.2009, Nr. 245, S. 37.

321 BT-Drucks. 17/4800, S. 264.

G. Freie Demokratische Partei (FDP)

Die FDP weist in ihrem Rechenschaftsbericht für das Jahr 2009 (mittelbare) Beteiligungen ihrer Bundespartei an der „Universum Verlagsgruppe“ aus[322]. Als mediale Hauptprodukte nennt sie dabei Fachzeitschriften mit Titeln wie *Arbeit und Gesundheit* sowie „ca. 30 Fachbücher und Elektronische Medien“ aus den Bereichen „Arbeitssicherheit“ und „Jugend und Bildung“[323].

Nicht anders als die CDU hat sich allerdings auch die FDP in ihrem Wahlprogramm für die Bundestagswahl 2009 *gegen* Medienbeteiligungen von politischen Parteien gewandt. Sie führte aus:

> „Die FDP ist gegen wirtschaftliche Beteiligungen von Parteien an Rundfunksendern, Zeitungsverlagen und anderen meinungsbildenden Medienunternehmen. Zumindest müssen unmittelbare Einflussnahme ausgeschlossen und die transparente Kennzeichnung von Parteienbeteiligungen vorgeschrieben werden“[324].

H. Südschleswigscher Wählerverband (SSW)

Der SSW ist, soweit ersichtlich, aktuell an keinem fremden Medienunternehmen im hier relevanten Sinn beteiligt. Da dies aber bis in die jüngere Vergangenheit anders war, soll auch er an dieser Stelle Erwähnung finden.

Der SSW war bis in das Jahr 2006 an der Flensborg Avis AG beteiligt[325], in welcher das Blatt der dänischen Minderheit, die *Flensborg Avis*, erscheint[326]. Bei

---

322 Vgl. BT-Drucks. 17/4800, S. 164; s. hierzu auch *Cordes*, Medienbeteiligungen politischer Parteien, 2009, S. 65; *Cao*, Parteien als Eigentümer von Medien, 2010, S. 11; *Angelov*, Vermögensbildung und unternehmerische Tätigkeit politischer Parteien, 2006, S. 132 ff.

323 BT-Drucks. 17/4800, S. 164.

324 Die Mitte stärken. Deutschlandprogramm 2009, Programm der Freien Demokratischen Partei zur Bundestagswahl 2009, S. 41. Zu dem an die FDP adressierten Vorwurf, im Blick auf das Thema der Medienbeteiligungen von Parteien doppelzüngig zu sein, vgl. *o. V.*, FDP kritisiert Medienanteile der SPD – und hat selber welche, handelsblatt.com v. 14.6.2005, abrufbar unter <http://www.handelsblatt.com/politik/deutschland/fdp-kritisiert-medienanteile-der-spd-und-hat-selber-welche/2513266.html> [letzter Abruf 5.1.2012].

325 Vgl. zu dieser Beteiligung *Cordes*, Medienbeteiligungen politischer Parteien, 2009, S. 77.

326 Vgl. *Wagner*, 50 Jahre „*Flensborg Avis*“, dradio.de v. 26.3.2005, abrufbar unter <http://www.dradio.de/dlf/sendungen/marktundmedien/360102/> [letzter Abruf 5.1.2012].

dieser handelt es sich um eine von sechs unabhängigen Zeitungen in Schleswig-Holstein[327]. Die Aufgabe seines Anteilseigentums an dem genannten Unternehmen erklärt der SSW wie folgt:

> „Wir haben unseren Besitz an Aktien von Flensborg Avis AG neu überdacht. Wir haben durch Wirtschaftsprüfer feststellen lassen, dass diese Aktien lediglich einen ‚ideellen wirtschaftlichen Wert' hatten, weil sie keine und niemals Dividende bringen würden. Wir haben diese Aktien ‚verwaltet'. Um jeglichen Ansatz von Misstrauen und Missverständnissen auszuräumen, haben wir unsere Aktien an die AG ohne finanziellen Ausgleich zurückgegeben und erklärt, dass wir aus evtl. Verkaufserlösen keinen finanziellen Nutzen ziehen wollten"[328].

Wie die Partei weiter mitteilte, belief sich ihr Anteil an Aktien bei der Flensborg Avis AG „auf knapp über 17.500 Euro"[329]. Er sei am 30.4.2006 „zurückgegeben" worden.[330] Der Anteil sei im Verhältnis zu den großen Anteilen eher bescheiden gewesen. Seine Aufgabe habe „allein mit inneren minderheitenpolitischen Überlegungen zu tun" gehabt und „hatte überhaupt keine politische Bedeutung"[331]. Der SSW betont, für ihn sei „die Unabhängigkeit der Presse/Medien ein überragendes Gut, das wir im Rahmen unserer Möglichkeiten unterstützen wollen und müssen"[332]. Er ist der Ansicht, Parteien sollten immer sehr sorgfältig mit Beteiligungen an Medien umgehen. Solche Beteiligungen seien problematisch, wenn über sie „Einfluss ausgeübt werden soll bzw. wird"[333]. Der SSW vertritt die Auffassung, dass dann, wenn „eigene Presseorgane für eine Partei wichtig sein" sollten, „diese Beteiligungen bzw. Eigentumsverhältnisse im Prinzip immer deutlich und klar zu vermitteln" seien, so dass jeder Bürger entsprechend reagieren könne[334].

---

327 *Wagner*, a.a.O.

328 So der Landessekretär im Südschleswigschen Wählerverband, *Lenz,* Schriftliche Auskunft v. 14.12.2007.

329 *Lenz*, Schriftliche Auskunft v. 17.12.2007.

330 *Lenz*, ebenda.

331 *Lenz*, ebenda.

332 *Lenz*, Schriftliche Auskunft v. 14.12.2007.

333 *Lenz*, ebenda.

334 *Lenz*, ebenda.

I. Nationaldemokratische Partei Deutschlands (NPD), Deutsche Volksunion (DVU) und Die Republikaner (REP)

Rechtsextreme Parteien wie NPD, DVU und Republikaner sind, soweit ersichtlich, bislang nicht an „fremden“ Medienunternehmen beteiligt[335]. Allerdings ist der Hinweis geboten, dass Medienbeteiligungen von politischen Parteien, wären sie verfassungsgemäß, prinzipiell auch von rechtsextremen Parteien erworben werden dürften. Maßgeblich ist insoweit, dass – wie *Martin Morlok* gerade im Zusammenhang mit dem Thema der Medienbeteiligungen von politischen Parteien ausgeführt hat – die Rechtsordnung politisch farbenblind sein muss[336]. „Solange eine Partei nicht verboten ist, nimmt sie gleichberechtigt wie jede andere am politischen Prozess teil“[337]. Das Parteienprivileg des Art. 21 Abs. 2 GG[338] zeigt, dass das Grundgesetz die Gefahr, welche die Tätigkeit rechtsextremer Parteien mit sich bringt, vorbehaltlich eines Verbots durch das Bundesverfassungsgericht hinnimmt, und dies gerade um der politischen Freiheit willen[339].

---

335 Vgl. auch *Cordes*, Medienbeteiligungen politischer Parteien, 2009, S. 75 f.; die Angaben der betreffenden Parteien in ihren aktuellen Rechenschaftsberichten sind danach offenbar zutreffend (vgl. BT-Drucks. 17/4801, S. 48 [NPD]; BT-Drucks. 17/4801, S. 212 [DVU]; BT-Drucks. 17/4801, S. 92 [Republikaner]).

336 *Morlok*, Anhörung des Ausschusses für Bundes- und Europaangelegenheiten und Medien des Niedersächsischen Landtags zum Entwurf eines Gesetzes zur Änderung des Niedersächsischen Mediengesetzes (Gesetzentwurf der Fraktionen der CDU und der FDP – Nds. LT-Drucks. 15/450) in der 14. Sitzung am 24.11.2003, Niederschrift über den öffentlichen Teil der Sitzung, S. 8. Tendenziell gegenläufig freilich der *Wunsiedel*-Beschluss des Bundesverfassungsgerichts vom 4.11.2009, demzufolge Art. 5 Abs. 1 und 2 GG „[i]n Bezug auf das nationalsozialistische Regime in den Jahren zwischen 1933 und 1945 […] auch Eingriffe durch Vorschriften [erlaubt], die *nicht* den Anforderungen an ein allgemeines Gesetz entsprechen“ (BVerfGE 124, 300 [321] – Hervorhebung nur hier). Vgl. zu diesem Beschluss auch *Bethge*, in: Sachs (Hrsg.), GG, 6. Aufl., 2011, Art. 5 Rdnr. 143; *v. Münch*, Rechtspolitik und Rechtskultur, 2011, S. 230.

337 *Voßkuhle*, im Gespräch mit Rebehn, Neue Osnabrücker Zeitung v. 13.3.2009, Nr. 61, S. 4.

338 Zu diesem: *Kloepfer*, Verfassungsrecht I, 2011, § 7 Rdnrn. 276 ff.; *Jörn Ipsen*, DVBl. 2009, 558 ff. Zum – im Jahr 2003 gescheiterten – NPD-Verbotsverfahren vgl. BVerfGE 107, 339 ff. Zur Diskussion um ein neues solches Verfahren vgl. *o. V.*, Süddeutsche Zeitung v. 1.12.2011, S. 1.

339 *v. Coelln*, in: Stern/Becker (Hrsg.), Grundrechte-Kommentar, 2010, Art. 18 Rdnr. 39; vgl. auch *Bethge/v. Coelln*, Grundriss Verfassungsrecht, 4. Aufl., 2011, S. 65.

In diesem Kontext ist auch relevant, dass Rechtsextreme zunehmend auf subtile Propaganda setzen[340]. Eine solche ist aber nicht nur über „getarnte Parteizeitungen“[341] oder die „Mitmachplattformen des Web-2.0“ im Internet[342] möglich, sondern auch durch Medienbeteiligungen im hier relevanten Sinn: Solche Beteiligungen lassen sich durch Parteien „problemlos als Instrumente einer unterschwelligen Wahlwerbung, insbesondere im Sinne einer Imagekampagne, nützen“[343].

J. Fazit

Über die weitaus meisten und auch bedeutsamsten Medienbeteiligungen verfügt die SPD. Die Frage, ob Unternehmensbeteiligungen von politischen Parteien im Medienbereich verfassungsgemäß sind, stellt sich damit insoweit am dringlichsten; sie hat im Blick auf die SPD ihre größte praktische Relevanz. Dies kommt auch darin zum Ausdruck, dass die mit den Medienbeteiligungen von Parteien zusammenhängenden Fragen oft allein am Beispiel der SPD diskutiert werden, und dies nicht nur, aber doch gerade auch in der Rechtswissenschaft.

---

340 Vgl. *jugendschutz.net*, Rechtsextremismus online, Version 2, 2011, S. 5, abrufbar unter <http://www.hass-im-netz.info/fileadmin/dateien/dokumente/PDFs/Jahresberichte/bericht2010v2.pdf> [letzter Abruf 5.1.2012].

341 So plastisch *Haller* in einem Statement zum Phänomen der Herausgabe von Regionalzeitungen, die den Eindruck „normaler“ Zeitungen erwecken (sollen), durch die NPD in Thüringen (*ders.*, zitiert in: Schilling, Getarnte Propaganda, dradio.de v. 28.8.2010, abrufbar unter <http://www.dradio.de/dlf/sendungen/marktundmedien/1259768/> [letzter Abruf 5.1.2012]).

342 Vgl. *jugendschutz.net*, Rechtsextremismus online, Version 2, 2011, S. 3, abrufbar unter <http://www.hass-im-netz.info/fileadmin/dateien/dokumente/PDFs/Jahresberichte/bericht2010v2.pdf> [letzter Abruf 5.1.2012].

343 *Kersjes*, Medienbeteiligungen politischer Parteien, 2009, S. 239; vgl. auch *Schmitt Glaeser*, JöR n.F. Bd. 50 (2002), S. 189, sowie *Appelius*, Statement, in: Bachmann/Daubner/Krüger, Unübersichtlich und millionenschwer – Das Geschäftsimperium der SPD, report München v. 23.10.2000, Sendungstranskript, S. 18.

Kapitel 3: Meinungs- und Forschungsstand zur Frage der Verfassungsmäßigkeit der Medienbeteiligungen von politischen Parteien

A. Einleitung

Die hier interessierende Frage, ob Medienbeteiligungen von politischen Parteien mit dem Grundgesetz vereinbar sind, wurde bislang nur selten breiter untersucht. Regelmäßig wird die Verfassungsmäßigkeit der Medienbeteiligungen von Parteien mit wenigen Federstrichen bejaht oder – noch weitergehend – als gegeben vorausgesetzt. Es dominieren deutlich Ausführungen dazu, ob und ggf. wie weit Medienbeteiligungen von politischen Parteien *einfachgesetzlich* beschränkt werden dürfen. Das untermauert der folgende Überblick zum Meinungsstand zu der zu untersuchenden Forschungsfrage.

B. Verfassungsgerichtliche Rechtsprechung

Zum Thema der Medienbeteiligungen von politischen Parteien liegen bereits zwei verfassungsgerichtliche Entscheidungen vor: Jene des Bundesverfassungsgerichts vom 12.3.2008[344] und jene des Niedersächsischen Staatsgerichtshofes vom

344 BVerfGE 121, 30 ff.; für *Dörr*, in: Paul, Die Rundfunkbeteiligungen politischer Parteien, 2010, S. 5, hat durch diese Entscheidung „[d]ie Frage, ob und inwieweit Rundfunkbeteiligungen politischer Parteien zulässig sind, [...] erneut an Brisanz gewonnen". In diesem Sinne auch *Hufen*, Staatsrecht II, 3. Aufl., 2011, § 41 Rdnr. 4. Große Bedeutung wird der genannten Entscheidung auch in dem aktuell beim Bundesverfassungsgericht anhängigen und von der Landesregierung von Rheinland-Pfalz gem. Art. 93 Abs. 1 Nr. 2 GG initiierten Verfahren zum ZDF-Staatsvertrag beigemessen (vgl. *Hain*, Antrag gemäß Art. 93 Abs. 1 Nr. 2 GG, §§ 13 Nr. 6, 76 ff. BVerfGG der Regierung des Landes Rheinland-Pfalz v. 3.1.2011, S. 13 ff.; *v. Coelln*, Stellungnahme der Bayerischen Staatsregierung et al. zum Normenkontrollantrag der Landesregierung Rheinland-Pfalz gegen den ZDF-Staatsvertrag vor dem Bundesverfassungsgericht [Vf. 1 BvF 1/11], Funkkorrespondenz 34/2011, S. 28 ff.; *Pöppelmann*, Stellungnahme des Deutschen Journalisten-Verbandes e. V. zum Antrag auf abstrakte Normenkontrolle der Regierung des Landes Rheinland-Pfalz - 1 BvF

6.9.2005[345]. Beide betrafen die Rundfunkbeteiligungen von politischen Parteien und in beiden wurde die Frage, ob Medienbeteiligungen von Parteien mit dem Grundgesetz vereinbar sind, nicht näher beleuchtet. Beide Gerichte gingen vielmehr gleichsam stillschweigend von der verfassungsrechtlichen Zulässigkeit von Medienbeteiligungen von politischen Parteien aus.

I. Die Entscheidung des Bundesverfassungsgerichts zum Hessischen Privatrundfunkgesetz vom 12.3.2008

1. Darstellung der Entscheidung[346]

a) Verfassungswidrigkeit von § 6 Abs. 2 Nr. 4 HPRG i.d.F. v. 13.12.2002

Dem Urteil des Bundesverfassungsgerichts[347] zu den Rundfunkbeteiligungen der politischen Parteien lag ein Normenkontrollantrag von 232 Abgeordneten des Deutschen Bundestages gegen das absolute Beteiligungsverbot für politische

1/11 - v. 23. 6. 2011, S. 18; s. ferner *Cornils*, Medienrechtliches Kolloquium zum 75. Geburtstag von Hartmut Schiedermair, 2011, S. 42).

345 Nds. StGH, LVerfGE 16, 377 ff.

346 Die folgende Darstellung fokussiert – entsprechend dem Gegenstand der vorliegenden Untersuchung – auf die materiellen und die politischen Parteien betreffenden Aspekte des Urteils. Im Blick auf die Gesetzgebungskompetenz führte das Bundesverfassungsgericht aus, der Hessische Gesetzgeber habe nach der Kompetenzordnung des Grundgesetzes die angegriffene Regelung erlassen dürfen (gem. Art. 70 Abs. 1 GG). Eine Bundeskompetenz für die Regelung von Beteiligungen der Parteien an Privatrundfunkunternehmen bestehe weder gem. Art. 73 Nr. 7 GG a.F. (Art. 73 Abs. 1 Nr. 7 GG n.F.) noch gem. Art. 21 Abs. 3 GG (vgl. BVerfGE 121, 30 [46 ff.]; zustimmend: *Möstl*, AöR Bd. 135 [2010], S. 138; *Degenhart*, Staatsrecht I, 27. Aufl., 2011, Rdnr. 173). Die Antragssteller waren von einer Bundeskompetenz nach Art. 21 Abs. 3 GG ausgegangen (vgl. *Wieland*, Zur verfassungsrechtlichen Zulässigkeit des Hessischen Privatrundfunkgesetzes, Antrag beim Bundesverfassungsgericht v. 15.6.2003, S. 8).

347 BVerfGE 121, 30 ff.; diese Entscheidung ist in der Literatur auf beachtliche Resonanz gestoßen, vgl. etwa *Bornemann/v. Coelln/Hepach/Himmelsbach/Lörz* (Hrsg.), BayMG, Loseblatt, Stand Oktober 2011, Art. 24 Rdnrn. 72 ff.; *v. Coelln*, in: Menzel/Müller-Terpitz (Hrsg.), Verfassungsrechtsprechung, 2. Aufl., 2011, Artikel „BVerfGE 121, 30 - Pressebeteiligung", S. 858 ff.; *Cornils*, Medienrechtliches Kolloquium zum 75. Geburtstag von Hartmut Schiedermair, 2011, S. 42 ff.; *ders.*, ZJS 2009, 465 ff.; *Dietlein*, in: Stern, Staatsrecht IV/2, 2011, § 114 V 2 g γ, S. 96 ff.; *Fink*, in: Spindler/Schuster, Recht der elektronischen Medien, 2. Aufl., 2011, C Rdnr. 40 a; *Grünwald*, in: Raue/Hegemann (Hrsg.), Münchener Anwaltshandbuch Urheber- und Medienrecht,

Parteien am privaten Rundfunk gem. § 6 Abs. 2 Nr. 4 HPRG i.d.F. v. 13.12.2002[348] zugrunde. Nach dieser Bestimmung durfte die Zulassung zum Rundfunk nicht erteilt werden

> „politischen Parteien oder Wählergruppen und Unternehmen und Vereinigungen, an denen politische Parteien oder Wählergruppen beteiligt sind, unbeschadet der besonderen Bestimmungen über die Wahlwerbung. Gleiches gilt für Treuhandverhältnisse; diese sind offen zu legen".

Das Bundesverfassungsgericht hielt diese Bestimmung für nicht mit Art. 5 Abs. 1 S. 2 GG i.V.m. Art. 21 Abs. 1 GG vereinbar. Es führte schon im Leitsatz der Entscheidung aus:

2011, E, § 16 Rdnr. 57; *Hartstein/Ring/Kreile/Dörr/Stettner/Cole*, RStV, Loseblatt, Stand Oktober 2011, § 20 a Rdnr. 6; *Holznagel/Kibele,* in: Spindler/Schuster, Recht der elektronischen Medien, 2. Aufl., 2011, § 2 RStV Rdnrn. 38 e f.; *Kluth*, in: Epping/Hillgruber (Hrsg.), BeckOK GG, Ed. 13 (Stand: 1.1.2012), Art. 21 Rdnr. 76; *Ory*, in: Wandtke (Hrsg.), Medienrecht IV, 2. Aufl., 2011, Teil 1, Kap. 1, § 1 Rdnrn. 36 f.; *Schwartmann*, in: ders. (Hrsg.), Praxishandbuch Medienrecht, 2. Aufl., 2011, Kap. 3, Rdnr. 40. S. ferner *Ahmed*, Begrenzung politischer Parteien im Rundfunk, 2011, S. 32 ff.; *Badura*, Staatsrecht, 4. Aufl., 2010, C S. 237 f.; *Cao*, Parteien als Eigentümer von Medien, 2010, S. 104 f.; *Fechner*, Entscheidungen zum Medienrecht, 2. Aufl., 2010, S. 400; *Möstl*, AöR Bd. 135 (2010), S. 136 ff.; *ders*., in: Lindner/Möstl/Wolff, Verfassung des Freistaates Bayern, 2009, Art. 111 a Rdnr. 12; *Paul*, Die Rundfunkbeteiligungen politischer Parteien, 2010, S. 59 ff.; *Schwartmann*, Die Beteiligung von Presseunternehmen am Rundfunk, 2010, S. 28; *Wolf*, Der Kulturauftrag des öffentlich-rechtlichen Rundfunks in der Rechtsprechung des Bundesverfassungsgerichts, 2010, S. 238 ff.; *Cordes,* ZParl 40 (2009), S. 125 ff.; *Degenhart*, K&R 2009, 289 ff.; *Dörr*, JuS 2009, 70 f.; *Gersdorf*, Legitimation und Limitierung von Onlineangeboten des öffentlich-rechtlichen Rundfunks, 2009, S. 34 f., 53 f.; *P. M. Huber*, Festschrift für Herbert Bethge, 2009, S. 507 f.; *Kersjes*, Medienbeteiligungen politischer Parteien, 2009, S. 67 ff., 323 ff.; *Morlok*, in: Ipsen (Hrsg.), 40 Jahre Parteiengesetz, 2009, S. 75 f.; *Michael Müller*, AfP 2009, 433 ff.; *Ritlewski*, Pluralismus als Strukturprinzip im Rundfunk, 2009, S. 83 ff.; *Holznagel*, MMR 2008, 596 f.; *Musiol*, FD-GewRS 2008, 256278; *Reffken*, NVwZ 2008, 857 ff. Vgl. ferner die Stellungnahmen der Sachverständigen *Badura, Dörr, Giani, Möstl, Morlok* und *Wieland* zu dem Gesetzentwurf der Hessischen Landesregierung für ein Gesetz zur Änderung des Hessischen Privatrundfunkgesetzes v. 23.3.2009 (Hess. LT-Drucks. 18/315), Ausschussvorlage HAA/18/2, Teil 1, sowie jene der Sachverständigen *Badura, Dittmann, Dörr, Gersdorf, Giani, P. M. Huber, Möstl, Morlok, Poscher* und *Wieland* zu dem Gesetzentwurf der Fraktion der SPD im Hessischen Landtag für ein Gesetz zur Neuregelung der Beteiligung von Unternehmen im Hessischen Privatrundfunkgesetz v. 14.8.2008 (Hess. LT-Drucks. 17/503), Ausschussvorlage HAA/17/5, Teile 1 und 2.

348 Hess. GVBl. I 2002, S. 778.

„Dem Gesetzgeber steht es frei, Parteien die unmittelbare oder mittelbare Beteiligung an privaten Rundfunkunternehmen insoweit zu untersagen, als sie dadurch bestimmenden Einfluss auf die Programmgestaltung oder die Programminhalte nehmen können. Dagegen ist das absolute Verbot für politische Parteien, sich an privaten Rundfunkveranstaltungen zu beteiligen, keine zulässige gesetzliche Ausgestaltung der Rundfunkfreiheit“[349].

b) Wesentliche Argumente des Gerichts

Nach Ansicht des Gerichts hat der (Rundfunk-)Gesetzgeber bei der Zulassung von Parteien zum privaten Rundfunk nicht nur die Meinungsvielfalt und die Staatsfreiheit des Rundfunks zu beachten, sondern „auch die grundrechtlich schützenswerte rundfunkrechtliche Position der Parteien“, wie sie in Art. 5 Abs. 1 S. 2 i.V.m. Art. 21 GG wurzele[350]. Das Gericht führt aus, die Parteien könnten sich ebenso wie auf die Meinungsfreiheit grundsätzlich auch auf die Rundfunkfreiheit nach Art. 5 Abs. 1 S. 2 GG berufen. Die Kommunikationsfreiheiten aus Art. 5 Abs. 1 GG ergänzten „die besondere, durch den Mitwirkungsauftrag des Art. 21 Abs. 1 S. 1 GG geprägte Funktion der Parteien“[351].

---

349 BVerfGE 121, 30 (Leitsatz). Weitergehend führte das Gericht freilich aus: „Der Gesetzgeber macht von seiner Ausgestaltungsbefugnis *jedenfalls* dann in zulässiger Weise Gebrauch, wenn er den Parteien die unmittelbare oder mittelbare Beteiligung an privaten Rundfunkunternehmen insoweit untersagt, als sie dadurch bestimmenden Einfluss auf die Programmgestaltung oder die Programminhalte nehmen können“ (BVerfGE 121, 30 [59 f.] – Hervorhebung nur hier). Das wird in Anmerkungen zu der Entscheidung oft übersehen (exemplarisch: *Hartstein/Ring/Kreile/Dörr/Stettner/Cole*, RStV, Loseblatt, Stand Oktober 2011, § 20 a Rdnr. 6; *Kluth*, in: Epping/Hillgruber [Hrsg.], BeckOK GG, Ed. 13 [Stand: 1.1.2012], Art. 21 Rdnr. 76; *Dörr*, JuS 2009, 71; *Morlok*, Stellungnahme zum Gesetzentwurf der Hessischen Landesregierung v. 23.03.2009 [Hess. LT-Drucks. 18/315], Ausschussvorlage HAA/18/2, Teil 1, Nr. 6, S. 24 f.; *Dittmann*, Stellungnahme zu dem Gesetzentwurf der Fraktion der SPD im Hessischen Landtag v. 14.8.2008 [Hess. LT-Drucks. 17/503], Ausschussvorlage HAA/17/5, Teil 2, S. 36; *Reffken*, NVwZ 2008, 860). Die Hessische Landesregierung hatte in diesem Verfahren die Ansicht vertreten, die Rundfunkbeteiligungen von Parteien seien von Verfassungs wegen vollumfänglich auszuschließen. Vgl. dazu den seinerzeitigen Leiter der Hessischen Staatskanzlei, *Stefan Grüttner* (*o. V.*, epd medien 78/2007 v. 3.10.2007, S. 22 f.). Auf der Linie der Hessischen Landesregierung auch *Scholz*, Deutschland – in guter Verfassung?, 2004, S. 136.

350 BVerfGE 121, 30 (56).

351 BVerfGE 121, 30 (57); zustimmend: *Ahmed*, Begrenzung politischer Parteien im Rundfunk, 2011, S. 47; *Sannwald*, in: Schmidt-Bleibtreu/Hofmann/Hopfauf (Hrsg.),

Die Beteiligung an einem Rundfunksender lasse sich dem Funktionsbereich der Parteien nach Art. 21 Abs. 1 GG zuordnen, weil sich den Parteien in Rundfunkunternehmen eine Möglichkeit zur Mitwirkung an der politischen Meinungsbildung biete. Dabei sei „nicht entscheidend", ob eine Partei nach ihrer subjektiven Vorstellung die Beteiligung an einem Rundfunksender lediglich als reine Kapitalanlage betrachte und auf jegliche Mitwirkung in der Gesellschafterversammlung verzichte oder von vornherein auf die inhaltliche Einflussnahme besonderen Wert lege[352]. Das Gericht begründet seine Ansicht damit, dass sich „die Art und Weise der Wahrnehmung der Interessen" jederzeit ändern könne[353].

Eine Regelung, die den Parteien jegliche unmittelbare oder mittelbare Beteiligung an Rundfunkunternehmen versage, sei keine zulässige Ausgestaltung der Rundfunkfreiheit[354]. Sie verfehle „die vom Gesetzgeber herzustellende angemessene Zuordnung der verschiedenen Rechtspositionen"[355]; die durch sie

---

GG, 12. Aufl., 2011, Art. 21 Rdnr. 62; *Streinz,* in: v. Mangoldt/Klein/Starck, GG II, 6. Aufl., 2010, Art. 21 Rdnr. 144; *Manssen,* Staatsrecht II, Grundrechte, 7. Aufl., 2010, Rdnr. 356; fundamentalkritisch hingegen: *P. M. Huber*, Festschrift für Herbert Bethge, 2009, S. 507; skeptisch auch *v. Coelln,* in: Menzel/Müller-Terpitz (Hrsg.), Verfassungsrechtsprechung, 2. Aufl., 2011, Artikel „BVerfGE 121, 30 – Pressebeteiligung", S. 861; *Gounalakis/Zagouras,* Medienkonzentrationsrecht, 2008, S. 20. Gegen eine Anwendbarkeit der Rundfunkfreiheit aus Art. 5 Abs. 1 S. 2 GG auf die politischen Parteien auch *Degenhart,* in: Bonner Kommentar, Loseblatt, Stand Oktober 2011, Art. 5 Abs. 1 u. 2 Rdnr. 717 (anders freilich *ders.*, Staatsrecht I, 27. Aufl., 2011, Rdnr. 47).

352 BVerfGE 121, 30 (60).

353 BVerfGE 121, 30 (60), unter Rekurs auf *Schindler,* Die Partei als Unternehmer, 2006, S. 20.

354 BVerfGE 121, 30 (58).

355 BVerfGE 121, 30 (64). Nach Ansicht des Gerichts sind kommunikations- und rundfunkbezogene Vorschriften, die – wie der im Verfahren zum Hessischen Privatrundfunkgesetz streitgegenständliche § 6 Abs. 2 Nr. 4 HPRG a.F. – den rechtlichen Rahmen der Rundfunkfreiheit regeln, „am Maßstab des Art. 5 Abs. 1 Satz 2 GG nicht zu beanstanden, wenn sie geeignet sind, das Ziel der Rundfunkfreiheit zu fördern, und die von Art. 5 Abs. 1 Satz 2 GG geschützten Interessen angemessen berücksichtigen" (vgl. BVerfGE 121, 30 [59], unter Bezugnahme auf BVerfGE 97, 228 [267]). In der Literatur wird dies überwiegend als Anerkennung des Verhältnismäßigkeitsprinzips als Rechtfertigungsmaßstab (auch) für Ausgestaltungsgesetze gewertet. In diesem Sinne etwa *Hain,* Medienrechtliches Kolloquium zum 75. Geburtstag von Hartmut Schiedermair, 2011, S. 68; *Schwartmann,* in: ders. (Hrsg.), Praxishandbuch Medienrecht, 2. Aufl., 2011, Kap. 3 Rdnr. 40; *Schüller-Keber,* in: Schiwy/Schütz/Dörr (Hrsg.), Medienrecht, 5. Aufl., 2010, Stichwort „Rundfunkfreiheit", S. 496; *Degenhart,* K&R 2009, 290 f.; *ders.*, in: Gundel/Heermann/Leible (Hrsg.), Konvergenz der Medien – Konvergenz des Rechts?, 2009, S. 90; *Dörr,* JuS 2009, 71; *Gersdorf,* Legitimation und Limitierung von Onlineangeboten

„für die politischen Parteien eintretenden Nachteile“ stünden „auch bei Berücksichtigung der weit reichenden Ausgestaltungsermächtigung des Gesetzgebers zum Maß der Förderung der mit der Regelung verfolgten Ziele außer Verhältnis“[356]. Das Gericht ist der Auffassung, einem absoluten Beteiligungsverbot für politische Parteien am privaten Rundfunk stünde „keine angemessene Förderung der objektiv-rechtlichen Ziele der Rundfunkfreiheit, namentlich der Gewährleistung von Meinungsvielfalt und Staatsfreiheit des Rundfunks, gegenüber“[357]. Die in jenem Verfahren streitgegenständliche Norm hielt das

---

des öffentlich-rechtlichen Rundfunks, 2009, S. 34 f. und S. 54. Diese Interpretation geht zu weit. Es erscheint „zu früh, um zu beurteilen, ob das Gericht zukünftig eine Verhältnismäßigkeitsprüfung bei der Ausgestaltung der Rundfunkordnung vornehmen will“ (so richtig: *Holznagel*, MMR 2011, 303; zurückhaltend auch *Ory*, in: Wandtke [Hrsg.], Medienrecht IV, 2. Aufl., 2011, Teil 1, Kap. 1, § 1 Rdnr. 37). Der entsprechenden Frage wird für die zukünftige Medienregulierung aber in jedem Fall großes Gewicht zukommen (vgl. *Ritlewski*, Pluralismus als Strukturprinzip im Rundfunk, 2009, S. 83). Gerade auch deshalb sei darauf hingewiesen, dass im Rahmen der Grundrechtsausgestaltung für eine Verhältnismäßigkeitsprüfung – zumindest grundsätzlich – kein Platz ist (vgl. *Niewöhner*, Elektronische Benutzerführungssysteme und chancengerechter Zugang zum digitalen Fernsehen, 2004, S. 108, im Anschluss an *Bethge*, NJW 1982, 4; vgl. ferner *Bethge*, VVDStRL Heft 57 [1998], S. 31; *Gersdorf*, Legitimation und Limitierung von Onlineangeboten des öffentlich-rechtlichen Rundfunks, 2009, S. 34 f., *ders.*, Grundzüge des Rundfunkrechts, 2003, Rdnr. 81; anders – und unter Rekurs auf *Hoffmann-Riem*, in: AK-GG I, 3. Aufl., 2001, Art. 5 Abs. 1, 2 Rdnr. 158, sowie BVerfGE 97, 228 [267] – *Schemmer*, in: Epping/Hillgruber [Hrsg.], BeckOK GG, Ed. 13 [Stand: 1.1.2012], Art. 5 Rdnr. 77.1). Ursächlich hierfür ist, dass die Verhältnismäßigkeit eine „klassische Eingriffskautele“ ist (so richtig: *v. Coelln,* Diskussionsbeitrag, in: BLM-Symposion Medienrecht 2010, 2011, S. 93). Zur Unterscheidung von Grundrechtsausgestaltung und Grundrechtseingriff auf grundsätzlicher Ebene: *Bethge*, VVDStRL Heft 57 (1998), S. 30; *Degenhart*, HGR III, 2009, § 61 Rdnrn. 1 ff.; *Hillgruber*, HStR IX, 3. Aufl., 2011, § 200 Rdnrn. 62 ff.; vgl. auch *Cornils*, Ausgestaltungsgesetzesvorbehalt und staatsfreie Normsetzung im Rundfunkrecht, 2011, S. 86 ff.

356 BVerfGE 121, 30 (64).

357 BVerfGE 121, 30 (64). Auf dieser Linie auch der (damalige) Vizepräsident des Bundesverfassungsgerichts (und Vorsitzende des Zweiten Senats), *Hassemer,* welcher in der mündlichen Verhandlung zu dem betreffenden Verfahren bemerkte, die Aufgabe des Gerichts bestünde darin, einen Weg jenseits der Extreme zu finden. Diese Extreme wiederum beschrieb *Hassemer* mit der Beherrschung des Rundfunks durch Parteien und einem Maulkorb für die Parteien (*Hassemer*, zitiert in: o.V., Karlsruhe prüft Grenzen der Beteiligung von Parteien am Privatfunk, Agence France-Presse-Bericht v. 19.9.2007, Nr. DEU112). Anders *Eberle/Gersdorf*, JuS 1991, 494, die darauf hinweisen, dass ein absoluter Ausschluss der Parteien vom privaten Rundfunk

Gericht vor diesem Hintergrund für nicht mit Art. 5 Abs. 1 S. 2 i.V.m. Art. 21 Abs. 1 GG vereinbar[358].

2. Zur Bedeutsamkeit der Entscheidung auch für die Bereiche Presse und Telemedien

a) Der Bereich der Presse

In der Literatur findet sich die Ansicht, das Bundesverfassungsgericht habe mit seiner Entscheidung vom 12.3.2008 nur die Rundfunkbeteiligungen von Parteien als verfassungsgemäß gebilligt, nicht aber auch die Pressebeteiligungen[359]. Diese Einschätzung ist unzutreffend[360]. Dies zeigt sich schon daran, dass das Gericht bei einer die Beteiligung von Parteien an privaten Rundfunkunternehmen beschränkenden Regelung auch auf die (nach seiner Auffassung insbesondere im Hinblick auf die SPD tradierten) Verlagsbeteiligungen von Parteien blickt[361]. Es stellt fest, Beteiligungen an Presseunternehmen umfassten „heute in aller Regel auch mittelbare Beteiligungen an Rundfunkunternehmen"[362]. Vor diesem Hintergrund führe ein vollständiger Ausschluss der Beteiligung von Parteien an Rundfunkunternehmen dazu, dass diese Beteiligungen nur in Verbindung mit Beteiligungen an Presseunternehmen aufgegeben werden könnten[363]. Das

---

verhältnismäßig sei, weil er „anderen gesellschaftlichen Kräften" die Möglichkeit eröffne, ihre Meinung über den Rundfunk kund zu tun (anders freilich später *Gersdorf*, in: Morlok/v. Alemann/Streit [Hrsg.], Medienbeteiligungen politischer Parteien, 2004, S. 74 f.). Für die *Zulässigkeit* eines absoluten Verbots von Parteibeteiligungen an privaten Rundfunkveranstaltern auch *Möstl*, in: Lindner/Möstl/Wolff, Verfassung des Freistaates Bayern, 2009, Art. 111 a Rdnr. 12 (anders freilich zuvor *ders.*, Stellungnahme zum Gesetzentwurf der Fraktionen der CDU und der FDP zur Änderung des Niedersächsischen Mediengesetzes [Nds. LT-Drucks. 15/450], Vorlage 6 zu Nds. LT-Drucks. 15/450, S. 3); *Kersten*, in: ders./Rixen, PartG, 2009, § 1 Rdnr. 141; zumindest tendenziell auch *Ladeur*, in: Paschke/Berlit/Meyer (Hrsg.), Hamburger Kommentar – Gesamtes Medienrecht, 2. Aufl., 2012, 1. Teil, Kap. 3, 4. Abschn., Rdnr. 89 (vgl. aber auch *ders.*, a.a.O., Rdnrn. 37, 113); *Birkert/Reiter/Scherer* (Hrsg.), Landesmediengesetz Baden-Württemberg, Kommentar, Nachtrag zur 2. Aufl., 2003, Erl. zu § 13 n.F., Rdnr. 4.

358 BVerfGE 121, 30 (31).

359 *Möstl*, AöR Bd. 135 (2010), S. 137.

360 Richtig: *Cao*, Parteien als Eigentümer von Medien, 2010, S. 105; *Hanfeld*, Frankfurter Allgemeine Zeitung v. 13.3.2008, Nr. 62, S. 40.

361 BVerfGE 121, 30 (65).

362 BVerfGE 121, 30 (65).

363 BVerfGE 121, 30 (65).

beeinträchtige „die den Parteien verfassungsrechtlich aufgegebene Mitwirkung bei der öffentlichen Willensbildung über den unmittelbaren rundfunkrechtlichen Bereich hinaus“[364]. Es treffe sie „in überkommenen Parteitraditionen“ und stelle auch aus diesem Grund „eine übermäßige Belastung dar“[365].

b) Der Bereich der Telemedien

Es kann des Weiteren kein begründeter Zweifel daran bestehen, dass das Gericht auch Telemedienbeteiligungen von Parteien für mit dem Grundgesetz vereinbar hält. Dies folgt schon daraus, dass es ausführt, es stehe den Parteien innerhalb des von diesen „vermittelten mehrdimensionalen Prozesses […] frei, ob und, wenn ja, welcher Medien sie sich zur Erfüllung [ihres] Auftrags innerhalb der verfassungsrechtlich gesetzten Grenzen bedienen“ wollten[366].

II. Die Entscheidung des Niedersächsischen Staatsgerichtshofs vom 6.9.2005 zum Niedersächsischen Mediengesetz[367]

1) Verfassungswidrigkeit der Regelungen des § 6 Abs. 3 S. 2–4 NMedienG i.d.F. v. 11.12.2003

Der Entscheidung des Niedersächsischen Staatsgerichtshofs[368] vom 6.9.2005 zu den Rundfunkbeteiligungen von politischen Parteien lag ein Normenkontrollverfahren

---

364 BVerfGE 121, 30 (65).

365 BVerfGE 121, 30 (65). Nach zutreffender Analyse von *Michael Müller*, AfP 2009, 440, hat das Gericht in der hier in Rede stehenden Entscheidung im Blick auf die subjektiven Rechtspositionen der Parteien damit „weniger die Rundfunkfreiheit als vielmehr andere Grundrechte in Ansatz gebracht“. Zu diesen zählt namentlich die Pressefreiheit aus Art. 5 Abs. 1 S. 2 GG (vgl. *Michael Müller*, a.a.O., 439).

366 BVerfGE 121, 30 (57), unter Bezugnahme auf *Angelov*, Vermögensbildung und unternehmerische Tätigkeit politischer Parteien, 2006, S. 166 f., 340.

367 Auch insoweit soll der Schwerpunkt auf den materiellen und die politischen Parteien betreffenden Rechtsfragen liegen. Auch der Niedersächsische Staatsgerichtshof bejaht die Kompetenz des Landesgesetzgebers (vgl. Nds. StGH, LVerfGE 16, 377 [Leitsatz 2 sowie 384 f.]). Jedenfalls der Sache nach für eine Doppelkompetenz von Bundes- und Landesgesetzgeber hingegen: *J.-P. Schneider/N. Wimmer*, NdsVBl. 2006, 328. Berechtigte Kritik an einer solchen Annahme bei *Degenhart*, Staatsrecht I, 27. Aufl., 2011, Rdnr. 173.

368 Nds. StGH, LVerfGE 16, 377 ff.; auch diese Entscheidung hat beachtliche Aufmerksamkeit in der Literatur erfahren, vgl. exemplarisch *Bornemann/v. Coelln/Hepach/Himmelsbach/Lörz* (Hrsg.), BayMG, Loseblatt, Stand Oktober 2011, Art. 24 Rdnr. 84; *v. Coelln*, in: Menzel/Müller-Terpitz (Hrsg.), Verfassungsrechtsprechung, 2. Aufl., 2011,

von 63 Mitgliedern des Niedersächsischen Landtages betreffend die Verfassungsmäßigkeit des § 6 Abs. 3 S. 2–4 NMedienG i.d.F. v. 11.12.2003[369] zu Grunde[370]. Diese Bestimmung lautete:

> „Die Zulassung darf auch nicht einer juristischen Person oder einer Vereinigung erteilt werden, an der eine politische Partei oder eine Wählergruppe still, durch ein Treuhandverhältnis oder mittelbar in gleich welcher Form beteiligt ist. Satz 2 gilt für mittelbare Beteiligungen nicht, wenn die politische Partei oder Wählergruppe mindestens in einer Beteiligungsstufe an einer juristischen Person oder Vereinigung zu weniger als zehn vom Hundert der Kapital- oder Stimmrechtsanteile beteiligt ist. Satz 2 gilt für mittelbare Beteiligungen außerdem nicht, wenn die von Satz 3 nicht erfassten Beteiligungen beim Veranstalter insgesamt weniger als zehn vom Hundert der Kapital- oder Stimmrechtsanteile erreichen und ein maßgeblicher Einfluss einer politischen Partei oder Wählergruppe auf die Geschäftsführung oder Programmgestaltung des Veranstalters weder unmittelbar noch mittelbar ausgeübt werden kann".

Auch in der Entscheidung des Niedersächsischen Staatsgerichtshofs heißt es schon auf Leitsatzebene:

> „Das Ziel, Staatsferne, Überparteilichkeit sowie Meinungsvielfalt des Rundfunks im Sinne der Rechtsprechung des Bundesverfassungsgerichts zu sichern, rechtfertigt nicht den weitgehenden Ausschluss politischer Parteien von der Veranstaltung privaten Rundfunks"[371].

Artikel „BVerfGE 121, 30 – Pressebeteiligung", S. 859 f.; *Hain*, Medienrechtliches Kolloquium zum 75. Geburtstag von Hartmut Schiedermair, 2011, S. 63; *Sannwald*, in: Schmidt-Bleibtreu/Hofmann/Hopfauf (Hrsg.), GG, 12. Aufl., 2011, Art. 21 Rdnr. 60 a; *Kersjes*, Medienbeteiligungen politischer Parteien, 2009, S. 78 f.; *Michael Müller*, AfP 2009, 435 ff.; *Degenhart*, K&R 2007, 2 ff.; *Kamps*, MIP 2007, 36 ff.; *Reffken*, Politische Parteien und ihre Beteiligungen an Medienunternehmen, 2007, S. 235; *Badura*, Festschrift für Richard Bartlsperger, 2006, S. 14 f.; *J.-P. Schneider/N. Wimmer*, NdsVBl. 2006, 325 ff.; *Branahl*, Frankfurter Rundschau v. 16.9.2005, Nr. 216, S. 20; *Müller*, MMR 2005, VI f.; *Hain*, Grenzen der Zentralisierung von Zulassungs- und Aufsichtsentscheidungen im föderalen Rundfunksystem, 2009, S. 59 Fn. 243.

369 Nds. GVBl. 2003, S. 423 ff.

370 Die Antragsschrift in diesem Verfahren stammte von *Ralf Poscher*, vgl. *ders.*, Antrag im Verfahren der abstrakten Normenkontrolle nach Art. 54 Nr. 3 NdsVerf. i.V.m. § 8 Nr. 8, § 33 f. StaatsgerichtshofG Nds gegen § 6 Abs. 3 S. 2–4 NMedienG (i.d.F. v. 11.12.2003) vor dem Niedersächsischen Staatsgerichtshof (StGH 4/04), 2004.

371 Nds. StGH, LVerfGE 16, 377 (Leitsatz 3). Zustimmend: *Bethge*, in: Sachs (Hrsg.), GG, 6. Aufl., 2011, Art. 5 Rdnr. 114.

2) Wesentliche Argumente des Gerichtshofes

Ähnlich wie das Bundesverfassungsgericht, argumentiert auch der Niedersächsische Staatsgerichtshof, die politischen Parteien seien grundrechtsfähig. Auch er ist der Ansicht, die Parteien könnten sich auf die Rundfunkfreiheit berufen[372]. Eine „strukturelle Inkompatibilität" von politischen Parteien und Rundfunk, von der *Markus Möstl* ausgeht[373], bestehe nicht[374]; der Rundfunk sei von Art. 5 Abs. 1 S. 2 GG i.V.m. Art. 3 Abs. 2 NdsVerf. „nicht von vornherein ausschließlich als unabhängiges Medium der kritischen Berichterstattung und Vermittlung mit der zwingenden Folge konzipiert, dass der Ausschluss politischer Parteien von der Veranstaltung privaten Rundfunks verfassungsrechtlich geboten" sei[375]. Zwar stellt nach Ansicht des Gerichtshofes ein beherrschender Einfluss politischer Parteien sowie der von politischen Parteien abhängigen Unternehmen auf den privaten Rundfunk eine Gefahr für dessen Unabhängigkeit dar. Das aber rechtfertige nicht den generellen Ausschluss der politischen Parteien vom Grundrecht der Rundfunkfreiheit[376]. Die Annahme der funktionellen Inkompatibilität von Rundfunk und politischen Parteien sei mit der Aufgabe der Parteien in der parlamentarischen Demokratie nicht vereinbar[377]. Dementsprechend seien „die politischen Parteien als gesellschaftlich relevante Gruppe auch in den Aufsichtsgremien des öffentlich-rechtlichen Rundfunks vertreten"[378].

Auf dieser Grundlage verstieß nach Ansicht des Gerichtshofs der in jenem Verfahren streitgegenständliche § 6 Abs. 3 S. 2–4 NMedienG i.d.F. v. 11.12.2003 gegen die durch Art. 5 Abs. 1 S. 2 GG i.V.m. Art. 3 Abs. 2 NdsVerf.[379] gewährleistete

---

372 Nds. StGH, LVerfGE 16, 377 (387 ff.).

373 Grundlegend: *Möstl*, DÖV 2003, 113; vgl. auch *ders.*, AöR Bd. 135 (2010), S. 136, sowie *ders.*, in: Lindner/Möstl/Wolff, Verfassung des Freistaates Bayern, 2009, Art. 111 a Rdnrn. 10, 12; in dieser Richtung zuvor bereits *Jarass*, Gutachten 56. DJT, 1986, G 19. Anders nun aber offenbar (im Anschluss an BVerfGE 121, 30 [57]) *Jarass*, in: ders./Pieroth, GG, 11. Aufl., 2011, Art. 5 Rdnr. 41.

374 Nds. StGH, LVerfGE 16, 377 (388).

375 Nds. StGH, LVerfGE 16, 377 (388).

376 Nds. StGH, LVerfGE 16, 377 (388).

377 Nds. StGH, LVerfGE 16, 377 (388).

378 Nds. StGH, LVerfGE 16, 377 (389).

379 Die Rundfunkfreiheit nach Art. 5 Abs. 1 S. 2 GG gilt in Niedersachsen qua Rezeption durch das Landesverfassungsrecht (vgl. Art. 3 Abs. 2 S. 1 NdsVerf.) auch als Landesgrundrecht (s. hierzu *v. Coelln*, in: Menzel/Müller-Terpitz [Hrsg.], Verfassungsrechtsprechung, 2. Aufl., 2011, Artikel „BVerfGE 121, 30 – Pressebeteiligung", S. 859 m.w.N.).

Rundfunkfreiheit, und zwar „sowohl dann, wenn die Rundfunkfreiheit wie die anderen Kommunikationsgrundrechte als ein subjektives Recht auch von politischen Parteien und Unternehmen, an denen politische Parteien beteiligt sind, auf Veranstaltung von Rundfunk angesehen wird, als auch dann, wenn die Rundfunkfreiheit im Sinne der Rechtsprechung des Bundesverfassungsgerichts als objektivrechtliche Gewährleistung freier, öffentlicher und individueller Meinungsbildung (BVerfGE 74, 297 [323]) gedeutet wird"[380]. Der Gerichtshof führte insoweit aus:

> „Auch wenn die Unabhängigkeit und Neutralität des Rundfunks aufgrund seiner Breitenwirkung, Aktualität und Suggestivkraft (BVerfGE 90, 60 [87]) durch die Rechtsordnung zu bewahren ist, so muss dies nicht zwangsläufig durch strikte Parteiferne des privaten Rundfunks erfolgen"[381].

C. *Rau*-Parteienfinanzierungskommission

Auch die von dem ehemaligen Bundespräsidenten *Johannes Rau* eingesetzte Parteienfinanzierungskommission vertrat die Auffassung, Medienbeteiligungen von politischen Parteien seien mit dem Grundgesetz vereinbar.

I. Verlagsbeteiligungen

Die Kommission wandte sich in ihrem Bericht aus dem Jahr 2001 zunächst den Verlagsbeteiligungen von Parteien zu. Im Blick auf diese führte sie aus:

> „Parteien sind unbestritten Träger der in Art. 5 Abs. 1 GG gewährleisteten Grundrechte der Meinungs- und Pressefreiheit. Zum sachlichen Schutzbereich der Pressefreiheit gehört auch der unternehmerisch-wirtschaftliche Sektor, also die Begründung von und die Beteiligung an Unternehmen, die Presseerzeugnisse herstellen. Einschränkungen eines unternehmerischen Engagements der Parteien im Pressewesen könnten nur mit Rücksicht auf Art. 21 GG gerechtfertigt sein. Die Aufgabe der Parteien ist es aber gerade, ‚auf die Gestaltung der öffentlichen Meinung Einfluss (zu) nehmen' (§ 1 Abs. 2 PartG). Es wäre also widersinnig, Parteien ausgerechnet im Bereich des Pressewesens eine Betätigung verwehren zu wollen"[382].

---

380 Nds. StGH, LVerfGE 16, 377 (387).

381 Nds. StGH, LVerfGE 16, 377 (388). Zur hierauf folgenden Neuregelung durch den Niedersächsischen Landesgesetzgeber vgl. Nds. GVBl. 2007, S. 207 ff., sowie *Kersjes*, Medienbeteiligungen politischer Parteien, 2009, S. 79.

382 *Bundespräsidialamt* (Hrsg.), Bericht der Kommission unabhängiger Sachverständiger zu Fragen der Parteienfinanzierung, 2001, S. 85, unter Hinweis auf *Kunig*, HStR

Zu berücksichtigen sei insoweit auch das „vorverfassungsrechtliche Erscheinungsbild" der Parteien, „das der Verfassungsgeber bei der Verabschiedung des Grundgesetzes vorgefunden" habe „und – soweit ersichtlich – nicht korrigieren wollte"[383]. Vor dessen Hintergrund sei „die Betätigung der Parteien im Bereich des Pressewesens nichts Ungewöhnliches"[384].

II. Rundfunkbeteiligungen

Zur Frage der Verfassungsmäßigkeit der Rundfunkbeteiligungen von Parteien hat sich die Kommission nicht ausdrücklich geäußert. Dass sie aber auch solche Beteiligungen für verfassungsrechtlich zulässig hält, ergibt sich bereits daraus, dass sie betont:

> „Wollten die Parteien selber sich als Rundfunkunternehmer betätigen, könnten sie wegen ihrer vom Grundgesetz geforderten Staatsfreiheit nur als private Rundfunkanbieter zugelassen werden. Ihre besondere verfassungsrechtliche Aufgabenzuweisung würde sie nicht zum Teil des öffentlich-rechtlichen Rundfunks machen"[385].

II, 2. Aufl., 1998, § 33 Rdnr. 61, sowie *Hans H. Klein*, in: Bundespräsidialamt (Hrsg.), Bericht der Kommission unabhängiger Sachverständiger zu Fragen der Parteienfinanzierung, 2001, S. 228.

383 *Bundespräsidialamt* (Hrsg.), a.a.O., S. 86.

384 *Bundespräsidialamt* (Hrsg.), ebenda.

385 *Bundespräsidialamt*, a.a.O. Vor dem Hintergrund dieser Ausführungen ist der Hinweis geboten, dass auch die öffentlich-rechtlichen Rundfunkanstalten – trotz ihrer Formalstruktur – *nicht* zum „Staat" bzw. zur „Staatsverwaltung" ressortieren (richtig: *Bethge*, in: Die Verwaltung 43 [2010], S. 438; *ders./v. Coelln*, Grundriss Verfassungsrecht, 4. Aufl., 2011, S. 24; vgl. auch *Papier/Schröder*, Verfassungsfragen des Dreistufentests, 2011, S. 21; *Masing*, in: *ders.*/Marcou, Unabhängige Regulierungsbehörden, 2010, S. 195; *Isensee/Axer*, Jugendschutz im Fernsehen, 1998, S. 68; *Stettner*, in: Nawiasky/Schweiger/Knöpfle [Hrsg.], Die Verfassung des Freistaates Bayern, Loseblatt, Stand Juli 2008, Art. 111 a Rdnr. 72; *Ladeur*, in: Paschke/Berlit/Meyer [Hrsg.], Hamburger Kommentar – Gesamtes Medienrecht, 2. Aufl., 2012, 1. Teil, Kap. 3, 4. Abschn., Rdnr. 86). Es liegt auf dieser Linie, dass die Entscheidung BGH (St), NJW 2010, 787, nur als „[v]erfehlt" eingestuft werden kann (so richtig: *Bethge*, in: Die Verwaltung 43 [2010], S. 438 Fn. 14; vgl. auch *ders.*, BLM-Symposion Medienrecht 2011, 2011, S. 89). In ihr klassifiziert der BGH (zumindest) die redaktionell Verantwortlichen der öffentlich-rechtlichen Rundfunkanstalten als „Amtsträger" (!). Dazu, dass das Amt anerkanntermaßen eine *staatsrechtliche* Kategorie ist: *Isensee*, ZBR 2004, 3 ff.; *Müller-Franken*, Festschrift für Herbert Bethge, 2009, S. 229; *Jentsch*, ThürVBl. 1999, 110.

Ferner hat die Kommission im Blick auf den von ihr erwähnten Ausschluss der Parteien (sowie der von diesen abhängigen Unternehmen, Personen und Vereinigungen) im einfachen Gesetzesrecht der Länder lediglich von einer „gesetzgeberische[n] Entscheidung“, nicht aber von einer „gesetzgeberischen Verpflichtung“ gesprochen[386].

III. Telemedienbeteiligungen

Dass die Kommission auch die Beteiligungen von politischen Parteien an Telemedienunternehmen für zulässig hält, zeigt ihre Empfehlung Nr. 38. Diese lautete:

> „Die Kommission empfiehlt keine gesetzlichen Regelungen zur Begrenzung der unternehmerischen Tätigkeit von Parteien, auch nicht im Medienbereich. Ein etwaiger beherrschender Einfluss von Parteien auf die Presse aufgrund von Beteiligungen im Bereich der Printmedien wäre im Übrigen vorrangig mit den Mitteln und nach den allgemeinen Maßstäben des Kartellrechts und des Presserechts einzudämmen. Dass ein solcher Zustand derzeit von irgendeiner Partei in Deutschland erreicht wäre, ist nicht ersichtlich. Die Möglichkeit der Parteien, an der Entwicklung der neuen Medien teilzunehmen, insbesondere des Internets, sollte nicht beschnitten werden“[387].

D. Schrifttum

Auch im Schrifttum herrscht die Meinung vor, Medienbeteiligungen von politischen Parteien seien verfassungsgemäß.

I. Verfassungsmäßigkeit von Medienbeteiligungen von Parteien

1. Hauptargumente dieser Meinungsgruppe

Sämtliche Autoren, die sich des Themas der Medienbeteiligungen von Parteien bislang aus verfassungsrechtlicher Sicht monographisch angenommen haben,

---

386 *Bundespräsidialamt* (Hrsg.), Bericht der Kommission unabhängiger Sachverständiger zu Fragen der Parteienfinanzierung, 2001, S. 87.

387 *Bundespräsidialamt* (Hrsg.), a.a.O.; aufgegriffen von *v. Alemann*, Diskussionsbeitrag, in: Morlok/v. Alemann/Streit [Hrsg.], Medienbeteiligungen politischer Parteien, 2004, S. 166.

gehen von der – jedenfalls prinzipiellen – Verfassungsmäßigkeit solcher Beteiligungen aus[388].

Sofern die These von der verfassungsrechtlichen Zulässigkeit der Medienbeteiligungen politischer Parteien überhaupt je explizit geäußert und/oder begründet wird, wird im Einklang mit der Rechtsprechung und der *Rau*-Parteienfinanzierungskommission überwiegend auf die Grundrechtsfähigkeit der politischen Parteien[389] sowie auf den Umstand abgehoben, dass sich die in Art. 21 Abs. 1 S. 1 GG genannte Aufgabe der Parteien, an der politischen Willensbildung des Volkes mitzuwirken, heute nur noch oder doch zumindest einzig effektiv über die Medien erfüllen lasse[390]. So argumentiert *Margarete Schuler-Harms*, da sich

---

388 Vgl. *Cao*, Parteien als Eigentümer von Medien, 2010; *Paul*, Die Rundfunkbeteiligungen politischer Parteien, 2010; *Cordes*, Medienbeteiligungen politischer Parteien, 2009; *Kersjes*, Medienbeteiligungen politischer Parteien, 2009; *Reffken*, Politische Parteien und ihre Beteiligungen an Medienunternehmen, 2007. Auch die Autoren, welche die Medienbeteiligungen von Parteien in ihren Studien zumindest mitbehandelt haben, halten diese Beteiligungen für verfassungsgemäß. Vgl. insoweit namentlich *T. Schneider*, Vermögen und erwerbswirtschaftliche Betätigung politischer Parteien, 2008, S. 205 ff., und *Angelov*, Vermögensbildung und unternehmerische Tätigkeit politischer Parteien, 2006, S. 266 ff. S. ferner *Kohler*, Politikfinanzierung, 2010, S. 286 ff., *Krumbholz*, Finanzierung und Rechnungslegung der politischen Parteien und deren Umfeld, 2010, S. 94 f., sowie *Ahmed*, Begrenzung politischer Parteien im Rundfunk, 2011, S. 32 ff. Ausgeklammert haben die Medienbeteiligungen von Parteien dagegen *Engel* (*ders.*, Parteien – Verfassungsgerichtsbarkeit – Rundfunk, 2009, S. 147) und *Schindler* (Die Partei als Unternehmer, 2006, S. 76). Insbesondere *Schindler* hat durch häufige Seitenblicke auf das Thema die Diskussion zu den Medienbeteiligungen von Parteien aber befruchtet. Das gleiche gilt für das (auf einer Dissertation an der Philosophischen Fakultät III der Julius-Maximilians-Universität Würzburg beruhende) Werk „Vermögensmacht und Medieneinfluss" des Rechtsassessors *Andreas Feser* aus dem Jahr 2003.

389 *Ricker*, Verfassungsrechtliche Aspekte eines Mediengesetzes für Rheinland-Pfalz, 1985, S. 50; in diesem Sinne auch *ders.*, Öffentliche mündliche Anhörung des Innenausschusses des Hess. Landtags zu dem Gesetzentwurf der Landesregierung für ein Gesetz zur Änderung des Hessischen Pressegesetzes (Hess. LT-Drucks. 16/4393) in der 51. Sitzung am 17.11.2005, Sten. Bericht INA/16/51, S. 20 f.

390 Exemplarisch: *Karpen*, Öffentliche Sachverständigenanhörung der CDU/CSU-Bundestagsfraktion zum Thema „Das Transparenzgebot des Grundgesetzes und die SPD-Parteifinanzen" am 20.10.2000, Protokoll S. 37 (BT-Drucks. 14/9300, Anlagenband III, S. 874); *Kohler*, Politikfinanzierung, 2010, S. 286 ff. Anders hat sich der Chefredakteur des *vorwärts*, *Uwe Knüpfer*, geäußert (*ders.*, zitiert in: Sundermeyer, Frankfurter Allgemeine Zeitung v. 16.10.2010, Nr. 241, S. 42). Kritisch auch *Cordes*, ZParl 40 (2009), S. 139, der ausführt, die Beispiele anderer Parteien (als der SPD) zeigten,

der Funktionsauftrag der Parteien aus Art. 21 Abs. 1 S. 1 GG auch auf die Herausgabe parteieigener Medien erstrecke, sei eine unternehmerische Tätigkeit von Parteien im Bereich der Medien „im Grundsatz mit dem Funktionsauftrag der Parteien ohne weiteres vereinbar“[391]. Es liegt auf dieser Linie, wenn *Hans-Peter Schneider* ausführt, vor dem Hintergrund der verfassungsrechtlichen Aufgabe der Parteien wäre es „geradezu widersinnig“, wollte man den politischen Parteien ausgerechnet eine solche wirtschaftliche Betätigung verbieten, „die schon ihrer Natur nach in engem Sachzusammenhang mit der geistigen Auseinandersetzung im demokratischen Gemeinwesen“ stehe[392].

Für *Martin Morlok* kann ein Medienbesitz von Parteien sogar notwendig sein, „um eine chancengleiche Einwirkung auf die Medien zu haben“[393]. Er argumentiert,

---

dass eine erfolgreiche Mitwirkung an der politischen Willensbildung auch ohne Medienbeteiligungen möglich sei.

391 *Schuler-Harms*, in: Morlok/v. Alemann/Streit (Hrsg.), Medienbeteiligungen politischer Parteien, 2004, S. 47 f. (vgl. allerdings auch *dies.*, Diskussionsbeitrag, in: a.a.O., S. 64); namentlich im Blick auf Pressebeteiligungen von Parteien auch *v. Coelln*, in: Menzel/Müller-Terpitz (Hrsg.), Verfassungsrechtsprechung, 2. Aufl., 2011, Artikel „BVerfGE 121, 30 – Pressebeteiligung“, S. 858; s. ferner *Morlok*, Diskussionsbeitrag, in: Wettig-Danielmeier/Stiegler (Hrsg.), Reform der Parteienfinanzierung, 2001, S. 41; *ders.*, in: v. Arnim (Hrsg.), Reform der Parteiendemokratie, 2003, S. 166.

392 *Hans-Peter Schneider*, Festschrift für Inge Wettig-Danielmeier, 2001, S. 331, unter Bezugnahme auf *Hans H. Klein*, in: Bundespräsidialamt (Hrsg.), Bericht der Kommission unabhängiger Sachverständiger zu Fragen der Parteienfinanzierung, 2001, S. 225 ff.; s. auch *Hans-Peter Schneider*, Diskussionsbeitrag, in: Wettig-Danielmeier/Stiegler (Hrsg.), Reform der Parteienfinanzierung, 2001, S. 23; *Cornils*, Medienrechtliches Kolloquium zum 75. Geburtstag von Hartmut Schiedermair, 2011, S. 46 ff.; *Krumbholz*, Finanzierung und Rechnungslegung der politischen Parteien und deren Umfeld, 2010, S. 94; *T. Schneider*, Vermögen und erwerbswirtschaftliche Betätigung politischer Parteien, 2008, S. 209. *Karpen*, Öffentliche Sachverständigenanhörung der CDU/CSU-Bundestagsfraktion zum Thema „Das Transparenzgebot des Grundgesetzes und die SPD-Parteifinanzen“ am 20.10.2000, Protokoll S. 24 (vgl. BT-Drucks. 14/9300, Anlagenband III, S. 861); *H. M. Kepplinger* (zitiert in: Friedrich, Wiesbadener Kurier v. 14.3.2008, Nr. 63, S. 11).

393 *Morlok*, Gutachten zum Entwurf zur Änderung des Niedersächsischen Mediengesetzes (Gesetzentwurf der Fraktionen der CDU und der FDP, Nds. LT-Drucks. 15/450) anlässlich der Anhörung des Ausschusses für Bundes- und Europaangelegenheiten und Medien des Niedersächsischen Landtags am 24.11.2003, Vorlage 14 zu Nds. LT-Drucks. 15/450, S. 3; in dieser Richtung (und unter Bezugnahme auf *Hoffmann-Riem*, in: ders./Starck [Hrsg.], Das Niedersächsische Rundfunkgesetz vor dem Bundesverfassungsgericht, 1987, S. 151) auch *Hans H. Klein,* Orientierungen zur Wirtschafts- und Gesellschaftspolitik 101 (3/2004), S. 73; vgl. auch *Ahmed*,

wenn man „Sammelorganisationen“ wie die Parteien daran hindere, Medieneigentum zu halten, komme es dazu, „dass Medienbesitz und damit Einfluss auf die Öffentlichkeit nur in der Hand derjenigen ist, die über erhebliche Finanzmittel verfügen“[394]. Auch *Morlok* weist darauf hin, „dass die mediale Präsentation“ der Arbeit und Anliegen von Parteien „ein klassisches Feld der Parteiarbeit“ darstelle[395]. Er führt aus: „Vor dem Hintergrund historischer Erfahrungen (Sozialdemokratie) ist dabei auch zu beachten, dass der Aufbau parteieigener Medien eine Reaktion von politischen Parteien sein kann, die in der etablierten Medienlandschaft keine hinreichende Resonanz finden oder zu finden glauben“[396].

Zahlreiche Vertreter der hier vorgestellten Meinungsrichtung verweisen des Weiteren auf die Finanzierungsfunktion, die Medienbeteiligungen von Parteien zukomme[397]. Man argumentiert, derartige Beteiligungen leisteten einen substantiellen Beitrag zur Eigenfinanzierung der Parteien. Das sei umso bedeutsamer, als diese Finanzierungsform Vorrang vor der staatlichen (Teil-)Finanzierung der Parteien genieße[398].

Begrenzung politischer Parteien im Rundfunk, 2011, S. 51. *Hufen*, Staatsrecht II, 2. Aufl., 2008, § 41 Rdnr. 4, macht insoweit auch auf das in Art. 3 Abs. 3 GG enthaltene Verbot der Benachteiligung aus Gründen der politischen Anschauung aufmerksam (in der 3. Aufl. des Werkes von *Hufen* aus dem Jahr 2011 fehlt der entsprechende Hinweis hingegen).

394 *Morlok*, Gutachten zum Entwurf zur Änderung des Niedersächsischen Mediengesetzes (Gesetzentwurf der Fraktionen der CDU und der FDP, Nds. LT-Drucks. 15/450) anlässlich der Anhörung des Ausschusses für Bundes- und Europaangelegenheiten und Medien des Niedersächsischen Landtags am 24.11.2003, Vorlage 14 zu Nds. LT-Drucks. 15/450, S. 3.

395 *Morlok*, in: Bundespräsidialamt (Hrsg.), Bericht der Kommission unabhängiger Sachverständiger zu Fragen der Parteienfinanzierung, 2001, S. 265.

396 *Morlok*, a.a.O.; ähnlich: *Naßmacher*, The Funding of Party Competition, 2009, S. 275.

397 Exemplarisch: *Dietlein*, in: Stern, Staatsrecht IV/2, 2011, § 114 VIII 2, S. 125 ff.; *Köhler*, Parteien im Wettbewerb, 2006, S. 192 f.; *Krumbholz*, Finanzierung und Rechnungslegung der politischen Parteien und deren Umfeld, 2010, S. 98 f.

398 Zur staatlichen (Teil-)Finanzierung der Parteien vgl. BVerfGE 85, 264 (289); *Lenski*, PartG, 2011, § 18 Rdnrn. 21 ff.; *Morlok* (unter Mitarbeit von *Krüper* u. *Roßner*), Parteienfinanzierung im demokratischen Rechtsstaat, 2009, S. 8 ff.; *Korioth*, in: Manssen (Hrsg.), Die Finanzierung von politischen Parteien in Europa, 2008, S. 19 ff.

2. Hauptstreitpunkte innerhalb dieser Meinungsgruppe

a) Verfassungsrechtliche Basis des Schutzes der Medienbeteiligungen von Parteien

Umstritten ist innerhalb der hier vorgestellten Meinungsgruppe nicht allein, aber doch in erster Linie, wie der verfassungsrechtliche Schutz von Medienbeteiligungen von politischen Parteien bemessen ist. *Julia Kersjes* etwa meint: „Die Parteien sind Grundrechtsträgerinnen und haben das Recht, sich unmittelbar und mittelbar an Medien zu beteiligen. Die unternehmerische Beteiligung richtet sich nach Art. 5 Abs. 1 S. 2, Art. 12 Abs. 1, Art. 14 Abs. 1 i. V. m. Art. 19 Abs. 3 GG, die inhaltliche bestimmt sich nach Art. 5 Abs. 1 S. 1 und 2, Art. 14 Abs. 1 i. V. m. Art. 19 Abs. 3 GG. Der Mitwirkungsauftrag aus Art. 21 Abs. 1 S. 1 GG modifiziert jeweils den Grundrechtsschutz der Parteien“[399]. Einen kumulativen Schutz medienunternehmerischer Aktivitäten von politischen Parteien durch die Grundrechte *und* Art. 21 GG befürwortet dagegen *Herbert Bethge*[400]. *Hans-Peter Schneider* unterstellt Medienbeteiligungen von politischen Parteien, solange sie nicht nur der Einnahmeerzielung, sondern auch oder sogar überwiegend „der Erfüllung von Parteiaufgaben“ dienen[401], der (von ihm in die Diskussion eingeführten[402], mehrheitlich allerdings abgelehnten[403]) durch Art. 21 GG geschützten Kategorie des „Funktionsvermögens“ von Parteien[404]. Demgegenüber will *Schneider* Medienbeteiligungen von Parteien, die allein der Einnahmenerzielung dienen, als „Kapitalvermögen“ allein dem Schutz

399 *Kersjes*, Medienbeteiligungen politischer Parteien, 2009, S. 194.

400 *Bethge*, in: Sachs (Hrsg.), GG, 6. Aufl., 2011, Art. 5 Rdnr. 89 a; vgl. auch *Badura*, Festschrift für Richard Bartlsperger, 2006, S. 5 f.; *ders.*, Stellungnahme zum Gesetzentwurf der Hessischen Landesregierung für ein Gesetz zur Änderung des Hessischen Pressegesetzes (Hess. LT-Drucks. 16/4393) und zum Änderungsantrag der Fraktion der SPD im Hessischen Landtag (Hess. LT-Drucks. 16/4473), Ausschussvorlage INA/16/40, Teil 1, S. 7.

401 *Hans-Peter Schneider*, Festschrift für Inge Wettig-Danielmeier, 2001, S. 331; vgl. auch *ders.*, Öffentliche Anhörung des Innenausschusses des Deutschen Bundestags zum Thema „Parteiengesetz“ in der 89. Sitzung am 28.2.2002, Prot. BT-Innenausschuss 14/89, S. 85.

402 *Hans-Peter Schneider*, Diskussionsbeitrag, in: Wettig-Danielmeier/Stiegler (Hrsg.), Reform der Parteienfinanzierung, 2001, S. 22 ff.; *ders.*, Festschrift für Inge Wettig-Danielmeier, 2001, S. 327.

403 Exemplarisch: *Dietlein*, in: Stern, Staatsrecht IV/2, 2011, § 114 VIII 2 c α, S. 131 Fn. 520.

404 *Hans-Peter Schneider*, Festschrift für Inge Wettig-Danielmeier, 2001, S. 331; vgl. auch *Schindler*, Die Partei als Unternehmer, 2006, S. 76.

der Grundrechte zuordnen[405]. Nur durch Art. 21 GG sieht *Peter M. Huber* die Medienbeteiligungen von politischen Parteien geschützt[406].

Soweit die Medienbeteiligungen von politischen Parteien zumindest auch in den Grundrechten verortet werden, herrscht die Meinung deutlich vor, sowohl die Presse- als auch die Rundfunkfreiheit gewährten den Parteien einen *originären* Anspruch auf Medienveranstaltung[407]. Diese Freiheit könne über Art. 5 Abs. 2 GG eingeschränkt werden[408]. Andere Autoren folgen in der Interpretation der Rundfunkfreiheit hingegen dem Bundesverfassungsgericht und lehnen einen originären Anspruch auf Rundfunkveranstaltung ab[409]. Eine „originäre Rundfunkunternehmerfreiheit nach dem Muster der Pressefreiheit" sei bisher „keine aus Art. 5 Abs. 1 S. 2 GG ableitbare Rechtsfolge"[410]. Das gelte auch im Blick auf die politischen Parteien[411].

b) Quantitative Grenzen für das Medienanteilseigentum von politischen Parteien

Uneinigkeit besteht auch hinsichtlich der für politische Parteien geltenden „Medienbeteiligungsgrenze"[412]. Während die meisten Autoren der hier vorgestellten Meinungsgruppe jedenfalls im Blick auf Pressebeteiligungen die Ansicht vertreten,

---

405 *Hans-Peter Schneider*, Festschrift für Inge Wettig-Danielmeier, 2001, S. 331.

406 *P. M. Huber*, K&R 2004, 220 ff.; vgl. auch *Degenhart*, in: Bonner Kommentar, Loseblatt, Stand Oktober 2011, Art. 5 Abs. 1 u. 2 Rdnr. 485.

407 Exemplarisch: *Starck*, in: v. Mangoldt/Klein/Starck, GG I, 6. Aufl., 2010, Art. 5 Abs. 1, 2 Rdnr. 110; *Reffken*, Politische Parteien und ihre Beteiligungen an Medienunternehmen, 2007, S. 332; *Kersjes*, Medienbeteiligungen politischer Parteien, 2009, S. 159; *Paul*, Die Rundfunkbeteiligungen politischer Parteien, 2010, S. 87; *Angelov*, Vermögensbildung und unternehmerische Tätigkeit politischer Parteien, 2006, S. 333.

408 *Angelov*, Vermögensbildung und unternehmerische Tätigkeit politischer Parteien, 2006, S. 334.

409 *Badura*, Festschrift für Richard Bartlsperger, 2006, S. 12 f.; auf der – von ihm abgelehnten – Basis der Rechtsprechung des Bundesverfassungsgerichts auch *P. M. Huber*, K&R 2004, 217 f.

410 *Badura*, a.a.O., S. 13; vgl. auch *Bethge*, HStR IX, 3. Aufl., 2011, § 203 Rdnr. 90; *Möstl*, in: Lindner/Möstl/Wolff, Verfassung des Freistaates Bayern, 2009, Art. 111 a Rdnr. 7.

411 Vgl. *Bornemann*, Anhörung des Ausschusses für Hochschule, Forschung und Kultur des Bayerischen Landtags zum Thema „Änderung des Art. 24 des Bayerischen Mediengesetzes (Verbot der Beteiligung von politischen Parteien und Wählergruppen an Rundfunkanbietern)" in der 94. Sitzung am 4.6.2003, Wortlautprotokoll S. 16. Vgl. auch *v. Coelln*, in: Menzel/Müller-Terpitz (Hrsg.), Verfassungsrechtsprechung, 2. Aufl., 2011, Artikel „BVerfGE 121, 30 – Pressebeteiligung", S. 858 ff.

412 Wendung nach *Karpen*, Öffentliche Sachverständigenanhörung der CDU/CSU-Bundestagsfraktion zum Thema „Das Transparenzgebot des Grundgesetzes und die

die politischen Parteien dürften sich bis zur Schwelle der Meinungsmarktbeherrschung medienunternehmerisch betätigen[413], hat sich *Ulrich Karpen* deutlich zurückhaltender geäußert. Er hält nicht erst eine marktbeherrschende Stellung von Parteien für verfassungsrechtlich unzulässig, sondern bereits „Medienkonzerne" von Parteien[414]. *Karpen* argumentiert, Medienkonzerne von Parteien, „die nicht parteieigene und parteinahe Presseorgane für die Verbreitung der Parteiideen" seien[415], lägen „außerhalb des Parteienzwecks"[416] und seien eo ipso verfassungsrechtlich unzulässig[417].

SPD-Parteifinanzen" am 20.10.2000, Protokoll S. 37 (BT-Drucks. 14/9300, Anlagenband III, S. 874).

413 Exemplarisch: *Ahmed*, Begrenzung politischer Parteien im Rundfunk, 2011, S. 56 f.; *Reffken*, Politische Parteien und ihre Beteiligungen an Medienunternehmen, 2007, S. 303, 322; *Kotzur*, VVDStRL Heft 69 (2010), S. 213 (unter Bezugnahme auf *Schmitt Glaeser*, JöR n.F. Bd. 50 [2002], S. 189 f.); *v. Coelln*, in: Menzel/Müller-Terpitz (Hrsg.), Verfassungsrechtsprechung, 2. Aufl., 2011, Artikel „BVerfGE 121, 30 – Pressebeteiligung", S. 858; *Cornils*, Medienrechtliches Kolloquium zum 75. Geburtstag von Hartmut Schiedermair, 2011, S. 60; *Morlok*, in: Dreier, GG II, 2. Aufl., 2006, Art. 21 Rdnr. 55. Ähnlich *P. M. Huber* (Öffentliche Sachverständigenanhörung der CDU/CSU-Bundestagsfraktion zum Thema „Das Transparenzgebot des Grundgesetzes und die SPD-Parteifinanzen" am 20.10.2000, Protokoll, S. 9 f., BT-Drucks. 14/9300, Anlagenband III, S. 846 f.), der bemerkt, Medienbeteiligungen von Parteien würden dort verfassungswidrig, wo sie die „kartellrechtlich bedenkliche Schwelle" (und dies insbesondere auch im regionalen Bereich) erreichten. Gegen das Kartellrecht als wirksames Remedium gegen Medienbeteiligungen von Parteien: *Pohlmann*, in: Morlok/v. Alemann/Streit (Hrsg.), Medienbeteiligungen politischer Parteien, 2004, S. 59 (Blindheit des Kartellrechts gegenüber politischem Einfluss).

414 *Karpen*, Statement für die Anhörung der CDU/CSU-Bundestagsfraktion am 20.10.2000 – Vermögensrechnungslegung politischer Parteien, Umdruck, S. 2 (BT-Drucks. 14/9300, Anlagenband III, S. 880).

415 *Karpen*, Öffentliche Sachverständigenanhörung der CDU/CSU-Bundestagsfraktion zum Thema „Das Transparenzgebot des Grundgesetzes und die SPD-Parteifinanzen" am 20.10.2000, Protokoll S. 32 (BT-Drucks. 14/9300, Anlagenband III, S. 869).

416 *Karpen*, a.a.O. Für *Karpen* ist die Grenze der Medienbeteiligungen von Parteien dort anzusiedeln, wo ein Medienkonzern vorliegt, „der a) die Grenze der nötigen Verbreitung der Ideen der Partei überschreitet und b) kapitalistisch ist in dem Sinne, dass nur Vermögen erwirtschaftet, aber nicht der eigentliche Parteizweck erreicht werden soll" (*Karpen*, a.a.O., Protokoll S. 37, BT-Drucks. 14/9300, Anlagenband III, S. 874). Im Blick auf den erstgenannten Aspekt spricht *Karpen* auch von Medienkonzernen einer Partei, deren Aufgabe und Aufgabenerfüllung über das, was eine Partei „zur Diffundierung ihrer Programme braucht", hinausreiche (*Karpen*, a.a.O., Protokoll S. 5; BT-Drucks. 14/9300, Anlagenband III, S. 842).

417 Kritisch zu einem nennenswerten Medienengagement von Parteien auch *v. Arnim*, NVwZ 2003, 1076.

Dies gelte vor allem dann, wenn die betreffenden Parteien anstrebten, die Meinungsbildung (und sei es auch nur in einer Region) zu monopolisieren[418]. *Karpen* ist der Auffassung, Parteien dürften im Bereich der „demokratischen pluralistischen Willensbildung, die eben antimonopolistisch ist, […] nicht monopolistisch mit beiden Beinen in den Trog steigen“[419]. Überschritten sie die so zu beschreibende Grenze, verstießen sie „gegen das Parteiengesetz, die pluralistische Meinungsvielfalt und damit gegen das Demokratiegebot“[420].

c) Gebotenheit der Offenlegung von Medienbeteiligungen von Parteien?

Innerhalb der hier vorgestellten Meinungsgruppe wird des Weiteren kontrovers diskutiert, ob Medienbeteiligungen von Parteien erkennbar offen zu legen sind. *Martin Morlok* etwa ist der Ansicht, die „Besonderheiten von Parteien als Medienunternehmer“ dürften sich „angemessen [dadurch berücksichtigen lassen], dass man sich die Logik der Rechenschaftspflicht nach Art. 21 Abs. 1 S. 4 GG nutzbar macht: Kontrolle durch Publizität“[421]. *Morlok* regt insoweit besonders detaillierte Rechenschaftspflichten an, welche „die Holdingstrukturen etc. transparent machen“[422]. *Otto Depenheuer* ist der Ansicht, wenn man wisse, welche Medien im Eigentum einer politischen Partei stünden, wisse man auch, was man davon zu erwarten habe und könne sich gegen eventuelle Einflüsse immunisieren[423].

---

418 *Karpen*, Öffentliche Sachverständigenanhörung der CDU/CSU-Bundestagsfraktion zum Thema „Das Transparenzgebot des Grundgesetzes und die SPD-Parteifinanzen“ am 20.10.2000, Protokoll S. 32 (BT-Drucks. 14/9300, Anlagenband III, S. 869).

419 *Karpen*, a.a.O., Protokoll S. 25, BT-Drucks. 14/9300, Anlagenband III, S. 862; vgl. auch *Köhler*, Parteien im Wettbewerb, 2006, S. 203.

420 *Karpen*, a.a.O., Protokoll S. 37, BT-Drucks. 14/9300, Anlagenband III, S. 874.

421 *Morlok*, in: Bundespräsidialamt (Hrsg.), Bericht der Kommission unabhängiger Sachverständiger zu Fragen der Parteienfinanzierung, 2001, S. 265; für ein Gebot der Veröffentlichung von Medienbeteiligungen der politischen Parteien auch *Kersjes*, Medienbeteiligungen politischer Parteien, 2009, S. 302; offen gelassen von *Schindler*, Die Partei als Unternehmer, S. 76.

422 *Morlok*, in: Bundespräsidialamt (Hrsg.), Bericht der Kommission unabhängiger Sachverständiger zu Fragen der Parteienfinanzierung, 2001, S. 265 f.; vgl. auch *Kunig*, HStR III, 3. Aufl., 2005, § 40 Rdnr. 92; s. auch *Feser*, Vermögensmacht und Medieneinfluss, 2003, S. 307.

423 *Depenheuer*, in: Nußberger/Schmidt (Hrsg.), Medienrecht und Meinungsfreiheit in Russland, 2005, S. 56; vgl. auch bereits *ders.*, Politik und Geld, 2001, S. 41; in diesem Sinne auch *Ricker*, Öffentliche mündliche Anhörung des Innenausschusses des Hess. Landtags zu dem Gesetzentwurf der Landesregierung für ein Gesetz zur Änderung des Hessischen Pressegesetzes (Hess. LT-Drucks. 16/4393) in der 51. Sitzung am

Insoweit besteht vor allem Uneinigkeit über die Frage, ob die Offenlegung im Rechenschaftsbericht der Parteien als ausreichend betrachtet werden kann oder nicht. Es wird zu bedenken gegeben, Rechenschaftsberichte seien „ja nicht permanente, tägliche Beilage von Tageszeitungen“[424]. Ferner findet sich des Öfteren der Hinweis, dass speziell im Rundfunkbereich eine „zu verhindernde Störung der funktionsgerechten publizistischen Aufgabenwahrnehmung [...] allein durch Offenlegung der Beziehungen, ‚Kontrolle durch Transparenz‘, nicht ausgeschlossen“ werde[425]. Dieser Ansatz steht im Einklang mit der Rechtsprechung des Bundesverfassungsgerichts, nach der dem Rundfunk unter den Medien wegen dessen „Breitenwirkung, Aktualität und Suggestivkraft“ nach wie vor „herausgehobene Bedeutung“ zukommt[426]; der Rundfunk stellt in dieser Sicht auch heute noch das „Leitmedium“ dar[427]. Auch in der Literatur herrscht zumindest weitgehend

---

17.11.2005, Sten. Bericht INA/16/51, S. 7, 13, 22 f.; s. ferner *Fechner*, Entscheidungen zum Medienrecht, 2. Aufl., 2010, S. 400, sowie *H. M. Kepplinger*, Statement, in: Bachmann/Daubner/Krüger, Unübersichtlich und millionenschwer – Das Geschäftsimperium der SPD, report München v. 23.10.2000, Sendungstranskript, S. 18. Tendenziell auch *Ladeur*, in: Paschke/Berlit/Meyer (Hrsg.), Hamburger Kommentar – Gesamtes Medienrecht, 2. Aufl., 2012, 1. Teil, Kap. 3, 4. Abschn., Rdnr. 37.

424 *Hans-Peter Schneider*, Öffentliche Anhörung des Innenausschusses des Deutschen Bundestags zum Thema „Parteiengesetz“ in der 89. Sitzung am 28.2.2002, Prot. BT-Innenausschuss 14/89, S. 83. Vgl. auch *Möstl*, DÖV 2003, 112. Die Offenlegung im Rechenschaftsbericht halten für ausreichend etwa *Kunig*, HStR III, 3. Aufl., 2005, § 40 Rdnr. 92, sowie *Depenheuer*, Politik und Geld, 2001, S. 41.

425 *Badura*, Festschrift für Richard Bartlsperger, 2006, S. 15; *ders.*, Stellungnahme zu dem Gesetzentwurf der Fraktion der SPD im Hessischen Landtag v. 14.8.2008 (Hess. LT-Drucks. 17/503), Ausschussvorlage HAA/17/5, Teil 1, S. 7; vgl. auch *Möstl*, DÖV 2003, 113; anders im Blick auf Minderheitsbeteiligungen von Parteien: *Degenhart*, Staatsrecht I, 27. Aufl., 2011, Rdnr. 64.

426 Vgl. BVerfGE 119, 181 (214 f.), unter Bezugnahme auf die eigene Rechtsprechung sowie jene des EGMR; vgl. auch Nds. StGH, LVerfGE 16, 377 (388), sowie *Stern*, Staatsrecht IV/1, 2006, § 110 I 1, S. 1641; *v. Coelln*, in: Institut für interdisziplinäre Medienforschung (Hrsg.), Medien und Wandel, 2011, S. 211; *Ory*, in: Wandtke (Hrsg.), Medienrecht IV, 2. Aufl., 2011, Teil 1, Kap. 1, § 1 Rdnrn. 15 ff.

427 Vgl. *H. M. Kepplinger*, in: Faulbaum/Wolf (Hrsg.), Gesellschaftliche Entwicklungen im Spiegel der empirischen Sozialforschung, 2010, S. 135. Diese Sicht ist freilich keineswegs unbestritten, vgl. dazu *Fink*, Medienrechtliches Kolloquium zum 75. Geburtstag von Hartmut Schiedermair, 2011, S. 143 f., sowie *Frenkel*, Stuttgarter Zeitung v. 25.10.2011, Nr. 247, S. 27 (Bericht über die 25. Münchner Medientage). S. auch *Appel* (Hrsg.), Leitmedium auf Bewährung, 2009 (Dokumentation der 42. Mainzer Tage der Fernsehkritik). Zum Ganzen auch *Grimm*, in: Heun/Honecker/

Einigkeit darüber, dass die Bereiche von Presse und Telemedien durch eine „größere Diversifikation“ geprägt seien, dies mit der Folge, dass die „Möglichkeiten zur Einflussnahme auf die Meinungsbildung“ insoweit geringer seien[428]. Damit gingen größere Beteiligungsmöglichkeiten für die politischen Parteien einher[429].

Kein Verfassungsgebot der Offenlegung von Medienbeteiligungen von Parteien vermag hingegen *Hendrik Reffken* zu erkennen. Er hält die Statuierung entsprechender Pflichten lediglich für verfassungsrechtlich *zulässig*[430]. Noch weiter geht *Ernst Gottfried Mahrenholz*. Für ihn wäre es sogar ein Verfassungsproblem, wenn der Gesetzgeber vermittels parteispezifischer Offenlegungspflichten „eine Zeitung, die prätendiert, dass sie unabhängig ist, dadurch in Misskredit“ bringe, dass er „ihr wirtschaftlich eine parteipolitische Abhängigkeit – gedruckt“ unterstelle[431]. *Mahrenholz* wirft die folgende Frage auf: „Was machen Sie mit einer Zeitung, wenn darauf steht, 57 Prozent gehören der CDU?“. In diesem Fall seien „doch die Nachrichten der Journalisten von vornherein diskreditiert, weil alles das, was sie schreiben, unter dem Aspekt steht: Schadet es der Union oder nützt es der Union?“[432]. *Mahrenholz* fährt fort: „Muss man nicht alles das, was etwa positiv für eine Partei gesagt worden ist, die im Impressum als beteiligt ausgewiesen

---

Morlok/Wieland (Hrsg.), Evangelisches Staatslexikon, Neuausgabe 2006, Stichwort „Medien“, Sp. 1499, sowie *Hasebrink*, im Interview mit o.V., pro media 12/2011, 22 f.

428 *Dietlein*, in: Stern, Staatsrecht IV/2, 2011, § 114 VIII 2 c δ, S. 133; vgl. auch *Hans H. Klein*, Frankfurter Allgemeine Zeitung v. 17.12.2009, Nr. 293, S. 8; *Degenhart*, in: Bonner Kommentar, Loseblatt, Stand Oktober 2011, Art. 5 Abs. 1 u. 2 Rdnr. 485; *v. Coelln*, in: Menzel/Müller-Terpitz (Hrsg.), Verfassungsrechtsprechung, 2. Aufl., 2011, Artikel „BVerfGE 121, 30 – Pressebeteiligung“, S. 858 f.

429 Grundlegend: *Möstl*, DÖV 2003, 113; *Dietlein*, in: Stern, Staatsrecht IV/2, 2011, § 114 VIII 2 c δ, S. 133; *Kunig*, HStR III, 3. Aufl., 2005, § 40 Rdnr. 92; *Kube*, HStR IV, 3. Aufl., 2006, § 91 Rdnr. 77; *Birkert/Reiter/Scherer* (Hrsg.), Landesmediengesetz Baden-Württemberg, Kommentar, Nachtrag zur 2. Aufl., 2003, Erl. zu § 13 n.F., Rdnr. 4. Vgl. auch *v. Coelln*, in: Menzel/Müller-Terpitz (Hrsg.), Verfassungsrechtsprechung, 2. Aufl., 2011, Artikel „BVerfGE 121, 30 – Pressebeteiligung“, S. 858, und *Cao*, Parteien als Eigentümer von Medien, 2010, S. 105, welche zu Recht bemerken, das Bundesverfassungsgericht habe mit seiner Entscheidung zum Hessischen Privatrundfunkgesetz (BVerfGE 121, 30 ff.) nur den Rundfunkbeteiligungen von Parteien Schranken gesetzt, nicht aber (auch) den Pressebeteiligungen.

430 *Reffken*, Politische Parteien und ihre Beteiligungen an Medienunternehmen, 2007, S. 404. Ebenso: *Paul*, Die Rundfunkbeteiligungen politischer Parteien, 2010, S. 149.

431 So *Mahrenholz*, Öffentliche Anhörung des Innenausschusses des Deutschen Bundestags zum Thema „Parteiengesetz“ in der 89. Sitzung am 28.2.2002, Prot. BT-Innenausschuss 14/89, S. 84.

432 *Mahrenholz*, a.a.O.

ist, unter dem Aspekt sehen, dass die Journalisten nicht mehr aufrichtig sind?“[433]. Nach *Mahrenholz* würde jeder Chefredakteur „am Ende bloß deswegen ins ‚Fis‘ kommen, weil eine Partei Anteile an der Gesellschaft hat, die die Zeitung hält“[434]. Letzten Endes werde auf diese Weise eine Zeitung „ohne jede Not“ diskreditiert[435].

II. (Mögliche) Verfassungswidrigkeit der Medienbeteiligungen von politischen Parteien

In verfassungsrechtlichen Betrachtungen zum vorliegenden Thema wird kaum je angemessen herausgearbeitet, dass das Meinungsspektrum zur Frage der verfassungsrechtlichen Zulässigkeit von Medienbeteiligungen von Parteien „facettenreich und uneinheitlich“ ist[436]. Es wird regelmäßig nicht thematisiert, dass sich

---

433 *Mahrenholz*, a.a.O. Das Selbstverständnis und die professionelle Orientierung der Journalisten gehören zu den umstrittensten Themen der Journalismusforschung (vgl. *K.-D. Altmeppen/M. Löffelholz*, in: Sarcinelli [Hrsg.], Politikvermittlung und Demokratie in der Mediengesellschaft, 1998, S. 105 ff.). Neueren Studien zufolge sind bei Journalisten das Selbstverständnis eines neutralen Vermittlers sowie ein pluralistisches Rollenverständnis dominant (vgl. *K.-D. Altmeppen/M. Löffelholz,* a.a.O., S. 108; s. ferner *Weischenberg/Malik/Scholl*, Die Souffleure der Mediengesellschaft, 2006). Zu den Problemen, die Medienbeteiligungen von Parteien im Blick auf die Glaubwürdigkeit der betreffenden Medien zeitigen, vgl. – am Beispiel des Einstiegs der SPD-Medienholding bei der *Frankfurter Rundschau – H. M. Kepplinger*, Der Tagesspiegel v. 17.3.2004, Nr. 18421, S. 27.

434 *Mahrenholz*, Öffentliche Anhörung des Innenausschusses des Deutschen Bundestags zum Thema „Parteiengesetz“ in der 89. Sitzung am 28.2.2002, Prot. BT-Innenausschuss 14/89, S. 85.

435 *Mahrenholz*, a.a.O. Fundamentalkritisch zu einer Argumentation wie jener von *Mahrenholz*: *Ricker*, Zusammenfassende Stellungnahme zur geplanten Änderung der Publizitätspflicht im Hessischen Pressegesetz v. 9.11.2005, Ausschussvorlage INA/16/40, Teil 2, S. 61 f., der ausführt, es sei eine „vollkommen selbständige Entscheidung“ eines Presseunternehmers, einer Partei eine Beteiligung an seinem Unternehmen einzuräumen. Vgl. dazu freilich auch *Michael Müller*, AfP 2009, 440, der unter Hinweis auf BVerfGE 121, 30 ff. ausführt, gerade im Blick auf geringfügige Beteiligungen könnten sich die betreffenden Unternehmen „wohl nicht mit letzter Sicherheit dagegen schützen, dass […] nicht doch eine mittelbare Minimalbeteiligung einer Partei vorliege“.

436 So richtig *Möstl,* AöR Bd. 135 (2010), S. 138; s. auch *Morlok,* in: ders./v. Alemann/ Streit (Hrsg.), Medienbeteiligungen politischer Parteien, 2004, S. 10. Vgl. auch *Henzgen,* Die Rechenschaftslegung politischer Parteien, 2008, S. 116: „In der Diskussion über die Zulässigkeit solcher Beteiligungen werden alle denkbaren Positionen vertreten“.

auch Stimmen vernehmen lassen, die Medienbeteiligungen von Parteien als *nicht* mit dem Grundgesetz vereinbar einordnen oder die Verfassungswidrigkeit von Medienbeteiligungen von Parteien zumindest für möglich halten. In besonderem Maße nimmt es wunder, dass in den bisher zum Thema der Medienbeteiligungen von politischen Parteien vorliegenden Stellungnahmen (soweit ersichtlich) die folgenden Worte von *Rupert Scholz*[437] noch nicht einmal referiert wurden:

> „Wer das für Demokratie und freiheitliche Rechtsstaatlichkeit selbstverständliche Prinzip der Staatsfreiheit der Medien ernst nimmt, der muss auch [...] Medienbeteiligungen von politischen Parteien einen klaren Riegel vorschieben. Politische Parteien dürfen sich ebenso wenig an Unternehmen der Presse wie an privaten Rundfunk- und Fernsehsendern beteiligen oder gar solche Medien als Kapitaleigner beherrschen. Auch die politischen Parteien sind in diesem Sinne den Grundsätzen einer nicht nur staatsorganisatorisch, sondern auch gesellschaftspolitisch zu verstehenden Gewaltenteilung verpflichtet“[438].

Kaum weniger provoziert es Erstaunen, dass in der verfassungsrechtlichen Diskussion der Medienbeteiligungen von Parteien (soweit ersichtlich) ebenfalls noch nicht erwähnt wurde, dass auch *Peter M. Huber* (anfänglich) ausgeführt hat:

> „Wenn sich eine Partei an einer GmbH beteiligt, die eine Zeitung herausgibt, dann steht hier in erster Linie nicht die ‚message' der Partei im Vordergrund – das mag

437 *Scholz*, Deutschland – in guter Verfassung?, 2004, S. 136.

438 Gegen eine Fruchtbarmachung des Gewaltenteilungsprinzips außerhalb der organisierten Staatlichkeit *Di Fabio*, HStR II, 3. Aufl., 2004, § 27 Rdnr. 14, sowie – gerade im Kontext der Medienbeteiligungen von Parteien – *P. M. Huber*, Öffentliche Sachverständigenanhörung der CDU/CSU-Bundestagsfraktion zum Thema „Das Transparenzgebot des Grundgesetzes und die SPD-Parteifinanzen“ am 20.10.2000, Protokoll S. 39, BT-Drucks. 14/9300, Anlagenband III, S. 876, und *Reffken*, Politische Parteien und ihre Beteiligungen an Medienunternehmen, 2007, S. 319 ff. Für eine Anwendbarkeit des Gewaltenteilungsprinzips auch außerhalb des Bereichs der organisierten Staatlichkeit hingegen *Hoffmann-Riem*, Festschrift für Hans-Peter Schneider, 2008, S. 186 f. Gerade im Blick auf Medienbeteiligungen von politischen Parteien auf der Linie von *Scholz* der Abg. *Stadler*, BT-Plenarprotokoll 14/231 (Sitzung vom 19.4.2002), S. 22980 CD. Vgl. ferner *Feser*, Vermögensmacht und Medieneinfluss, 2003, S. 310 f.; *v. Alemann* (unter Mitarbeit von *Erbentraut* u. *J. Walther*), Das Parteiensystem der Bundesrepublik Deutschland, 4. Aufl., 2010, S. 141 mit S. 137; *Sarcinelli*, Politische Kommunikation in Deutschland, 3. Aufl., 2011, S. 82. In der Kommunikationswissenschaft wird die bei *Rupert Scholz* zum Ausdruck kommende Sicht auf das Verhältnis von Politik und Massenkommunikation als Gewaltenteilungs-Paradigma bezeichnet (vgl. dazu *Sarcinelli*, a.a.O., S. 122 f.).

auch eine Motivation sein –, sondern die Optimierung des Betriebsergebnisses dieser Zeitung. Das ist meiner Auffassung nach [...] unzulässig. Auch hier meine ich, dass diese herrschende Auffassung bei einer Novellierung des Parteiengesetzes deutlich zum Ausdruck gebracht werden sollte und das Verbot erwerbswirtschaftlicher Betätigung Niederschlag finden müsste“[439].

Zumindest in Richtung eines verfassungsrechtlichen Verbots speziell der *Rundfunkbeteiligungen* von Parteien hat sich *Wolfgang Thaenert* geäußert. Er hat ausgeführt: „An privaten Rundfunkunternehmen dürfen weder Parteien noch die öffentliche Hand Anteile halten“[440]. *Thaenert* argumentiert, die Freiheit der Berichterstattung durch Presse und Rundfunk umfasse „nicht nur das Verbot jeder Zensur, sondern auch die Freiheit von staatlicher oder politischer Einflussnahme“[441]. Dass *Thaenert* unter Verweis auf die Entscheidung des Bundesverfassungsgerichts zum Hessischen Privatrundfunkgesetz auch ausführt, die „Anteile der SPD-Holding an einigen Tageszeitungen und privaten Hörfunkstationen [...] mögen die Regel als Ausnahme bestätigen“[442], ändert an seiner eigenen Position nichts.

Auf der Linie von *Thaenert* liegt es, wenn *Uwe Volkmann* ausführt:

„Auch auf den Rundfunk dürfen die Parteien wegen dessen Bedeutung für die Freiheit und Offenheit des politischen Prozesses und der daraus resultierenden ‚Staatsferne' weder personell noch sachlich Einfluss nehmen, und zwar unabhängig davon, ob er öffentlich-rechtlich oder privatrechtlich organisiert ist: Die Aufgabe der Parteien, an der politischen Willensbildung mitzuwirken, hört insoweit vor den Toren des Rundfunks auf“[443].

---

439 *P. M. Huber*, Öffentliche Sachverständigenanhörung der CDU/CSU-Bundestagsfraktion zum Thema „Das Transparenzgebot des Grundgesetzes und die SPD-Parteifinanzen“ am 20.10.2000, Protokoll, S. 10 f., BT-Drucks. 14/9300, Anlagenband III, S. 847 f. In seinen späteren Stellungnahmen zum Thema geht *Huber*, ohne die hier vorgestellten Erwägungen noch einmal aufzugreifen, von der Verfassungsmäßigkeit der Medienbeteiligungen von Parteien aus: Vgl. exemplarisch *P. M. Huber*, K&R 2004, 221 ff.

440 *Thaenert,* in: Seipold (Hrsg.), Media Art Culture, 2008, S. 167.

441 *Thaenert,* a.a.O.

442 *Thaenert,* a.a.O., unter Bezugnahme auf BVerfGE 121, 30 ff.; ähnlich – und unter Rekurs auf *Möstl*, DÖV 2003, 112 f. – *Schulze-Fielitz*, in: Dreier, GG I, 2. Aufl., 2004, Art. 5 I, II Rdnr. 268.

443 *Volkmann,* in: Berliner Kommentar zum Grundgesetz, Loseblatt, Stand 2011, Art. 21 Rdnr. 89 a.E.; vgl. in diesem Zusammenhang auch *Zippelius/Würtenberger*, Deutsches Staatsrecht, 32. Aufl., 2008, § 11 III Rdnr. 50, die ausführen, wenn der Grundsatz der Staatsfreiheit des Rundfunks auch die Parteien erfasse, dann dürften sich die Parteien nicht an privaten Rundfunk- und Fernsehunternehmen beteiligen. Zumindest in dieser

Dass *Volkmann* insoweit auf den Rundfunkratbeschluss des Bundesverfassungsgerichts[444] Bezug nimmt, der diese These nicht zu stützen vermag[445], ist nicht von Belang.

Ähnlich wie *Thaenert* und *Volkmann* meint *Sannwald*, eine Medienbeteiligung von Parteien erscheine (gerade auch) wegen der verfassungsgebotenen Staatsferne und Überparteilichkeit des Rundfunks als unzulässig[446].

E. Die Gesetzesentwürfe der Bundestagsfraktionen von CDU/CSU und FDP zur Änderung des Parteiengesetzes

I. Der Entwurf der CDU/CSU-Bundestagsfraktion

Zumindest in Richtung der Verfassungswidrigkeit von Medienbeteiligungen der politischen Parteien hat sich auch die CDU/CSU-Bundestagsfraktion geäußert. Sie hat am 13.11.2001 den folgenden neuen § 1 Abs. 5 PartG vorgeschlagen:

> „Die Parteien dürfen sich wirtschaftlich betätigen, soweit dies der Erfüllung ihrer Aufgaben dient. *Unmittelbare oder mittelbare Beteiligungen, die den Parteien eine bestimmende Einflussnahme auf Medien ermöglichen, sind diesen untersagt.* Satz 2 gilt nicht für solche Medien, die von den Parteien direkt und erkennbar für deren politische Arbeit eingesetzt werden"[447].

Zwar spricht der Ansatz, nur solche Medienbeteiligungen seien zu untersagen, die den Parteien „eine bestimmende Einflussnahme auf Medien" vermitteln, nicht

---

Richtung auch *Degenhart*, in: Bonner Kommentar, Loseblatt, Stand Oktober 2011, Art. 5 Abs. 1 u. 2 Rdnr. 725, und *v. Coelln*, in: Menzel/Müller-Terpitz (Hrsg.), Verfassungsrechtsprechung, 2. Aufl., 2011, Artikel „BVerfGE 121, 30 – Pressebeteiligung", S. 861. Vgl. auch *Gounalakis/Zagouras*, Medienkonzentrationsrecht, 2008, S. 20.

444 BVerfGE 60, 53 (63 ff.).

445 Vgl. dazu bereits oben, Kap. 1 C. III. 2. a) bb) aaa), S. 45 f.

446 *Sannwald*, in: Schmidt-Bleibtreu/Hofmann/Hopfauf (Hrsg.), GG, 12. Aufl., 2011, Art. 21 Rdnr. 60.

447 BT-Drucks. 14/7441, S. 3 (Hervorhebung nur hier); zustimmend: *P. M. Huber*, K&R 2004, 222; kritisch: *Mahrenholz*, der den vorgeschlagenen § 1 Abs. 5 PartG als „grundrechtlich anfechtbar sowohl im Blick auf die Unternehmerfreiheit als auch hinsichtlich der Medienfreiheit" bezeichnet (*Mahrenholz*, Stellungnahme anlässlich der öffentlichen Anhörung des Innenausschusses des Deutschen Bundestags zum Thema „Parteiengesetz" vom 28.2.2002, Umdruck, S. 1, Prot. BT-Innenausschuss 14/89, S. 120).

dafür, dass die Bundestagsfraktion von CDU/CSU von der absoluten Verfassungswidrigkeit der Medienbeteiligungen von Parteien ausgeht. In diese Richtung weist aber die Begründung des hier vorgestellten Entwurfs, in welcher ausgeführt wird, das Grundgesetz gebiete eine „strikte Trennung von Parteien und Medien“[448].

Letztlich wurde die entsprechende Frage aber (jedenfalls insoweit) nicht praxisrelevant, weil der betreffende Entwurf nicht Gesetz wurde. Es kam vielmehr zu einem fraktionsübergreifenden Entwurf[449], welcher dann zur Grundlage der Änderung des Parteiengesetzes wurde[450].

II. Der Entwurf der FDP-Bundestagsfraktion

Auch die FDP-Bundestagsfraktion hat sich in einem Gesetzesentwurf gegen Medienbeteiligungen von politischen Parteien ausgesprochen. Sie schlug am 5.5.2004 die Neuaufnahme des folgenden § 1 Abs. 5 in das Parteiengesetz vor:

> „Unmittelbare und mittelbare Beteiligungen an privaten Rundfunkunternehmen und Presseunternehmen sind Parteien untersagt. Bestehende Beteiligungen nach Satz 1 müssen bis zum 1. Januar 2006 auf 20 Prozent reduziert werden und ab 1. Januar 2009 beendet werden. Satz 1 gilt nicht für solche Presseunternehmen, die erkennbar

---

448 BT-Drucks. 14/7441, Begründung, S. 7 (ablehnend: *Badura*, Festschrift für Richard Bartlsperger, 2006, S. 9 Fn. 14); ebenso: *Röttgen*, Die Politische Meinung, Nr. 382, September 2001, S. 89. Das – später tatsächlich realisierte – Vorhaben der SPD, über ihre Beteiligungsgesellschaft dd_vg. die Mehrheitsanteile bei der *Frankfurter Rundschau* zu erwerben, bezeichnete *Röttgen* als unvereinbar mit dem – seiner Ansicht nach bestehenden – „politisch-publizistischen Gebot der Gewaltenteilung“ (*ders.*, zitiert in: Pressemitteilung der CDU/CSU-Fraktion im Deutschen Bundestag v. 12.3.2004). Diese Wendung erinnert an die Rede von der „publizistischen Gewaltenteilung“, welche freilich keinen Verfassungsrang genießt (vgl. BVerfGE 83, 238 [305]; vgl. auch *E. Klein*, DÖV 1999, 759) und daher die Parteien auch nicht im Falle einer „Cross Ownership“ von Medienbeteiligungen etwa in Presse und Rundfunk von der (partiellen) Medienveranstaltung auszuschließen vermag (richtig: *Kersjes*, Medienbeteiligungen politischer Parteien, 2009, S. 129).

449 BT-Drucks. 14/8778.

450 Vgl. hierzu das Achte Gesetz zur Änderung des Parteiengesetzes v. 28.6.2002 (BGBl. I S. 2268). Vgl. zum Ganzen *Badura*, Festschrift für Richard Bartlsperger, 2006, S. 12. Zu der in der Folgezeit zu beobachtenden Verschärfung der landes(medien)rechtlichen Regelungen die Beteiligung politischer Parteien an Rundfunkveranstaltern betreffend vgl. *Kersjes*, Medienbeteiligungen politischer Parteien, 2009, S. 67 ff.; scharf kritisch: *Hans H. Klein*, in: Morlok/v. Alemann/Streit (Hrsg.), Medienbeteiligungen politischer Parteien, 2004, S. 79.

für deren politische Arbeit eingesetzt werden oder die ausschließlich der Mitgliederinformation dienen“[451].

Anders als die Bundestagsfraktion von CDU/CSU sprach die FDP-Bundestagsfraktion allerdings nicht (auch nicht in der Entwurfsbegründung) von einem aus dem Grundgesetz abzuleitenden Verbot der strikten Trennung von Parteien und Medien. Sie führte lediglich aus, „[a]ufgrund der Unabhängigkeit der Medien müssen sich die Parteien eine wirtschaftliche Selbstbeschränkung auferlegen“[452]. Sie argumentierte, die Ausübung von politischer Macht und die kritische Bewertung des politischen Handelns durch die Medien gehörten nicht in eine Hand.

Auch dieser Entwurf wurde nicht Gesetz. Er fiel dem Grundsatz der Diskontinuität des Parlaments zum Opfer[453].

---

451 BT-Drucks. 15/3097, S. 3. Gewisse Sympathien für diese Position „[i]m Sinne der reinen Lehre“ bei *Weischenberg* (vgl. *ders.*, im Interview mit Ridder, Frankfurter Rundschau v. 5.5.2004, Nr. 104, S. 2).

452 BT-Drucks. 15/3097, S. 1.

453 Vgl. *Cordes*, Medienbeteiligungen politischer Parteien, 2009, S. 6 Fn. 21.

Kapitel 4: Zulässigkeit einer erwerbswirtschaftlichen Betätigung von politischen Parteien?

A. Einleitung

Im Hinblick auf die Frage der Verfassungsmäßigkeit der Medienbeteiligungen von politischen Parteien gilt es zunächst zu untersuchen, ob sich politische Parteien überhaupt erwerbswirtschaftlich betätigen dürfen. Die Ansicht, Medienbeteiligungen von Parteien erwiesen sich „als Anwendungsfall einer noch umfassenderen Fragestellung", nämlich jener, ob sich die Parteien überhaupt wirtschaftlich betätigen dürfen[454], ist richtig. Insoweit ist relevant, dass Medienunternehmen auch Wirtschaftsunternehmen sind. Mehr noch: „Es geht den gewinnorientierten Medienunternehmen nicht (mehr) vorrangig um die Einlösung von Gemeinwohlzielen, sondern um Rendite, in erster Linie um Werbeerlöse"[455]. Nicht zuletzt die Veranstaltung und Verbreitung von Rundfunkprogrammen ist heute oft nur noch „ein Glied in einer multimedialen Wertschöpfungs- und Vermarktungskette"[456]. Rundfunk wird heute nicht mehr „nur durch herkömmlich ausgerichtete Medienunternehmen veranstaltet und verbreitet. Zunehmend werden im Rundfunkbereich auch andere Unternehmen, neuerdings etwa Kapitalgesellschaften unter maßgeblicher Beteiligung von internationalen Finanzinvestoren tätig"[457].

---

454 *Morlok*, in: Ipsen (Hrsg.), 40 Jahre Parteiengesetz, 2009, S. 55.

455 *Holznagel*, VVDStRL Heft 68 (2009), S. 396.

456 BVerfGE 119, 181 (217). Zu diesem Trend auch *K.-D. Altmeppen*, in: Raupp/Jarolimek/Schultz (Hrsg.), Handbuch CSR, 2011, S. 247 ff. Zum Ganzen auch *ALM GbR* (Hrsg.), Jahrbuch 2010/2011 – Landesmedienanstalten und privater Rundfunk in Deutschland, 2011, passim.

457 BVerfGE 119, 181 (216); vgl. auch *Schulz/Kaserer/Trappel*, Finanzinvestoren im Medienbereich, 2008, passim; *Degenhart*, AfP 2008, 251 ff. Ganz allgemein agieren heute auf den nationalen Medienmärkten „überwiegend Akteure, die international vernetzt und aktiv sind", was schwierige Fragen für die Medienregulierung mit sich bringt (vgl. *Sjurts*, Festschrift für Norbert Schneider, 2010, S. 209; *Wandtke*, in: ders. [Hrsg.], Medienrecht I, 2. Aufl., 2011, Kap. 1, § 1 Rdnrn. 1 ff.). Besonders kontrovers diskutiert wird aktuell die Frage einer Regulierungsbedürftigkeit des Internets. Vgl. hierzu *v. Coelln*, OstEuR 2011, Beilage zu Heft 1, 14 m.w.N.; *Goerlich* (Hrsg.), Rechtsfragen der Nutzung und Regulierung des Internet, 2010; *Degenhart*, CR 2011,

Die Frage, ob sich die Parteien erwerbswirtschaftlich betätigen dürfen, wird kontrovers behandelt.

B. Meinungsstand

I. Rechtsprechung

Das Bundesverfassungsgericht hat sich, soweit ersichtlich, zwar noch nicht explizit zur Frage der Zulässigkeit einer erwerbswirtschaftlichen Betätigung von Parteien geäußert; es hat in seinem Urteil zu den Rundfunkbeteiligungen von Parteien vom 12.3.2008 namentlich die in der Literatur kontrovers diskutierte Frage, ob Art. 12 GG auf die politischen Parteien Anwendung finden kann[458], offen gelassen[459]. Gleichwohl spricht es in diesem Urteil von der „Finanzierungsfreiheit" der Parteien „bei der Beschaffung und Verwendung der eigenen Mittel"[460]. Das ist als verfassungsgerichtliche Billigung (auch) der erwerbswirtschaftlichen Betätigung von Parteien zu werten. „Die Unternehmenstätigkeit [von Parteien] wird durch das Urteil nicht in Frage gestellt"[461]. Es liegt auf dieser Linie, dass das Gericht schon bei früherer Gelegenheit ausgeführt hatte, die Verfassung habe den Parteien das Risiko des Fehlschlagens eigener Bemühungen um ihre Finanzierung nicht abgenommen[462].

Auch der Niedersächsische Staatsgerichtshof hat in seinem Urteil zu den Rundfunkbeteiligungen von politischen Parteien erwerbswirtschaftliche Aktivitäten von Parteien nicht beanstandet. Er hat ausgeführt, der – aus seiner Sicht – verfassungswidrige § 6 Abs. 3 S. 2–4 NMedienG (i.d.F. v. 11.12.2003) enthalte (unter anderem) eine zu weitgehende Beschränkung der Parteien, ihre wirtschaftlichen Bestrebungen im Bereich des Rundfunks zu verfolgen[463].

---

231 ff.; *Grimm*, in: Heun/Honecker/Morlok/Wieland (Hrsg.), Evangelisches Staatslexikon, Neuausgabe 2006, Stichwort „Medien", Sp. 1505 f. Der 17. Deutsche Bundestag hat zum Thema „Internet und digitale Gesellschaft" eine Enquete-Kommission eingesetzt (vgl. <www.bundestag.de/internetenquete/> [letzter Abruf 5.1.2012]).

458 Nachweise zum Meinungsstand bei *Dietlein*, in: Stern, Staatsrecht IV/2, 2011, § 114 VIII 2 a, S. 127 Fn. 501 ff.

459 BVerfGE 121, 30 (68).

460 BVerfGE 121, 30 (60), im Anschluss an *Hans H. Klein*, in: Maunz/Dürig, GG, Loseblatt, Stand Oktober 2001, Art. 21 Rdnr. 277.

461 *Jentsch*, zitiert in: Friedrich, Wiesbadener Kurier v. 14.3.2008, Nr. 63, S. 11.

462 BVerfGE 20, 56 (103); vgl. dazu auch *Isensee*, HStR IX, 3. Aufl., 2011, § 190 Rdnr. 221.

463 Nds. StGH, LVerfGE 16, 377 (393).

II. Literatur

1. Verfassungsmäßigkeit der erwerbswirtschaftlichen Betätigung von Parteien

Auch die meisten Vertreter des Schrifttums halten unternehmerische Aktivitäten von politischen Parteien für verfassungsgemäß. So beruht für *Martin Morlok* die Parteienfinanzierung auf drei Säulen: „Einkünfte aus Mitgliedsbeiträgen und Spenden (hierzu zählen auch Mandatsträgerabgaben, deren rechtliche Zulässigkeit bezweifelt wird), Einkünfte aus eigener wirtschaftlicher Betätigung und staatliche Finanzierungsbeiträge“[464]. *Morlok* argumentiert, die Parteien seien durch Art. 21 Abs. 1 S. 1 GG nicht auf bestimmte Handlungsfelder beschränkt[465], sondern könnten sich – unter dem Schutz der (seines Erachtens) auch ihnen zukommenden Grundrechte – auch erwerbswirtschaftlich betätigen[466]. Er vertritt die Ansicht, die Parteien seien grundrechtsfähige, gesellschaftliche Organisationen. Als solche genössen sie „die grundrechtlich gewährleistete Selbstbestimmung [...] über Ort und Art ihrer Betätigung“[467]. Die Finanzierung von Parteien aus eigener wirtschaftlicher Tätigkeit sei insbesondere für Parteien, die weniger finanzkräftige Unterstützer anzögen, „aus Gleichheitsgründen zu akzeptieren, da sonst ein bestimmter Parteityp gesetzlich festgeschrieben würde, was wiederum der Parteienfreiheit widerspräche“[468]. Letztere sieht *Morlok* „durch die einschlägigen Grundrechte in

464 *Morlok*, in: Heun/Honecker/Morlok/Wieland (Hrsg.), Evangelisches Staatslexikon, Neuausgabe 2006, Stichwort „Parteien, politische“, Sp. 1748.

465 *Morlok*, in: Ipsen (Hrsg.), 40 Jahre Parteiengesetz, 2009, S. 70; vgl. auch *ders.*, in: ders./v. Alemann/Streit (Hrsg.), Sponsoring – ein neuer Königsweg der Parteienfinanzierung?, 2006, S. 16 (zumindest tendenziell anders aber *ders.*, in: Tsatsos [Hrsg.], 30 Jahre Parteiengesetz in Deutschland, 2002, S. 70 [Befugnis der Parteien zu wirtschaftlicher Betätigung zweifelhaft, weil die besondere Parteienfreiheit „zur Kehrseite“ eine Einschränkung der Parteien auf Aktivitäten der politischen Willensbildung mit sich bringe]; in diesem Sinne auch *ders.*, in: Dreier, GG II, 2. Aufl., 2006, Art. 21 Rdnr. 55 [Beschränkung der politischen Parteien auf ihren besonderen Handlungskreis, allerdings dort mit dem Hinweis, wirtschaftliche Betätigung von Parteien zur Funktionserfüllung sei von Art. 12 GG gedeckt]).

466 *Morlok*, in: Ipsen (Hrsg.), 40 Jahre Parteiengesetz, 2009, S. 74 f.; *Dietlein*, in: Stern, Staatsrecht IV/2, 2011, § 114 VIII 2 a), S. 127 f., sowie *Angelov*, Vermögensbildung und unternehmerische Tätigkeit politischer Parteien, 2006, S. 205 ff. u. S. 244.

467 *Morlok*, in: Ipsen (Hrsg.), 40 Jahre Parteiengesetz, 2009, S. 64.

468 *Morlok*, in: Heun/Honecker/Morlok/Wieland (Hrsg.), Evangelisches Staatslexikon, Neuausgabe 2006, Stichwort „Parteien, politische“, Sp. 1748.

der von Art. 21 GG bewirkten besonderen Ausprägung" verankert[469]. Er ist der Ansicht, eine „auf eigener wirtschaftlicher Basis ruhende Partei" sei „finanziellen Verlockungen von außen weniger ausgeliefert"[470].

Deutlich weniger weit geht *Alexandra Schindler*. Auch ihr zufolge verbietet Art. 21 Abs. 1 S. 1 GG den Parteien zwar nicht die erwerbswirtschaftliche Aktivität[471]. Allerdings ist sie der Ansicht, die Parteien seien „nicht von vornherein mit einer grundrechtlichen Freiheit zu jeder wirtschaftlichen Tätigkeit ausgestattet"[472]. Es liege vielmehr im Ermessen des Gesetzgebers, ob er den Parteien die wirtschaftliche Tätigkeit zur reinen Finanzmittelbeschaffung eröffne. Tue er dies, verlängere sich der grundrechtliche Schutz der Partei auch auf diese nichtfunktionale Tätigkeit; tue er es nicht, könnten sich die Parteien insoweit auf keinerlei Grundrechte berufen[473]. In diesem Zusammenhang bemerkt *Schindler*, dass die Parteien de lege lata „auf funktionale [wirtschaftliche] Tätigkeit beschränkt" seien, da sich das – nach Ansicht der Autorin – auch für die Parteien geltende idealvereinsrechtliche Nebentätigkeitsprivileg[474] nicht auf „nichtfunktionale wirtschaftliche Tätigkeit" erstrecke[475].

Thorsten Koch hat vorgeschlagen, sich bei der Beurteilung der Frage der Zulässigkeit einer erwerbswirtschaftlichen Betätigung von Parteien an den Grundsätzen zur erwerbswirtschaftlichen Betätigung von kommunalen Gebietskörperschaften anzulehnen. Ihm zufolge bietet es sich an, erwerbswirtschaftliche Aktivitäten von Parteien solange für zulässig zu erachten, wie sich ein Zusammenhang mit der Funktion der Parteien in irgendeiner Weise herstellen lasse[476]. Exemplarisch

---

469 *Morlok*, in: Dreier, GG II, 2. Aufl., 2006, Art. 21 Rdnr. 53.

470 *Morlok*, in: Ipsen (Hrsg.), 40 Jahre Parteiengesetz, 2009, S. 74; ähnlich: *Köhler*, Parteien im Wettbewerb, 2006, S. 192.

471 *Schindler*, Die Partei als Unternehmer, 2006, S. 213.

472 *Schindler*, a.a.O.

473 *Schindler*, a.a.O.

474 Vgl. zu diesem das ADAC-Urteil des BGH (BGHZ 85, 84 ff.; zustimmend: *K. Schmidt*, NJW 1983, 546). Für die Aktivierung des Nebenzweckprivilegs im Blick auf die politischen Parteien auch *Morlok*, in: Ipsen (Hrsg.), 40 Jahre Parteiengesetz, 2009, S. 70; vgl. auch *Henke*, in: Bonner Kommentar, Loseblatt, Stand Oktober 2011, Art. 21 Rdnr. 25.

475 *Schindler*, Die Partei als Unternehmer, 2006, S. 213.

476 *Th. Koch*, Diskussionsbeitrag, in: Ipsen (Hrsg.), 40 Jahre Parteiengesetz, 2009, S. 122. Anleihen beim kommunalen Wirtschaftsrecht im Blick auf die – seines Erachtens gegebene – Zulässigkeit von Randnutzungen auch bei *P. M. Huber* (Öffentliche Sachverständigenanhörung der CDU/CSU-Bundestagsfraktion zum Thema „Das Transparenzgebot des Grundgesetzes und die SPD-Parteifinanzen" am 20.10.2000,

nennt *Koch* insoweit die Werbung von Parteien um Zustimmung zu Positionen im Bereich der Gentechnik oder im Bereich der Lebensmittelversorgung in anderen Staaten. Auf diese Weise lasse sich „ein breiter Rahmen“ schaffen, der den Parteien den nötigen Spielraum eröffne, sie aber trotzdem „an die ihnen vom Grundgesetz zugewiesene Funktion“ binde[477].

Ähnlich wie *Koch* unterscheidet *Karpen* danach, ob das betreffende erwerbswirtschaftliche Engagement einer Partei „originär parteilichen Aufgaben dient“ oder „sozusagen freischwebend ist, wirtschaftlich, einkommensorientiert, ‚kapitalistisch‘“[478].

2. (Mögliche) Verfassungswidrigkeit der erwerbswirtschaftlichen Betätigung von politischen Parteien

Namentlich *Peter M. Huber* geht davon aus, den Parteien stünden außerhalb des durch Art. 21 Abs. 1 S. 1 GG bestimmten Rahmens „keine weiteren Handlungsoptionen“ offen[479]. *Huber* ist der Ansicht, Art. 21 Abs. 1 S. 1 GG erfordere eine „Konzentration der Parteien auf ihren verfassungsrechtlichen Mitwirkungsauftrag“[480]. Er argumentiert, die Parteien hätten nach Art. 21 Abs. 1 S. 1 GG die Aufgabe,

---

Protokoll, S. 23, vgl. BT-Drucks. 14/9300, Anlagenband III, S. 860). Zum Thema der wirtschaftlichen Betätigung von Kommunen auf grundsätzlicher Ebene: *Bethge*, HGR III, 2009, § 72 Rdnr. 37; *Kendziur*, Neue Wege für den Rechtsschutz Privater gegen die Wirtschaftstätigkeit der öffentlichen Hand, 2009, S. 63 ff.; *Mann/Püttner* (Hrsg.), Handbuch der kommunalen Wissenschaft und Praxis II, 3. Aufl., 2011.

477 *Th. Koch*, Diskussionsbeitrag, in: Ipsen (Hrsg.), 40 Jahre Parteiengesetz, 2009, S. 122. An anderer Stelle hat *Koch* ausgeführt, eine erwerbswirtschaftliche Betätigung von Parteien unterliege nicht schon deshalb einem unmittelbar aus der Verfassung folgenden Verbot, weil sie von Art. 21 Abs. 1 GG nicht erfasst werde. Die Parteien könnten sich insoweit lediglich *nicht* auf Grundrechtsschutz berufen (vgl. *Koch*, ZG Bd. 16 [2001], S. 343 f.).

478 So *Karpen*, Öffentliche Sachverständigenanhörung der CDU/CSU-Bundestagsfraktion zum Thema „Das Transparenzgebot des Grundgesetzes und die SPD-Parteifinanzen“ am 20.10.2000, Protokoll S. 24 (BT-Drucks. 14/9300, Anlagenband III, S. 861). Vgl. auch *Kunig*, HStR III, 3. Aufl., 2005, § 40 Rdnr. 92.

479 *P. M. Huber*, Festschrift 50 Jahre BVerfG II, 2001, S. 620; vgl. auch *Streinz*, in: v. Mangoldt/Klein/Starck, GG II, 6. Aufl., 2010, Art. 21 Rdnr. 144; *Köppler*, Die Mitwirkung bei der politischen Willensbildung des Volkes als Vorrecht der Parteien, 1974, S. 70; *Stolleis*, VVDStRL Heft 44 (1986), S. 25. Kritisch: *Angelov*, Vermögensbildung und unternehmerische Tätigkeit politischer Parteien, 2006, S. 262; *Morlok*, in: Ipsen (Hrsg.), 40 Jahre Parteiengesetz, 2009, S. 53 ff.

480 *P. M. Huber*, Festschrift 50 Jahre BVerfG II, 2001, S. 620.

bei der politischen Willensbildung des Volkes mitzuwirken und den Bürgern einen chancengleichen Einfluss auf die Entscheidung über die Grundlinien der Politik zu eröffnen[481]. Im vorliegenden Zusammenhang ist dabei von besonderer Bedeutung, dass *Huber* ausführt, seine Ansicht schließe auch eine erwerbswirtschaftliche Betätigung von Parteien aus, soweit diese Tätigkeit nicht lediglich Randnutzung einer primär auf den politischen Willensbildungsprozess zielenden und für den Bürger als solche erkennbaren Betätigung oder eine der Partei zurechenbare Pressetätigkeit sei[482]. *Huber* hebt hervor, die Parteien dürften sich nur zu parteipolitischen Zwecken erwerbswirtschaftlich betätigen, nicht aber zur Gewinnerzielung[483]. Primär erwerbswirtschaftlich ausgerichtete Unternehmen und Beteiligungen seien ihnen durch Art. 21 Abs. 1 S. 1 GG verfassungskräftig untersagt[484]. Zumindest ursprünglich vertrat *Huber* dabei auch die Auffassung, ebenso wenig, wie die Parteien die Aufgabe hätten, „Spaßtempel, Restaurants oder Banken zu betreiben“[485], hätten sie

481 *P. M. Huber,* Statement für die Anhörung der CDU/CSU-Bundestagsfraktion zum Thema „Das Transparenzgebot des Grundgesetzes und die SPD-Parteifinanzen“ am 20. Oktober 2000 in Berlin, Umdruck S. 1, BT-Drucks. 14/9300, Anlagenband III, S. 882.

482 *P. M. Huber,* a.a.O.; vgl. auch *ders.*, Öffentliche Sachverständigenanhörung der CDU/CSU-Bundestagsfraktion zum Thema „Das Transparenzgebot des Grundgesetzes und die SPD-Parteifinanzen“ am 20.10.2000, Protokoll, S. 12 (BT-Drucks. 14/9300, Anlagenband III, S. 849).

483 *P. M. Huber*, Öffentliche Sachverständigenanhörung der CDU/CSU-Bundestagsfraktion zum Thema „Das Transparenzgebot des Grundgesetzes und die SPD-Parteifinanzen“ am 20.10.2000, Protokoll, S. 10, 31 (vgl. BT-Drucks. 14/9300, Anlagenband III, S. 847, 868); in diesem Sinne auch *Henke,* in: Bonner Kommentar, Loseblatt, Stand Oktober 2011, Art. 21 Rdnr. 25.

484 *P. M. Huber,* Festschrift 50 Jahre BVerfG II, 2001, S. 620; in diesem Sinne auch *ders.*, Öffentliche Sachverständigenanhörung der CDU/CSU-Bundestagsfraktion zum Thema „Das Transparenzgebot des Grundgesetzes und die SPD-Parteifinanzen“ am 20.10.2000, Protokoll, S. 10, BT-Drucks. 14/9300, Anlagenband III, S. 847; vgl. auch *Kloepfer*, Verfassungsrecht I, 2011, § 7 Rdnr. 253 mit Fn. 271, sowie *Morlok*, in: Tsatsos (Hrsg.), 30 Jahre Parteiengesetz in Deutschland, 2002, S. 70. Anders: *Seifert*, Die politischen Parteien im Recht der Bundesrepublik Deutschland, 1975, S. 350 (Unternehmensbeteiligungen von Parteien in beliebigen Wirtschaftszweigen zulässig).

485 *P. M. Huber*, Öffentliche Sachverständigenanhörung der CDU/CSU-Bundestagsfraktion zum Thema „Das Transparenzgebot des Grundgesetzes und die SPD-Parteifinanzen“ am 20.10.2000, Protokoll, S. 23 (vgl. BT-Drucks. 14/9300, Anlagenband III, S. 860); vgl. auch *Henke,* in: Bonner Kommentar, Loseblatt, Stand Oktober 2011, Art. 21 Rdnr. 25: „Der Betrieb einer großen Bank oder Versicherung, eines Industrie- oder Handelskomplexes, wie er bei Gewerkschaften vorkommt, würde, auch wenn seine

die Aufgabe, sich medienunternehmerisch zu betätigen. Maßgeblich hierfür sei, dass auch in einem solchen Fall die Optimierung des Betriebsergebnisses des betreffenden Unternehmens im Vordergrund stehe[486]. Das sei unzulässig.

Huber steht mit seiner Auffassung nicht allein. So ist *Malte Cordes* der Ansicht, erwerbswirtschaftliche Betätigungen von Parteien verletzten die politische Chancengleichheit[487]. Auch *Kyrill-A. Schwarz* neigt deutlich der Ansicht zu, eine erwerbswirtschaftliche Tätigkeit von Parteien sei „schon funktional ausgeschlossen“[488]. Es liegt auf dieser Linie, dass er meint, als Einnahmen der Parteien kämen im Grunde nur „drei Quellen in Betracht: eine staatliche Finanzierung aus Steuergeldern, eine Finanzierung durch private Zuwendungen (Spenden oder Beiträge) […] sowie die Möglichkeit von Mandatsträgerbeiträgen“[489].

In die gleiche Richtung weist es, wenn *Rüdiger Sannwald* ausführt, die „staatsrechtlichen Funktionen“ der Parteien und deren „Verbürgung als verfassungsrechtliche Institution[en]“ vertrügen sich nicht mit wirtschaftlichen Betätigungen von Parteien, „die nicht nur rein unterstützenden, dienenden Charakter für [die] staatspolitische Arbeit“ der Parteien hätten[490]. *Sannwald* argumentiert, die Parteien seien „bei der Erfüllung ihrer Aufgaben nach dem Grundgesetz auf Vertrauen der Bevölkerung angelegt und angewiesen“[491]. Soweit ihre Teilnahme am Wirtschaftsleben daher nicht nur ganz untergeordnete Bedeutung habe[492], könne sie nicht hingenommen

---

Erträge ausschließlich für die politischen Ziele verwendet würden, den Gesamtzweck der Vereinigung derart beeinflussen, dass sein ideeller, politischer Charakter beeinträchtigt würde“. Nach *Winands,* ZRP 1987, 185 f., wäre eine Subventionsvergabe durch politische Parteien unvereinbar mit dem Grundsatz der Freiheit der Wahl (anders: *Birk/Wolffgang,* DÖV 1991, 485).

486 Vgl. oben Kap. 3 D. II., S. 106 f.

487 *Cordes,* ZParl 40 (2009), S. 133. Im Widerspruch hierzu steht allerdings, dass *Cordes* Medienbeteiligungen von politischen Parteien *nicht* für verfassungswidrig erklärt. Er hält nur eine Beschränkung der Beteiligung einer Partei an einem Medienunternehmen auf zehn Prozent auf allen Beteiligungsstufen für geboten, und auch dies nur im Fall der Statuierung von Übergangsregelungen (vgl. *Cordes,* ZParl 40 [2009], S. 139).

488 *Kyrill-A. Schwarz,* in: Kersten/Rixen, PartG, 2009, § 18 Rdnr. 16.

489 *Kyrill-A. Schwarz,* a.a.O.

490 *Sannwald,* in: Schmidt-Bleibtreu/Hofmann/Hopfauf (Hrsg.), GG, 12. Aufl., 2011, Art. 21 Rdnr. 29. Ähnlich *Streinz,* in: v. Mangoldt/Klein/Starck, GG II, 6. Aufl., 2010, Art. 21 Rdnr. 179, und *Kunig,* in: von Münch/Kunig, GG II, 4./5. Aufl., 2001, Art. 21 Rdnr. 15.

491 *Sannwald,* in: Schmidt-Bleibtreu/Hofmann/Hopfauf (Hrsg.), GG, 12. Aufl., 2011, Art. 21 Rdnr. 29.

492 Vgl. zu diesem Kriterium auch *Henke,* in: Bonner Kommentar, Loseblatt, Stand Oktober 2011, Art. 21 Rdnr. 25.

werden, und dies „trotz Grundrechtsfähigkeit der Parteien und trotz der dem Transparenzgebot entspringenden Rechenschaftspflicht der Parteien über ihr Vermögen und ihre Einnahmen“[493]. Mit Blick auf das von ihm angenommene „Betätigungsverbot“ kommt es für *Sannwald* nicht darauf an, ob die Unabhängigkeit der betreffenden Partei durch die jeweilige erwerbswirtschaftliche Aktivität im Einzelfall rechtlich oder tatsächlich beeinträchtigt wird[494]. Er ist der Ansicht, die „Mitwirkung der Parteien an der Willensbildung des Volkes, an Wahlen und ihre Integrationsfunktion“ ließen „Parteien als Wirtschaftsunternehmen wegen deren grundsätzlich anderen Zielrichtung nicht zu“[495]. Auch eine „(teilweise) staatliche Parteienfinanzierung“ könne deshalb „gerade nur vor dem Hintergrund akzeptiert werden, dass eine wirtschaftliche Betätigung als unzulässig angesehen werden“ müsse[496].

III. Parteienfinanzierungskommissionen

Auch die von den ehemaligen Bundespräsidenten *Richard von Weizsäcker* und *Johannes Rau* eingesetzten Parteienfinanzierungskommissionen haben sich für die Zulässigkeit einer erwerbswirtschaftlichen Betätigung von politischen Parteien ausgesprochen.

1. *von Weizsäcker*-Parteienfinanzierungskommission

Die im Sommer 1992 von *Richard von Weizsäcker* eingesetzte Parteienfinanzierungskommission hat zwar festgestellt, es gebe Tätigkeiten, mit welchen die Parteien die ihnen durch Art. 21 GG zugewiesene Aufgabe der Mitwirkung an der politischen Willensbildung „eindeutig überschreiten“ und mit denen sie „illegal“ handelten[497]. Beispielhaft erwähnte die Kommission insoweit das ebenso bekannte wie kritikwürdige Phänomen der Ämterpatronage durch politische Parteien, wie es anerkanntermaßen Art. 33 Abs. 2 GG zuwider läuft[498].

---

493 *Sannwald*, in: Schmidt-Bleibtreu/Hofmann/Hopfauf (Hrsg.), GG, 12. Aufl., 2011, Art. 21 Rdnr. 29; ebenso: *Cordes*, Medienbeteiligungen politischer Parteien, 2009, S. 249 f.

494 *Sannwald*, in: Schmidt-Bleibtreu/Hofmann/Hopfauf (Hrsg.), GG, 12. Aufl., 2011, Art. 21 Rdnr. 29.

495 *Sannwald*, a.a.O.

496 *Sannwald*, a.a.O.

497 *Bundespräsidialamt* (Hrsg.), Empfehlungen der Kommission unabhängiger Sachverständiger zur Parteienfinanzierung, 1994, S. 36.

498 Dazu *v. Arnim*, Politische Parteien im Wandel, 2011, S. 20 ff.; *Böckenförde*, in: Nonnenmacher (Hrsg.), Die gespendete Macht, 2000, S. 60 ff.

Ferner führte die Kommission aus, es könne nicht angehen, dass sich eine Partei unternehmerisch betätige und auf diese Weise ein „ihr von Hause aus fremdes Terrain" betrete, „um mit den erzielten Gewinnen auch die staatliche Finanzierung aufzubessern"[499]. Ein solcher Schritt würde nach Ansicht der Kommission die relative Obergrenze unterlaufen[500], bis zu der die staatliche Finanzierung der Parteien reichen darf[501].

In einigem Widerspruch hierzu hielt die Kommission erwerbswirtschaftliche Aktivitäten von Parteien aber nicht für verfassungsrechtlich unzulässig. Sie meinte, solche Aktivitäten seien zwar nicht parteitypisch, aber auch nicht verboten[502].

2. *Rau*-Parteienfinanzierungskommission

Auch die *Rau*-Parteienfinanzierungskommission hielt erwerbswirtschaftliche Aktivitäten von Parteien für verfassungsgemäß. Sie argumentierte, die Parteien seien als Vereine des bürgerlichen Rechts wie andere juristische Personen auch Träger von Grundrechten, soweit diese gem. Art. 19 Abs. 3 GG auf sie anwendbar seien[503]. Zwar könnten sich „aus der besonderen verfassungsrechtlichen Aufgabe der Parteien, an der politischen Willensbildung mitzuwirken (Art. 21 Abs. 1 S. 1 GG), Einschränkungen dieser Grundrechtsgeltung ergeben"[504]. Diese bedürften aber einer besonderen Rechtfertigung. Nach Ansicht der Kommission dürfte sich die „besondere verfassungsrechtliche Aufgabenzuweisung" der Parteien „kaum jemals im Sinne einer völligen Verdrängung der Grundrechtsgeltung auswirken können, also zu einem völligen Verbot unternehmerischer Tätigkeit führen"[505].

---

499 *Bundespräsidialamt* (Hrsg.), a.a.O., S. 36.

500 *Bundespräsidialamt* (Hrsg.), a.a.O.

501 *Bundespräsidialamt* (Hrsg.), a.a.O., S. 35, unter Bezugnahme auf BVerfGE 85, 264 (289).

502 *Bundespräsidialamt* (Hrsg.), a.a.O.; zustimmend: *Krumbholz*, Finanzierung und Rechnungslegung der politischen Parteien und deren Umfeld, 2010, S. 93. Zur Problematik einer Konturierung des Begriffs der parteitypischen Aufgaben *Morlok*, in: Ipsen (Hrsg.), 40 Jahre Parteiengesetz, 2009, S. 68. Vgl. ferner *Angelov*, Vermögensbildung und unternehmerische Tätigkeit politischer Parteien, 2006, S. 258.

503 *Bundespräsidialamt* (Hrsg.), Bericht der Kommission unabhängiger Sachverständiger zu Fragen der Parteienfinanzierung, 2001, S. 84.

504 *Bundespräsidialamt* (Hrsg.), a.a.O.

505 *Bundespräsidialamt* (Hrsg.), a.a.O., im Anschluss an *Hans H. Klein*, in: Bundespräsidialamt (Hrsg.), Bericht der Kommission unabhängiger Sachverständiger zu Fragen der Parteienfinanzierung, 2001, S. 228 (dort II. 1. a).

Die Kommission meinte, aus der „besonderen Funktion der Parteien" folgende verfassungsrechtliche Bedenken gegen eine erwerbswirtschaftliche Betätigung von Parteien „dürften erst dann greifen, wenn die Gewinne, die eine Partei aus wirtschaftlicher Betätigung erzielt, einen solchen Umfang erreichten, dass sie von den Einnahmen aus Mitgliedsbeiträgen und Spenden, ja sogar vom Erfolg bei Wahlen finanziell unabhängig würde"[506]. Erst in solchen „Extremfällen" wäre nach Ansicht der Kommission an Begrenzungen der erwerbswirtschaftlichen Tätigkeit der Parteien zu denken[507].

C. Stellungnahme

I. Zur Irrelevanz der Anerkennung der erwerbswirtschaftlichen Betätigung von Parteien im einfachen Gesetzesrecht

Bei vordergründiger Betrachtung scheint gegen eine erwerbswirtschaftliche Betätigung von politischen Parteien, wie sie 1999/2000 im Zusammenhang mit der damaligen Parteispendenaffäre „in das Licht der (politischen und) wissenschaftlichen Diskussion" getreten ist[508], nichts einzuwenden zu sein. Denn § 24 Abs. 4 Nr. 5 PartG erstreckt die Einnahmerechnung der Parteien auch auf die „Einnahmen aus Unternehmenstätigkeit und Beteiligungen". Das wurde zu Recht als implizite Anerkennung der Zulässigkeit einer erwerbswirtschaftlichen Betätigung von politischen Parteien bezeichnet[509]. Allerdings gilt es insoweit zu betonen, dass dem Grundgesetz gem. Art. 1 Abs. 3, 20 Abs. 3, 100 GG (gerade auch insoweit[510]) *Vorrang* vor dem einfachen Gesetzesrecht zukommt[511]. Damit gilt es den Blick an dieser Stelle auf die verfassungsrechtliche Funktion und Position der politischen Parteien im Grundgesetz zu lenken.

---

506 *Bundespräsidialamt* (Hrsg.), a.a.O., S. 85, unter Rekurs auf *Hans H. Klein*, a.a.O. (dort II. 1. b).

507 *Bundespräsidialamt* (Hrsg.), a.a.O.

508 So *Dietlein*, in: Stern, Staatsrecht IV/2, 2011, § 114 V 2 g, S. 92, mit zahlreichen Nachweisen.

509 *Lenski*, PartG, 2011, § 24 Rdnr. 35. Unter Hinweis auf § 24 Abs. 7 PartG: *Krumbholz*, Finanzierung und Rechnungslegung der politischen Parteien und deren Umfeld, 2010, S. 93.

510 Richtig: *Dietlein*, in: Stern, Staatsrecht IV/2, 2011, § 114 VIII 2 c α, S. 131 Fn. 520.

511 Vgl. *Wahl*, NVwZ 1984, 403.

II. Die verfassungsrechtliche Funktion und Position der politischen Parteien im Grundgesetz

1. Die verfassungsrechtliche Funktion der politischen Parteien im Grundgesetz

Das Grundgesetz fußt auf der Differenz von Staat und Gesellschaft[512]. Als eine demokratische Verfassung muss es diese beiden Bereiche aber auch miteinander verbinden. Genau hierfür benützt es die politischen Parteien[513]. Diese werden in Art. 21 GG angesprochen, welcher in seinem Abs. 1 S. 1 lautet:

„Die Parteien wirken bei der politischen Willensbildung des Volkes mit".

Hierin ist ein umfassender, verfassungsnormativer[514] Handlungsauftrag an die Parteien zu sehen, „der sich auf alle Gebiete der Politik erstreckt"[515]. Das Bundesverfassungsgericht entfaltet diesen Auftrag wie folgt:

> „Nach Art. 21 Abs. 1 S. 1 GG wirken die Parteien bei der politischen Willensbildung des Volkes mit. Zwar haben sie kein Monopol, die Willensbildung des Volkes zu beeinflussen. Neben ihnen wirken auch die einzelnen Bürger sowie Verbände, Gruppen und Vereinigungen auf den Prozess der Meinungs- und Willensbildung ein. Art. 21 GG rechtfertigt allerdings die herausgehobene Stellung der Parteien im Wahlrecht. Die Parteien sind indes nicht bloße Wahlvorbereitungsorganisationen, und nicht nur in dieser Funktion sind sie für die demokratische Ordnung unerlässlich. Sie sind vornehmlich berufen, die Bürger freiwillig zu politischen Handlungseinheiten mit dem Ziel der Beteiligung an der Willensbildung in den Staatsorganen organisatorisch zusammenzuschließen und ihnen so einen wirksamen Einfluss auf das staatliche Geschehen zu ermöglichen. Den Parteien obliegt es, politische Ziele zu formulieren und diese den Bürgern zu vermitteln sowie daran mitzuwirken, dass die Gesellschaft wie auch den einzelnen Bürger betreffende Probleme erkannt, benannt und angemessenen Lösungen

---

512 *Grimm*, Diskussionsbeitrag, in: VVDStRL Heft 44 (1986), S. 125.

513 *Grimm*, a.a.O.; vgl. auch *ders.*, in: Adolf-Arndt-Kreis (Hrsg.), Parteien ohne Volk, 2008, S. 10.

514 Vgl. *Reffken*, Politische Parteien und ihre Beteiligungen an Medienunternehmen, 2007, S. 305 ff.

515 *Hans-Peter Schneider*, in: Tsatsos/Schefold/Schneider (Hrsg.), Parteienrecht im europäischen Vergleich, 1990, S. 181. Vgl. ferner den zutreffenden Hinweis von *Pieroth* (*ders.*, in: Jarass/Pieroth, GG, 11. Aufl., 2011, Art. 21 Rdnr. 11) darauf, dass Art. 21 Abs. 1 S. 1 GG eine Aufgabenzuweisung und *keine* Freiheitsgewährleistung darstelle. Diese Interpretation ist dem Demokratiebezug der Norm geschuldet.

zugeführt werden. Die für den Prozess der politischen Willensbildung im demokratischen Staat entscheidende Rückkoppelung zwischen Staatsorganen und Volk ist auch Sache der Parteien. Sie erschöpft sich nicht in dem nur in Abständen wiederkehrenden Akt der Wahl des Parlaments. Willensbildung des Volkes und Willensbildung in den Staatsorganen vollziehen sich in vielfältiger und tagtäglicher, von den Parteien mitgeformter Wechselwirkung. Politisches Programm und Verhalten der Staatsorgane wirken auf die Willensbildung des Volkes ein und sind selbst Gegenstand seiner Meinungsbildung“[516].

2. Die verfassungsrechtliche Position der politischen Parteien im Grundgesetz

Die verfassungsrechtliche Position der politischen Parteien ist richtigerweise von der soeben dargestellten Funktion der Parteien her zu bestimmen[517]. Danach erscheinen die Parteien als „frei gebildete, im gesellschaftlich-politischen Bereich wurzelnde Gruppen“, die dazu berufen sind, „bei der politischen Willensbildung des Volkes mitzuwirken und in den Bereich der institutionalisierten Staatlichkeit hineinzuwirken“[518]. Sie sind „nicht Teil der Gesellschaft wie andere politische oder unpolitische Vereinigungen“[519]. „Ihr Einfluss auf das Handeln der Staatsorgane hebt sie aus dem Bereich der Gesellschaft heraus und versetzt sie in ein enges Verhältnis zur staatlichen Gewalt“[520]. Sie sind als eine *zwischen* Staat und Gesellschaft stehende und zwischen diesen beiden Bereichen vermittelnde besondere politische Einrichtung anzusehen[521]. Sie sind verfassungsrechtliche Institutionen[522] mit einer

516 BVerfGE 85, 264 (284 f.) – Rückverweise entfernt.

517 So richtig: *Ossenbühl*, BayVBl. 2000, 162.

518 BVerfGE 20, 56 (101); vgl. auch BVerfGE 121, 30 (54); zustimmend auch *Jörn Ipsen*, DVBl. 2009, 553; *Maurer*, JuS 1992, 299.

519 *Henke,* Das Recht der politischen Parteien, 2. Aufl., 1972, S. 18; vgl. auch *ders.*, DÖV 1958, 650 f.; vgl. ferner *Schmitt Glaeser*, Festschrift für Herbert Bethge, 2009, S. 74; *Di Fabio*, in: Morlok/v. Alemann/Merten (Hrsg.), Gemeinwohl und politische Parteien, 2008, S. 42.

520 *Henke,* Das Recht der politischen Parteien, 2. Aufl., 1972, S. 18; vgl. auch *Maunz,* BayVBl. 1960, 3.

521 *Henke,* Das Recht der politischen Parteien, 2. Aufl., 1972, S. 231; vgl. auch *Ossenbühl*, BayVBl. 2000, 163; *Kotzur*, VVDStRL Heft 69 (2010), S. 207; *Tsatsos/Morlok*, Parteienrecht, 1982, Teil 1, § 2 IV, S. 24 ff.

522 BVerfGE 40, 287 (292); 43, 142 (148).

besonderen Mittelstellung zwischen Staat und Gesellschaft[523]. Sie sind sowohl mit dem Staat als auch mit der Gesellschaft verschränkt[524] und genießen, gerade wegen ihrer verfassungsrechtlichen Aufgaben, einen „singulären *öffentlichen* Status“[525]. Die Parteien sind Zwischenglieder zwischen den Einzelnen und dem Staat[526]. Sie verknüpfen die Bereiche von Staat und Gesellschaft nicht nur[527], sondern durchdringen sie auch[528]. Sie lassen sich nicht der einen oder anderen Seite zuordnen[529].

Insgesamt sind die Parteien damit als ein politischer Institutionentypus sui generis anzusehen[530]. Sie verfügen über einen „verfassungsrechtlich eigentümlichen, funktionsadäquaten Status aus Freiheit und Bindung, wie er sonst weder im staatlichen Bereich [...] noch im gesellschaftlichen Bereich [...] vorkommt“[531]. Ihnen obliegt zwar keine strikte Gemeinwohlorientierung, wie sie für Staatsorgane charakteristisch ist[532]. Allerdings hat sie das Grundgesetz als Träger öffentlicher

523 *Möstl*, DÖV 2003, 109. Vgl. dazu auch die Stellungnahme von *P. M. Huber*, Öffentliche Anhörung des Hauptausschusses des Landtags Nordrhein-Westfalen in der 64. Sitzung am 19.5.2009, Prot. NRW LT-Hauptausschuss 14/890, S. 9.

524 *Möllers*, Staat als Argument, 2. Aufl., 2011, S. 338; vgl. auch *Schmidt*, Rundfunkvielfalt, 1984, S. 80.

525 *Schmitt Glaeser*, Festschrift für Herbert Bethge, 2009, S. 74, unter Bezugnahme auf *Konrad Hesse*, Grundzüge des Verfassungsrechts der Bundesrepublik Deutschland, 20. Aufl., 1995, Rdnr. 177.

526 *Konrad Hesse*, VVDStRL 17 (1959), S. 19.

527 *Degenhart*, Staatsrecht I, 27. Aufl., 2011, Rdnr. 46.

528 *Oberreuter/Kranenpohl*, in: Gerlach et al. (Hrsg.), Politikwissenschaft in Deutschland, 2010, S. 175.

529 *Stein/Frank*, Staatsrecht, 21. Aufl., 2010, § 41 III 1, S. 341; vgl. auch *Möllers*, Staat als Argument, 2. Aufl., 2011, S. 347.

530 *Laufer*, Verfassungsgerichtsbarkeit und politischer Prozess, 1968, S. 496; s. auch *Hans-Peter Schneider*, in: Tsatsos/Schefold/Schneider (Hrsg.), Parteienrecht im europäischen Vergleich, 1990, S. 186: „Vereinigungen“ des öffentlichen Rechts sui generis.

531 *Grimm*, HdbVerfR, 2. Aufl., 1994, § 14 Rdnr. 79; zustimmend: *T. Schneider*, Vermögen und erwerbswirtschaftliche Betätigung politischer Parteien, 2008, S. 162.

532 Richtig: *Kluth*, in: Epping/Hillgruber (Hrsg.), BeckOK GG, Ed. 13 (Stand: 1.1.2012), Art. 21 Rdnr. 69. Vgl. auch *Scheuner*, DÖV 1968, 90. Dazu, dass auch Verbände gemeinwohlbezogen agieren, am Beispiel der Anwaltschaft und deren Einflussnahme auf die Gesetzgebung: *E. Fricke*, Anwaltschaft und Gesetzgebung, 1993, S. 331 f. Nach *Fricke* (a.a.O.) erfüllt die Anwaltschaft die von *Biedenkopf* (*K. Biedenkopf*, in: Mayntz [Hrsg.], Verbände zwischen Mitgliederinteressen und Gemeinwohl, 1992, S. 277) aufgestellten Kriterien für eine „Sozialpflichtigkeit der Verbände“ (vgl. auch *E. Fricke*, in: Deutscher Anwaltverein [Hrsg.], Anwälte und ihre Geschichte, 2011, S. 840; vgl. auch *Ewer*, AnwBl 60 [2010], S. 477).

Verantwortung konzipiert[533]. Die Parteien sind „eine verfassungsrechtliche Institution sui generis zwischen Staat und Gesellschaft“[534].

III. Die politischen Parteien als Grundrechtsträger (incl. verfassungsprozessualer Fragen)

Die besondere Mittelstellung der politischen Parteien wirft die Frage auf, ob sich diese Verbände auf die Grundrechte berufen können[535].

1. Meinungsstand

Die weit überwiegende Ansicht bejaht die Grundrechtsfähigkeit der politischen Parteien.

a) Bundesverfassungsgericht

Das Bundesverfassungsgericht hat unter dem Einfluss der *Leibholz'schen* Parteienstaatslehre anfänglich gezögert, den Parteien Grundrechte zuzuerkennen[536]. So verwies der Zweite Senat des Gerichts die Parteien schon früh auf den Organstreit, weil sie „zu integrierenden Bestandteilen des Verfassungsaufbaus und des verfassungsrechtlich geordneten politischen Lebens“ geworden seien[537]. Ohne zu der Frage Stellung zu nehmen, ob den Parteien gegen die öffentliche Gewalt überhaupt eines der in § 90 BVerfGG bezeichneten Rechte zustehen könne, führte der Senat aus, dass es „jedenfalls dem Rang der politischen Partei in der heutigen parlamentarischen Demokratie nicht entsprechen würde“, die Parteien auf die Verfassungsbeschwerde gem. Art. 93 Abs. 1 Nr. 4 a GG zu verweisen[538]. Der

---

533 *Volkmann,* in: Berliner Kommentar zum Grundgesetz, Loseblatt, Stand 2011, Art. 21 Rdnr. 90.

534 *P. M. Huber*, K&R 2004, 222; kritisch: *Schwartmann,* Verfassungsfragen der Allgemeinfinanzierung politischer Parteien, 1995, S. 179 (Parteien als „gesellschaftliche Einrichtung“).

535 Vgl. *Möstl,* DÖV 2003, 109. S. ferner *Hans-Peter Schneider,* in: Tsatsos/Schefold/Schneider (Hrsg.), Parteienrecht im europäischen Vergleich, 1990, S. 201.

536 Vgl. dazu auch *Henke,* Das Recht der politischen Parteien, 2. Aufl., 1972, S. 229 f.; *Angelov,* Vermögensbildung und unternehmerische Tätigkeit politischer Parteien, 2006, S. 183 f.

537 BVerfGE 1, 208 (225).

538 BVerfGE 1, 208 (226).

Erste Senat des Bundesverfassungsgerichts hingegen ließ schon bald die Verfassungsbeschwerde von politischen Parteien zu[539]. Er hob dabei maßgeblich auf die Erwähnung des Art. 38 GG in § 90 Abs. 1 BVerfGG ab und ließ die Frage, ob die Parteien allgemein Träger von Grundrechten sein könnten, offen[540]. In einer späteren Entscheidung erkannte der Erste Senat dann an, dass politische Parteien ihr Recht auf gleiche Chancen bei der Zulassung zu einer Landtagswahl im Wege einer auf Art. 3 GG gestützten Verfassungsbeschwerde geltend machen könnten[541].

Die dargestellte Kontroverse zwischen den beiden Senaten des Bundesverfassungsgerichts führte zu der bekannten parteienrechtlichen Plenarentscheidung vom 20.7.1954. In ihr führte das Gericht im Hinblick auf Wahlen aus: „Wenn [die Parteien] in diesem Bereich tätig werden und um die Rechte kämpfen, die sich aus dieser besonderen Funktion im Verfassungsleben ergeben, dann muss ihre ‚organschaftliche' Qualität auch die Form ihrer Teilnahme am verfassungsgerichtlichen Verfahren bestimmen: Sie können nur Beteiligte im Organstreit sein, die Verfassungsbeschwerde aber wäre für sie nach der Struktur des BVerfGG nicht das adäquate prozessuale Mittel"[542]. Gleichzeitig machte das Gericht aber deutlich, dass den Parteien die Verfassungsbeschwerde nicht schlechthin versagt sei[543].

In der Folgezeit erkannten beide Senate des Bundesverfassungsgerichts die Grundrechtsfähigkeit von politischen Parteien allgemein an[544]. In verfahrensrechtlicher Hinsicht ist anzumerken, dass der beschriebene janusköpfige verfassungsprozessuale Status der Parteien[545] die Rechtsprechung des Bundesverfassungsgerichts bis heute prägt[546]. Für die (aktive[547]) Beteiligtenfähigkeit der Parteien im Organstreit kommt es dem Gericht zufolge allerdings nicht mehr auf einen Bezug der jeweiligen Parteitätigkeit zum Wahlakt an[548]. Das Bundesverfassungsgericht stellt mittlerweile allgemein auf den „verfassungsrechtlichen Status" ab, wie er den Parteien nach

---

539 BVerfGE 3, 19 ff.

540 BVerfGE 3, 19 (22).

541 BVerfGE 3, 383 (Leitsatz 1).

542 BVerfGE 4, 27 (30 f.), seither st. Rspr.

543 BVerfGE 4, 27 (31).

544 Vgl. BVerfGE 6, 273 (276 f.) – 1. Senat; 7, 99 (103) – 2. Senat.

545 Begriffsverwendung nach *Bethge*, AöR Bd. 104 (1979), S. 79; vgl. auch *P. M. Huber*, Festschrift 50 Jahre BVerfG II, 2001, S. 624 f.

546 Vgl. *Angelov*, Vermögensbildung und unternehmerische Tätigkeit politischer Parteien, 2006, S. 183.

547 Hierzu *Bethge*, in: Maunz/Schmidt-Bleibtreu/Klein/Bethge (Hrsg.), BVerfGG, Loseblatt, Stand September 2011, § 90 Rdnr. 135.

548 *Bethge*, AöR Bd. 104 (1979), S. 80 (mit Nachweisen zur Rspr.).

Art. 21 GG zukomme[549]. So führte es in seiner Entscheidung zu den Rundfunkbeteiligungen von politischen Parteien vom 12.3.2008 aus: „Auch Parteien können sich auf Grundrechte berufen. Parteien sind Träger aller Grundrechte, die gemäß Art. 19 Abs. 3 GG ihrem Wesen nach auf sie anwendbar sind, und zwar unabhängig von ihrer Rechtsfähigkeit. Sie können die Verletzung ihrer Grundrechte mit der Verfassungsbeschwerde abwehren. Nur dann, wenn sie durch Maßnahmen anderer Verfassungsorgane des Bundes in ihrem verfassungsrechtlichen Status nach Art. 21 GG betroffen sind, steht für die Verfolgung nur der Weg des Organstreits gemäß Art. 93 Abs. 1 Nr. 1 GG zur Verfügung“ [550].

b) Literatur

aa) Herrschende Literatur

aaa) Überblick zum Meinungsspektrum

Auch die meisten Literaturvertreter bejahen die Grundrechtsfähigkeit der politischen Parteien, und dies insbesondere mit dem Argument, die Parteien seien im gesellschaftlich-politischen Bereich verwurzelt[551]. Vielfach wird dabei vertreten, eines Rekurses auf Art 19 Abs. 3 GG bedürfe es nicht[552]. Die Parteien seien allein wegen ihrer Anerkennung in Art. 21 Abs. 1 GG Grundrechtsträger[553]. Zum Teil wird Art. 21 GG (oder Einzelgehalten dieser Norm) selbst Grundrechtsqualität zugeschrieben. So ist *Jörn Ipsen* der Auffassung, Art. 21 Abs. 1 S. 2 GG sei ein Grundrecht zu entnehmen, das sowohl den Einzelnen als auch die Parteien selbst berechtige[554]. Letzteren gewähre es insbesondere ein Recht auf freie Betätigung.[555] Die sog. „Betätigungsfreiheit“ der Parteien erfasse alle spezifisch parteipolitischen

549 *Bethge*, ebenda; *ders.*, in: Maunz/Schmidt-Bleibtreu/Klein/Bethge (Hrsg.), BVerfGG, Loseblatt, Stand September 2011, § 90 Rdnr. 135; s. auch *Henke*, in: Bonner Kommentar, Loseblatt, Stand Oktober 2011, Art. 21 Rdnr. 254.

550 BVerfGE 121, 30 (56 f.) – Bezugnahmen entfernt.

551 Vgl. dazu die Nachweise in BVerfGE 121, 30 (56); s. ferner: *Bethge*, Die Grundrechtsberechtigung juristischer Personen nach Art. 19 Abs. 3 Grundgesetz, 1985, S. 34 f.; *Tettinger*, HGR II, 2006, § 51 Rdnr. 32; *Krausnick*, JuS 2008, 870.

552 *Morlok*, in: Dreier, GG II, 2. Aufl., 2006, Art. 21 Rdnr. 52.

553 *Tsatsos/Morlok*, Parteienrecht, 1982, Teil 3, § 7, S. 83.

554 *Jörn Ipsen*, in: Sachs (Hrsg.), GG, 6. Aufl., 2011, Art. 21 Rdnrn. 29 f.; kritisch: *Bethge*, in: Maunz/Schmidt-Bleibtreu/Klein/Bethge (Hrsg.), BVerfGG, Loseblatt, Stand September 2011, § 90 Rdnr. 96. S. zum Meinungsstand auch *Angelov*, Vermögensbildung und unternehmerische Tätigkeit politischer Parteien, 2006, S. 189 f.

555 *Jörn Ipsen*, in: Sachs (Hrsg.), GG, 6. Aufl., 2011, Art. 21 Rdnrn. 30 ff.

Aktivitäten, die nicht durch „andere Grundrechte" gewährleistet seien[556]. Die Grundrechtsqualität dieser „Betätigungsfreiheit" ergebe sich notwendig aus dem Verhältnis der Spezialität von Art. 21 GG gegenüber Art. 9 GG[557]. Nach anderer Auffassung ist die „Betätigungsfreiheit" der Parteien in Art. 21 Abs. 1 S. 2 GG i.V.m. Art. 9 Abs. 1 GG zu verorten[558]. Ein Rückgriff auf Art. 9 GG sei möglich, weil die Rechtsprechung allein Art. 21 Abs. 2 GG zur lex specialis gegenüber Art. 9 Abs. 2 GG erklärt habe[559]. Nach einer dritten Ansicht wird die „Parteienfreiheit" durch die jeweils einschlägigen Einzelgrundrechte in der von Art. 21 GG bewirkten besonderen Ausprägung geschützt[560]. Die besondere Stellung der Parteien im Verfassungsgefüge verlange die Einbeziehung des Art. 21 Abs. 1 GG bei der Bestimmung der Reichweite und der Intensität des Grundrechtsschutzes der politischen Parteien[561].

bbb) Zurückweisung der Rspr. zur Beteiligtenfähigkeit der Parteien im Organstreit gem. Art. 93 Abs. 1 Nr. 1 GG

Abgesehen von den soeben dargestellten Differenzen besteht innerhalb der hier vorgestellten Meinungsgruppe weitgehend Einigkeit, dass die Rechtsprechung des Bundesverfassungsgerichts zur Beteiligtenfähigkeit der Parteien im verfassungsrechtlichen Organstreitverfahren abzulehnen sei. Man argumentiert, die Parteien seien auf die Verfassungsbeschwerde zu verweisen[562]. Das Bundesverfassungsgericht habe die Grundlage seiner eigenen Rechtsprechung widerlegt, indem es die Parteien als „frei gebildete, im gesellschaftlich-politischen Bereich wurzelnde Gruppen" eingeordnet habe, welche nicht dem Bereich der institutionalisierten

556 *Jörn Ipsen,* ebenda, Rdnr. 32.

557 *Jörn Ipsen,* ebenda, Rdnr. 31 (mit Rdnr. 29 und dortigem Hinweis auf BVerfGE 25, 69 [78]).

558 *Streinz,* in: v. Mangoldt/Klein/Starck, GG II, 6. Aufl., 2010, Art. 21 Rdnrn. 99 und 144; vgl. auch *Kersten,* in: ders./Rixen, PartG, 2009, § 1 Rdnr. 26.

559 *Streinz,* in: v. Mangoldt/Klein/Starck, GG II, 6. Aufl., 2010, Art. 21 Rdnr. 99, unter Bezugnahme u.a. auf BVerfGE 1, 208 (255); zustimmend: *Kersten,* in: ders./Rixen, PartG, 2009, § 1 Rdnr. 25.

560 *Morlok,* in: Dreier, GG II, 2. Aufl., 2006, Art. 21 Rdnr. 53 m.w.N.; kritisch zu dem von ihr so bezeichneten „Nebel der Prägung": *Schindler,* Die Partei als Unternehmer, 2006, S. 95.

561 *Angelov,* Vermögensbildung und unternehmerische Tätigkeit politischer Parteien, 2006, S. 194.

562 Exemplarisch: *Gersdorf,* Verfassungsprozessrecht, 3. Aufl., 2010, Rdnr. 89.

Staatlichkeit angehörten[563]. Die Rechtsprechung zur Beteiligtenfähigkeit der Parteien im Organstreit verstärke „unnötigerweise die problematische Tendenz zur Identifikation von Staat und Parteien“[564].

Die Streitfrage, ob die politischen Parteien im Verfassungsorganstreit beteiligtenfähig sind, wird „nicht selten bis zur Hysteriegrenze hochgespielt“[565]. Man argumentiert, der „schillernde Begriff“ des Verfassungsorgans sei nicht geeignet, eine Auslegung gegen den Wortlaut des § 63 BVerfGG zu stützen[566]. Das „glatte Überspielen“ dieser Norm durch das Bundesverfassungsgericht sei „juristisch skandalös“[567]. Des Weiteren sei es „methodologisch schlechthin unzulässig“, die Frage, ob eine politische Partei einen „anderen Beteiligten“ i.S.d. Art. 93 Abs. 1 Nr. 1 GG darstelle, nach Maßgabe des Vorliegens eines tauglichen Antragsgegners zu beantworten[568]. Abgesehen davon könne die Judikatur des Bundesverfassungsgerichts im Einzelfall zur Benachteiligung der politischen Parteien führen[569].

bb) Die These *Peter M. Hubers* von der fehlenden Grundrechtsfähigkeit der politischen Parteien

Wiederholt gegen die Grundsrechtsfähigkeit von Parteien hat sich in jüngerer Zeit *Peter M. Huber* ausgesprochen[570], und dies nicht zuletzt im Kontext von

---

563 *Jörn Ipsen,* in: Sachs (Hrsg.), GG, 6. Aufl., 2011, Art. 21 Rdnr. 51, unter Bezugnahme auf BVerfGE 20, 56 (101); vgl. auch *Maurer*, Staatsrecht I, 6. Aufl., 2010, § 11 Rdnr. 24; *Mauersberger*, Die Freiheit der Parteien, 1994, S. 145.

564 *Schlaich/Korioth*, Das Bundesverfassungsgericht, 8. Aufl., 2010, Rdnr. 92; *Knies*, Festschrift für Klaus Stern, 1997, S. 1165 f.

565 Vgl. *Bethge*, in: Maunz/Schmidt-Bleibtreu/Klein/Bethge (Hrsg.), BVerfGG, Loseblatt, Stand September 2011, § 63 Rdnr. 58; für die Hinnehmbarkeit der Rechtsprechung: *Bethge*, a.a.O.; diesem folgend: *W. Löwer*, HStR III, 3. Aufl., 2005, § 70 Rdnr. 20; vgl. ferner *Hans H. Klein*, in: Maunz/Dürig, GG, Loseblatt, Stand Oktober 2011, Art. 21 Rdnr. 401; *Maurer*, Festschrift für Christian Starck, 2007, S. 345; *Hillgruber/Goos*, Verfassungsprozessrecht, 3. Aufl., 2011, Rdnr. 316.

566 *Henke*, in: Bonner Kommentar, Loseblatt, Stand Oktober 2011, Art. 21 Rdnr. 254.

567 *Henke*, ebenda.

568 *Gersdorf*, Verfassungsprozessrecht, 3. Aufl., 2010, Rdnr. 89.

569 *Schlaich/Korioth*, Das Bundesverfassungsgericht, 8. Aufl., 2010, Rdnr. 92, unter Hinweis auf § 64 Abs. 3 BVerfGG.

570 Vgl. etwa *P. M. Huber*, in: v. Mangoldt/Klein/Starck, GG I, 6. Aufl., 2010, Art. 19 Abs. 3 Rdnr. 243, unter Bezugnahme auf *dens.*, Festschrift 50 Jahre BVerfG II, 2001, S. 609, 619, sowie *dens.*, K&R 2004, 216, 220 f.; vgl. auch *ders.*, Festschrift für Herbert Bethge, 2009, S. 507; anders freilich noch *ders.*, Öffentliche Sachverständigenanhörung der CDU/CSU-Bundestagsfraktion zum Thema „Das Transparenzgebot

Ausführungen zum Thema der erwerbswirtschaftlichen Betätigung von politischen Parteien. *Huber* sieht in Art. 21 GG die „abschließende verfassungsrechtliche Regelung“ für die Betätigung der politischen Parteien[571]. Er kritisiert, dass den Parteien weithin eine „geradezu chamäleonhafte Rechtsstellung“[572] als „zwischen in der gesellschaftlichen Sphäre wurzelnden Vereinigungen und Akteuren, die auf gleicher Augenhöhe mit den obersten Verfassungsorganen den politischen Prozess mitbestimmen“[573], zugeschrieben werde. Nach ihm sind die Parteien nicht etwa janusköpfig[574], sondern *allein* eine verfassungsrechtliche Institution sui generis zwischen Staat und Gesellschaft[575]. Der den Parteien seines Erachtens auf der Basis der von ihm abgelehnten Meinung mögliche „Wechsel zwischen den Rollen“ berge die Gefahr, „dass der den politischen Parteien zuvörderst aufgegebene Mitwirkungsauftrag aus Art. 21 Abs. 1 S. 1 GG ausgehöhlt und konterkariert“ werde[576]. Vor diesem Hintergrund sei es „überzeugender und vorzugswürdig [...], die verfassungsrechtliche Fundierung der politischen Parteien ausschließlich in Art. 21 GG zu suchen und auf eine Grundrechtserstreckung nach Maßgabe von Art. 19 Abs. 3 GG zu verzichten“[577].

Huber argumentiert, die von ihm abgelehnte Ansicht missachte die Anerkennung der politischen Parteien als verfassungsrechtliche Institution sowie die systematische Stellung von Art. 21 GG im staatsorganisationsrechtlichen Teil des Grundgesetzes; sie bringe auch Wertungswidersprüche mit sich[578]. Nach Ansicht von *Huber* wirkte eine Grundrechtsfähigkeit von Parteien „zur verfassungsrechtlich vorgezeichneten

des Grundgesetzes und die SPD-Parteifinanzen“ am 20.10.2000, Protokoll, S. 39 (BT-Drucks. 14/9300, Anlagenband III, S. 876).

571 *P. M. Huber*, K&R 2004, 220; in dieser Richtung auch *Dörr*, Der Grundsatz der Staatsferne und die Zusammensetzung der Rundfunkgremien 2010, S. 12; vgl. auch *Degenhart*, in: Bonner Kommentar, Loseblatt, Stand Oktober 2011, Art. 5 Abs. 1 u. 2 Rdnr. 485 (Ansicht *Hubers* „vorzugswürdig“).

572 *P. M. Huber*, K&R 2004, 219.

573 *P. M. Huber*, K&R 2004, 218 f.

574 Vgl. hierzu – unter Hinweis auf BVerfGE 4, 27 (30 f.) – *Bethge*, Die Grundrechtsberechtigung juristischer Personen nach Art. 19 Abs. 3 Grundgesetz, 1985, S. 34. S. auch *Ladeur*, in: Paschke/Berlit/Meyer (Hrsg.), Hamburger Kommentar – Gesamtes Medienrecht, 2. Aufl., 2012, 1. Teil, Kap. 3, 4. Abschn., Rdnr. 37.

575 *P. M. Huber*, K&R 2004, 222.

576 *P. M. Huber*, a.a.O., 219.

577 *P. M. Huber*, Festschrift für Herbert Bethge, 2009, S. 507.

578 *P. M. Huber*, in: v. Mangoldt/Klein/Starck, GG I, 6. Aufl., 2010, Art. 19 Abs. 3 Rdnr. 243.

Funktion der Parteien teilweise sogar kontraproduktiv"[579]. Der Norm des Art. 21 GG misst er dabei keine Grundrechtsqualität zu.

2. Stellungnahme

a) Zur Maßgeblichkeit des Art. 19 Abs. 3 GG

Die Frage, ob politische Parteien grundrechtsfähig sind, führt notwendig über Art. 19 Abs. 3 GG. Denn diese Bestimmung regelt die Zuordnung der Grundrechte an überindividuelle Organisationseinheiten „ausschließlich und abschließend"[580]. Ihr zufolge gelten die Grundrechte auch für inländische juristische Personen, „soweit sie ihrem Wesen nach auf diese anwendbar sind"[581].

aa) Das „Wesen" des betreffenden Grundrechts

Das jeweils in Rede stehende Grundrecht muss seinem Wesen nach auf eine juristische Person i.S.d. des Art. 19 Abs. 3 GG anwendbar sein. Ob diese Bedingung erfüllt ist, hängt davon ab, ob „der Grundrechtsschutz an Eigenschaften, Äußerungsformen oder Beziehungen anknüpft, die nur natürlichen Personen wesenseigen sind"[582] oder ob die von dem Grundrecht geschützten Tätigkeiten auch von juristischen Personen ausgeübt werden können[583].

bb) Der Begriff der „juristischen Person"

Die Frage, ob ein bestimmtes Grundrecht auf juristische Personen Anwendung finden kann, darf nicht mit der Frage vermengt werden, welche juristischen Personen potentielle Grundrechtsträger sind[584]. Insoweit kommt es nicht auf die Eigenart des betreffenden Grundrechts an, sondern auf die Eigenart der jeweiligen juristischen Person[585].

---

579 *P. M. Huber*, K&R 2004, 221.

580 Vgl. *v. Mutius*, JuS 1977, 320 m.w.N.

581 Zur Erstreckung der Grundrechtsberechtigung auf juristische Personen aus Mitgliedsstaaten der Europäischen Union vgl. BVerfG, NZG 2011, 1262 ff.

582 BVerfGE 95, 220 (242); zustimmend: *Jarass*, in: ders./Pieroth, GG, 11. Aufl., 2011, Art. 19 Rdnr. 15.

583 Vgl. BVerfGE 106, 28 (42 f.); *Jarass*, a.a.O.

584 Richtig: *Jarass*, in: ders./Pieroth, GG, 11. Aufl., 2011, Art. 19 Rdnr. 16.

585 *Jarass*, ebenda.

aaa) Zur Irrelevanz der zivilrechtlichen Vollrechtsfähigkeit

Die Grundrechtsinhaberschaft bestimmter Organisationen kann und darf nicht von der letztlich zufälligen Vollrechtsfähigkeit im zivilrechtlichen Sinne abhängen[586]. „Aus Art. 19 Abs. 3 GG darf nicht geschlossen werden, dass nur Personengruppen, die allgemeine Rechtsfähigkeit besitzen, Träger von Grundrechten sein können“[587]. Die Vorschrift des Art. 19 Abs. 3 GG soll lediglich klarstellen, „dass nicht nur [...] natürliche Personen grundrechtsfähig sind, sondern *sogar* juristische Personen“[588]. Eine Grundrechtsfähigkeit kommt deshalb auch bei Personenmehrheiten und Organisationen in Betracht, die vom einfachen Recht nur mit Teilrechtsfähigkeit ausgestattet sind[589].

bbb) Zum Erfordernis einer grundrechtstypischen Gefährdungslage gegenüber der organisierten Staatlichkeit

α) Zurückweisung der sog. „Durchgriffstheorie“

Juristische Personen i.S.d. Art. 19 Abs. 3 GG sind verbreiteter Ansicht nach dann Grundrechtsträger, „wenn ihre Bildung und Betätigung Ausdruck der freien Entfaltung der natürlichen Personen sind, besonders wenn der ‚Durchgriff‘ auf die hinter den juristischen Personen stehenden Menschen dies als sinnvoll oder erforderlich erscheinen lässt“[590]. Diese Sichtweise beruht auf einem rein individualistischen Grundrechtsverständnis[591], das im Ergebnis dazu führt, die Vorschrift des Art. 19 Abs. 3 GG „auf die Regelung einer Grundrechtstreuhand juristischer Personen zu reduzieren“[592]. Die „Durchgriffstheorie“ rekurriert hinsichtlich der Begründung der Grundrechtsfähigkeit auf ein hinter der betreffenden juristischen Person stehendes *personales Substrat*. Das ist ein Kriterium, das sich „kaum sinnvoll bestimmen sowie eingrenzen lässt“, weil letztlich jede Schaffung bzw. Betätigung juristischer Personen „Ausdruck der freien Entfaltung“ von natürlichen Personen ist[593]. Vor diesem Hintergrund ist die „Durchgriffstheorie“ abzulehnen.

---

586 *Bethge/v. Coelln*, Grundriss Verfassungsrecht, 4. Aufl., 2011, S. 130; vgl. auch *Mauersberger*, Die Freiheit der Parteien, 1994, S. 82.

587 BVerfGE 3, 383 (391).

588 BVerfGE 3, 383 (391) – Hervorhebung nur hier.

589 *Kloepfer*, Verfassungsrecht I, 2011, § 49 III 1 Rdnr. 52; *Bethge*, Die Grundrechtsberechtigung juristischer Personen nach Art. 19 Abs. 3 Grundgesetz, 1985, S. 30 ff.

590 BVerfGE 21, 362 (369); von „Durchblick“ spricht BVerfGE 61, 82 (101).

591 Vgl. *v. Mutius*, JuS 1977, 321.

592 *v. Mutius*, JuS 1977, 321 m.w.N.

593 *v. Mutius*, JuS 1977, 321.

β) Zur Herleitung des Erfordernisses einer grundrechtstypischen Gefährdungslage gegenüber der organisierten Staatlichkeit

Die Vorschrift des Art. 19 Abs. 3 GG macht deutlich, dass die juristische Person um ihrer selbst willen und nicht (allein) wegen der hinter ihr stehenden natürlichen Personen geschützt wird bzw. geschützt werden soll[594]. „Grundrechte sind Antworten auf bestimmte Gefährdungen“[595]. Sie bezwecken, „(subjektiv) zugeordnete Rechtssphären auf unterschiedliche Art und Weise zu gewährleisten und vor staatlichen Ein- und Übergriffen zu schützen“[596]. Eine teleologisch-funktionale Auslegung des Art. 19 Abs. 3 GG ergibt deshalb, dass von dieser Norm nur solche überindividuellen Organisationen und/oder Personengesamtheiten erfasst sein können, die sich in einer *grundrechtstypischen Gefährdungslage* gegenüber der organisierten Staatlichkeit befinden[597]. Ist eine solche zu bejahen, räumt Art. 19 Abs. 3 GG der jeweiligen überindividuellen Organisation/Personengesamtheit eine *eigene* Grundrechtssubjektivität ein[598].

b) Die politischen Parteien als „juristische Personen“ i.S.d. Art. 19 Abs. 3 GG

aa) Zur Rechtsfähigkeit der politischen Parteien

Politische Parteien sind nach der geltenden Rechtsordnung „Personenvereinigungen besonderer Art mit grundsätzlich privatrechtlicher, verfassungsrechtlich (Art. 21 GG) modifizierter Rechtsstellung“[599]. Sie organisieren sich nach den Vorschriften des BGB entweder als rechtsfähige Vereine gem. §§ 21 ff. BGB oder als nicht rechtsfähige Vereine (vgl. § 54 BGB)[600]. Soweit sie die erstgenannte Rechtsform wählen, erlangen sie durch die Eintragung in das Vereinsregister allgemeine, d.h. volle Rechtsfähigkeit (vgl. § 21 BGB)[601]. Doch auch wenn sie

594 *Dreier*, in: ders., GG I, 2. Aufl., 2004, Art. 19 Abs. 3 Rdnr. 32.

595 *v. Mutius*, JuS 1977, 321 m.w.N.

596 *v. Mutius*, JuS 1977, 321 m.w.N.; vgl. auch *ders.*, in: Bonner Kommentar, Loseblatt, Stand Oktober 2011, Art. 19 Abs. 3 Rdnr. 36.

597 *v. Mutius*, in: Bonner Kommentar, Loseblatt, Stand Oktober 2011, Art. 19 Abs. 3 Rdnr. 114; vgl. auch BVerfGE 45, 63 (79); 61, 82 (105).

598 *v. Mutius*, in: Bonner Kommentar, Loseblatt, Stand Oktober 2011, Art. 19 Abs. 3 Rdnr. 42; vgl. auch *Angelov*, Vermögensbildung und unternehmerische Tätigkeit politischer Parteien, 2006, S. 187.

599 *v. Mutius*, in: Bonner Kommentar, Loseblatt, Stand Oktober 2011, Art. 19 Abs. 3 Rdnr. 71.

600 *Maurer*, JuS 1992, 299.

601 *Seifert*, Die politischen Parteien im Recht der Bundesrepublik Deutschland, 1975, S. 176; vgl. auch *Lenski*, PartG, 2011, § 3 Rdnr. 10.

(wie die meisten Parteien[602]) als nicht rechtsfähiger Verein konstituiert sind, genießen sie zumindest Teilrechtsfähigkeit[603]. Maßgeblich für diese Sichtweise ist zunächst, dass nach § 54 S. 1 BGB auf nicht rechtsfähige Vereine die Vorschriften über die Gesellschaft bürgerlichen Rechts Anwendung finden (§§ 705 ff. BGB). Die (Außen-) BGB-Gesellschaft aber ist nach neuerer Rechtsprechung des Bundesgerichtshofes rechtsfähig[604]. Sie kann im Rechtsverkehr grundsätzlich jede Rechtsposition einnehmen, soweit nicht spezielle Gesichtspunkte entgegenstehen[605]. Darüber hinaus schreibt das Grundgesetz gerade den politischen Parteien auch eine *Verfassungsrechtsfähigkeit* zu[606]. Art. 21 GG zeigt, dass die Parteien wegen ihrer besonderen Funktion im öffentlichen Leben die gleiche Rechtsstellung ohne Rücksicht darauf besitzen müssen, ob sie allgemeine Rechtsfähigkeit besitzen oder nicht[607]. Die Norm räumt den Parteien einen unmittelbaren verfassungsrechtlichen Status ein, der sie zu demokratischen Organisationsstrukturen (vgl. Art. 21 Abs. 1 S. 3 GG) und zu öffentlicher Rechenschaft über die Herkunft und Verwendung ihrer Mittel sowie über ihr Vermögen verpflichtet (s. Art. 21 Abs. 1 S. 4 GG)[608].

bb) Zur grundrechtstypischen Gefährdungslage der politischen Parteien

Die politischen Parteien befinden sich auch in einer grundrechtstypischen Gefährdungslage gegenüber der organisierten Staatlichkeit[609]. Sie sind nicht in den Staat inkorporiert[610], sondern „Zwischenglieder zwischen den Einzelnen und dem

602 Hierzu *Maurer*, Staatsrecht I, 6. Aufl., 2010, § 11 Rdnrn. 19 f.

603 So *v. Mutius*, in: Bonner Kommentar, Loseblatt, Stand Oktober 2011, Art. 19 Abs. 3 Rdnr. 71.

604 Vgl. BGHZ 146, 341 ff.

605 *Eisenhardt/Wackerbarth*, Gesellschaftsrecht I, 15. Aufl., 2011, Rdnr. 104 m.w.N.

606 Vgl. *Seifert*, Die politischen Parteien im Recht der Bundesrepublik Deutschland, 1975, S. 180; *v. Mutius*, in: Bonner Kommentar, Loseblatt, Stand Oktober 2011, Art. 19 Abs. 3 Rdnr. 71.

607 BVerfGE 3, 383 (392).

608 *Kübler/Assmann*, Gesellschaftsrecht, 6. Aufl., 2006, § 34 I 1 a, S. 537. Zur einfachgesetzlichen Konkretisierung der genannten Anforderungen vgl. §§ 6 ff., 23 ff. PartG.

609 Richtig: *v. Mutius*, in: Bonner Kommentar, Loseblatt, Stand Oktober 2011, Art. 19 Abs. 3 Rdnr. 71.

610 BVerfGE 20, 56 (100 f.); s. auch *Konrad Hesse*, VVDStRL Heft 17 (1959), S. 33; *Bethge/v. Coelln*, Grundriss Verfassungsrecht, 4. Aufl., 2011, S. 19; *Ossenbühl*, Symposium aus Anlass der Vollendung des 65. Lebensjahres von Fritz Ossenbühl, 2000, S. 125; *Maurer*, JuS 1991, 883. Umfassend zum Ausschluss des Staates vom Grundrechtsschutz: *Bethge*, Zur Problematik von Grundrechtskollisionen, 1977, S. 36 ff.;

Staat"[611]. Sie haben *nicht* „identische Aktionsfelder" wie die Staatsorgane[612]. Sie sind verfassungsrechtlich insbesondere von den zur institutionalisierten Staatlichkeit ressortierenden Fraktionen zu unterscheiden[613]. Das Bundesverfassungsgericht hat in seinem Urteil zum Hessischen Privatrundfunkgesetz vom 12.3.2008 ausgeführt: „Parteien sind nicht Teil des Staates. Zwar kommt ihnen aufgrund ihrer spezifischen verfassungsrechtlich abgesicherten Vermittlungsfunktion zwischen Staat und Gesellschaft eine besondere Stellung zu; sie wirken in den Bereich der Staatlichkeit aber lediglich hinein, ohne ihm anzugehören"[614]. Das Gericht fährt fort: „Dass die Parteien nicht mit dem Staat in eins zu setzen sind, hat das Bundesverfassungsgericht vor allem im Zusammenhang mit Verfassungsfragen der Parteienfinanzierung betont. Art. 21 GG hat die Parteien zwar als verfassungsrechtlich notwendige Instrumente für die politische Willensbildung des Volkes anerkannt und sie in den Rang einer verfassungsrechtlichen Institution erhoben. Die Garantie einer grundsätzlich staatsfreien und offenen Meinungs- und Willensbildung vom Volk zu den Staatsorganen wehrt jedoch wegen der verfassungsrechtlich vorgesehenen Tätigkeit der politischen Parteien jede staatlich-institutionelle Verfestigung der Parteien ab und verbietet ihre Einfügung in den Bereich der organisierten Staatlichkeit"[615].

Etwas anderes ergibt sich auch nicht aus der verfassungsprozessualen Qualifikation der Parteien als „Verfassungsorgane"[616]. Denn in materiell-verfassungsrechtlicher Sicht sind die Parteien *keine* Verfassungsorgane.[617] Art. 21 GG

---

ders., HStR IX, 3. Aufl., 2011, § 203 Rdnrn. 46 ff.; *ders.*, HGR III, 2009, § 72 Rdnr. 41; *Rupp*, Festschrift für Herbert Bethge, 2009, S. 55.

611 BVerfGE 20, 56 (101).

612 So aber *Ahmed*, Begrenzung politischer Parteien im Rundfunk, 2011, S. 23; richtig hingegen: *Konrad Hesse*, VVDStRL Heft 17 (1959), S. 25 f.; *Jörn Ipsen*, Der Staat der Mitte, 2009, S. 143 f.; *Kloepfer*, Verfassungsrecht I, 2011, § 18 Rdnr. 310, sowie *Jentsch*, ThürVBl. 1999, 110.

613 *Bethge/v. Coelln*, Grundriss Verfassungsrecht, 4. Aufl., 2011, S. 88; *Graf Vitzthum*, HGR II, 2006, § 48 Rdnr. 52.

614 BVerfGE 121, 30 (53) – Rückverweise entfernt.

615 BVerfGE 121, 30 (54) – Rückverweise entfernt.

616 Richtig: *Bethge*, Festschrift für Walter Schmitt Glaeser, 2003, S. 485; *ders.*, ZUM 2003, 255.

617 *Maurer*, JuS 1991, 889; *Bethge*, Symposion zum 65. Geburtstag von Ernst W. Fuhr, 1990, S. 33; *Kersten*, in: ders./Rixen, PartG, 2009, § 3 Rdnr. 40; s. auch *Mauersberger*, Die Freiheit der Parteien, 1994, S. 145.

vereinnahmt die Parteien nicht für den Staat, „sondern belässt sie existenziell im vorstaatlichen Bereich“[618].

c) Fazit

Damit können sich die politischen Parteien über die „Relaisstation“[619] des Art. 19 Abs. 3 GG prinzipiell auf Grundrechte berufen. Dies gilt unter dem Gesichtspunkt sowohl von Freiheits- als auch von Gleichheitsrechten[620]. Art. 21 GG, der schon aufgrund seiner Stellung außerhalb des ersten Abschnitts des Grundgesetzes und wegen seiner fehlenden Erwähnung in Art. 93 Abs. 1 Nr. 4 a GG nicht als Grundrecht oder grundrechtsähnliches[621] Recht eingeordnet werden darf[622], vermag die wesensmäßige Anwendbarkeit von Grundrechten auf die politischen Parteien zumindest nicht generell zu beseitigen[623].

---

618 *Maurer*, Festschrift für Christian Starck, 2007, S. 345; vgl. auch *Stern*, Staatsrecht I, 2. Aufl., 1984, § 13 IV 2, 3, S. 457 ff.

619 *Bethge*, Die Grundrechtsberechtigung juristischer Personen nach Art. 19 Abs. 3 Grundgesetz, 1985, S. 31.

620 *Bethge*, in: Maunz/Schmidt-Bleibtreu/Klein/Bethge (Hrsg.), BVerfGG, Loseblatt, Stand September 2011, § 90 Rdnr. 135 m.w.N.; *Maurer*, JuS 1991, 883; *Angelov*, Vermögensbildung und unternehmerische Tätigkeit politischer Parteien, 2006, S. 191. Abzulehnen ist die Auffassung, Art. 9 Abs. 1 GG beinhalte neben einem Individualgrundrecht auch ein Grundrecht der Vereinigung „Partei“ selbst (richtig: *Angelov*, a.a.O., S. 191 f.). Denn die dogmatische Konstruktion eines „Doppelgrundrechts“ von individueller und kollektiver Vereinigungsfreiheit (BVerfGE 13, 174 [175]) übersieht die „Filterfunktion“ des Wesensvorbehalts in Art. 19 Abs. 3 GG (vgl. *Angelov*, a.a.O., S. 192).

621 So im Hinblick auf Art. 21 Abs. 1 S. 2 GG aber *Sachs*, in: Stern, Staatsrecht III/1, 1988, § 63 V 4 a β, S. 375 f.

622 *Bethge*, in: Sachs (Hrsg.), GG, 6. Aufl., 2011, Art. 5 Rdnr. 89 a; vgl. auch *Hans H. Klein*, Festschrift für Hartmut Maurer, 2001, S. 196 f.; *Maurer*, Festschrift für Christian Starck, 2007, S. 345; *Kloepfer*, Verfassungsrecht II, 2010, § 49 Rdnr. 54; *Shirvani*, Das Parteienrecht und der Strukturwandel im Parteiensystem, 2010, S. 160.

623 Vgl. auch *Kunig*, HStR III, 3. Aufl., 2005, § 40 Rdnr. 92; *Volkmann*, Staatsrecht II, 2. Aufl., 2011, Kap. 4, § 13 Rdnr. 9. Eine nähere Auseinandersetzung mit dem „intrikate[n] Verhältnis“ zwischen Art. 21 Abs. 1 GG und den Grundrechten (Wendung nach *Shirvani*, Das Parteienrecht und der Strukturwandel im Parteiensystem, 2010, S. 162) bleibt ebenso den folgenden Ausführungen vorbehalten wie eine Stellungnahme zum verfassungsprozessualen Status der politischen Parteien.

IV. Folgerungen aus der Grundrechtsberechtigung der politischen Parteien

1. Einleitung: Die Grundrechte als „Raumplanen für die Freiheit“

Die Grundrechtsberechtigung der politischen Parteien spricht dafür, dass sich die Parteien auch erwerbswirtschaftlich betätigen dürfen[624]. Denn die Grundrechte erscheinen, um es mit einer berühmten Wendung von *Adolf Arndt* auszudrücken, als „Raumplanen für die Freiheit“[625]. Ihnen ist eine „prinzipielle Freiheitsvermutung“ immanent[626].

Wären die politischen Parteien „normale“ Grundrechtsträger, könnten sie sich, wie im Folgenden zu zeigen ist, bei erwerbswirtschaftlichen Betätigungen (über Art. 19 Abs. 3 GG) auf Art. 12 Abs. 1 GG bzw. Art. 14 Abs. 1 GG sowie – im Medienbereich zusätzlich – Art. 5 Abs. 1 S. 2 GG (ggf. i.V.m. Art. 3 Abs. 1 GG) berufen.

2. Der grundrechtliche Schutz der unternehmerischen Betätigung Privater

a) Im Allgemeinen

Unternehmerische Aktivitäten Privater werden prinzipiell durch Art. 12 Abs. 1 GG geschützt. Speziell Unternehmensbeteiligungen unterfallen Art. 12 Abs. 1 GG allerdings nur, wenn sie die Schwelle zwischen reiner Vermögensverwaltung und wesentlichem Einfluss auf die Geschäftsführung überschreiten[627]. Tun sie das nicht, werden sie von Art. 14 Abs. 1 GG erfasst[628].

b) Speziell im Medienbereich

aa) Originäre Presseunternehmerfreiheit

Bei medienunternehmerischen Aktivitäten tritt zu den genannten Grundrechten (in Idealkonkurrenz) prinzipiell Art. 5 Abs. 1 S. 2 GG hinzu[629].

---

624 Vgl. auch *Cordes,* ZParl 40 (2009), S. 129.

625 *A. Arndt*, in: Löffler (Hrsg.), Die Rolle der Massenmedien in der Demokratie, 1966, S. 4; vgl. auch *Müller-Franken,* Festschrift für Herbert Bethge, 2009, S. 228 ff.

626 *Bethge/v. Coelln*, Grundriss Verfassungsrecht, 4. Aufl., 2011, S. 110; grundlegend: *Hans H. Klein*, Die Grundrechte im demokratischen Staat, 1972, S. 43 ff.

627 *Dietlein*, in: Stern, Staatsrecht IV/2, 2011, § 114 VIII 2 a, S. 128 Fn. 507 m.w.N.

628 *Dietlein*, a.a.O.

629 *Hans H. Klein*, Festschrift für Hartmut Maurer, 2001, S. 197; vgl. auch *Bethge*, in: Sachs (Hrsg.), GG, 6. Aufl., 2011, Art. 5 Rdnr. 89 a; *ders.*, Festschrift für Walter Rudolf, 2001, S. 409; *ders.*, DÖV 2002, 675.

Insoweit sei zunächst betont, dass die Pressefreiheit, wie schon erwähnt, auch eine Presseunternehmensfreiheit enthält[630]. Ihr sachlicher Schutzbereich umfasst auch die freie Gründung von Presseunternehmen[631] „einschließlich der Beteiligung an ihnen"[632].

bb) Keine originäre Rundfunkunternehmerfreiheit

Demgegenüber ist eine originäre Rundfunkunternehmerfreiheit „keine aus Art. 5 Abs. 1 S. 2 GG ableitbare Rechtsfolge"[633]. Die Rundfunkfreiheit existiert, um es mit *Herbert Bethge* zu formulieren, nicht urwüchsig und beliebig[634].

Zwar ist nicht zu übersehen, dass das Bundesverfassungsgericht in seinem Urteil zum Hessischen Privatrundfunkgesetz die subjektive Komponente des Grundrechts der Rundfunkfreiheit aus Art. 5 Abs. 1 S. 2 GG nicht zuletzt dadurch gestärkt hat, dass es die Berufung auf dieses Grundrecht „auch denjenigen Personen eröffnet [...], die an einem Rundfunkveranstalter kapitalmäßig, auch mittelbar über weitere Medienbeteiligungen, beteiligt sind"[635]. Es hat aber einmal mehr „nicht eine rundfunkrechtliche Unternehmensfreiheit [...] vorausgesetzt und im Streitfall als verletzt betrachtet"[636]. Es hat lediglich ein weiteres Mal auf den „Grundrechtsbeachtungsanspruch" rekurriert, den es „im Rahmen einer dualen Rundfunkordnung[637] den (privaten) Bewerbern um eine Rundfunkzulassung ebenso konzediert

630 Vgl. oben, Kap. 1 C. II. 2. b) bb) bbb) α), S. 36; s. auch *Badura*, Festschrift für Richard Bartlsperger, 2006, S. 5, S. 13.

631 *Hans H. Klein*, Festschrift für Hartmut Maurer, 2001, S. 196 f., unter Rekurs auf BVerfGE 20, 162 (175).

632 *Hans H. Klein*, a.a.O., S. 196 f.

633 So *Badura*, Festschrift für Richard Bartlsperger, 2006, S. 13, der unter Hinweis auf EuGH, Rs. C-148/91, Slg. 1-1993, 487 – Vereniging Veronica Omroep Organisatie, zutreffend bemerkt, eine originäre Rundfunkunternehmerfreiheit sei auch gemeinschaftsrechtlich nicht gefordert. Anders: *Hans H. Klein*, Festschrift für Hartmut Maurer, 2001, S. 202 ff.; *P. M. Huber*, K&R 2004, 218; *Angelov*, Vermögensbildung und unternehmerische Tätigkeit politischer Parteien, 2006, S. 333.

634 *Bethge*, VVDStRL Heft 57 (1998), S. 30, unter Bezugnahme auf BVerfGE 83, 238 (315).

635 *Degenhart*, K&R 2009, 290.

636 Richtig: *Badura*, Stellungnahme zu dem Gesetzentwurf der Hessischen Landesregierung v. 23.3.2009 (Hess. LT-Drucks. 18/315), Ausschussvorlage HAA/18/2, Teil 1, Nr. 3, S. 7.

637 Zu dieser: *Bethge*, in: Sachs (Hrsg.), GG, 6. Aufl., 2011, Art. 5 Rdnrn. 104 ff.; *Fink*, Medienrechtliches Kolloquium zum 75. Geburtstag von Hartmut Schiedermair, 2011, S. 137 ff.

wie zugelassenen Rundfunkveranstaltern im Stadium der Antragstellung auf Verlängerung ihrer Zulassung“[638]. Das Gericht führt aus, das Grundrecht der Rundfunkfreiheit stehe sowohl objektiv-rechtlich als auch subjektiv-rechtlich im Dienst der Grundrechtssicherung und gebe seinem Träger jedenfalls einen Anspruch darauf, dass bei der Auslegung und Anwendung seine Position als Träger des Grundrechts hinreichend beachtet werde[639]. Kommunikations- und rundfunkbezogene Vorschriften, die den rechtlichen Rahmen der Rundfunkfreiheit regeln, sind in der Sicht des Gerichts „am Maßstab des Art. 5 Abs. 1 S. 2 GG nicht zu beanstanden, wenn sie geeignet sind, das Ziel der Rundfunkfreiheit zu fördern, und die von Art. 5 Abs. 1 S. 2 GG geschützten Interessen angemessen berücksichtigen“[640].

Aus Art. 5 Abs. 1 S. 2 GG i.V.m. Art. 3 Abs. 1 GG ergibt sich danach im Rundfunkbereich lediglich (aber immerhin doch auch) prinzipiell ein Anspruch auf chancengleichen Zugang zu der gesetzlich vorgesehenen Betätigung als Rundfunkunternehmer[641].

3. Sonderbehandlung der politischen Parteien wegen Art. 21 Abs. 1 S. 1 GG?

Bei alledem wurde allerdings noch nicht berücksichtigt, dass die politischen Parteien keine „normalen“ grundrechtsberechtigten Vereinigungen sind, sondern solche mit einer verfassungsnormativen Funktion (vgl. Art. 21 Abs. 1 S. 1 GG).

---

638 So unter Hinweis auf BVerfGE 97, 298 (309) *Degenhart*, K&R 2009, 290; s. auch *Ritlewski*, Pluralismus als Strukturprinzip im Rundfunk, 2009, S. 83.

639 BVerfGE 121, 30 (59).

640 BVerfGE 121, 30 (59), unter Bezugnahme auf BVerfGE 97, 228 (267).

641 So richtig: *P. M. Huber*, K&R 2004, 218; vgl. auch *Badura*, Festschrift für Richard Bartlsperger, 2006, S. 12. An dieser Stelle ist der Hinweis geboten, dass auch Art. 12 GG keine originäre Rundfunkveranstalterfreiheit zu begründen vermag (richtig: *Möstl*, Stellungnahme zum Gesetzentwurf der Fraktionen der CDU und der FDP zur Änderung des Niedersächsischen Mediengesetzes [Nds. LT-Drucks. 15/450], Vorlage 6 zu Nds. LT-Drucks. 15/450, S. 4). Maßgeblich für diese Sicht ist, dass die besondere verfassungsrechtliche Akzentuierung für den „Rundfunkberuf“, wie sie Art. 5 Abs. 1 S. 2 GG trifft, auch bei der Auslegung von Art. 12 GG nicht außer Betracht bleiben darf (näher: *Stern/Bethge*, Öffentlich-rechtlicher und privatrechtlicher Rundfunk, 1971, S. 104). Speziell den politischen Parteien verhilft auch Art. 21 Abs. 1 GG nicht zu einer originären Rundfunkfreiheit (vgl. *Bethge*, Rundfunkfreiheit und privater Rundfunk, 1985, S. 37).

V. Festlegung der politischen Parteien auf ihren Mitwirkungsauftrag nach Art. 21 Abs. 1 S. 1 GG

Die verfassungsnormative Funktion der Parteien aus Art. 21 Abs. 1 S. 1 GG legt diese Vereinigungen auf ihren Mitwirkungsauftrag fest[642]. Sicherlich ist richtig, dass der Begriff „politische Willensbildung" in Art. 21 Abs. 1 S. 1 GG für sich keine fassbaren Schranken errichten kann[643]. Abzustellen ist allerdings nicht auf die bloße Begrifflichkeit, sondern auf die ratio der Norm.

1. Das grundgesetzliche Verbot *zweckwidriger und zweckgefährdender* Parteiaktivitäten

Sinn und Zweck des Art. 21 Abs. 1 S. 1 GG ist es, Demokratie zu ermöglichen[644]. Daraus folgt, dass den Parteien durch Art. 21 Abs. 1 S. 1 GG *zweckwidrige und zweckgefährdende Aktivitäten verfassungskräftig untersagt* sind[645]. Das Handlungsfeld der Parteien ist in diesem Sinne *negativ* definiert[646]. Über den Bereich der politischen Willensbildung hinausreichende Parteiaktivitäten liegen *„ultra vires"*[647] und sind verfassungsrechtlich unzulässig[648].

---

642 Im Anschluss an *P. M. Huber*, K&R 2004, 219 ff.

643 *Kunig*, HStR III, 3. Aufl., 2005, § 40 Rdnr. 21; *Streinz*, in: v. Mangoldt/Klein/Starck, GG II, 6. Aufl., 2010, Art. 21 Rdnr. 77; vgl. auch *Morlok*, in: Ipsen (Hrsg.), 40 Jahre Parteiengesetz, 2009, S. 69.

644 *Kunig*, HStR III, 3. Aufl., 2005, § 40 Rdnr. 75; vgl. auch *Ossenbühl*, BayVBl. 2000, 162 f.; *Grimm*, in: Adolf-Arndt-Kreis (Hrsg.), Parteien ohne Volk, 2008, S. 10; *Kotzur*, VVDStRL Heft 69 (2010), S. 207.

645 Terminologische Anlehnung an *Degenhart*, in: Berka/Grabenwarter/Holoubek (Hrsg.), Das Recht der Rundfunkfinanzierung, 2008, S. 95, demzufolge der – von ihm ausgemachten – Beschränkung der öffentlich-rechtlichen Rundfunkanstalten auf ihren Anstaltszweck ein Verbot zweckwidriger oder zweckgefährdender Betätigungen korrespondiert. Auf der hiesigen Linie auch *Sannwald*, in: Schmidt-Bleibtreu/Hofmann/Hopfauf (Hrsg.), GG, 12. Aufl., 2011, Art. 21 Rdnr. 29; s. ferner *Volkmann*, in: Berliner Kommentar zum Grundgesetz, Loseblatt, Stand 2011, Art. 21 Rdnr. 82. Für eine Zurückweisung der Parteien in die Schranken der ihnen von der Verfassung zugewiesenen Funktion auch *Burmeister*, Diskussionsbeitrag, in: Stern (Hrsg.), 40 Jahre Grundgesetz, 1990, S. 155.

646 In Fortführung von *Tsatsos*, Festschrift für Ernst Gottfried Mahrenholz, 1994, S. 407.

647 Zur ultra-vires Lehre: *Eggert*, Die deutsche ultra-vires-Lehre, 1977; s. auch *Detterbeck*, Zum präventiven Rechtsschutz gegen ultra-vires-Handlungen öffentlich-rechtlicher Zwangsverbände, 1990.

648 *P. M. Huber*, Öffentliche Sachverständigenanhörung der CDU/CSU-Bundestagsfraktion zum Thema „Das Transparenzgebot des Grundgesetzes und die SPD-Parteifinanzen" am

Zwar ist richtig, dass der Verfassung prinzipiell nur die Funktion eines Generalrahmens zukommt[649]. Auch gilt es nicht zu übersehen, dass „Organisationen, die einen vorgegebenen Aufgabenkatalog zu erfüllen haben und sich nur daraufhin bewegen dürfen", an und für sich nur für den staatlichen Bereich typisch sind[650]. „Staatliche Organisationen haben Aufgaben zu erfüllen und handeln aufgrund umschriebener Kompetenzen"[651]; Handlungen, die darüber hinaus reichen, liegen „*ultra vires*"[652]. Gesellschaftliche Akteure hingegen besitzen (gerade wegen ihrer grundrechtlichen Freiheit) einen prinzipiell unbeschränkten Handlungsradius[653]. „Sie werden in Ausübung staatsgerichteter Bürgerfreiheit tätig"[654]. Die *ultra-vires-Lehre* gilt für sie nicht[655]. Hierin kommt das rechtsstaatliche Verteilungsprinzip zum Ausdruck, das „von der grundsätzlich unbeschränkten Freiheit des Bürgers und der prinzipiell begrenzten Staatsgewalt ausgeht"[656].

An dieser Stelle wird aber relevant, dass die politischen Parteien *keine* freien gesellschaftlichen Gebilde sind[657], sondern Zwischengebilde. Sie stehen *zwischen*

20.10.2000, Protokoll, S. 10 f., 22 f. (BT-Drucks. 14/9300, Anlagenband III, S. 847 f., 859 f.).

649 *Bethge,* Zur Problematik von Grundrechtskollisionen, 1977, S. 294 f. m.w.N.; *ders./v. Coelln*, Grundriss Verfassungsrecht, 4. Aufl., 2011, S. 6 ff.; s. auch *Dreier*, Gilt das Grundgesetz ewig?, 2009, S. 112 f., sowie *Masing*, in: Hoffmann-Riem/Schmidt-Aßmann/Voßkuhle, Grundlagen des Verwaltungsrechts I, 2006, § 7 Rdnrn. 70 ff.

650 So *Morlok*, in: Ipsen (Hrsg.), 40 Jahre Parteiengesetz, 2009, S. 63.

651 *Morlok*, a.a.O.

652 *Morlok*, a.a.O.

653 *Morlok*, a.a.O. Vgl. auch *Fischinger*, JuS 2007, 808.

654 v. *Coelln,* Zur Medienöffentlichkeit der Dritten Gewalt, 2005, S. 17; vgl. auch *Bethge*, HGR III, 2009, § 72 Rdnrn. 35 ff., sowie *ders.*, HStR IX, 3. Aufl., 2011, § 203 Rdnr. 85; vgl. ferner *Rupp*, HStR II, 3. Aufl., 2004, § 31 Rdnrn. 26 f.; s. auch *ders.*, Festschrift für Herbert Bethge, 2009, S. 51 ff.; *Masing*, in: Hoffmann-Riem/Schmidt-Aßmann/Voßkuhle, Grundlagen des Verwaltungsrechts I, 2006, § 7 Rdnr. 138. Grundlegend: *Böckenförde* (Hrsg.), Staat und Gesellschaft, 1976.

655 *Morlok*, in: Ipsen (Hrsg.), 40 Jahre Parteiengesetz, 2009, S. 66.

656 *Bethge/v. Coelln,* Grundriss Verfassungsrecht, 4. Aufl., 2011, S. 110; *Müller-Franken*, Festschrift für Herbert Bethge, 2009, S. 229. Grundlegend: *Carl Schmitt*, Verfassungslehre, 1928, S. 126.

657 Anders: *Schlaich/Korioth*, Das Bundesverfassungsgericht, 8. Aufl., 2010, Rdnr. 92; vgl. auch *v. Coelln*, Stellungnahme der Bayerischen Staatsregierung et al. zum Normenkontrollantrag der Landesregierung Rheinland-Pfalz gegen den ZDF-Staatsvertrag vor dem Bundesverfassungsgericht (Vf. 1 BvF 1/11), Funkkorrespondenz 34/2011, S. 29; vgl. auch *Gersdorf*, in: Morlok/v. Alemann/Streit (Hrsg.), Medienbeteiligungen politischer Parteien, 2004, S. 74 f.

Staat und Gesellschaft[658]. Sie mit anderen Vereinigungen oder Unternehmen gleichzustellen, wäre nichts weniger als „ein Äpfel-mit-Birnen-Vergleichen“[659]. Das Grundgesetz hat die Parteien als Träger öffentlicher Verantwortung konzipiert[660]. Dies bedingt, dass sie bei „ihrem politischen Leisten“ bleiben (müssen)[661]; die Mitwirkung an der politischen Willensbildung des Volkes ist ihr Daseinsgrund[662]. Als verfassungsrechtliche Institutionen sind sie auf ihren Auftrag festgelegt[663]. Außerhalb dieses Rahmens können ihnen „keine weiteren Handlungsoptionen“ offen stehen[664].

2. Folgen für die Reichweite des Grundrechtsschutzes der politischen Parteien

a) Der Zuschnitt der grundrechtlichen Freiheit der Parteien durch Art. 21 Abs. 1 S. 1 GG

Die hier bezogene Position hat Auswirkungen auf die Reichweite des Grundrechtsschutzes der Parteien. Sie bedingt, dass die Parteien – anders als andere Vereinigungen – *nicht* das Recht zur subjektiven Beliebigkeit haben[665]. Grundrechte

658 *Henke,* DÖV 1958, 651.

659 *Ricker*, Öffentliche mündliche Anhörung des Innenausschusses des Hess. Landtags zu dem Gesetzentwurf der Landesregierung für ein Gesetz zur Änderung des Hessischen Pressegesetzes (Hess. LT-Drucks. 16/4393) in der 51. Sitzung am 17.11.2005, Sten. Bericht INA/16/51, S. 21. Vgl. auch *Schmitt Glaeser*, Festschrift für Herbert Bethge, 2009, S. 74.

660 *Volkmann,* in: Berliner Kommentar zum Grundgesetz, Loseblatt, Stand 2011, Art. 21 Rdnr. 90. Vgl. auch BT-Drucks. 14/7441, Begründung, S. 7.

661 Wendung nach *Depenheuer*, Politik und Geld, 2001, S. 42; vgl. auch *Kloepfer*, Verfassungsrecht I, 2011, § 7 Rdnr. 253 mit Fn. 271. In der nämlichen Richtung auch *Krumbholz*, Finanzierung und Rechnungslegung der politischen Parteien und deren Umfeld, 2010, S. 94 f.

662 *Grimm*, in: Adolf-Arndt-Kreis (Hrsg.), Parteien ohne Volk, 2008, S. 10.

663 *P. M. Huber,* K&R 2004, 219 ff.

664 Vgl. *P. M. Huber*, K&R 2004, 219.

665 Vgl. *Ossenbühl*, BayVBl. 2000, 167; *Volkmann,* Diskussionsbeitrag, in: Morlok/v. Alemann/Streit (Hrsg.), Sponsoring – ein neuer Königsweg der Parteienfinanzierung?, 2006, S. 143; vgl. auch *P. M. Huber*, Festschrift 50 Jahre BVerfG II, 2001, S. 623 ff.; *ders.*, K&R 2004, 219 ff.; *ders.,* Statement für die Anhörung der CDU/CSU-Bundestagsfraktion zum Thema „Das Transparenzgebot des Grundgesetzes und die SPD-Parteifinanzen“ am 20. Oktober 2000 in Berlin, Umdruck S. 1 (BT-Drucks. 14/9300, Anlagenband III, S. 882). Anders: *Gersdorf,* in: Morlok /v. Alemann/Streit

stehen ihnen nur in dem durch Art. 21 Abs. 1 S. 1 GG umrissenen (und im o.g. Sinne negativ zu definierenden) Aufgaben- und Funktionskreis zur Verfügung[666]. Ihre Grundrechtsfähigkeit ist in diesem Sinne (partiell) beschränkt[667]. Im Einzelnen werden der Inhalt der Grundrechte sowie deren Schranken durch Art. 21 GG für die Parteien „besonders bestimmt“[668]. Das kann so weit reichen, dass den Parteien „bestimmte Grundrechtspositionen von vornherein nicht zustehen“[669].

Abzulehnen ist danach der Ansatz, das Verhältnis zwischen Art. 19 Abs. 3 GG und Art. 21 GG müsse im Falle von Spannungen zwischen der Grundrechtsberechtigung politischer Parteien und der Aufgabe der Parteien aus Art. 21 Abs. 1 S. 1 GG im Sinne einer praktischen Konkordanz gelöst werden[670]. Dieser Ansatz berücksichtigt nicht, dass die politischen Parteien im demokratischen Verfassungsstaat um der Rechte der Bürger und des Volkes willen da sind und nicht umgekehrt[671]. Die Parteien sind die „Hilfsorgane des Volkes“[672]. Diese Wertung der Verfassung darf nicht durch die (grundrechtliche) Freiheit der Parteien ausgehöhlt werden[673].

(Hrsg.), Sponsoring – ein neuer Königsweg der Parteienfinanzierung?, 2006, S. 29; vgl. auch *ders.*, Diskussionsbeitrag, in: a.a.O., S. 54; *Wieland*, in: Morlok/v. Alemann/Streit (Hrsg.), Medienbeteiligungen politischer Parteien, 2004, S. 108; *Isensee*, Grundrechte und Demokratie – Die polare Legitimation im grundgesetzlichen Gemeinwesen, 1981, S. 16.

666 So *Cordes,* ZParl 40 (2009), S. 132.

667 So richtig: *Cordes,* ZParl 40 (2009), S. 132. Vgl. in diesem Kontext auch *Henke,* Das Recht der politischen Parteien, 2. Aufl., 1972, S. 231 ff., sowie *Will*, Stellungnahme zu den Gesetzesentwürfen zur Änderung des Parteiengesetzes, Drucksachen 14/2719; 14/7441; 14/7778, Umdruck S. 14, Prot. BT-Innenausschuss 14/89, S. 140 („unmittelbar[e] Beschränkungen“ für die Grundrechtsträgerschaft der Parteien aus Art. 21 Abs. 1 GG). S. auch *Cao*, Parteien als Eigentümer von Medien, 2010, S. 82.

668 So (und an dieser Stelle im Blick auf das Recht der Parteien auf freie Meinungsäußerung) *Henke*, Das Recht der politischen Parteien, 2. Aufl., 1972, S. 239. Vgl. dazu auch *ders.*, a.a.O., S. 230 ff.; *Mauersberger*, Die Freiheit der Parteien, 1994, S. 98.

669 *W. Schmidt*, NJW 1984, 766.

670 Vgl. *Wieland*, Zur verfassungsrechtlichen Zulässigkeit des Hessischen Privatrundfunkgesetzes, Antrag beim Bundesverfassungsgericht v. 15.6.2003, S. 7. Grundlegend zur praktischen Konkordanz: *Konrad Hesse*, Grundzüge des Verfassungsrechts der Bundesrepublik Deutschland, 20. Aufl., 1995, Rdnrn. 317 ff.

671 *Gusy*, in: AK-GG, Art. 21 Rdnr. 51.

672 *Grimm*, in: Adolf-Arndt-Kreis (Hrsg.), Parteien ohne Volk, 2008, S. 10. Vgl. auch *Kohler*, Politikfinanzierung, 2010, S. 287.

673 Vgl. *P. M. Huber*, K&R 2004, 219.

Insgesamt vollzieht sich die Betätigung der Parteien danach in grundrechtlicher Entfaltung, welche ihren *Zuschnitt* durch die Mitwirkungsaufgabe aus Art. 21 Abs. 1 S. 1 GG erhält[674].

b) Keine eigenständige Betätigungsfreiheit der Parteien aus Art. 21 Abs. 1 S. 2 GG oder Art. 21 Abs. 1 S. 1 GG

Weder Art. 21 Abs. 1 S. 2 GG[675] noch Art. 21 Abs. 1 S. 1 GG[676] ist eine eigenständige Betätigungsfreiheit der Parteien zu entnehmen. Beide Vorschriften enthalten *keine* Freiheitsgewährleistung[677]. Die Bedeutung des Art. 21 Abs. 1 GG und seiner Teilgehalte ist in einer objektiv-rechtlichen Dimension zu sehen[678]. Art. 21 Abs. 1 S. 1 GG stellt eine Funktionszuweisungsnorm dar[679]. Doch auch Art. 21 Abs. 1 S. 2 GG ist kein subjektives Recht zu entnehmen[680]. Die Vorschrift hat (nur) eine „doppelte Klarstellungsfunktion“[681]: Sie stellt die Gründung von Parteien von jedweder staatlichen Mitwirkung frei und formuliert (im Zusammenspiel mit Art. 21 Abs. 1 S. 1 GG) „die notwendige rechtliche Bedingung für die Entstehung und den Bestand eines Mehrparteiensystems“[682].

---

674 Im Anschluss an *Kunig*, HStR III, 3. Aufl., 2005, § 40 Rdnr. 92. Vgl. auch *Cordes*, ZParl 40 (2009), S. 132 m.w.N.

675 So aber *Grimm*, HdbVerfR, 2. Aufl., 1994, § 14 Rdnrn. 31, 33; *Pieroth*, in: Jarass/Pieroth, GG, 11. Aufl., 2011, Art. 21 Rdnr. 15 m.w.N.; *P. M. Huber*, K&R 2004, 221; *Seifert*, Die politischen Parteien im Recht der Bundesrepublik Deutschland, 1975, S. 111; *Schwartmann*, Verfassungsfragen der Allgemeinfinanzierung politischer Parteien, 1995, S. 178.

676 So jedoch *Stein/Frank*, Staatsrecht, 21. Aufl., 2010, § 41 III 2 b, S. 342; *Birkert/Reiter/Scherer* (Hrsg.), Landesmediengesetz Baden-Württemberg, Kommentar, Nachtrag zur 2. Aufl., 2003, Erl. zu § 13 n.F., Rdnr. 2.

677 Vgl. auch *Angelov*, Vermögensbildung und unternehmerische Tätigkeit politischer Parteien, 2006, S. 194.

678 *Angelov*, ebenda.

679 *Angelov*, ebenda; vgl. auch *Pieroth*, in: Jarass/Pieroth, GG, 11. Aufl., 2011, Art. 21 Rdnr. 11.

680 *Hans H. Klein*, in: Maunz/Dürig, GG, Loseblatt, Stand Oktober 2011, Art. 21 Rdnr. 258. Selbst wenn man die Betätigungsfreiheit der Parteien – wogegen allerdings bereits der enge Wortlaut der Norm („Gründung“ von Parteien) streitet – durch Art. 21 Abs. 1 S. 2 GG geschützt sähe, müsste diese Freiheit durch Art. 21 Abs. 1 S. 1 GG begrenzt sein (richtig: *T. Schneider*, Vermögen und erwerbswirtschaftliche Betätigung politischer Parteien, 2008, S. 120). Jede andere Interpretation setzte die Erfüllung der den Parteien aufgegebenen Mitwirkung aufs Spiel (s. auch *P. M. Huber*, K&R 2004, 221).

681 *Hans H. Klein*, in: Maunz/Dürig, GG, Loseblatt, Stand Oktober 2011, Art. 21 Rdnr. 258.

682 *Hans H. Klein*, a.a.O., mit Rdnr. 177.

c) Zum verfassungsprozessualen Status der politischen Parteien

Die Judikatur des Bundesverfassungsgerichts zum ambivalenten[683] verfassungsprozessualen Status der politischen Parteien[684] ist abzulehnen. Die Parteien sind *nicht* beteiligtenfähig im Verfassungsorganstreit gem. Art. 93 Abs. 1 Nr. 1 GG. Ihnen steht vielmehr die grundrechtsbewehrte Verfassungsbeschwerde nach Art. 93 Abs. 1 Nr. 4 a GG zur Verfügung. Gegen die Rechtsprechung des Bundesverfassungsgerichts spricht, dass das Prozessrecht der Durchsetzung des materiellen Rechts dient[685]. Materiell-verfassungsrechtlich betrachtet sind die politischen Parteien aber *keine* „Verfassungsorgane“[686]. Hinzu kommt, dass Art. 93 Abs. 1 Nr. 1 GG (allein) den Streit zwischen Staatsorgan(teil)en im Auge hat[687].

VI. Erwerbswirtschaftliche Aktivitäten von politischen Parteien als zweckwidrige oder zweckgefährdende Aktivitäten?

Darf (und kann) die Grundrechtsfähigkeit der Parteien den Mitwirkungsauftrag dieser demokratienotwendigen Vereinigungen nicht konterkarieren, gilt es in einem nächsten Schritt zu untersuchen, ob sich erwerbswirtschaftliche Aktivitäten von Parteien als *zweckwidrige* oder zumindest *zweckgefährdende* Parteiaktivitäten erweisen. Wäre dem so, wären sie den Parteien verfassungskräftig untersagt[688]. Jede wertende Gegenüberstellung mit etwaigen Vorteilen für die Parteien, die

683 Ausdruck nach *Bethge*, in: Maunz/Schmidt-Bleibtreu/Klein/Bethge (Hrsg.), BVerfGG, Loseblatt, Stand September 2011, § 90 Rdnr. 135.

684 Grundlegend: BVerfGE 4, 27 (30 f.); s. hierzu dieses Kap., C. III. 1. a), S. 124 ff.

685 *Maurer*, Staatsrecht I, 6. Aufl., 2010, § 11 Rdnr. 56; vgl. auch *P. M. Huber*, Festschrift 50 Jahre BVerfG II, 2001, S. 625.

686 *Maurer*, a.a.O., Rdnr. 25; für die Rspr.: BVerfGE 20, 56 (101); 121, 30 (54).

687 *Bethge*, AöR Bd. 104 (1979), S. 81.

688 So *Reffken*, Politische Parteien und ihre Beteiligungen an Medienunternehmen, 2007, S. 307, der sogar meint, dass in diesem Fall „eine politische Gruppierung mit entsprechenden Beteiligungen“ nicht mehr als Partei im Sinn des Art. 21 GG qualifiziert werden dürfte. In der nämlichen Richtung (und unter Rekurs auf *Kunig*, in: von Münch/Kunig, GG II, 4./5. Aufl., 2001, Art. 21 Rdnr. 15) auch *Kloepfer*, Verfassungsrecht I, 2011, § 7 Rdnr. 253 mit Fn. 271.

eine erwerbswirtschaftliche Betätigung mit sich bringt (namentlich den aus einer solchen resultierenden Einnahmen), verböte sich[689].

1. Die Gefahr von Abhängigkeiten personeller und sachlicher Art

Martin Morlok hat im Blick auf ein erwerbswirtschaftliches Engagement von Parteien zu Recht ausgeführt:

> „Unternehmerische Tätigkeiten von Parteien können politische Interessen jenseits der Willensbildung durch die Mitglieder entstehen lassen. Im äußersten Fall könnte die Erfüllung der verfassungsrechtlichen Funktionen einer Partei nicht nur durch die finanzielle Abhängigkeit von Dritten in Frage gestellt werden, sondern auch durch aus eigener Unternehmerschaft resultierende Sonderinteressen“[690].

Es bestehe insofern die Gefahr einer „Distraktion der Aufmerksamkeit und Kraft der Partei auf außerpolitische Felder“[691]; eine Ökonomisierung der Politik ist gerade (auch) insoweit nicht möglich, ohne eben diese Politik zu zerstören[692]. Schon *Richard Thoma* hat bemerkt, eine Demokratie könne nicht nur an einem „Zuviel des politischen Kampfgeistes“ dahinsiechen, sondern auch an einem Zuwenig[693].

Diese Bedenken erscheinen umso gewichtiger, als den Parteien aktuell eine „tiefe strategische Ratlosigkeit“ attestiert wird, wie man der „unberechenbaren Turbulenzen“ Herr werden könnte[694]. Es wird vor allem diagnostiziert, die Volksparteien hätten „ihr Koordinatensystem zur Einschätzung der sich wandelnden Wählerumwelt verloren“ und entbehrten eines Kompasses[695].

---

689 Für den hier abgelehnten Ansatz vgl. namentlich *T. Schneider*, Vermögen und erwerbswirtschaftliche Betätigung politischer Parteien, 2008, S. 170 f. Wie hier dagegen *P. M. Huber*, Festschrift 50 Jahre BVerfG II, 2001, S. 620.

690 *Morlok*, in: Bundespräsidialamt (Hrsg.), Bericht der Kommission unabhängiger Sachverständiger zu Fragen der Parteienfinanzierung, 2001, S. 265; *Feser*, Vermögensmacht und Medieneinfluss, 2003, S. 306.

691 *Morlok*, in: Ipsen (Hrsg.), 40 Jahre Parteiengesetz, 2009, S. 74; vgl. auch *Schindler*, Die Partei als Unternehmer, 2006, S. 198.

692 Wendung nach *Di Fabio*, Diskussionsbeitrag, in: Morlok/v. Alemann/Merten (Hrsg.), Gemeinwohl und politische Parteien, 2008, S. 74. Zur – nicht der Ordnung des Grundgesetzes entsprechenden (hierzu: *Volkmann*, Politische Parteien und öffentliche Leistungen, 1993, S. 98 f.) – ökonomischen Theorie der Demokratie: *Downs*, An Economic Theory of Democracy, 1957.

693 *Thoma*, Über Wesen und Erscheinungsformen der modernen Demokratie, 1948, S. 19.

694 *Wiesendahl*, NG/FH 6/2011, S. 4.

695 *Wiesendahl*, NG/FH 6/2011, S. 4; *ders.*, Kolloquium anlässlich des 70. Geburtstages von Hans Herbert von Arnim, 2011, S. 121 ff.; s. auch *Hans H. Klein*, Frankfurter

Als Schulbeispiel für von der politischen Willensbildung wegführende Aktivitäten lässt sich das Kreuzfahrtgewerbe anführen. Das Online-Portal des *Hamburger Abendblatt* stellte anlässlich des Bekanntwerdens von Plänen der dd_vg., sich im Kreuzfahrtbereich zu engagieren, die rhetorische Frage, ob sich die (hinter der dd_vg. stehende) SPD insoweit nicht auf Abwegen befinde[696]. Ähnlich klang es in der *Süddeutschen Zeitung*. In dieser hieß es, es sei schon immer die Frage gewesen, „was eine Partei in den Medien verloren" habe[697]. Nun aber solle „auf hoher See [...] das verdient werden", was die Presse-Geschäfte auf dem Land nicht mehr einbrächten[698].

2. Die Gefahr von „Parteipleiten"

Ferner erscheint aus demokratietheoretischer Perspektive „die Vorstellung jedenfalls unangenehm, dass eine Partei wegen möglicher Misswirtschaft in ihren Unternehmen finanziell ausbluten könnte, ‚pleite gehen' und aus dem politischen Wettbewerb ausscheiden müsste"[699]. Insoweit ist nicht entscheidend, ob eine politische Partei *im technischen Sinne* überhaupt insolvent gehen kann[700], sondern dass wirtschaftliche Aktivitäten von Parteien bzw. deren Unternehmen, ggf.

Allgemeine Zeitung v. 29.8.2011, Nr. 200, S. 7. Selbst die Frage, ob Politik auch ohne Parteien funktionieren könne, wurde bereits gestellt (vgl. exemplarisch: *Friedrich-Ebert-Stiftung* [Hrsg.], Politik ohne Parteien?, 2009). Zu den Problemen gerade der Volksparteien vgl. *Wiesendahl*, Volksparteien, 2011, S. 133 ff. Vgl. zum Ganzen auch *Herzog*, „Der Umbruch im Parteiensystem und seine Folgen", 2009, S. 11 ff.; *Holznagel*, VVDStRL Heft 68 (2009), S. 403 f.; zu den Freien Wählern und kommunalen Wählergemeinschaften als möglichen Alternativen zu den Parteien vgl. *Morlok/Poguntke/Walther* (Hrsg.), Politik an den Parteien vorbei, 2012.

696 Vgl. hierzu *Klauer*, Kurswechsel: Die SPD wird Kreuzfahrtunternehmen, abendblatt.de v. 20.7.2011, im Internet abrufbar unter <http://www.abendblatt.de/reise/article1963482/Kurswechsel-Die-SPD-wird-Kreuzfahrtunternehmen.html> [letzter Abruf 9.1.2012]. S. ferner *Möller*, Hamburger Abendblatt v. 21.7.2011, Nr. 168, S. 1.

697 *Jakobs*, Süddeutsche Zeitung v. 21.7.2011, Nr. 166, S. 21.

698 *Jakobs*, ebenda; berechtigte Kritik an der Geringschätzung des Problems der Verfolgung medienexterner Interessen durch Medien bei Betrachtungen zum Thema der Medienbeteiligungen von politischen Parteien bei *Roßner*, MIP 2011, 197 f.

699 So im Blick auf eine mögliche Misswirtschaft in den betreffenden Unternehmen: *Depenheuer*, Politik und Geld, 2001, S. 42.

700 Dazu umfassend: *Hientzsch*, Die politische Partei in der Insolvenz, 2010; vgl. auch *Schindler*, Die Partei als Unternehmer, 2006, S. 164 ff.

begünstigt durch negative Entwicklungen der globalen (Finanz-) Wirtschaft[701], dazu führen können, dass eine Partei de facto nicht mehr am politischen Wettbewerb teilnehmen kann[702].

3. Die Gefahr des „Abhebens" der Parteien von der Basis

Das Bundesverfassungsgericht hat in seiner Entscheidung zum „Drei-Länder-Quorum" vom 26.10.2004 zu Recht ausgeführt, die politischen Parteien müssten „nicht nur politisch, sondern auch wirtschaftlich und organisatorisch auf die Zustimmung und Unterstützung der Bürger angewiesen bleiben"[703]. Erwerbswirtschaftliche Aktivitäten von politischen Parteien drohen auch dieses Postulat zu konterkarieren[704]. Denn anders als der Erfolg der Parteien beim Werben um Mitgliedsbeiträge und Spenden[705] sind Gewinne aus erwerbswirtschaftlicher Aktivität nicht nur kein *gewichtiges* Kriterium für die Verwurzelung der Parteien in der Bevölkerung, sondern überhaupt kein solches Kriterium[706]. *Karpen* hat Recht, wenn er ausführt: „Parteienkonzerne und -holdings machen die Parteiführung praktisch von der Akzeptanz durch die Mitglieder unabhängig und führen dazu, was das Bundesverfassungsgericht verhindern will: Das Abheben [der Parteien] von der Basis"[707]. Denn in dem „Maße, in dem die aus wirtschaftlicher Betätigung

---

701 Hierzu: *Luttermann*, in: Festschrift zum 20-jährigen Gründungsjubiläum der Wirtschaftswissenschaftlichen Fakultät Ingolstadt der Katholischen Universität Eichstätt-Ingolstadt, 2010, S. 45 ff.

702 *Depenheuer*, Politik und Geld, 2001, S. 42; vgl. in diesem Kontext auch die Forderung von *Bofinger* (Süddeutsche Zeitung v. 16./17.7.2011, Nr. 162, S. 2), die Politik müsse sich „dringend aus der Abhängigkeit von den Finanzmärkten lösen". Ausdruck der aktuellen Schuldenkrise ist die Entscheidung des Bundesverfassungsgerichts zu deutschen und europäischen Rechtsakten sowie weiteren Maßnahmen im Zusammenhang mit der Griechenland-Hilfe und dem Euro-Rettungsschirm (BVerfG, NJW 2011, 2946 ff.).

703 BVerfGE 111, 382 (408), unter Rückverweis auf BVerfGE 73, 40 (86); 85, 264 (287). Vgl. auch *Schwartmann*, Verfassungsfragen der Allgemeinfinanzierung politischer Parteien, 1995, S. 106 ff.

704 Kritisch auch *Schindler*, Die Partei als Unternehmer, 2006, S. 198.

705 BVerfGE 111, 382 (408), unter Bezugnahme auf BVerfGE 104, 287 (302).

706 Auf der hiesigen Linie: *Kohler*, Politikfinanzierung, 2010, S. 284. Vgl. ferner *Feser*, Vermögensmacht und Medieneinfluss, 2003, S. 307.

707 *Karpen*, Statement für die Anhörung der CDU/CSU-Bundestagsfraktion am 20.10.2000 – Vermögensrechnungslegung politischer Parteien, S. 2 (BT-Drucks. 14/9300, Anlagenband III, S. 880). Vgl. zu diesem – seines Erachtens gerade

gezogenen Gewinne einen ins Gewicht fallenden Umfang erreichen, wird die Partei von Mitgliedsbeiträgen und Spenden unabhängig“ und „kann sich also aus ihrer ‚gesellschaftlichen Verwurzelung‘ (soweit diese nicht auf ihrem Erfolg bei Wahlen beruht) lösen“[708].

4. Gefahren für die innerparteiliche Demokratie

Ist eine Partei „wegen der hohen Gewinne, die sie bei der Bewirtschaftung ihres Vermögens erzielt, auf Mitgliedsbeiträge und Spenden nicht angewiesen“, ist auch der Verfassungsgrundsatz der innerparteilichen Demokratie aus Art. 21 Abs. 1 S. 3 GG tangiert[709]. Denn unternehmerische Aktivitäten von Parteien können politische Interessen jenseits der Willensbildung durch die Mitglieder entstehen lassen[710]. Zusätzlich relevant ist, dass Parteiunternehmen im innerparteilichen Machtkampf instrumentalisiert werden können[711]. Angesprochen ist insoweit in erster Linie „die innerparteiliche Machtstellung der Führungsgremien, die auch wirtschaftliche Parteiunternehmen steuern, die ihrerseits nicht demokratisch strukturiert sind“[712].

Bei genauerem Besehen erweist sich die Forderung, die innere Ordnung der Parteien müsse demokratischen Grundsätzen entsprechen, als nichts anderes als eine Konsequenz aus der Funktion der Parteien[713]. *Rudolf Streinz* hat zu Recht bemerkt: „Die durch Art. 20 Abs. 1 und 2 [GG] als demokratisch bestimmte

---

aktuell Not leidenden – Postulat auch *v. Arnim*, Politische Parteien im Wandel, 2011, S. 35 ff.

708 *Hans H. Klein*, in: Bundespräsidialamt (Hrsg.), Bericht der Kommission unabhängiger Sachverständiger zu Fragen der Parteienfinanzierung, 2001, S. 228; vgl. ferner *Depenheuer*, Politik und Geld, 2001, S. 41 f.; anders: *Krumbholz*, Finanzierung und Rechnungslegung der politischen Parteien und deren Umfeld, 2010, S. 94.

709 *Hans H. Klein*, in: Morlok/v. Alemann/Streit (Hrsg.), Medienbeteiligungen politischer Parteien, 2004, S. 90; in dieser Richtung auch *P. M. Huber*, Festschrift 50 Jahre BVerfG II, 2001, S. 622 f.; vgl. ferner *Feser*, Orientierungen zur Wirtschafts- und Gesellschaftspolitik 101 (3/2004), S. 68.

710 *Morlok*, in: Bundespräsidialamt (Hrsg.), Bericht der Kommission unabhängiger Sachverständiger zu Fragen der Parteienfinanzierung, 2001, S. 265.

711 *Angelov*, Vermögensbildung und unternehmerische Tätigkeit politischer Parteien, 2006, S. 250 f.

712 *Morlok*, in: Ipsen (Hrsg.), 40 Jahre Parteiengesetz, 2009, S. 74; fundamentalkritisch insoweit (im Blick auf den Unternehmensbereich der SPD): *Feser*, Die Politische Meinung, Nr. 400, März 2003, S. 77; vgl. auch bereits *ders.*, Politische Studien, Heft 386, 53. Jahrgang, November/Dezember 2002, S. 74 ff.

713 *Konrad Hesse*, VVDStRL Heft 17 (1959), S. 29.

Willensbildung des Volkes würde an einem inneren Widerspruch leiden, wenn sie in der inneren Ordnung der Parteien, die daran maßgeblich mitwirken, keine Entsprechung fände, und die Funktion der Parteien, den Bürgern effektive Mitwirkung an der politischen Willensbildung zu ermöglichen, würde konterkariert“[714].

5. Gefährdung der Chancengleichheit der politischen Parteien

Bedeutsam ist ferner, dass durch eine erwerbswirtschaftliche Betätigung von politischen Parteien der Machtzugang „käuflich“ zu werden droht[715]. Auch das ist nicht nur problematisch. Es ist in einem demokratischen System schlechterdings nicht vorgesehen. Der Zugang zur Macht liegt hier gleichsam „außerhalb des Handels“[716]. *Mahrenholz* hat Recht, wenn er bemerkt: „Politische Macht darf keine Ware werden, die dem Marktgeschehen unterworfen ist“[717]. Maßgeblich für diese Sicht ist, dass es, damit sich der im Grundgesetz angelegte politische Wettbewerb entfalten kann, der chancengleichen Bedingungen und insbesondere einer Zugangsoffenheit für alle bedarf[718]. „Das demokratische Gleichheitsprinzip verlangt gleiche politische Teilhabe, zumindest gleiche Chance auf eine solche Teilhabe“[719]. In ganz besonderem Maße gehört es zur Offenheit des politischen Prozesses, dass auch kleine Parteien die Chance haben müssen, politische

---

714 *Streinz,* in: v. Mangoldt/Klein/Starck, GG II, 6. Aufl., 2010, Art. 21 Rdnr. 149; vgl. auch *E. Fricke*, Anwaltschaft und Gesetzgebung, 1993, S. 31.

715 Vgl. auch *Heinig,* JZ 2010, 492, sowie *P. Kirchhof,* Das Gesetz der Hydra, 2006, S. 70, welcher unter der Chiffre „Reformbedarf bei den Parteien“ bemerkt: „Auch sollten sich Parteien nicht *wirtschaftlich betätigen* [...], sich insbesondere nicht an Presse- und Rundfunkunternehmen beteiligen und so die Meinungsbildung statt durch das gute Argument durch die Kraft des Kapitals beeinflussen dürfen“. Zur Bedeutung der Parteifinanzen für den Machtzugang vgl. *Landfried,* Parteifinanzen und politische Macht, 2. Aufl., 1994, passim.

716 So – im Zuge seiner Ausführungen zur „Causa *Rüttgers*“ – *Morlok,* im Gespräch mit Tretbar, Der Tagesspiegel v. 25.2.2010, Nr. 20541, S. 2. Vgl. zu dieser Causa auch *Goffart,* Handelsblatt v. 24.2.2010, Nr. 38, S. 12.

717 *Ernst Gottfried Mahrenholz,* in: Stern (Hrsg.), 40 Jahre Grundgesetz, 1990, S. 102.

718 *Badura,* Festschrift für Richard Bartlsperger, 2006, S. 4 f.; vgl. auch BayVerfGH, AfP 2007, 555.

719 *Heinig,* JZ 2010, 492. Vgl. dazu (im Zusammenhang mit Betrachtungen zum Thema der kommerziellen Werbung von Parteien im privaten Rundfunk) auch *Bethge,* Symposion zum 65. Geburtstag von Ernst W. Fuhr, 1990, S. 38 f.; s. auch BayVerfGH, AfP 2007, 555.

Erfolge zu erzielen[720]. Gerade diese Bedingung wäre im Falle der Zulässigkeit der erwerbswirtschaftlichen Betätigung von Parteien nicht (mehr) erfüllt[721]. Maßgeblich ist insoweit insbesondere, dass etablierte Parteien gegenüber nicht-etablierten Parteien über „ökonomische Größenvorteile" verfügen[722]. Dabei ist auch relevant, dass bereits faktische Marktzutrittsschranken bestehen[723].

6. Gefährdung der Glaubwürdigkeit der Parteien

Erwerbswirtschaftliche Aktivitäten von politischen Parteien sind geeignet, das Vertrauen in die Parteien – um das es schon seit längerer Zeit ohnehin nicht gut bestellt ist[724] – zu unterminieren[725]. Das wiederum läuft dem Umstand zuwider, dass die politischen Parteien „bei der Erfüllung ihrer Aufgaben nach dem Grundgesetz auf Vertrauen der Bevölkerung angelegt und angewiesen" sind[726]. Verfassungsrechtlich ist dies insofern relevant, als (gerade) auch den Parteien die

---

720 BVerfG, NVwZ 2012, 41.

721 Wie hier i.E. auch *Cordes,* ZParl 40 (2009), S. 133; vgl. ferner *Feser,* Vermögensmacht und Medieneinfluss, 2003, S. 307; anders (und im Kontext der Medienbeteiligungen der SPD) *von Brünneck*, Diskussionsbeitrag, in: Wettig-Danielmeier/Stiegler (Hrsg.), Reform der Parteienfinanzierung, 2001, S. 26; *Schütz,* im Gespräch mit Schömann-Finck, Die Medienbeteiligungen der SPD, Diplomarbeit Katholische Universität Eichstätt-Ingolstadt, März 2005, Anhang, S. VI. Allgemein auch *Depenheuer*, Politik und Geld, 2001, S. 41.

722 *Köhler*, Parteien im Wettbewerb, 2006, S. 230; vgl. auch *Schindler*, Die Partei als Unternehmer, 2006, S. 198.

723 Das übersieht *Depenheuer*, Politik und Geld, 2001, S. 41. Richtig: *Feser,* Politische Studien, Heft 386, 53. Jahrgang, November/Dezember 2002, S. 83.

724 Vgl. hierzu exemplarisch: *Hans H. Klein*, Frankfurter Allgemeine Zeitung v. 29.8.2011, Nr. 200, S. 7; *Wiesendahl*, Kolloquium anlässlich des 70. Geburtstages von Hans Herbert von Arnim, 2011, S. 159 ff.; *Zippelius/Würtenberger*, Deutsches Staatsrecht, 32. Aufl., 2008, § 11 III Rdnrn. 47 ff.; *v. Arnim*, DÖV 2007, 221 ff.

725 *Feser,* Vermögensmacht und Medieneinfluss, 2003, S. 306; *ders.*, Orientierungen zur Wirtschafts- und Gesellschaftspolitik 101 (3/2004), S. 68; vgl. auch *Küting*, im Interview mit Schultz, FOCUS-MONEY 19/2004 v. 29.4.2004, S. 71.

726 So (gerade im Zuge von Ausführungen zum Problem der erwerbswirtschaftlichen Betätigung von Parteien) *Sannwald*, in: Schmidt-Bleibtreu/Hofmann/Hopfauf (Hrsg.), GG, 12. Aufl., 2011, Art. 21 Rdnr. 29; vgl. ferner *Feser*, Orientierungen zur Wirtschafts- und Gesellschaftspolitik 101 (3/2004), S. 65 ff., und *Hans H. Klein*, Frankfurter Allgemeine Zeitung v. 29.8.2011, Nr. 200, S. 7.

„Verantwortung für das Schicksal der Demokratie" übertragen ist[727]. Sie sind (auch) „integrierende Bestandteile" des Verfassungslebens[728].

Erwerbswirtschaftliche Aktivitäten von Parteien können bereits dazu führen, dass den Parteien Doppelzüngigkeit vorgeworfen wird[729]. Ferner kann schon „der Verdacht, politische Entscheidungen könnten womöglich durch ökonomische Aspekte beeinflusst sein", das Vertrauen in die politischen Parteien erschüttern[730]. Nicht zu übersehen ist außerdem, dass im Falle erwerbswirtschaftlicher Aktivitäten von Parteien auch die Gefahr der (Fehl-) Verwendung der staatlichen Mittel, die die Parteien erhalten, als „Investitionszuschüsse für wirtschaftliche Tätigkeit" besteht[731]. Dem Vertrauen in die Parteien ist es ferner abträglich, wenn die Unternehmen, an denen Parteien beteiligt sind, „fragwürdige Vorteile im Wettbewerb" erlangen, „da ihnen ggf. ein Informationsvorsprung etwa hinsichtlich geplanter Gesetzesänderungen zukommt"[732]. Auch auf die Gefahr von Korruption sei im hiesigen Zusammenhang hingewiesen[733]. Des Weiteren bestünde bei der Zulässigkeit der erwerbswirtschaftlichen Betätigung von Parteien die Gefahr, dass eine Regierungspartei Staatsaufträge an ihre eigenen Unternehmen vergibt, was auch vergaberechtliche Probleme mit sich bringen kann.

VII. Ergebnis

1. Grundgesetzliches Verbot der erwerbswirtschaftlichen Betätigung von politischen Parteien

Festzuhalten ist, dass erwerbswirtschaftliche Betätigungen von Parteien den Mitwirkungsauftrag der Parteien aus Art. 21 Abs. 1 S. 1 GG mindestens

---

727 *Böckenförde*, HStR III, 3. Aufl., 2005, § 34 Rdnr. 47.

728 Seit BVerfGE 1, 208 (225) st. Rspr.; vgl. hierzu auch *Bethge/v. Coelln*, Grundriss Verfassungsrecht, 4. Aufl., 2011, S. 21; *Bethge*, Symposion für Ernst W. Fuhr, 1990, S. 40; ausführlich: *Volkmann*, in: Ipsen (Hrsg.), 40 Jahre Parteiengesetz, 2009, S. 88 ff.

729 Vgl. *Haase*, DIE ZEIT v. 2.10.1964, Nr. 40, S. 29; zum Problem auch *Feser*, Vermögensmacht und Medieneinfluss, 2003, S. 306; *Wewer*, Sozialdemokratische Wirtschaftsbetriebe, 1998, S. 84, 96.

730 *Dietlein*, in: Stern, Staatsrecht IV/2, 2011, § 114 VIII 2 c, S. 130.

731 *Schindler*, Die Partei als Unternehmer, 2006, S. 198; *Sannwald*, in: Schmidt-Bleibtreu/Hofmann/Hopfauf (Hrsg.), GG, 12. Aufl., 2011, Art. 21 Rdnr. 29.

732 *Dietlein*, in: Stern, Staatsrecht IV/2, 2011, § 114 VIII 2 c, S. 130.

733 Vgl. auch *Frowein/Bank*, ZaöRV Bd. 61 (2001), S. 33; s. ferner *Krumbholz*, Finanzierung und Rechnungslegung der politischen Parteien und deren Umfeld, 2010, S. 94 f.

gefährden[734]. Hieraus folgt, dass den politischen Parteien entsprechende Aktivitäten verfassungskräftig untersagt sind.

Der Grundrechtsschutz der Parteien vermag hieran nichts zu ändern. „Namentlich muss [den Parteien] die Berufung auf das Grundrecht der Berufsfreiheit (Art. 12 Abs. 1 GG) verwehrt sein“[735]. Doch auch die anderen, eine (medien-) unternehmerische Betätigung prinzipiell schützenden Grundrechte (vgl. Art. 14 Abs. 1 GG, Art. 5 Abs. 1 S. 2 GG) stehen den Parteien, jedenfalls soweit sie sich erwerbswirtschaftlich betätigen, nicht zu[736]. Die Grundrechtsfähigkeit der Parteien ist in diesem Sinne (negativ) durch den Mitwirkungsauftrag der Parteien *geprägt*[737].

2. Einzelheiten

a) Absolutes Verbot

Das die politischen Parteien treffende Verbot der erwerbswirtschaftlichen Betätigung ist ein *absolutes*[738]. Eine Erwerbstätigkeit „irgendwelcher Art“ ist mit dem Charakter der Parteien nicht zu vereinbaren[739] und verfassungswidrig. Jede wertende Gegenüberstellung von (vermeintlichen) Vorteilen und Nachteilen einer erwerbswirtschaftlichen Betätigung von Parteien verbietet sich.

---

734 Anders (allerdings ohne jede Begründung) *Möstl*, AöR Bd. 135 (2010), S. 137.

735 Richtig: *P. M. Huber*, K&R 2004, 219.

736 Anders im Blick auf die Presse: *Möstl*, DÖV 2003, 113.

737 Vgl. zu dieser Wendung etwa *Henke*, Das Recht der politischen Parteien, 2. Aufl., 1972, S. 239.

738 Vgl. auch *Sannwald*, in: Schmidt-Bleibtreu/Hofmann/Hopfauf (Hrsg.), GG, 12. Aufl., 2011, Art. 21 Rdnr. 29. Eine einfachgesetzliche Regelung dieses Inhalts fand sich eine gewisse Zeit lang im tschechischen Recht (vgl. hierzu *Frowein/Bank*, ZaöRV Bd. 61 [2001], S. 33).

739 Im Anschluss an *Henke*, Das Recht der politischen Parteien, 2. Aufl., 1972, S. 39, der allerdings letztlich *nicht* von einem absoluten Verbot der erwerbswirtschaftlichen Betätigung von Parteien ausgeht (vgl. *ders.*, S. 39 f.). Wie *Henke* auch *Sannwald*, in: Schmidt-Bleibtreu/Hofmann/Hopfauf (Hrsg.), GG, 12. Aufl., 2011, Art. 21 Rdnr. 29.

b) Zu den Gegenauffassungen

Es kommt weder darauf an, ob die betreffende wirtschaftliche Aktivität für den Bürger erkennbar offen gelegt ist[740], noch darauf, ob sie einer Partei einen beherrschenden Einfluss auf ein Unternehmen eröffnet oder nicht[741], oder darauf, ob sie *primär* erwerbswirtschaftlich motiviert ist oder die Erwerbswirtschaft nur „Nebenzweck" zu der politischen Tätigkeit ist[742]. Maßgeblich hierfür ist, dass das einer erwerbswirtschaftlichen Betätigung von Parteien innewohnende Gefährdungspotential in den genannten Fällen kaum je geringer sein wird als in anderen Fällen. So können auch offen gelegte erwerbswirtschaftliche Aktivitäten von Parteien zu einer Distraktion der Aufmerksamkeit der Parteien führen. Des Weiteren kann selbst eine Minderheitsbeteiligung eine politische Partei in den finanziellen Ruin treiben.

Speziell im Blick auf den Ansatz, der nach dem Motiv bzw. Zweck der entsprechenden Betätigung differenziert, gilt es zu betonen, dass sich „die Art und Weise der Wahrnehmung der Interessen" einer Partei jederzeit ändern kann[743]. Außerdem kann auch eine nicht primär erwerbswirtschaftlich orientierte unternehmerische Aktivität die betreffende Partei z.B. in Abhängigkeit von außerpolitischen Interessen bringen[744]. Der Umstand, dass jede Abgrenzung zwischen primär erwerbswirtschaftlicher und nicht primär erwerbswirtschaftlicher

---

740 So auch *Sannwald*, in: Schmidt-Bleibtreu/Hofmann/Hopfauf (Hrsg.), GG, 12. Aufl., 2011, Art. 21 Rdnr. 29.

741 Vgl. aber *P. M. Huber*, Stellungnahme zur öffentlichen Anhörung des Innenausschusses des Deutschen Bundestags zum Thema „Parteiengesetz" am 28.2.2002, Umdruck, S. 2 (Prot. BT-Innenausschuss 14/89, S. 131).

742 Vgl. dazu *Schindler*, Die Partei als Unternehmer, 2006, S. 142 ff., 212 ff.; berechtigte Kritik hierzu bei *Lembcke*, ZParl 40 (2009), S. 224. Zu dem – dem Ansatz von *Schindler* anhaftenden – Problem einer (unstatthaften) authentischen Definition des Grundgesetzes durch den einfachen Gesetzgeber: *Bethge* (unter Mitwirkung von *von Coelln*), Rechtsberatung im privaten Rundfunk, 2000, S. 34.

743 BVerfGE 121, 30 (60), im Anschluss an *Schindler*, Die Partei als Unternehmer, 2006, S. 20; vgl. ferner *Angelov*, Vermögensbildung und unternehmerische Tätigkeit politischer Parteien, 2006, S. 225 ff.

744 Es geht nicht an, dass Parteien mit erwerbswirtschaftlicher Aktivität für ihre Politik „im Sinne eines Musterprojekts" werben. So aber *Morlok*, in: Dreier, GG II, 2. Aufl., 2006, Art. 21 Rdnr. 54; ähnlich: *Dietlein*, in: Stern, Staatsrecht IV/2, 2011, § 114 VIII 2 c β, S. 131, und *Birk/Wolffgang*, DÖV 1991, 481 ff.; vgl. auch *Th. Koch*, Diskussionsbeitrag, in: Ipsen (Hrsg.), 40 Jahre Parteiengesetz, 2009, S. 122.

Aktivität zwangsläufig gegriffen sein muss[745], tritt ebenso hinzu wie jener, dass die Heranziehung des Selbstverständnisses als Rechtskriterium[746] auch im hiesigen Zusammenhang zumindest zweifelhaft erscheint[747]. Denn wenn Art. 21 GG eine Ausführungsvorschrift zu Art. 20 GG ist[748], dann kann es schlechterdings nicht angehen, dass die subjektive Motivation einer Partei diese Verfassungsentscheidung konterkariert.

Auch ein Abstellen darauf, ob eine bestimmte erwerbswirtschaftliche Aktivität von Parteien nach (wie auch immer zu bestimmenden) objektiven Maßstäben „originär parteilichen Aufgaben dient" oder „sozusagen freischwebend ist, wirtschaftlich, einkommensorientiert, ‚kapitalistisch'"[749] oder ob sie von untergeordneter Bedeutung bleibt[750], verbietet sich. Es gilt an dieser Stelle zu unterstreichen, dass eine unternehmerische Betätigung von Parteien in einem – vermeintlich – „politiknahe[n]" Bereich noch größere Gefährdungen für die Funktionserfüllung der Parteien zeitigen kann als eine unternehmerische Aktivität von Parteien „in einem ‚politisch eher neutralen' Wirtschaftszweig" wie dem Tourismus[751]. Das lässt sich gerade anhand des *Medienbereichs* illustrieren.

c) Insb.: Keine „Bereichsausnahme" für den Mediensektor

Auch hinsichtlich des Mediensektors ist keine „Bereichsausnahme" von dem an die politischen Parteien adressierten Verbot der erwerbswirtschaftlichen

---

745 *Kendziur,* Neue Wege für den Rechtsschutz Privater gegen die Wirtschaftstätigkeit der öffentlichen Hand, 2009, S. 84 f.

746 Umfassend: *Morlok*, Selbstverständnis als Rechtskriterium, 1993.

747 Dies gegen *Morlok*, in: Ipsen (Hrsg.), 40 Jahre Parteiengesetz, 2009, S. 63, und *Dietlein*, in: Stern, Staatsrecht IV/2, 2011, § 114 VIII 2 c α, S. 131.

748 So richtig: *Kunig*, HStR III, 3. Aufl., 2005, § 40 Rdnr. 75; vgl. auch *Ossenbühl*, BayVBl. 2000, 162 f.; *Grimm*, in: Adolf-Arndt-Kreis (Hrsg.), Parteien ohne Volk, 2008, S. 10.

749 So *Karpen*, Öffentliche Sachverständigenanhörung der CDU/CSU-Bundestagsfraktion zum Thema „Das Transparenzgebot des Grundgesetzes und die SPD-Parteifinanzen" am 20.10.2000, Protokoll S. 24 (BT-Drucks. 14/9300, Anlagenband III, S. 861).

750 Vgl. *Sannwald*, in: Schmidt-Bleibtreu/Hofmann/Hopfauf (Hrsg.), GG, 12. Aufl., 2011, Art. 21 Rdnr. 29; *Cordes*, Medienbeteiligungen politischer Parteien, 2009, S. 250; s. auch *T. Schneider,* Vermögen und erwerbswirtschaftliche Betätigung politischer Parteien, 2008, S. 179.

751 *Angelov*, Vermögensbildung und unternehmerische Tätigkeit politischer Parteien, 2006, S. 258.

Betätigung anzuerkennen[752]. Die in die gegenteilige Richtung weisende Ansicht von *Hubertus Gersdorf*[753] ist abzulehnen.

aa) Die Gefahr von Abhängigkeiten personeller und sachlicher Art

Wie sehr auch Medienbeteiligungen die Parteien auf „Abwege“ führen können, zeigt sich schon daran, dass die SPD-Medienholding betont, „[l]okale Kompetenz und örtliche Nähe“ lieferten den Regionalzeitungen die Möglichkeit, „Geschäftsfelder *jenseits des klassischen Verlagsgeschäfts* zu eröffnen“[754]. Beispielhaft nennt sie insoweit die Geschäftsfelder Ticketing, Messen, Postvertrieb und Reiseveranstaltungen[755]. Relevant ist ferner, dass sich manche Verlage aktuell gerade im

752 Diese Einschätzung hat *Peter M. Huber* zumindest anfänglich geteilt. Er hat ausgeführt, das – seines Erachtens bestehende – grundsätzliche (grundgesetzliche) Verbot der erwerbswirtschaftlichen Betätigung von Parteien erstrecke sich auch auf den Mediensektor (vgl. dazu oben, Kap. 3 D. II., S. 106 f.). Dass *Hubers* Begründung nicht zu überzeugen vermag (*Huber* stellt maßgeblich auf die Intention der betreffenden Partei ab), steht ebenso auf einem anderen Blatt wie der Umstand, dass auch die von *Huber* vertretene Ansicht abzulehnen ist, dass dort, wo – für das Publikum erkennbar – der „Verkündigungszweck“ der Parteien im Vordergrund steht, „natürlich keine wirtschaftliche, sondern eine dem Funktionszweck der Parteien zuzuordnende Betätigung“ vorliege (vgl. *P. M. Huber*, Öffentliche Sachverständigenanhörung der CDU/CSU-Bundestagsfraktion zum Thema „Das Transparenzgebot des Grundgesetzes und die SPD-Parteifinanzen“ am 20.10.2000, Protokoll, S. 31, BT-Drucks. 14/9300, Anlagenband III, S. 868). Auf der hiesigen Linie auch *Sannwald*, in: Schmidt-Bleibtreu/Hofmann/Hopfauf (Hrsg.), GG, 12. Aufl., 2011, Art. 21 Rdnrn. 60 ff.

753 *Gersdorf*, Diskussionsbeitrag, in: Morlok/v. Alemann/Streit (Hrsg.), Medienbeteiligungen politischer Parteien, 2004, S. 129 f. Tendenziell wie *Gersdorf* hat sich *Konrad Hesse* geäußert. *Hesse* geht davon aus, den Parteien sei eine Mitwirkung jenseits der politischen Willensbildung versagt (vgl. *ders.*, Grundzüge des Verfassungsrechts der Bundesrepublik Deutschland, 20. Aufl., 1995, Rdnr. 170). Gleichwohl ist er der Ansicht, das Grundgesetz gestatte den Parteien eine „jenseits der unmittelbaren politischen Willensbildung liegende Mitwirkung […] wohl in solchen Institutionen, die dem Bereich der Vorformung des politischen Willens angehören“ (vgl. *Konrad Hesse*, VVDStRL Heft 17 [1959], S. 27). Exemplarisch nennt *Hesse* insoweit die Rundfunkräte der öffentlich-rechtlichen Rundfunkanstalten. Dazu, dass diese nicht die Aufgabe der Meinungsbildung haben, vgl. bereits oben, Kap. 1 C. III. 2. a) bb) aaa), S. 45 f.

754 *Deutsche Druck- und Verlagsgesellschaft mbH* (Hrsg.), Geschäftsbericht 2010, S. 6 – Hervorhebung nur hier.

755 So (im Blick auf entsprechende Aktivitäten des Dresdner Druck- und Verlagshauses mit der *Sächsischen Zeitung*) der Geschäftsführer des Unternehmens, *Berendsen*, in:

Internet „vom Verlagsgeschäft weg in Richtung eines markengetriebenen E-Commerce“ bewegen[756]. Schon vor diesem Hintergrund ist daher die von *Hans-Peter Schneider* vertretene These, Medienbeteiligungen von Parteien stellten in jedem Fall *funktionsnahes* Vermögen dar[757], nicht haltbar[758].

bb) Die Gefahr von „Parteipleiten“

Des Weiteren können gerade Medienbeteiligungen dazu führen, dass Parteien „pleite“ gehen. Wie potentiell existenzbedrohend medienunternehmerische Aktivitäten sein können, zeigt sich schon daran, dass der Insolvenzantrag über das Vermögen der KirchMedia GmbH & Co. KGaA – mithin eines Medienunternehmens – am 8.4.2002 „die damals wirtschaftlich größte Insolvenz der deutschen Nachkriegsgeschichte“ einleitete[759].

Da das Unternehmensergebnis der SPD-Holding dd_vg. „überwiegend von den Ergebnissen ihrer Verlagsbeteiligungen geprägt wird“[760], sei der Blick an dieser Stelle auf die anhaltende Krise der Verlagsbranche gerichtet. Insoweit verlautbarte die SPD-Medienholding auf ihrer Bilanzpressekonferenz zum Geschäftsjahr 2010:

> „Erneut haben die Tageszeitungen im Werbemarkt 2010 Marktanteile verloren. Zwar gingen von der guten gesamtwirtschaftlichen Konjunkturentwicklung positive Umsatz-Impulse auf einige Anzeigensegmente aus, wie beispielsweise den Stellenmarkt. Ungeachtet dessen sanken die Gesamtumfänge bezahlter Anzeigen im Vorjahresvergleich um fünf Prozent. Rückläufige verkaufte Auflagen sowie sinkende Margen im

---

Simon, Berliner Zeitung v. 21.7.2011, Nr. 168, S. 30; s. ferner *Deutsche Druck- und Verlagsgesellschaft mbH* (Hrsg.), Geschäftsbericht 2010, S. 6.

756 *Tieschky*, Süddeutsche Zeitung v. 19./20.11.2011, Nr. 267, S. 23. Kritisch: *Prantl*, Blätter für deutsche und internationale Politik 6/2010, S. 90.

757 *Hans-Peter Schneider*, Festschrift für Inge Wettig-Danielmeier, 2001, S. 331. *Schneider* ist der Auffassung, wenn man die Aufgaben der Parteien betrachte, sei „natürlich der Mediensektor ein Bereich, der diesen Aufgaben näher steht […] als etwa irgendwelche Investitionen im Chemiebereich oder im Automobilsektor oder im Nemax oder sonst, wo man heute Geld verdienen oder auch Geld verlieren kann“ (*ders.*, Diskussionsbeitrag, in: Wettig-Danielmeier/Stiegler [Hrsg.], Reform der Parteienfinanzierung, 2001, S. 23).

758 Kritisch auch *Birkert/Reiter/Scherer* (Hrsg.), Landesmediengesetz Baden-Württemberg, Kommentar, Nachtrag zur 2. Aufl., 2003, Erl. zu § 13 n.F., Rdnr. 4.

759 Zitiert nach JAFFÉ Rechtsanwälte Insolvenzverwalter (vgl. <http://www.jaffe-rae.de/215-0-KirchMedia+GmbH+und+Co+KG+aA.html> [letzter Abruf 5.1.2012]). Vgl. hierzu – anlässlich des Todes von *Leo Kirch* im Jahr 2011 – auch *Busse*, Süddeutsche Zeitung v. 15.7.2011, Nr. 161, S. 2.

760 *Deutsche Druck- und Verlagsgesellschaft mbH* (Hrsg.), Geschäftsbericht 2010, S. 14.

Printgeschäft sorgten für zusätzlichen Druck auf die Verlags-Ergebnisse. Auf den Umsatzrückgang reagierten auch die Verlagshäuser, an denen die dd_vg. beteiligt ist, mit Kostensenkungsmaßnahmen“[761].

„[B]esonders kräftig“ schlug sich die Wirtschaftskrise bei der *Frankfurter Rundschau* nieder, an welcher die dd_vg. 40 Prozent hält.[762] Im Jahr 2010 musste der Verlag dieses Blattes offenbar den Verlust einer zweistelligen Millionensumme hinnehmen.[763]

cc) Die Gefahr des „Abhebens“ der Parteien von der Basis

All das darf freilich nicht darüber hinwegtäuschen, dass medienunternehmerische Aktivitäten von Parteien auch sehr erfolgreich sein[764] und auf diese Weise das Abheben der Parteien von der Basis – schon finanziell – in ganz besonderem Maße befördern können. Das Problem des „Abhebens“ der Parteien von der Basis durch erwerbswirtschaftliche Aktivitäten wird zu Recht gerade (auch) anhand des Medienbereichs diskutiert[765].

dd) Gefahren für die innerparteiliche Demokratie

In ganz besonderem Maße können Unternehmensbeteiligungen von Parteien im Medienbereich auch den Grundsatz der innerparteilichen Demokratie aus Art. 21 Abs. 1 S. 3 GG aushöhlen[766]. Denn es ist nicht zu übersehen, dass sich das „politische Kommunikations- und Medienmanagement als eine wichtige Machtressource

---

761 Pressemitteilung der dd_vg. v. 20.7.2011, abrufbar unter < http://www.presseportal.de/pm/29844/2082247/deutsche-druck-und-verlagsgesellschaft-mbh-dd_vg.-wirtschaftlich-auf-stabilem-kurs> [letzter Abruf 5.1.2012].

762 Erklärung von *Alfred Neven DuMont* v. 1.4.2011, abrufbar unter <http://www.fr-online.de/wir-ueber-uns/in-eigener-sache-erklaerung-von-prof–alfred-neven dumont,4353508,8290370.html> [letzter Abruf 5.1.2012]; s. ferner *Simon*, Berliner Zeitung v. 21.7.2011, Nr. 168, S. 30.

763 *Alfred Neven DuMont*, a.a.O.

764 Vgl. auch *v. Coelln*, in: Menzel/Müller-Terpitz (Hrsg.), Verfassungsrechtsprechung, 2. Aufl., 2011, Artikel „BVerfGE 121, 30 – Pressebeteiligung“, S. 858.

765 Vgl. *Karpen*, Öffentliche Sachverständigenanhörung der CDU/CSU-Bundestagsfraktion zum Thema „Das Transparenzgebot des Grundgesetzes und die SPD-Parteifinanzen“ am 20.10.2000, Protokoll S. 5 f. (BT-Drucks. 14/9300, Anlagenband III, S. 842 f.); *P. M. Huber*, ebenda, Protokoll S. 9 f. (BT-Drucks. 14/9300, Anlagenband III, S. 846 f.); vgl. auch *Kohler*, Politikfinanzierung, 2010, S. 286.

766 Vgl. *Cordes*, Medienbeteiligungen politischer Parteien, 2009, S. 238; s. ferner *Feser*, Orientierungen zur Wirtschafts- und Gesellschaftspolitik 101 (3/2004), S. 68.

nicht nur im zwischenparteilichen, sondern auch im innerparteilichen Wettstreit herauskristallisiert“ hat[767]. Medienbeteiligungen erlauben es der Parteiführung, „durch geschickte Inanspruchnahme der Massenmedien die innerparteilichen Entscheidungsabläufe“ zu beeinflussen.[768] Dadurch droht die (nicht zuletzt) von Art. 21 Abs. 1 S. 3 GG vorausgesetzte Meinungsäußerungsfreiheit[769] der Parteimitglieder leer zu laufen.

ee) Gefährdung der Chancengleichheit der politischen Parteien

Medienbeteiligungen von Parteien können besonders negative Auswirkungen auf die politische Chancengleichheit zeitigen[770], und dies nicht nur, wenn sie an Medien mit regionalem Monopol bestehen[771]. Es droht eine den Wettbewerb verzerrende „diagonale Konzentration“ (*Hans Mathias Kepplinger*), wenn faktisch nicht alle Parteien die Chance haben, gleichzeitig auf dem „Markt der Politik“ und dem „Markt der Meinungsbildung“ zu agieren[772]. Wie virulent diese Gefahr ist, ist schon daran erkennbar, dass faktisch nur die etablierten Parteien in der Lage sind, die Meinungsbildung „statt durch das gute Argument durch die Kraft des Kapitals“ zu beeinflussen[773]. Das widerspricht diametral der Offenheit des politischen

---

767 *Shirvani,* Das Parteienrecht und der Strukturwandel im Parteiensystem, 2010, S. 206.

768 *Shirvani,* a.a.O.

769 *Streinz*, Festschrift für Herbert Bethge, 2009, S. 83.

770 Grundlegend: *Feser,* Vermögensmacht und Medieneinfluss, 2003, S. 308; s. auch *Schmitt Glaeser*, HStR III, 3. Aufl., 2005, § 38 Rdnr. 52, sowie *Kotzur*, VVDStRL Heft 69 (2010), S. 213; vgl. ferner *Sannwald,* in: Schmidt-Bleibtreu/Hofmann/Hopfauf (Hrsg.), GG, 12. Aufl., 2011, Art. 21 Rdnr. 60; *Cordes*, ZParl 40 (2009), S. 133; *Kremer*, Frankfurter Allgemeine Zeitung v. 10.7.2000, Nr. 157, S. 12. Geringe Sensibilität gegenüber dem hier in Rede stehenden Aspekt bei *Möstl,* AöR Bd. 135 (2010), S. 137 f.

771 Zu den Problemen, die Medienbeteiligungen von Parteien im Blick auf die Chancengleichheit auf kommunaler Ebene zeitigen: *Feser,* Vermögensmacht und Medieneinfluss, 2003, S. 307 f.; vgl. ferner *Cordes*, ZParl 40 (2009), S. 133.

772 So – im Blick auf das Medienengagement speziell der SPD – *H. M. Kepplinger*, zitiert in: Bähr, FOCUS 13/2000 v. 27.3.2000, S. 281; vgl. auch *Pohlmann*, in: Morlok/v. Alemann/Streit (Hrsg.), Medienbeteiligungen politischer Parteien, 2004, S. 59; *Feser*, Orientierungen zur Wirtschafts- und Gesellschaftspolitik 101 (3/2004), S. 66; *Gounalakis/Zagouras*, Medienkonzentrationsrecht, 2008, S. 20.

773 *P. Kirchhof,* Das Gesetz der Hydra, 2006, S. 70; vgl. auch *Wieland*, Die Freiheit des Rundfunks, 1984, S. 257; *Schmitt Glaeser*, Der freiheitliche Staat des Grundgesetzes, 2008, S. 186; s. auch *Sannwald*, in: Schmidt-Bleibtreu/Hofmann/Hopfauf (Hrsg.), GG, 12. Aufl., 2011, Art. 21 Rdnr. 60 a, sowie *Birkert/Reiter/Scherer* (Hrsg.),

Prozesses, welche bedingt, dass alle Parteien in gleicher Weise die Chance haben, den Bürger über die Medien anzusprechen[774]. Auch kleine Parteien müssen die Chance haben, politische Erfolge zu erzielen[775]. „In einer freien Gesellschaft erscheint es unmöglich, die sich aus der Bevorzugung der einen oder anderen Partei durch die Presse ergebenden Ungleichheiten zu neutralisieren, ohne die Freiheit selbst zu vernichten“[776]. Wäre „die regierende Partei in der Lage, sich [...] diejenige Presse zu verschaffen, die sie braucht“, würde die Chancengleichheit der Wahl „vollends zur Chimäre“[777]. In einem solchen Fall „wäre die Logik der parlamentarischen Demokratie ad absurdum geführt“[778].

Auch an dieser Stelle ist relevant, dass die etablierten Parteien gegenüber den nicht-etablierten Parteien „ökonomische Größenvorteile“ besitzen[779]. Faktisch nur sie können deshalb Medienbeteiligungen erwerben[780]; faktisch nur sie können sich

---

Landesmediengesetz Baden-Württemberg, Kommentar, 2. Aufl., 2001, Erl. zu § 13 Rdnr. 8. Ähnlich und unter Einbeziehung auch der anderen am öffentlichen Meinungsbildungsprozess beteiligten Akteure: *W. Schmidt*, NJW 1984, 767, und *Kohler*, Politikfinanzierung, 2010, S. 288.

774 So (im Blick auf den privaten Rundfunk) *Hoffmann-Riem*, in: ders./Starck (Hrsg.), Das Niedersächsische Rundfunkgesetz vor dem Bundesverfassungsgericht, 1987, S. 151; in der nämlichen Richtung auch *Ahmed*, Begrenzung politischer Parteien im Rundfunk, 2011, S. 43, sowie *Cao*, derzufolge durch Pressebeteiligungen von Parteien der Grundsatz der Chancengleichheit der Parteien bei der politischen Willensbildung nur dann *nicht* verletzt ist, wenn die betreffenden Parteien keinen inhaltlichen Einfluss üben (*Cao*, Parteien als Eigentümer von Medien, 2010, S. 109); unter Fokussierung auf regionale Monopolzeitungen auch *Feser*, Vermögensmacht und Medieneinfluss, 2003, S. 308.

775 BVerfG, NVwZ 2012, 41.

776 *Loewenstein*, Verfassungslehre, 2. Aufl., 1969, Kap. 9, S. 284.

777 *Forsthoff*, Der Verfassungsschutz der Zeitungspresse, 1969, S. 77.

778 *Forsthoff*, a.a.O.

779 Vgl. dazu bereits dieses Kapitel, C. VI. 5., S. 150.

780 Insofern liegen die Dinge ähnlich wie bei dem Problem, ob politische Parteien unabhängig von Zeiten der Wahl kommerzielle Werbung im Privatfunk offerieren dürfen (richtig: BayVerfGH, AfP 2007, 555); vgl. auch *Thaenert*, in: Seipold (Hrsg.), Media Art Culture, 2008, S. 167. Zumindest in Richtung eines Verfassungsgebots der Unzulässigkeit einer solchen „Politwerbung“ (gerade im Blick auf die Chancengleichheit der politischen Parteien bei der Teilhabe an der politischen Meinungsbildung) *Bethge*, Symposion zum 65. Geburtstag von Ernst W. Fuhr, 1990, S. 37 ff. (insb. S. 38 f.). Zum diesbezüglichen einfachgesetzlichen Verbot vgl. § 7 Abs. 9 RStV i.d.F. d. 13. RÄStV (§ 7 Abs. 8 RStV a. F.) sowie *Lehr*, Festschrift für Victor Henle, 2007, S. 176 ff., und *Goldbeck*, in: Paschke/Berlit/Meyer (Hrsg.), Hamburger Kommentar – Gesamtes

ihre Leser bzw. Zuschauer „kaufen“[781]. Auch insoweit stellt sich dabei das Problem bereits bestehender faktischer Marktzutrittsschranken[782], und dies nicht nur im Blick auf die traditionellen Medien. Auch im Bereich des Internets sind zunehmend Konzentrationstendenzen auszumachen[783].

ff) Gefährdung der Glaubwürdigkeit der Parteien

Schließlich sind Medienbeteiligungen von politischen Parteien nicht nur in besonderem Maße geeignet, die Glaubwürdigkeit der betreffenden *Medien* zu untergraben[784], sondern auch jene der *politischen Parteien.* Es kommt jedenfalls dann zu „[k]onkrete[n] Gefährdungen für die Funktionsfähigkeit der Parteien“, wenn die über die betreffenden Medien „parteiinduziert veröffentlichte Meinung [...] als öffentliche Meinung rezipiert wird“[785]. Jedenfalls dann treten „die tatsächlichen Interessen“ der Rezipienten „in den Hintergrund“[786]. Der Leser wird über die Ziele der Publikation getäuscht[787].

Medienrecht, 2. Aufl., 2012, 3. Teil, Kap. 2, 28. Abschn., Rdnrn. 225 ff. Der EGMR hält ein Werbeverbot für politische Parteien im Fernsehen nicht für verhältnismäßig (vgl. EGMR, NVwZ 2010, 244 – TV Vest AS u. Rogaland Pensjonistparti/Norwegen). Vgl. auch BayVerfGH, AfP 2007, 553 ff.

781 In Anlehnung an *M. Naumann*, DIE ZEIT v. 13.5.2004, Nr. 21, S. 60.

782 Richtig: *Feser*, Politische Studien, Heft 386, 53. Jahrgang, November/Dezember 2002, S. 83.

783 Vgl. dazu *Kübler*, in: Stern/Peifer/Hain (Hrsg.), Publizistischer und ökonomischer Wettbewerb unter den Bedingungen der neuen Medienwelt, 2010, S. 85, sowie DER SPIEGEL 49/2011 v. 5.12.2011 (Titel).

784 Insofern liegen die Dinge ähnlich wie bei einer strukturell staatsbezogenen Presse. Im Blick auf eine solche hat *Ernst Forsthoff* zu Recht bemerkt, dass der einer solchen immanente „Verlust an geistigem und moralischem Kredit“ sie „der Möglichkeit weithin berauben“ würde, „als Bildnerin der öffentlichen Meinung zu wirken“ (*Forsthoff*, Der Verfassungsschutz der Zeitungspresse, 1969, S. 76).

785 *Cordes*, Medienbeteiligungen politischer Parteien, 2009, S. 362; s. auch *ders.*, ZParl 40 (2009), S. 131 und oben, Kap. 1 D. III. 2., S. 60; zustimmend: *Kersjes*, Medienbeteiligungen politischer Parteien, 2009, S. 299. Im dargestellten Sinne auch *Möstl*, AöR Bd. 135 (2010), S. 137; s. ferner *Lenski*, PartG, 2011, § 1 Rdnr. 10, sowie *v. Alemann* (unter Mitarbeit von *Erbentraut* u. *J. Walther*), Das Parteiensystem der Bundesrepublik Deutschland, 4. Aufl., 2010, S. 141. Anders: *Schütz,* im Gespräch mit Schömann-Finck, Die Medienbeteiligungen der SPD, Diplomarbeit Katholische Universität Eichstätt-Ingolstadt, März 2005, Anhang, S. II.

786 *Cordes*, Medienbeteiligungen politischer Parteien, 2009, S. 362.

787 *H. M. Kepplinger*, Schriftliche Auskunft v. 16.12.2006.

Es liegt auf dieser Linie, wenn *Elisabeth Noelle* „Kollisionen mit dem Geist der Gesetze" dort sieht, „wo die Öffentlichkeit von einem Medium unbeeinflusste Informationen erwartet und wo die Linie des Mediums eher den Ansichten jener Partei entspricht, die zu seinen Besitzern gehört"[788]. Nach ihrem Empfinden ist der „berühmte Passus des Grundgesetzes, dass Parteien bei der Willensbildung des Volkes mitwirken, [...] im Medienbereich eher auf offen sichtbare Stellungnahmen gemünzt, wie z.B. durch Zeitungen, die als Parteizeitungen für jeden erkennbar sind"[789].

Maßgeblich ist insoweit, dass es – entgegen der Ansicht von *Peter Glotz*[790] oder auch *Ernst Gottfried Mahrenholz*[791] – für den Bürger sehr wohl von Interesse ist, ob an dem Unternehmen, welches das von ihm bevorzugte bzw. konsumierte Medienprodukt verantwortet oder auch nur produziert, eine politische Partei beteiligt ist[792]. Mit vollem Recht werden die (im weitesten Sinne) parteineutralen Medien als objektiver und neutraler eingeschätzt als die Parteien selbst[793]. Ein Blick auf den Niedergang der klassischen Parteipresse[794] illustriert die Richtigkeit dieses Befunds[795].

---

788 *E. Noelle*, Schriftliche Auskunft v. 31.1.2006.

789 *E. Noelle*, a.a.O.

790 *Glotz*, im Interview mit Hönicke, Der Tagesspiegel v. 6.5.2004, Nr. 18468, S. 31.

791 *Mahrenholz*, Öffentliche Anhörung des Innenausschusses des Deutschen Bundestags zum Thema „Parteiengesetz" in der 89. Sitzung am 28.2.2002, Prot. BT-Innenausschuss 14/89, S. 84.

792 Wie hier: *Morlok*, in: Bundespräsidialamt (Hrsg.), Bericht der Kommission unabhängiger Sachverständiger zu Fragen der Parteienfinanzierung, 2001, S. 265. *Morlok* wendet sich allein gegen *parteispezifische* Offenlegungspflichten (vgl. *ders.*, Stellungnahme zum Gesetzentwurf der Hessischen Landesregierung für ein Gesetz zur Änderung des Hessischen Pressegesetzes [Hess. LT-Drucks. 16/4393] und zum Änderungsantrag der Fraktion der SPD im Hessischen Landtag [Hess. LT-Drucks. 16/4473], Ausschussvorlage INA/16/40, Teil 3, S. 69). Für die Verfassungsmäßigkeit von parteispezifischen Offenlegungspflichten ob der besonderen Rolle der Parteien aus Art. 21 Abs. 1 S. 1 GG hingegen *Hans H. Klein,* Stellungnahme zum Entwurf eines Gesetzes zur Änderung des Hessischen Pressegesetzes (Hess. LT-Drucks. 16/4393) und zum Änderungsantrag der Fraktion der SPD im Hessischen Landtag (Hess. LT-Drucks. 16/4473), Ausschussvorlage INA/16/40, Teil 1, S. 22 f. Aus ähnlichen Erwägungen sogar in Richtung eines entsprechenden Verfassungsgebots: *Ricker*, Zusammenfassende Stellungnahme zur geplanten Änderung der Publizitätspflicht im Hessischen Pressegesetz v. 9.11.2005, Ausschussvorlage INA/16/40, Teil 2, S. 61.

793 *Strohmeier*, Moderne Wahlkämpfe – wie sie geplant, geführt und gewonnen werden, 2002, S. 151.

794 Zu diesem *Hans H. Klein*, Festschrift für Hartmut Maurer, 2001, S. 195.

795 So richtig: *Ricker*, Zusammenfassende Stellungnahme zur geplanten Änderung der Publizitätspflicht im Hessischen Pressegesetz v. 9.11.2005, Ausschussvorlage INA/16/40, Teil 2, S. 61.

Der SPD wurde sogar vorgeworfen, sie wähle ihre Mitverlegerstellung bevorzugt „bei solchen Verlagen […], deren Blätter als politisch unabhängig gelten möchten“[796]. Es wurde die Ansicht vertreten, dass solch ein Weg „zweideutig *und nicht legitim*“ sei[797]. Dem Leser werde eine Unabhängigkeit vorgespiegelt, die es nicht gebe[798]. Besonders kritisiert wird insoweit, dass der Name der SPD-Medienholding – „Deutsche Druck- und Verlagsgesellschaft mbH“ – keinen Parteibezug erkennen lasse[799].

In jedem Fall wäre das „Absinken der deutschen Presse auf eine bloße mehr oder weniger verschleierte Parteipresse“ tatsächlich „eine deutliche Verschlechterung“[800]. Nach einem plastischen Bild von *Julia Kersjes* wird der Bürger im Falle nicht offen gelegter Medienbeteiligungen von Parteien zum „Opfer“, das in seiner „passiven Presse- oder Rundfunkfreiheit von den Parteien als Störerinnen beeinträchtigt“ wird[801]. Es lässt sich insoweit auch von einer Situation der „captive audience“ sprechen, einer „gefangenen Zuhörerschaft“ also[802]. Die Fesselung droht insoweit über den Titel des betreffenden Mediums bzw. über das Senderlogo als „eyecatcher“ bzw. Lockmittel[803]. Vor allem der Rundfunk „wirkt als Medium, das den Parteien

---

796 *Kersjes*, Medienbeteiligungen politischer Parteien, 2009, S. 65, unter Bezugnahme auf *Feser*, Vermögensmacht und Medieneinfluss, 2003, S. 313.

797 *Kersjes*, a.a.O. (Hervorhebung nur hier).

798 *Kersjes*, a.a.O.

799 *Kersjes*, a.a.O., S. 65 Fn. 123.

800 So *Lerche*, Verfassungsrechtliche Aspekte der „inneren Pressefreiheit“, 1974, S. 95.

801 *Kersjes*, Medienbeteiligungen politischer Parteien, 2009, S. 302; vgl. auch *Ahmed*, Begrenzung politischer Parteien im Rundfunk, 2011, S. 34; *Feser*, Vermögensmacht und Medieneinfluss, 2003, S. 313. *Schindler*, Die Partei als Unternehmer, 2006, S. 76, hält es immerhin für möglich, dass „Art. 21 Abs. 1 S. 1 GG hinter die Informationsfreiheit zurück[tritt]“ und die Parteien „aus allen oder einzelnen Medien“ verdrängt. Als besonders anfällig für Manipulation bezeichnet *Cao* die Leser von großen Boulevardzeitungen (*Cao*, Parteien als Eigentümer von Medien, 2010, S. 113).

802 Grundlegend: US Supreme Court, Public Utilities Commission v. Pollak u.a., 343 US 451, 459 f. 96 L Ed 1068 (1952). Zur Fruchtbarmachung der genannten Doktrin im deutschen Recht vgl. *Fikentscher/Möllers*, NJW 1998, 1339 f.; *Heckmann*, JZ 1996, 885, 887.

803 Der Umstand, dass sich mediale Politikangebote in der neuen Medienwelt an sich leichter vermeiden lassen als früher (hierzu: *Schulz*, PVS, Sonderheft 45/2011, 2012, S. 421), steht auf einem anderen Blatt.

größere Dignität verleiht"[804]. Gerade ihm kommt eine ganz besondere „Wirk- (und Verführungs-)kraft" zu[805].

Diese Erwägungen leiten über zur Untersuchung der Frage, ob Medienbeteiligungen von Parteien mit der Freiheitlichkeit der politischen Willensbildung vereinbar sind.

---

804 Vgl. *Wieland*, ZUM 1994, 449; s. auch *Grimm*, in: Heun/Honecker/Morlok/Wieland (Hrsg.), Evangelisches Staatslexikon, Neuausgabe 2006, Stichwort „Medien", Sp. 1499. Zur besonderen kommunikativen Attraktivität gerade des Rundfunks vgl. *Lehr*, Festschrift für Victor Henle, 2007, S. 175.

805 Vgl. hierzu *Möstl*, DÖV 2003, 108, unter Bezugnahme auf BVerfGE 31, 314 (325); 90, 60 (87).

Kapitel 5: Vereinbarkeit der Medienbeteiligungen von politischen Parteien mit dem Verfassungsgrundsatz der Freiheitlichkeit der politischen Willensbildung?

A. Einleitung

Für *Walter Schmitt Glaeser* würde es sich „nicht bestreiten lassen, dass es der Freiheitlichkeit des Volkswillensbildungsprozesses und ebenso dem Prinzip der Gewaltenteilung sehr entgegenkäme, wenn die politischen Parteien auf jegliche Art der Beteiligung an Medienunternehmen freiwillig verzichten würden“[806]. Noch weiter geht *Andreas Feser,* der ausführt, Medienbeteiligungen von Parteien stellten einen „Fremdkörper in einer demokratischen Ordnung“ dar[807]. Er hebt in diesem Kontext hervor, dass mit Ausnahme der SPD seit dem Zusammenbruch der kommunistischen Regime in Osteuropa kaum noch eine Partei in Europa an Medien beteiligt sei[808].

Formulierungen dieser Art lassen die Frage aufkommen, ob Medienbeteiligungen von politischen Parteien mit der Freiheitlichkeit der politischen Willensbildung in Einklang stehen. Diese hat anerkanntermaßen hohes Gewicht. „Sie ist für ein demokratisches Gemeinwesen schlechthin konstitutiv“[809]. Es liegt auf dieser Linie, wenn das Bundesverfassungsgericht ausführt:

> „Meinungsfreiheit, Vereinigungs- und Koalitionsfreiheit, Versammlungsfreiheit und Petitionsrecht sichern die Freiheit der Meinungs- und Willensbildung des Volkes.

---

806 *Schmitt Glaeser*, JöR n.F. Bd. 50 (2002), S. 190; in diesem Sinne auch die FDP-Bundestagsfraktion, vgl. BT-Drucks. 15/3097, S. 1 (s. bereits oben, Kap. 3 E. II., S. 109 f.); vgl. auch den Abg. *Röttgen*, BT-Plenarprotokoll 14/231 (Sitzung vom 19.4.2002), S. 22976 B.

807 Vgl. *Feser*, Orientierungen zur Wirtschafts- und Gesellschaftspolitik 101 (3/2004), S. 65; in dieser Richtung auch *Lenski*, PartG, 2011, § 1 Rdnrn. 9 f.

808 *Feser*, Orientierungen zur Wirtschafts- und Gesellschaftspolitik 101 (3/2004), S. 65.

809 BVerfGE 121, 30 (63); umfassend: *Rossen*, Freie Meinungsbildung durch den Rundfunk, 1988, passim.

Art. 21, 38 und 28 GG schützen zusätzlich die freie Willensbildung des Volkes. Die in der öffentlichen Meinung zum Ausdruck kommenden Zielvorstellungen, politischen Auffassungen und Stellungnahmen sind als ‚Vorformung der politischen Willensbildung des Volkes' gekennzeichnet worden. In einem demokratischen Staatswesen muss sich insbesondere die Willensbildung des Volkes frei, offen und unreglementiert vollziehen"[810].

B. Die durch Medienbeteiligungen von Parteien vermittelten Einflusspotentiale

Medienbeteiligungen eröffnen den politischen Parteien mannigfaltige Einflusspotentiale auf die redaktionellen Inhalte der insoweit relevanten Medien. Sie lassen sich unterteilen in unmittelbare und mittelbare Einflusspotentiale.

I. Unmittelbare Einflusspotentiale

Medienbeteiligungen machen die Parteien zum Miteigentümer des betreffenden Mediums. Durch sie gelangen die Parteien gleichsam (mit) an den „Steuerknüppel"[811]. Insoweit sei vor allem auf das arbeitsrechtliche Direktions- bzw. Weisungsrecht hingewiesen, wie es prinzipiell auch jedem Medienunternehmer zusteht[812] und der Konkretisierung der Pflichten des betreffenden Arbeitnehmers, hier des Journalisten, dient[813]. Des Weiteren kann die gewünschte

---

810 BVerfGE 20, 56 (98) – Bezugnahmen entfernt.

811 Vgl. dazu auch *Geerlings*, AfP 2004, 330, der insoweit von „Einmischung" spricht.

812 *Joseph H. Kaiser*, Presseplanung, 1972, S. 45; *Stern*, Staatsrecht IV/1, 2006, § 109 II 7 a, S. 1550; *Brox/Rüthers/Henssler*, Arbeitsrecht, 18. Aufl., 2011, Rdnr. 139; im Kontext gerade des Themas der Medienbeteiligungen von Parteien: *Kersjes*, Medienbeteiligungen politischer Parteien, 2009, S. 288 (mit dem zutreffenden Hinweis, dass sich „[e]ine Drittwirkung der Meinungsfreiheit zugunsten des Journalisten […] mit dem von Art. 5 Abs. 1 S. 2 GG garantierten Direktionsrecht des Inhabers des Medienunternehmens nicht vereinbaren" ließe). Umfassende Kritik an der Figur einer inneren Presse- bzw. Rundfunkfreiheit bei *Bethge*, Zur Problematik von Grundrechtskollisionen, 1977, S. 141 ff.; vgl. auch *Depenheuer*, in: Nußberger/Schmidt (Hrsg.), Medienrecht und Meinungsfreiheit in Russland, 2005, S. 55; *Kloepfer*, Verfassungsrecht II, 2010, § 61 Rdnr. 61.

813 Näher und m.w.N.: *Richardi/Fischinger*, in: Staudinger, BGB, Dienstvertragsrecht I, Neubearbeitung 2011, Vorbem. 240 zu § 611 ff.

publizistische Haltung auch zum Gegenstand der Arbeitsverträge mit den Redakteuren gemacht werden[814]. Auch hierin drückt sich das dem Medienunternehmer zukommende Tendenzbestimmungsrecht aus[815].

II. Mittelbare Einflusspotentiale

Zu Recht wurde hervorgehoben, dass eine Einflussnahme von medienunternehmerisch tätigen Parteien nicht allein durch offene „Indienstnahme" oder „Instrumentalisierung" möglich sei, sondern auch durch verdeckte Interventionen[816]. Zumindest partiell erscheint diese Art von Einflussnahme, weil sie in der Regel subtil erfolgen wird, sogar als gefährlicher für die Freiheitlichkeit der politischen Willensbildung als eine direkte Einflussnahme von Seiten der Parteien.

Hinsichtlich der mittelbaren Einflusspotentiale, die Medienbeteiligungen von Parteien eröffnen, sei der Blick zunächst auf die Personalpolitik gelenkt. Denn Personalentscheidungen gehören „zu den effektivsten Instrumenten" parteilicher Steuerung[817]. Speziell im Blick auf das Thema der Medienbeteiligungen von Parteien hat *Hans Mathias Kepplinger* (im Zuge von Ausführungen zum Medienengagement der SPD) betont, dass im Falle der Medienbeteiligungen von Parteien schon bei der Einstellung von Redakteuren auf eine gewisse „Linientreue" geachtet würde, was zu einer „deutlich geringeren Meinungsvielfalt" in den betreffenden Redaktionen führe[818].

Doch nicht allein die Einstellung, sondern auch die Entlassung von Redakteuren gilt es zu gegenwärtigen. *Michael Naumann* hat (ebenfalls im Blick auf die SPD als Medienunternehmerin) zu Recht bemerkt: „Naiv wäre doch die Annahme,

---

814 *Joseph H. Kaiser*, Presseplanung, 1972, S. 45.

815 Zu diesem: BVerfGE 52, 283 (296); vgl. auch *Bethge*, Festschrift für Walter Schmitt Glaeser, 2003, S. 473.

816 So im Blick auf die Rundfunkbeteiligungen von politischen Parteien: *Badura*, Festschrift für Richard Bartlsperger, 2006, S. 15; vgl. auch *Birkert/Reiter/Scherer* (Hrsg.), Landesmediengesetz Baden-Württemberg, Kommentar, Nachtrag zur 2. Aufl., 2003, Erl. zu § 13 n.F., Rdnr. 4.

817 *V. Henle*, Süddeutsche Zeitung v. 9.2.2011, Nr. 32, S. 2; *Prantl*, Blätter für deutsche und internationale Politik 8/2009, S. 100.

818 *H. M. Kepplinger*, zitiert in: Bähr, FOCUS 13/2000 v. 27.3.2000, S. 281. Ebenso: *Schmitt Glaeser*, HStR III, 3. Aufl., 2005, § 38 Rdnr. 52; zum Einfluss politischer Einstellungen auf die Nachrichtenauswahl auf grundsätzlicher Ebene: *H. M. Kepplinger*, Journalismus als Beruf, 2011, S. 101 ff., insb. S. 123 ff.; vgl. auch *K. Meier*, Journalistik, 2. Aufl., 2011, S. 209.

eine Zeitung im Parteibesitz könnte dem Vorstand auf dem Weg zur parlamentarischen Mehrheit ernsthafte Hindernisse entgegensetzen“[819]. *Naumann* ist der Auffassung, das werde die betreffende Zeitung vielleicht ein- oder zweimal machen können, dann aber würde die Chefredaktion ausgewechselt werden[820].

Zusätzlich relevant ist das nicht zu unterschätzende Einflusspotential, welches aus der Selbstdisziplinierung bzw. aus vorauseilendem Gehorsam von Journalisten resultiert, die bei Medien mit Parteibeteiligung arbeiten[821]. Eine entsprechende Personalführung kann dieses Einflusspotential noch vergrößern.

Ferner ist der Hinweis geboten, dass auch durch Einflussnahmen „pekuniärer Art“, etwa über Budgetentscheidungen, inhaltlicher Einfluss ausgeübt werden kann[822].

III. Zur Praxisrelevanz des Bestehens dieser Einflusspotentiale

1. Die These von der Enthaltsamkeit medienunternehmerisch tätiger Parteien in puncto inhaltlicher Einflussnahme

Bei Betrachtungen zum Thema der Medienbeteiligungen von Parteien wird oft ausgeführt, Parteien als Medienunternehmer verfolgten mit den betreffenden Beteiligungen keinerlei inhaltliche Interessen. Sie sähen diese Beteiligungen als bloße Kapitalbeteiligungen an. Sie wollten sich nicht in inhaltliche Dinge einmischen. Sie täten dies auch nicht.

a) Äußerungen dieser Art aus dem Kreis der „selbstbetroffenen“ Parteien

Entsprechend hat sich für die SPD schon im Jahr 2003 deren heutiger Vorsitzender, *Sigmar Gabriel*, geäußert[823]. Auch die Bundesschatzmeisterin der Partei,

---

819 *M. Naumann*, DIE ZEIT v. 13.5.2004, Nr. 21, S. 60; vgl. auch *Cao*, Parteien als Eigentümer von Medien, 2010, S. 102.

820 *M. Naumann*, a.a.O.

821 *Kersjes*, Medienbeteiligungen politischer Parteien, 2009, S. 66 m.w.N.; vgl. ferner *Stephan*, Die Medienbeteiligungen der SPD, Diplomarbeit FU Berlin, 2004, S. 78.

822 So richtig: *Bornemann*, Anhörung des Ausschusses für Hochschule, Forschung und Kultur des Bayerischen Landtags zum Thema „Änderung des Art. 24 des Bayerischen Mediengesetzes (Verbot der Beteiligung von politischen Parteien und Wählergruppen an Rundfunkanbietern)“ in der 94. Sitzung am 4.6.2003, Wortlautprotokoll S. 5.

823 Vgl. dazu *o.V.*, taz Nord v. 22.10.2003, Nr. 7188, S. 24.

Barbara Hendricks, hat betont, das Medienanteilseigentum ihrer Partei sei heute als ein rein wirtschaftliches anzusehen[824]. Sie beteuerte, es gebe „keine direkte oder indirekte Einflussnahme auf den publizistischen Bereich“[825]. Bei späterer Gelegenheit bezeichnete sie gegenteilige Vermutungen als „völligen Unsinn“[826].

Die Aussagen von *Barbara Hendricks* liegen auf der Linie von Bewertungen ihrer Vorgängerin, *Inge Wettig-Danielmeier*. Letztere hat im Jahr 2003 ausgeführt: „Wir intervenieren nie in die Berichterstattung. Das ist ein Prinzip, das ich rigoros durchhalte. Sie werden eher Fälle finden, dass wir jeden Versuch der Einflussnahme von lokalen Politikern zurückgewiesen haben, weil es nicht unsere Politik ist“[827]. In einem *SPIEGEL*-Interview sagte sie, die „Politik der Intervention in die Redaktionsarbeit bei SPD-Beteiligungszeitungen“ sei schon seit 1958 aufgegeben worden[828].

Für BÜNDNIS 90/DIE GRÜNEN hat deren damaliger Bundesschatzmeister, *Dietmar Strehl*, im Jahr 2003 ausgeführt: „Der Einfluss, den wir auf die *taz* haben, den kennen Sie. Der ist null, vielleicht minus zehn, ich weiß es nicht“[829]. *Hans Christian Ströbele* ergänzte später: „Nach der rechtlichen Konstruktion des *taz*-Unternehmens sind Einflussnahmen auf Grund von finanziellen Einlagen ausgeschlossen. Ich gehe deshalb davon aus, dass *taz*-Beteiligungen, wenn es sie überhaupt gibt, eher symbolischen Charakter haben“[830].

---

824 *Hendricks*, im Interview mit Wonka, Leipziger Volkszeitung v. 5./6.5.2007, S. 2.

825 *Hendricks*, ebenda.

826 *Hendricks*, zitiert in: Haferkamp, Schwarz-Gelb attackiert Medienbeteiligungen der SPD, vorwaerts.de v. 23.10.2009, abrufbar unter < http://www.vorwaerts.de/artikel/schwarz-gelb-attackiert-medienbeteiligungen-der-spd> [letzter Abruf 5.1.2012]; kritisch: *Hanfeld*, Frankfurter Allgemeine Zeitung v. 13.3.2008, Nr. 62, S. 40.

827 *Wettig-Danielmeier*, zitiert in: Mielke, Springer kommt nicht in Frage, berliner-zeitung.de v. 31.1.2003, abrufbar unter <http://www.berliner-zeitung.de/archiv/inge-wettig-danielmeier-ueber-kauf-und-verkauf-der-frankenpost-und-die-medienmacht-der-spd-springer-kommt-nicht-in-frage,10810590,10061254.html> [letzter Abruf 5.1.2012]. Diese Worte stehen in tendenziellem Widerspruch dazu, dass die (ehemalige) SPD-Schatzmeisterin das Medienengagement ihrer Partei gerade auch mit dem Argument rechtfertigte, es sei „die ureigenste Aufgabe der Parteien, an der politischen Willensbildung teilzuhaben“ (*Wettig-Danielmeier*, zitiert in: Vestring/Mielke, Berliner Zeitung v. 2.8.2004, Nr. 178, S. 30).

828 *Wettig-Danielmeier*, im Interview mit Nelles/Rosenbach, DER SPIEGEL 12/2004 v. 15.3.2004, S. 232.

829 *Strehl*, Diskussionsbeitrag, in: Morlok/v. Alemann/Streit (Hrsg.), Medienbeteiligungen politischer Parteien, 2004, S. 158.

830 *Ströbele*, Schriftliche Auskunft v. 8.12.2007. Vgl. dazu bereits oben, Kap. 2 C., S. 76 f.

Von Seiten der Linken hat deren (ehemaliger) Vorsitzender *Lothar Bisky* unter Bezugnahme auf das *Neue Deutschland* hervorgehoben: „Im Gegensatz zu früher greift heute keiner von den Parteioberen zum Telefon, um der Redaktion Anweisungen zu geben“[831]. Auch der Schatzmeister der Partei, *Karl Holluba*, führt aus, im Falle der Medienbeteiligungen von politischen Parteien sei entscheidend, dass aus diesen kein direkter Einfluss auf Inhalte und Redaktionen abgeleitet werde[832]. Er hebt hervor, die politische bzw. inhaltliche Ausrichtung einer Zeitung solle nicht über die wirtschaftliche Einflussnahme bestimmt werden. Das Bestehen einer Medienbeteiligung auf Seiten der Linken sieht *Holluba* durch die „historische Entwicklung“ legitimiert[833].

Die FDP schreibt im Blick auf die in ihrem Rechenschaftsbericht für das Jahr 2009 ausgewiesenen Beteiligungen an der „Universum Verlagsgruppe“ sogar gleichsam in Form eines „Disclaimers“: „Die Hauptprodukte der Universum Verlagsgruppe werden [...] von Dritten herausgegeben und presserechtlich verantwortet bzw. die Herausgeber haben lediglich die verlegerische Betreuung übernommen“[834].

Der SSW betont im Blick auf seine ehemalige Beteiligung an der Flensborg Avis AG, für ihn sei „die Unabhängigkeit der Presse/Medien ein überragendes Gut, das wir im Rahmen unserer Möglichkeiten unterstützen wollen und müssen“[835]. Man habe als Inhaber von „ideellen Aktien“ keinen Einfluss auf die redaktionelle Selbständigkeit der *Flensborg Avis* gehabt[836].

b) Äußerungen dieser Art in der Wissenschaft

Die These, Medienbeteiligungen von politischen Parteien dienten (jedenfalls heute) nicht (mehr) der Einflussnahme auf die öffentliche Meinungsbildung, ist auch in verschiedenen Disziplinen der Wissenschaft populär, wobei die Ausführungen fast immer der SPD als der größten Medienunternehmerin unter den deutschen Parteien gelten.

---

831 *Bisky*, zitiert in: Pohlmann, Der Tagesspiegel v. 17.2.2008, Nr. 19819, S. 35.

832 *Holluba*, Schriftliche Auskunft v. 16.1.2007; vgl. auch *ders.*, Schriftliche Auskünfte v. 29.11.2007 und v. 30.11.2007.

833 *Holluba*, Schriftliche Auskunft v. 16.1.2007.

834 BT-Drucks. 17/4800, S. 164.

835 Vgl. den Landessekretär im Südschleswigschen Wählerverband, *Lenz*, Schriftliche Auskunft v. 14.12.2007.

836 *Lenz*, ebenda.

Aus dem Kreis der Rechtswissenschaft haben sich etwa *Morlok/Streit*[837] und *Hans-Peter Schneider*[838] entsprechend eingelassen. Auch der Politologe *Stefan Appelius* meint: „Irrig ist [...] die Behauptung, die SPD nehme Einfluss auf die redaktionellen Inhalte der Objekte. Aus diesem Fehler früherer Zeiten haben die Sozialdemokraten gelernt. Man verzichtet auf redaktionelle Einflussnahme und beschränkt sich aufs Geldverdienen“[839]. Dem stimmt der Zeitungswissenschaftler *Walter J. Schütz* zu. Er konstatiert zum Medienanteilseigentum der SPD: „Das ist ein rein wirtschaftlicher Besitz“[840].

Jedenfalls im Blick auf die SPD wird die These, an Medien beteiligte Parteien nähmen keinen Einfluss auf die redaktionellen Inhalte, durch die Forschung von *Michael Haller* bestätigt. *Haller* hat die Frage der Unabhängigkeit der Redaktionen von Zeitungen mit SPD-Beteiligung in verschiedenen Fallstudien wissenschaftlich untersucht. Wesentliches Forschungsergebnis war, dass eine „Einflussnahme auf die redaktionelle Arbeit, messbar am Informationsangebot der Zeitungen, [...] bei keiner der fraglichen Zeitungen – und auch nicht beim Insgesamt aller SPD-beteiligten Blätter – feststellbar“ sei[841]. Dem Institut „MedienTenor“, dessen Forschungsberichte in die gegenteilige Richtung weisen[842] und auch in der verfassungsrechtlichen Literatur breite Beachtung gefunden haben[843], hat *Haller* sogar „Datenmanipulation“ vorgeworfen[844]. *Haller* hält es für realitätsnah, dass eine politische Partei wie die SPD kein strategisches Interesse an der Beeinflussung „journalistischer Medien“ habe, „zumal in der Mediengesellschaft das

---

837 *Morlok/Streit*, in: Grant (Hrsg.), Lobbying, Government Relations and Campaign Finance Worldwide, 2005, S. 139.

838 *Hans-Peter Schneider*, Diskussionsbeitrag, in: Wettig-Danielmeier/Stiegler (Hrsg.), Reform der Parteienfinanzierung, 2001, S. 32 f. Zumindest in der nämlichen Richtung auch *Gersdorf*, Diskussionsbeitrag, in: Morlok/v. Alemann/Streit (Hrsg.), Medienbeteiligungen politischer Parteien, 2004, S. 129.

839 *Appelius*, Frankfurter Allgemeine Zeitung v. 31.7.2007, Nr. 175, S. 38. In dieser Richtung auch *Ressmann*, Strukturprobleme sozialdemokratischer Medienunternehmen, 1991, S. 292. Vgl. auch *Lilienthal*, epd medien 35/2004 v. 8.5.2004, S. 4.

840 *Schütz*, im Gespräch mit Schömann-Finck, Die Medienbeteiligungen der SPD, Diplomarbeit Katholische Universität Eichstätt-Ingolstadt, März 2005, Anhang, S. XI.

841 *Haller*, in: Duve/Haller (Hrsg.), Leitbild Unabhängigkeit, 2004, S. 155.

842 Wegen weiterer Studien zum Thema der journalistischen Unabhängigkeit von Zeitungen mit SPD-Beteiligungen vgl. *Cordes*, Medienbeteiligungen politischer Parteien, 2009, S. 104 ff.; s. auch *Ute Volkmann*, Legitime Ungleichheiten, 2006, S. 262.

843 Vgl. etwa *Kersjes*, Medienbeteiligungen politischer Parteien, 2009, S. 55, 67.

844 *Haller*, in: Duve/Haller (Hrsg.), Leitbild Unabhängigkeit, 2004, S. 156; s. hierzu auch OLG Köln, AfP 2003, 267 ff.

Agenda-Setting ohnehin über andere, PR-getrimmte Kanäle gesteuert" werde[845]. Gleichwohl ist *Haller* der Ansicht, die SPD halte „ihre Beteiligungen *in erster Linie* […], um mit solide gemachten, vergleichsweise erfolgreichen Zeitungen Geld zu verdienen[846] – ohne Yellowpress und Katastrophenjournalismus"[847].

2. Stellungnahme

a) Die Unmöglichkeit des Ausschlusses mittelbaren Einflusses (insb.: Die Schere im Kopf des Journalisten)

Selbst wenn man unterstellt, die obigen Ausführungen zur Enthaltsamkeit medienunternehmerisch tätiger Parteien in inhaltlichen Dingen seien richtig, so ist doch nicht zu übersehen, dass „Personalauswahl und -führung einerseits, Ehrgeiz und vorauseilender Gehorsam andererseits" Einflusspotentiale darstellen, deren Nutzung medienunternehmerisch tätige Parteien „wahrscheinlich […] gar nicht ausschließen" können[848].

Die Richtigkeit dieser These belegt ein journalistisches Stück, das der (damalige) Chefredakteur der *Frankfurter Rundschau*, *Uwe Vorkötter*, der (damaligen) Bundesschatzmeisterin der SPD und Gesellschafterin der dd_vg., *Inge Wettig-Danielmeier*, zum 70. Geburtstag gewidmet hat. In diesem heißt es:

> „Der Autor dieses Artikels ist nicht unbefangen. Es gibt auch keinen anderen Autor der *Frankfurter Rundschau*, der unbefangen über *Inge Wettig-Danielmeier* berichten könnte. Das liegt daran, dass *Inge Wettig-Danielmeier* […] etwas Besonderes getan hat: Sie hat die *Frankfurter Rundschau* gerettet"[849].

---

845 *Haller*, a.a.O., S. 155 f.

846 Von einer primär erwerbswirtschaftlich motivierten Betätigung der Parteien im Mediensektor gehen auch *P. M. Huber*, Öffentliche Sachverständigenanhörung der CDU/CSU-Bundestagsfraktion zum Thema „Das Transparenzgebot des Grundgesetzes und die SPD-Parteifinanzen" am 20.10.2000, Protokoll, S. 10 f. (BT-Drucks. 14/9300, Anlagenband III, S. 847 f.) und *Stephan*, Die Medienbeteiligungen der SPD, Diplomarbeit FU Berlin, 2004, S. 78, aus. Zumindest in diese Richtung auch *Schömann-Finck*, Die Medienbeteiligungen der SPD, Diplomarbeit Katholische Universität Eichstätt-Ingolstadt, März 2005, S. 95 ff.

847 *Haller*, in: Duve/Haller (Hrsg.), Leitbild Unabhängigkeit, 2004, S. 156 (Hervorhebung nur hier); anders (und im Blick auf die *Frankfurter Rundschau*) *Walther*, NG/FH 6/2011, S. 58.

848 So (im Blick auf die SPD) *Kersjes*, Medienbeteiligungen politischer Parteien, 2009, S. 66.

849 *Vorkötter*, Frankfurter Rundschau v. 30.9.2006, Nr. 228, S. 3.

Ein anschaulicheres Beispiel für die durch Medienbeteiligungen von Parteien provozierte „Schere im Kopf“[850] von Journalisten lässt sich kaum denken. Denn *Vorkötter* stellte seine Zeilen in den Kontext der mehrheitlichen Übernahme der *Frankfurter Rundschau* durch die SPD-Medienholding im Jahr 2004, welche er im Jahr 2005, damals als Chefredakteur der *Berliner Zeitung*, noch scharf verurteilt hatte. Seinerzeit hatte *Vorkötter* – unter Hinweis auf die von dem damaligen SPD-Vorsitzenden *Franz Müntefering* angestoßene „Heuschrecken-Debatte“ – ausgeführt:

> „Ein anderer Fall, der sich jüngst in Deutschland zugetragen hat, will erst recht nicht zur holzhammerharten Debatte des SPD-Chefs passen. Da hat eine Kapitalanlage-Firma, die sich dd_vg. abkürzt, ein namhaftes Medienhaus, die *Frankfurter Rundschau*, übernommen. Es werden Kosten gespart, innerhalb eines Jahres wird ein Drittel der Arbeitsplätze abgebaut. Unternehmensteile sollen verkauft werden. Der Investor will das Engagement baldmöglichst wieder abgeben. Die dd_vg. ist die Unternehmens-Holding der SPD. Sie tut genau das, was ihr Vorsitzender geißelt, wenn es andere tun“[851].

b) Die Möglichkeit sich wandelnder Interessen auf Seiten der Parteien

Eine verfassungsrechtliche Studie darf nicht außer Betracht lassen, dass sich „die Art und Weise der Wahrnehmung der Interessen“ der Parteien jederzeit ändern kann[852]. Der Politikwissenschaftler *Stefan Appelius* führte gegenüber *report München* aus:

> „Man hat nach 1945 in der Bundesrepublik wenig Sympathie für parteinahe Zeitungen, ganz gleich welcher Couleur, gehabt. Deshalb versuchte man in den 50er Jahren und auch Anfang der 60er Jahre auf Seiten der SPD ein paar bürgerliche Heimatzeitungen zu erwerben. Diese Blätter sollten sozusagen nur Gewinne für die SPD einfahren, das war der eine Punkt, den man damit bezwecken wollte, und der andere Punkt war, dass eine Art subtile Agitation betrieben werden sollte, d.h. die Leserinnen und Leser dieser Zeitung sollten sozusagen unterschwellig zu Sozialdemokraten umerzogen werden“[853].

---

850 Diese stellt für *Nonnenmacher* das Zentralproblem von Medienbeteiligungen von Parteien dar (vgl. *ders.*, zitiert in: Baumgartner, Die Presse v. 31.3.2004, Nr. 16838, S. 31; a.A. *H. M. Kepplinger*, zitiert in: Bähr, FOCUS 13/2000 v. 27.3.2000, S. 281: „Schere im Kopf überflüssig“ wegen „Linientreue“ bei Personalauswahl).

851 *Vorkötter*, Berliner Zeitung v. 2.5.2005, Nr. 101, S. 4.

852 Vgl. BVerfGE 121, 30 (60), unter Rekurs auf *Schindler*, Die Partei als Unternehmer, 2006, S. 20.

853 *Appelius*, Statement, in: Bachmann/Daubner/Krüger, Unübersichtlich und millionenschwer - Das Geschäftsimperium der SPD, report München v. 23.10.2000, Sendungstranskript, S. 18.

c) Das besondere Interesse der Parteien an einer Beeinflussung der Medien

Mit *Hans Mathias Kepplinger* ist nicht auszuschließen, dass medienunternehmerisch aktive Parteien mit den betreffenden Beteiligungen auch inhaltliche Interessen verfolgen[854]. Die gegenteilige Auffassung erscheint „naiv"[855].

aa) Zur Maßgeblichkeit des Strebens der Parteien nach Machtgewinn und Machterhalt

Maßgeblich für die Annahme, Medienbeteiligungen von Parteien seien möglicherweise auch inhaltlich motiviert, ist das Streben der Parteien nach Machtgewinn und Machterhalt[856]. Dieses drängt die Parteien dazu, „überall dort Fuß zu fassen, wo nach ihrer Auffassung Machtpositionen gefestigt oder gefährdet werden können"[857]. Dazu gehört nicht nur der – im Blick auf Grenzüberschreitungen von Seiten der Parteien meist in den Vordergrund gestellte – staatliche Bereich[858], sondern auch jener der Gesellschaft[859] und hier wiederum insbesondere jener der Medien[860]. Auch

---

854 Vgl. *H. M. Kepplinger*, Schriftliche Auskunft v. 16.12.2006.

855 *Hans H. Klein*, Festschrift für Hartmut Maurer, 2001, S. 195; vgl. auch *Lenski*, PartG, 2011, § 1 Rdnr. 10; *Roßner*, MIP 2011, 198; *Möstl*, Orientierungen zur Wirtschafts- und Gesellschaftspolitik 101 (3/2004), S. 74; *Feser*, Vermögensmacht und Medieneinfluss, 2003, S. 308 f. Für *Ahmed* liegt bei der Beteiligung von Parteien an Medienunternehmen sogar die „tragende Motivation" in der Verwirklichung politischer Ziele (s. *dies.*, Begrenzung politischer Parteien im Rundfunk, 2011, S. 34). Ebenso: *Pohlmann*, Diskussionsbeitrag, in: Morlok/v. Alemann/Streit (Hrsg.), Medienbeteiligungen politischer Parteien, 2004, S. 63.

856 *Grimm*, Die Verfassung und die Politik, 2001, S. 159; vgl. auch *Mahrenholz*, in: Morlok/v. Alemann/Merten (Hrsg.), Gemeinwohl und politische Parteien, 2008, S. 115 ff., sowie *Hans H. Klein*, Frankfurter Allgemeine Zeitung v. 29.8.2011, Nr. 200, S. 7.

857 *Grimm*, Die Verfassung und die Politik, 2001, S. 160; vgl. auch *ders.*, im Gespräch mit Armbruster, Frankfurter Allgemeine Zeitung v. 7.3.2009, Nr. 56, S. 38, sowie *ders.*, in: Adolf-Arndt-Kreis (Hrsg.), Parteien ohne Volk, 2008, S. 18 f.

858 Hierzu: *Rupp*, HStR II, 3. Aufl., 2004, § 31 Rdnr. 54; *Böckenförde*, in: Nonnenmacher (Hrsg.), Die gespendete Macht, 2000, S. 55 ff.; *Möllers*, Staat als Argument, 2. Aufl., 2011, S. 334 ff.

859 *Hans H. Klein*, Festschrift für Friedrich Karl Fromme, 2002, S. 117, 129; s. auch *Wiesendahl*, Parteien, 2006, S. 124.

860 *Grimm*, in: Adolf-Arndt-Kreis (Hrsg.), Parteien ohne Volk, 2008, S. 18; *Scholz*, Deutschland – in guter Verfassung?, 2004, S. 134 ff.; vgl. auch *Hoffmann-Riem*, in: Berka/Grabenwarter/Holoubek (Hrsg.), Unabhängigkeit der Medien, 2011, S. 54;

den Parteien ist bekannt, dass den Massenmedien die „wohl subtilste wie […] umfassendste Macht im Gemeinwesen“ zukommt[861]. Die Parteien können den von den Medien auf sie wirkenden „Okkupationsverlockungen“ kaum widerstehen[862].

bb) Die Macht der Medien

aaa) Die klassische Perspektive: Medien als „Gatekeeper“

Die Medien vermögen die öffentliche Meinung zu führen und zu steuern[863]. Sie gelten traditionell als „Gatekeeper“, welche über den Zugang zum Licht der Öffentlichkeit entscheiden[864]. Nicht wenigen erscheinen sie heute als eine Art autochthone „vierte Gewalt“, welche zunehmend aus ihrer „Anregungs- und Mittlerfunktion“ hinauswachse[865].

---

v. Alemann (unter Mitarbeit von *Erbentraut* u. *J. Walther*), Das Parteiensystem der Bundesrepublik Deutschland, 4. Aufl., 2010, S. 137.

861 *Isensee*, in: ders./Meyer, Zur Regierbarkeit der parlamentarischen Demokratie, Cappenberger Gespräche der Freiherr-vom-Stein-Gesellschaft, Bd. 14, 1979, S. 22. Zur Macht der Medien auch *Dörr* (Hrsg.), Die Macht der Medien, 2011 (Medienrechtliches Kolloquium zum 75. Geburtstag von Hartmut Schiedermair); *H. M. Kepplinger*, in: Faulbaum/Wolf (Hrsg.), Gesellschaftliche Entwicklungen im Spiegel der empirischen Sozialforschung, 2010, S. 135; *Kloepfer*, Verfassungsrecht II, 2010, § 61 Rdnr. 67; *Schmitt Glaeser*, JöR n.F. Bd. 57 (2009), S. 131; *ders.*, Der freiheitliche Staat des Grundgesetzes, S. 191 ff.; *ders.*, HStR III, 3. Aufl., 2005, § 38 Rdnrn. 54 ff.; *ders.*, JöR n.F. Bd. 50 (2002), S. 180 ff.; *Ossenbühl*, JZ 1995, 633 ff.; *ders.*, NVwZ 2011, 1358.

862 *Schmitt Glaeser*, Der freiheitliche Staat des Grundgesetzes, 2008, S. 187; vgl. hierzu auch Kap. 1 D. III. 1., S. 57.

863 *Kersjes*, Medienbeteiligungen politischer Parteien, 2009, S. 239. Vgl. auch *Holznagel*, VVDStRL Heft 68 (2009), S. 399.

864 Hierzu: *K. Meier*, Journalistik, 2. Aufl., 2011, S. 193. Vgl. auch *Schmitt Glaeser*, Festschrift für Herbert Bethge, 2009, S. 71.

865 *Böckenförde*, HStR III, 3. Aufl., 2005, § 34 Rdnr. 41; *Schmitt Glaeser*, Festschrift für Herbert Bethge, 2009, S. 71. Vgl. in diesem Zusammenhang auch die Abhör-Affäre bei der – mittlerweile eingestellten – englischen Boulevardzeitung *News of the World*. Journalisten dieses Blattes haben offenbar Handy-Mailboxen beispielsweise von Verbrechensopfern abgehört (dazu *Davies/Hill*, Missing Milly Dowler‘s voicemail was hacked by News of the World, guardian.co.uk v. 4.7.2011, abrufbar unter <http://www.guardian.co.uk/uk/2011/jul/04/milly-dowler-voicemail-hacked-news-of-world> [letzter Abruf 5.1.2012]. *Lord Justice Leveson* hat die Aufgabe der zu diesem Fall eingesetzten und von ihm geleiteten Untersuchungskommission treffend wie folgt umrissen: “The inquiry must balance the desire for a robustly-free press with the rights of the individual, while at the same time,

Dieses Bild ist zutreffend. Zwar ist der – ursprünglich nur im Blick auf die Presse verwandte – Begriff der „vierten Gewalt“ staatsorganisationsrechtlich betrachtet unzutreffend[866]. Die Medien sind *keine* vierte Staatsgewalt. Sie dürfen in einer Demokratie auch nicht zu einer solchen werden. „Staatsfunktionen – und das sind die drei klassischen Gewalten – sind grundrechtsgebunden (Art. 1 Abs. 3 [GG]) und bedürfen der demokratischen Legitimation (Art. 20 Abs. 1 [GG])“[867]. Das Bundesverfassungsgericht führt aus: „So wichtig die [...] der Presse zufallende ‚öffentliche Aufgabe‘ ist, so wenig kann diese von der organisierten staatlichen Gewalt erfüllt werden. Presseunternehmen müssen sich im gesellschaftlichen Raum frei bilden können. Sie arbeiten nach privatwirtschaftlichen Grundsätzen und in privatrechtlichen Organisationsformen. Sie stehen miteinander in geistiger und wirtschaftlicher Konkurrenz, in die die öffentliche Gewalt grundsätzlich nicht eingreifen darf“[868].

---

ensuring the critical relationships between the press, Parliament, the government and the police are maintained. The press provides an essential check on all aspects of public life. That is why any failure within the media affects us all. At the heart of this inquiry therefore may be one simple question: who guards the guardians?” (*Lord Justice Leveson,* zitiert in: o.V., Phone hacking: *Cameron* widens remit of *Leveson* probe, bbc.co.uk v. 20.7.2011, abrufbar unter <http://www.bbc.co.uk/news/uk-politics-14218911> [letzter Abruf 5.1.2012]). Zum Spannungsverhältnis zwischen Pressefreiheit und Persönlichkeitsschutz im Selbstverständnis der Printmedien vgl. *Stürner*, in: Bitburger Gespräche 1999/1, S. 105 ff. Den Herausforderungen, denen sich der Persönlichkeitsschutz im Internetzeitalter ausgesetzt sieht, war die 109. Tagung des Studienkreises für Presserecht und Pressefreiheit e.V. in Berlin gewidmet. Vgl. hierzu die Referate von *Bruns*, AfP 2011, 421 ff., und *Ohly*, AfP 2011, 428 ff., sowie das Plädoyer von *Dirk Heckmann* für einen Persönlichkeitsschutz zweiter Ordnung, welcher Selbstschutz, Selbstregulierung und Smart-Privacy-Management beinhalte (nach *Libor*, AfP 2011, 451; vgl. auch bereits *Heckmann*, K&R 2011, 1 ff.). Zum Ganzen auch *Nettesheim*, VVDStRL Heft 70 (2011), S. 38 f.

866 *Dietlein*, in: Stern, Staatsrecht IV/2, 2011, § 114 II 3, S. 26 f. Vgl. auch *Christian Bamberger*, in: Demel et al. (Hrsg.), Funktionen und Kontrolle der Gewalten, 2001, S. 307; *K.-D. Altmeppen/M. Löffelholz*, in: Sarcinelli (Hrsg.), Politikvermittlung und Demokratie in der Mediengesellschaft, 1998, S. 121.

867 *Bethge*, in: Sachs (Hrsg.), GG, 6. Aufl., 2011, Art. 5 Rdnr. 67, unter Bezugnahme auf BVerfGE 93, 37 (66 ff.); s. auch *Christian Bamberger*, in: Demel et al. (Hrsg.), Funktionen und Kontrolle der Gewalten, 2001, S. 307.

868 BVerfGE 20, 162 (175). Zu den Gefahren, die einer unreflektierten Operation mit dem Begriff der „öffentlichen Aufgabe“ der Presse innewohnen, vgl. *Bethge*, HStR IX, 3. Aufl., 2011, § 203 Rdnr. 84.

Gleichwohl beschreibt der genannte Terminus „die gesellschaftliche Wirklichkeit“ faktisch zutreffend[869]. Er zeigt, dass die Medien „strukturelle Macht“ haben, die vor allem daher rührt, dass sich insbesondere die politische Wirklichkeit „in der (selektiven) Information über Politik, im Aufbau des Interesses an öffentlichen Angelegenheiten und ihrer Sichtweise“ konkretisiert[870]. Die Wähler halten „vor allem das für wichtig, was die Medien betonen“[871]. Die Medienwirkungsforschung spricht insoweit von „Agenda-Setting-Effekten“, wie sie wiederum „Folgewirkungen für Einstellungen und Verhalten der Wähler“ zeitigen[872].

Nicht zu übersehen ist auch, dass sich die Wähler „vom wahrgenommenen Meinungsklima in ihrer Bekenntnisbereitschaft zu Parteien und Personen beeinflussen [lassen] (Theorie der Schweigespirale)“, wohingegen sie sich selbst – im Unterschied zu den „anderen“, der „Masse“ – für weitgehend immun gegen Medieneffekte halten (sog. Third-Person-Effekt)[873]. Vor diesem Hintergrund nimmt es nicht wunder, dass sich die Medien auch zur Manipulation des Bürgers eignen[874].

---

869 *Dietlein*, in: Stern, Staatsrecht IV/2, 2011, § 114 II 3, S. 27; s. auch *Paal*, Medienvielfalt und Wettbewerbsrecht, 2010, S. 23; kritisch: *Bethge*, in: Sachs (Hrsg.), GG, 6. Aufl., 2011, Art. 5 Rdnr. 66; *ders./v. Coelln*, Grundriss Verfassungsrecht, 4. Aufl., 2011, S. 24, 28 f. Vgl. auch *Schwetzler*, Persönlichkeitsschutz durch Presseselbstkontrolle, 2005, S. 95, sowie *Reffken*, Politische Parteien und ihre Beteiligungen an Medienunternehmen, 2007, S. 320.

870 *Schmitt Glaeser*, JöR n.F. Bd. 50 (2002), S. 174 m.w.N.; vgl. auch *ders.*, in: Konrad-Adenauer-Stiftung e.V., Zukunftsforum Politik, Nr. 48, Oktober 2002, S. 22 m.w.N.; *Schulz*, Politische Kommunikation, 3. Aufl., 2011, S. 67.

871 *Noelle-Neumann/Donsbach/Kepplinger*, in: dies., Wählerstimmungen in der Mediendemokratie, 2005, S. 12.

872 *Noelle-Neumann/Donsbach/Kepplinger*, a.a.O. Eine Bestandsaufnahme der deutschen Wahlforschung zu Beginn des 21. Jahrhunderts liefert der von *Rüdiger Schmitt-Beck* herausgegebene Band „Wählen in Deutschland“, PVS, Sonderheft 45/2011 (2012).

873 *Noelle-Neumann/Donsbach/Kepplinger*, a.a.O.; grundlegend zur Theorie der Schweigespirale: *Noelle-Neumann*, Die Schweigespirale, 1980. Zur Schweigespirale im Kontext gerade der Medienbeteiligungen von politischen Parteien: *Kersjes*, Medienbeteiligungen politischer Parteien, 2009, S. 233 ff.

874 Vgl. *Chomsky*, Media Control, 1991; vgl. auch *Schmitt Glaeser*, Der freiheitliche Staat des Grundgesetzes, 2008, S. 195 ff., sowie *Winter*, AVR Bd. 42 (2004), S. 425 ff. S. auch *Frei/Schmitz*, Journalismus im Dritten Reich, 4. Aufl., 2011, passim.

bbb) Tendenzen zur Auflösung der klassischen Gatekeeperrolle der Medien durch das Internet

Allerdings ist an dieser Stelle relevant, dass sich mit dem „Siegeszug des World Wide Web“[875] die „Gatekeeperrolle“ der klassischen Medien[876] tendenziell „zugunsten des Publikums“ auflöst[877]. Das Internet gilt durch seine niedrige „Markteintrittsschwelle“[878] als das „Paradebeispiel für ein funktionierendes außenpluralistisches Modell“[879]. Es erscheint als „ein Spiegel der Multioptionsgesellschaft“[880]. „Im Prinzip kann nun jeder ohne allzu großen Aufwand publizieren. Dadurch kann sich die öffentliche Kommunikation von einer sozial selektiven, linearen, einseitigen und zentralen zu einer partizipativen, netzartigen, interaktiven und dezentralen Kommunikation verändern“[881].

Nicht außer Betracht bleiben darf des Weiteren, dass durch das Internet „die Gatekeeper, die eine Auswahl vor der Publikation treffen“ heute „zunehmend durch Navigatoren ersetzt [werden], die eine Auswahl nach der Publikation ermöglichen“[882]. Angesprochen sind insoweit Suchmaschinenanbieter wie

---

875 So in ihrem Bericht über die 25. Münchner Medientage *Frenkel*, Stuttgarter Zeitung v. 25.10.2011, Nr. 247, S. 27.

876 Zu dieser Metapher *W. Schulz*, in: Noelle-Neumann/Schulz/Wilke (Hrsg.), Lexikon Publizistik/Massenkommunikation, Ausgabe 2009, Stichwort „Nachricht“, S. 387 m.w.N.

877 *Holznagel*, NordÖR 2011, 208; vgl. auch *ders./Schumacher*, MIND – Co:llaboratory Discussion Paper Series No. 1 (2011), S. 16 ff., sowie *Schulz/Dreyer/Hagemeier*, Machtverschiebung in der öffentlichen Kommunikation, 2011; s. ferner *Baer*, Blätter für deutsche und internationale Politik 1/2011, S. 90 ff.; *Fink*, Medienrechtliches Kolloquium zum 75. Geburtstag von Hartmut Schiedermair, 2011, S. 143. Vgl. auch bereits *Grimm*, in: Heun/Honecker/Morlok/Wieland (Hrsg.), Evangelisches Staatslexikon, Neuausgabe 2006, Stichwort „Medien“, Sp. 1504 f.

878 *Papier/Schröder*, Verfassungsfragen des Dreistufentests, 2011, S. 75, unter Rekurs auf *Rösler*, JZ 2009, 447.

879 *Degenhart*, in: Bonner Kommentar, Loseblatt, Stand Oktober 2011, Art. 5 Abs. 1 u. 2 Rdnr. 800; vgl. auch *Papier/Schröder*, Verfassungsfragen des Dreistufentests, 2011, S. 75, sowie *Müller-Terpitz*, AfP 2008, 340. S. ferner *Fink*, Medienrechtliches Kolloquium zum 75. Geburtstag von Hartmut Schiedermair, 2011, S. 142.

880 *K. Meier*, Journalistik, 2. Aufl., 2011, S. 154 (mit S. 254 ff.).

881 *Neuberger*, in: Schwartmann (Hrsg.), Leben im Schwarm, 2011, S. 27. Im tradierten Verständnis von Massenkommunikation war die Einseitigkeit der Richtung des Informationsflusses vom Medium zum Rezipienten grundlegend (s. hierzu *v. Coelln*, Spielräume des Gesetzgebers für die Erweiterung des Zugangs der Zeitungsverlage zum Rundfunk in Bayern, 2006, S. 46, unter Hinweis u.a. auf *Maletzke*, Psychologie der Massenkommunikation, 1963, S. 32).

882 *Bolz*, Süddeutsche Zeitung v. 28./29.8.2010, Nr. 198, S. V2/3; vgl. auch *Hege*, in: die medienanstalten – ALM GbR (Hrsg.), Digitalisierungsbericht 2011, 2011, S. 19;

Google[883]. Diese haben „die Macht, Inhalte zu promoten oder zu blocken“[884]. Ferner ist festzuhalten, dass im Internet auch Anbieter zu finden sind, bei denen der Fokus weniger auf der Inhalte-Produktion liegt als vielmehr darauf, den „Nachrichtenzyklus“ mit vertraulichen Informationen zu „füttern“[885]. *WikiLeaks* etwa setzt auf eine „Kombination aus Mainstreampresse und Massen, um verschiedene Perspektiven aus dem Material zu ziehen“[886].

Bei alledem liegen die Dinge allerdings keineswegs so, dass mit dem „atomisiert[en]“ Meinungsmarkt, wie er dem Internet zugeschrieben wird[887], die Öffentlichkeit heute fragmentiert[888] und die Macht der Medien substantiell gesunken wäre.

---

s. auch bereits *Niewöhner*, Elektronische Benutzerführungssysteme und chancengerechter Zugang zum digitalen Fernsehen, 2004, passim.

883 *Bolz,* Süddeutsche Zeitung v. 28./29.8.2010, Nr. 198, S. V2/3: „Google kontrolliert den Flow“; in diesem Sinne auch *Jarvis*, Süddeutsche Zeitung Magazin v. 8.5.2009, Heft 19, S. 10 ff.

884 Vgl. hierzu das Institut für Medien- und Kommunikationspolitik (<http://www.mediadb.eu/datenbanken/onlinekonzerne.html?PHPSESSID=4064668bc991c431911151313efdc8ad> [letzter Abruf 5.1.2012]). Gerade auch insoweit stellt sich das aktuell viel diskutierte Problem der Netzneutralität (vgl. *Libor*, AfP 2011, 549 ff. – Bericht über die 110. Tagung des Studienkreises für Presserecht und Pressefreiheit e.V. am 11./12.11.2011 in Köln). Vgl. zum Thema der Netzneutralität auch *Kloepfer* (Hrsg.), Netzneutralität in der Informationsgesellschaft, 2011; *ders.*, Vielfaltsicherung durch Ebenentrennung in der Massenkommunikation, 2010, S. 22 ff.; *Gersdorf*, AfP 2011, 209 ff.; *Eberle*, Festschrift für Hans Peter Bull, 2011, S. 979 ff.; *Holznagel,* K&R 2010, 95 ff. Dafür, Navigationssysteme auch in einer öffentlich-rechtlichen Organisations- und Finanzierungsform einzurichten, *Hoffmann-Riem*, in: Berka/Grabenwarter/Holoubek (Hrsg.), Unabhängigkeit der Medien, 2011, S. 65.

885 So der Sprecher von *WikiLeaks*, *Julian Assange*, im Interview mit Kreye, Süddeutsche Zeitung v. 9.9.2011, Nr. 208, S. 15.

886 *Julian Assange*, a.a.O.

887 So plastisch *Müller-Terpitz*, AfP 2008, 340.

888 Wie hier: *Holznagel*, VVDStRL Heft 68 (2009), S. 401; anders: *Oberreuter,* IKaZ 40 (2011), S. 328, der meint, „dass jene politische Öffentlichkeit, die stets als Voraussetzung für Demokratie galt, nicht nur im Strukturwandel, sondern in Destruktion begriffen“ sei; ähnlich: *Hans H. Klein*, Frankfurter Allgemeine Zeitung v. 29.8.2011, Nr. 200, S. 7; *Vesting*, BLM-Symposion Medienrecht 2011, 2011, S. 43; *Möllers*, AfP 2008, 249. Grundlegend zum Strukturwandel der Öffentlichkeit: *J. Habermas*, Strukturwandel der Öffentlichkeit, 1962.

ccc) Zur gleichwohl fortbestehenden Macht der Medien

Insoweit liegt der Schwerpunkt weiterhin auf der Tatsache, dass in Deutschland als das wichtigste Medium für die Informations- und Meinungsbildung nach wie vor das Fernsehen gilt[889]. Es lässt sich eine sehr starke Orientierung an der alten Leitmedienkultur ausmachen[890].

Hinzu tritt der Umstand, dass die lange Zeit vorherrschende Euphorie hinsichtlich der Möglichkeiten des Internets mittlerweile von einer eher „nüchternen, teils skeptischen Betrachtung abgelöst" worden ist[891]. Insoweit gilt es zu erkennen, dass der professionelle Internetjournalismus „in unmittelbarer Nähe der traditionellen Anbieter zu finden" ist[892]. Medienmarken, die ihren Ursprung im Internet haben, gibt es nur sehr wenige[893]. Nicht zuletzt hierin kommt zum Ausdruck, dass die „Bereitschaft, [im Internet] eigene Beiträge zu publizieren", in Deutschland „gering" ist[894]. Abgesehen von den sozialen Netzwerken wie *Facebook* oder *Google+* werden Internet-Angebote primär passiv genutzt[895]. Speziell im Blick auf ihre Breitenwirkung ist nach wie vor zwischen „lean back"-Angeboten und „lean forward"-Angeboten zu differenzieren[896].

---

889 Vgl. dazu bereits oben, Kap. 1, C. I. 3. b), S. 26 f.

890 *Sarcinelli/Unger*, NG/FH 7/8 2010, S. 30 f.

891 *Schulz*, Politische Kommunikation, 3. Aufl., 2011, S. 140; *H. M. Kepplinger*, in: Faulbaum/Wolf (Hrsg.), Gesellschaftliche Entwicklungen im Spiegel der empirischen Sozialforschung, 2010, S. 135; vgl. ferner *Baer*, Blätter für deutsche und internationale Politik 1/2011, S. 95; *Holznagel*, VVDStRL Heft 68 (2009), S. 392, sowie bereits *Grimm*, in: Heun/Honecker/Morlok/Wieland (Hrsg.), Evangelisches Staatslexikon, Neuausgabe 2006, Stichwort „Medien", Sp. 1505.

892 *Holznagel*, NordÖR 2011, 209.

893 *J. Augstein*, Der Freitag v. 30.6.2011, Nr. 26, S. 13; *Neuberger*, tendenz 2/2011, 14; vgl. freilich auch die Pläne der bekannten amerikanischen Online-Zeitung *Huffington Post*, in Kürze auch in Deutschland einen Ableger an den Start zu bringen (dazu *Hofmann*, Süddeutsche Zeitung v. 3.11.2011, Nr. 253, S. 15; *ders.*, Süddeutsche Zeitung v. 21.12.2011, Nr. 294, S. 15).

894 *Neuberger*, tendenz 2/2011, 13 m.w.N.

895 *Neuberger*, a.a.O. Vgl. dazu auch *Hasebrink*, im Interview mit o.V., pro media 12/2011, 23 f., sowie *Roggenkamp*, in: Heckmann (Hrsg.), jurisPK-Internetrecht, 3. Aufl., 2011, Kap. 10, Rdnrn. 541 ff.

896 *v. Coelln*, BLM-Symposion Medienrecht 2010, 2011, S. 43.

ddd) Zur Irrelevanz der These von der Wirkungslosigkeit der Medienbeteiligungen von Parteien in Wahlen

Gegen die beschriebene Macht der Medien lässt sich auch nicht einwenden, dass die CDU in Bundesländern, in denen Schwerpunkte der SPD-Medienbeteiligungen bestehen, überhaupt noch Wahlen gewinnen kann[897]. Denn die betreffende Tatsache sagt nichts über den Einfluss der jeweiligen Medien(-beteiligungen) aus[898]. Maßgeblich hierfür ist, dass nicht bekannt ist, wie viele Stimmen die CDU *ohne* die jeweiligen SPD-Medienbeteiligungen bei den betreffenden Wahlen erhalten würde[899].

cc) Die „Landnahme" der politischen Parteien in den Aufsichtsgremien des öffentlich-rechtlichen Rundfunks als Indiz für die Richtigkeit der hier bezogenen Position

aaa) Problemdarstellung (allgemein)

Für die Richtigkeit der hier bezogenen Position streitet schon die „Landnahme" der politischen Parteien in den anstaltsinternen Aufsichtsgremien der öffentlich-rechtlichen Rundfunkanstalten[900]. Diese gilt als „Paradebeispiel"[901] dafür, wie wenig die Parteien den von den Massenmedien auf sie ausgeübten „Okkupationsverlockungen" widerstehen können[902]. Es liegt auf dieser Linie, wenn *Ernst Gottfried*

---

897 Die entsprechende Frage hat *Hans H. Klein*, Diskussionsbeitrag, in: Morlok/v. Alemann/Streit (Hrsg.), Medienbeteiligungen politischer Parteien, 2004, S. 100, aufgeworfen. Vgl. auch *Sadowski*, MIP 2010, 141. Gegen eine bedeutsame Rolle parteilicher Medienberichterstattung jedenfalls bei der Bundestagswahl 2009 *Boomgaarden/Semetko*, PVS, Sonderheft 45/2011, 2012, S. 461.

898 *H. M. Kepplinger*, Schriftliche Auskunft v. 11.12.2007.

899 Vgl. hierzu *H. M. Kepplinger*, ebenda.

900 Wendung nach *Bethge*, Festschrift für Walter Schmitt Glaeser, 2003, S. 485; ähnlich: *Kloepfer*, Verfassungsrecht II, 2010, § 61 Rdnr. 97; *Hömberg*, in: Lilienthal, Professionalisierung der Medienaufsicht, 2009, S. 147, These 2; *ders.*, in: Werneke (Hrsg.), Funk und Fernsehen für alle, 2008, S. 129 ff.; *V. Henle*, Süddeutsche Zeitung v. 9.2.2011, Nr. 32, S. 2; *Engel*, Parteien – Verfassungsgerichtsbarkeit – Rundfunk, 2009, S. 145 ff., 217 ff.

901 *Schmitt Glaeser*, Der freiheitliche Staat des Grundgesetzes, 2008, S. 187.

902 *Schmitt Glaeser*, a.a.O.; vgl. auch *Grimm*, Diskussionsbeitrag, in: VVDStRL Heft 44 (1986), S. 125; *Cornils*, Medienrechtliches Kolloquium zum 75. Geburtstag von Hartmut Schiedermair, 2011, S. 41; *v. Alemann* (unter Mitarbeit von *Erbentraut* u. *J. Walther*), Das Parteiensystem der Bundesrepublik Deutschland, 4. Aufl., 2010, S. 137. S. auch oben, Kap. 1 D. III. 1., S. 57.

Mahrenholz bemerkt, schon „seit Jahrzehnten“ sei das „gängige Schlagwort für den Einfluss der Parteien aufs Programm und auf die Stellenbesetzung“ jenes des „Cuius regio eius radio“[903]. *Matthias Cornils* vermutet zwar, dass die unmittelbare parteipolitische Prägung der Fernsehprogramme (heute) geringer sei als in der Vergangenheit[904]. Auch er führt aber aus, dass parteipolitische Ausgewogenheit „durchaus auch selbst Ausdruck parteipolitischer Okkupation des Rundfunks sein“ könne, „nur eben im Proporz und in gegenseitiger Überwachung“[905].

Beim öffentlich-rechtlichen Rundfunk stellen vor allem Intendanten- und Chefredakteurswahlen stets ein „Politikum“ dar[906]. Den weitaus prominentesten Fall zumindest aus jüngerer Vergangenheit stellt insoweit die beim ZDF verortete „Causa *Brender*“ dar.

bbb) Insb.: Die „Causa *Brender*“ und das durch die Landesregierung von Rheinland-Pfalz initiierte Normenkontrollverfahren zum ZDF-Staatsvertrag

α) Darstellung der „Causa *Brender*“

Die „Causa *Brender*“ betraf die Entscheidung des ZDF-Verwaltungsrats, das nach § 27 Abs. 2 b ZDF-StV erforderliche Einvernehmen mit dem Vorschlag von ZDF-Intendant *Markus Schächter*, den Vertrag mit dem (damaligen) ZDF-Chefredakteur *Nikolaus Brender* zu verlängern, zu verweigern[907]. Kritisiert wurde insoweit

---

903 *Mahrenholz*, in: Morlok/v. Alemann/Merten (Hrsg.), Gemeinwohl und politische Parteien, 2008, S. 117; *ders.*, in: Stern (Hrsg.), 40 Jahre Grundgesetz, 1990, S. 103 ff.; s. auch *Grimm*, im Gespräch mit Armbruster, Frankfurter Allgemeine Zeitung v. 7.3.2009, Nr. 56, S. 38.

904 *Cornils*, Medienrechtliches Kolloquium zum 75. Geburtstag von Hartmut Schiedermair, 2011, S. 41.

905 *Cornils*, ebenda. Vgl. zu diesem Aspekt auch bereits *Grimm*, HdbVerfR, 2. Aufl., 1994, § 14 Rdnr. 75, sowie *v. Arnim*, Staatslehre der Bundesrepublik Deutschland, 1984, T III 2.4., S. 453. S. allerdings auch die CSU-Parteizeitung *Bayernkurier* (*o. V.*, Bayernkurier Nr. 50/51-2011 v. 17.12.2011, S. 20): „Man muss es so hart sagen: Der *Bayerische Rundfunk*, vor allem der Hörfunk, hat sich in den vergangenen Jahrzehnten zum Bayerischen Rotfunk entwickelt – genauer gesagt: zum Rot-Grün-Funk“.

906 *Marschall*, Das politische System Deutschlands, 2. Aufl., 2011, S. 88. Fundamentalkritisch: *Kloepfer*, Verfassungsrecht II, 2010, § 61 Rdnr. 185; *Scholz*, Deutschland – in guter Verfassung?, 2004, S. 135. Vgl. auch *v. Arnim*, Politische Parteien im Wandel, 2011, S. 21.

907 Hierzu *Holzner*, MMR-Aktuell 2010, 299963; ausführlich: *v. Alemann* (unter Mitarbeit von *Erbentraut* u. *J. Walther*), Das Parteiensystem der Bundesrepublik Deutschland, 4. Aufl., 2010, S. 138 ff.; s. auch *Degenhart*, NVwZ 2010, 877 ff.; *Dörr*, K&R 2009, 555 ff.; *ders.*, in: ders./Kreile/Cole (Hrsg.), Handbuch Medienrecht, 2. Aufl.,

namentlich die Haltung des seinerzeitigen Hessischen Ministerpräsidenten (und stellvertretenden ZDF-Verwaltungsratsvorsitzenden) *Roland Koch.* Diesem wurde vorgeworfen, im ZDF-Verwaltungsrat eine Mehrheit gegen die Vertragsverlängerung von *Nikolaus Brender* organisiert zu haben[908]. *Roland Koch* wies die Vorwürfe zurück und lenkte den Blick darauf, dass es bei bekannten ZDF-Sendungen wie „*heute*" zu starken Quotenrückgängen gekommen sei[909].

β) Das durch die Landesregierung von Rheinland-Pfalz initiierte Normenkontrollverfahren zum ZDF-Staatsvertrag (Vf. 1 BvF 1/11)

Im Gefolge der „Causa *Brender*" hat die Regierung des Landes Rheinland-Pfalz Anfang 2011 ein Normenkontrollverfahren gem. Art. 93 Abs. 1 Nr. 2 GG zum Bundesverfassungsgericht initiiert[910]. Mit diesem stellt sie auf den ZDF-Staatsvertrag bezogene Zustimmungsgesetze und -beschlüsse der Länder zur Prüfung[911]. In der von *Karl E. Hain* verfassten Antragsschrift heißt es, diese seien, soweit sie sich auf die im Antrag näher bezeichneten Vorschriften des ZDF-Staatsvertrages bezögen,

---

2011, E Rdnr. 48; *Hain/Ferreau*, K&R 2009, 692 ff.; *Cornils*, Medienrechtliches Kolloquium zum 75. Geburtstag von Hartmut Schiedermair, 2011, S. 41 f.; *P. M. Huber*, Festschrift für Herbert Bethge, 2009, S. 502; *Kloepfer*, Verfassungsrecht II, 2010, § 61 Rdnr. 97; *Lehr*, epd medien 93/2009 v. 25.11.2009, S. 10 f.; *Hoffmann-Riem*, Süddeutsche Zeitung v. 10.12.2009, Nr. 285, S. 2; *Schulze-Fielitz*, in: Dreier (Hrsg.), Macht und Ohnmacht des Grundgesetzes, 2009, S. 34. Für 35 deutsche Staatsrechtslehrer stellte der Fall *Brender* einen „Prüfstein für die Rundfunkfreiheit" dar (vgl. dazu den entsprechenden offenen Brief von *v. Arnim et. al.*, Frankfurter Allgemeine Sonntagszeitung v. 22.11.2009, Nr. 47, S. 25). S. zum Ganzen auch *Voßkuhle*, im Gespräch mit Rebehn, Neue Osnabrücker Zeitung v. 13.3.2009, Nr. 61, S. 4.

908 Exemplarisch: *K. Biedenkopf*, Frankfurter Allgemeine Sonntagszeitung v. 13.12.2009, Nr. 50, S. 13; kritisch auch *v. Alemann* (unter Mitarbeit von *Erbentraut* u. *J. Walther*), Das Parteiensystem der Bundesrepublik Deutschland, 4. Aufl., 2010, S. 140.

909 Vgl. *Roland Koch*, im Gespräch mit Niggemeier, Frankfurter Allgemeine Zeitung v. 25.2.2009, Nr. 47, S. 29.

910 Vf. 1 BvF 1/11; vgl. hierzu *Hain*, Antrag gemäß Art. 93 Abs. 1 Nr. 2 GG, §§ 13 Nr. 6, 76 ff. BVerfGG der Regierung des Landes Rheinland-Pfalz v. 3.1.2011. S. ferner *Degenhart*, K&R 2011, 374 ff.; *ders.*, Staatsrecht I, 27. Aufl., 2011, Rdnr. 63; *Schwartmann*, in: ders. (Hrsg.), Praxishandbuch Medienrecht, 2. Aufl., 2011, Kap. 4 Rdnr. 9. Auch die Bundestagsfraktion von BÜNDNIS 90/DIE GRÜNEN hatte – von *Dieter Dörr* – eine Antragsschrift zum Bundesverfassungsgericht ausarbeiten lassen (vgl. dazu *Holzner*, MMR-Aktuell 2010, 299963, sowie *Tieschky*, Süddeutsche Zeitung v. 3.2.2010, Nr. 27, S. 15).

911 Näher: *Hain*, Antrag gemäß Art. 93 Abs. 1 Nr. 2 GG, §§ 13 Nr. 6, 76 ff. BVerfGG der Regierung des Landes Rheinland-Pfalz v. 3.1.2011, S. 4.

nicht mit dem Grundgesetz vereinbar[912]. Sie verstießen „gegen den aus der Rundfunkfreiheit (Art. 5 Abs. 1 S. 2 GG) abgeleiteten und für eine freiheitliche Medienordnung essentiellen Grundsatz funktionsadäquater Staatsferne zum Rundfunk".[913] Sowohl im ZDF-Fernsehrat als auch im ZDF-Verwaltungsrat bestünde ein dysfunktionaler Staats- und Parteieneinfluss[914].

Die Bayerische Staatsregierung, die Hessische Landesregierung, die Niedersächsische Landesregierung, die Regierung des Saarlandes, die Staatsregierung des Freistaates Sachsen sowie die Landesregierung von Schleswig-Holstein halten den soeben vorgestellten Antrag zwar für zulässig, aber nicht für begründet[915]. Vertreten von *Christian von Coelln*, führen sie aus, die angegriffenen Bestimmungen bewegten sich innerhalb des dem Gesetzgeber eröffneten Spielraums[916]. Sie vermittelten „keinen im Sinne der rundfunkgrundrechtlich gebotenen Staatsferne unzulässigen Einfluss des Staates"[917]. Die genannten Regierungen betonen, das in der Antragsschrift zurückgewiesene Argument der „föderalistischen Brechung" des Staatseinflusses in den Aufsichtsgremien sei sehr wohl valide[918]. Hinzu komme, dass in der Antragsschrift Staatseinfluss begründende Elemente zu stark gewichtet würden. Das gelte namentlich im Blick auf die politischen Parteien[919]. Ein Vertreter einer politischen Partei dürfe nicht wie ein „echter" Staatsvertreter gewertet werden[920]. Dies zeige auch die Entscheidung des Bundesverfassungsgerichts zum Hessischen Privatrundfunkgesetz[921].

---

912 *Hain*, a.a.O., S. 56.

913 *Hain*, ebenda.

914 *Hain*, a.a.O., S. 46 f. (hinsichtlich des Fernsehrats) und S. 55 (im Blick auf den Verwaltungsrat). Auf dieser Linie (und unter Fokussierung auf den ZDF-Fernsehrat) auch *P. M. Huber*, Festschrift für Herbert Bethge, 2009, S. 502, sowie (unter Hinweis namentlich auf die Zusammensetzung des ZDF-Verwaltungsrats) *Degenhart*, K&R 2010, 9, und *Ladeur*, in: Paschke/Berlit/Meyer (Hrsg.), Hamburger Kommentar – Gesamtes Medienrecht, 2. Aufl., 2012, Kap. 3, 4. Abschn., Rdnr. 113.

915 *v. Coelln*, Stellungnahme der Bayerischen Staatsregierung et al. zum Normenkontrollantrag der Landesregierung Rheinland-Pfalz gegen den ZDF-Staatsvertrag vor dem Bundesverfassungsgericht (Vf. 1 BvF 1/11), Funkkorrespondenz 34/2011, S. 14, S. 44.

916 *v. Coelln*, a.a.O., S. 44.

917 *v. Coelln*, a.a.O.

918 *v. Coelln*, a.a.O., S. 14 und S. 21 ff.; vgl. auch bereits *Hans H. Klein*, Frankfurter Allgemeine Zeitung v. 17.12.2009, Nr. 293, S. 8.

919 *v. Coelln*, a.a.O., S. 14 u. S. 28 ff.

920 *v. Coelln*, a.a.O., S. 30.

921 BVerfGE 121, 30 ff.

Die Entscheidung des Bundesverfassungsgerichts zu dem hier vorgestellten Normenkontrollverfahren steht noch aus.

dd) Die „Causa *Storz*" als Beleg für die Richtigkeit der hier bezogenen Position

aaa) Hinführung

Die vorstehenden Ausführungen ließen deutlich werden, dass im Blick auf die Verhältnisse beim öffentlich-rechtlichen Rundfunk breiter Konsens besteht, die Parteien nähmen inhaltlichen Einfluss auf die Berichterstattung oder strebten zumindest nach einem solchen. Ganz anders liegen die Dinge hinsichtlich der Medien**beteiligungen** von Parteien. So die entsprechende Frage hier überhaupt gestellt wird, geht man davon aus, die Parteien hätten keinerlei inhaltliche Interessen oder formuliert die These, „weder die Vermutung der politischen Nutzung der Medienbeteiligung[en von Parteien], noch seine Entkräftung" ließen sich beweisen[922]. Dem kann nicht beigetreten werden. Denn bei genauerem Besehen finden sich „immer wieder kleine Hinweise darauf", dass sich zumindest die SPD – „Mehrheit hin oder her – als Eigentümer bei den Redakteuren [...] sehr wohl zu Wort meldet"[923]. Das illustriert die im Folgenden darzustellende „Causa *Storz*".

bbb) Darstellung der „Causa *Storz*"

α) Zum Briefwechsel zwischen *Inge Wettig-Danielmeier* und *Wolfgang Storz*

Dem Vernehmen nach schrieb die (seinerzeitige) Schatzmeisterin der SPD, *Inge Wettig-Danielmeier*, im Jahr 2005 kurz vor der Bundestagswahl und unter SPD-Briefkopf das Folgende an den seinerzeitigen Chefredakteur der – damals noch zu 90 Prozent der SPD-Medienholding gehörenden – *Frankfurter Rundschau, Wolfgang Storz*:

> „In der *Frankfurter Rundschau* ist in den letzten Wochen so mancherlei zum Thema ‚Linkspartei' erschienen. Manches davon zutreffend, manches sehr einseitig, gelegentlich auch provozierend, einiges davon auch uninformiert"[924].

---

922 So *Schindler*, Die Partei als Unternehmer, 2006, S. 49 Fn. 164; vgl. auch *Hans H. Klein*, Orientierungen zur Wirtschafts- und Gesellschaftspolitik 101 (3/2004), S. 68. S. ferner *T. Schneider*, Vermögen und erwerbswirtschaftliche Betätigung politischer Parteien, 2008, S. 88. Ein Feld für zukünftige Forschung sieht hier *v. Olenhusen*, UFITA 2011, 262.

923 *Hanfeld*, Frankfurter Allgemeine Zeitung v. 13.3.2008, Nr. 62, S. 40; vgl. auch *Esslinger*, Süddeutsche Zeitung v. 15.3.2004, Nr. 62, S. 19. Vgl. in diesem Kontext auch *o. V.*, Frankfurter Allgemeine Zeitung v. 5.5.2004, Nr. 104, S. 42.

924 Vgl. dazu die Dokumentation bei *Fülberth*, junge Welt v. 30.8.2007, Nr. 201, S. 3. Vgl. auch *ders.*, Doch wenn sich die Dinge ändern, 2. Aufl., 2009, S. 125 f. S. ferner

In diesem Kontext schlug die SPD-Schatzmeisterin die Veröffentlichung eines Beitrags von *Helga Grebing* vor, der über ihr Büro bezogen werden könne und „einen interessanten Aspekt des Verhältnisses von SPD und Linkspartei“ beschreibe. *Inge Wettig-Danielmeier* führte aus, sie würde sich freuen, wenn der betreffende Beitrag über die *Frankfurter Rundschau* „bald einem größeren Leserkreis zugänglich gemacht werden könnte“[925].

Wolfgang Storz, der den Einstieg der SPD-Medienholding bei der *Frankfurter Rundschau* im Jahr 2004 noch verteidigt hatte[926], antwortete ebenfalls mit einem Brief. In diesem hieß es:

> „Sie haben mir diesen Brief offiziell als Schatzmeisterin der SPD und damit als Mehrheitseigentümerin geschrieben. Sie werden verstehen, dass ich allein deshalb Ihrer sehr eindeutig vorgetragenen Empfehlung, den Text von *Helga Grebing* in der *FR* abzudrucken, nicht nachkommen kann. Ich bin der festen Überzeugung, dass dies die redaktionelle Unabhängigkeit berührte“[927].

In ihrer Replik hielt *Inge Wettig-Danielmeier* gegen:

> „Sie schreiben, ich hätte meinen Brief als Mehrheitseigentümerin geschrieben. Dem muss ich widersprechen. Mehrheitseigentümerin des Druck- und Verlagshaus[es] Frankfurt am Main ist die Deutsche Druck- und Verlagsgesellschaft mbH.
>
> Ich habe mich als Leserin der *Frankfurter Rundschau* an Sie gewandt, weil ich fand und nach wie vor finde, dass die Auswahl der *FR* bei Fremdautorinnen und -autoren dem überregionalen Anspruch nicht genügt.
>
> [...]
>
> Wenn die Weitergabe der Analyse einer renommierten Historikerin an den Chefredakteur von diesem als unzulässiger Einfluss auf die redaktionelle Unabhängigkeit

---

o.V., DER SPIEGEL 34/2007 v. 20.8.2007, S. 78; *o.V.*, Frankfurter Allgemeine Zeitung, v. 18.10.2007, Nr. 242, S. 22.

925 Dokumentation in junge Welt v. 30.8.2007, Nr. 201, S. 3.

926 Vgl. dazu etwa *Lückemeier*, Frankfurter Allgemeine Zeitung v. 12.3.2004, Nr. 61, S. 42. *Storz* betonte seinerzeit unter anderem, die *Frankfurter Rundschau* habe auch die Bürgschaft, die das Land Hessen dem Blatt gewährt hatte, ohne Einbußen für die Unabhängigkeit überstanden (vgl. *o.V.*, Frankfurter Allgemeine Zeitung v. 8.4.2004, Nr. 84, S. 57; zu dieser Bürgschaft: *Tieschky*, Süddeutsche Zeitung v. 17./18.4.2003, Nr. 90, S. 18 [mit Stellungnahmen von *Ruß-Mohl* und *Neverla*]). Zweifel an der Unabhängigkeit der *Frankfurter Rundschau* kamen aber auf, als berichtet wurde, Briefen mit Beitragsquittungen an SPD-Mitglieder hätte Werbung der *Frankfurter Rundschau* beigelegen (vgl. hierzu *Volker Hoff*, in: o.V., Frankfurter Allgemeine Zeitung v. 15.2.2005, Nr. 38, S. 55).

927 Vgl. hierzu die Dokumentation in junge Welt v. 30.8.2007, Nr. 201, S. 3.

empfunden wird, dann könnte dieses auch auf einem Missverständnis über redaktionelle Unabhängigkeit und Führung einer Redaktion beruhen“[928].

Wolfgang Storz blieb bei seiner Position. Er teilte *Inge Wettig-Danielmeier* in einem weiteren Brief mit, er werde den betreffenden Artikel nicht drucken[929].

β) Spätere Einlassungen der Beteiligten

Im Jahr 2007, als der hier dargestellte Vorgang bekannt wurde, sprach *Storz* im Blick auf das Verhalten der SPD-Schatzmeisterin von einem „empörenden Fall von Einflussnahme“[930]. Er sah in der beschriebenen Auseinandersetzung sogar den „entscheidenden Grund“ für seine im Jahr 2006 erfolgte Abberufung[931].

Inge Wettig-Danielmeier hingegen betonte: „Wir greifen nicht in die journalistische Verantwortung eines Chefredakteurs ein“[932]. Sie führte freilich auch aus, sie habe „in diesem Sonderfall, in dem die *Frankfurter Rundschau* unter der Chefredaktion von Herrn *Storz* über Wochen zu einem Propagandablatt der WASG (Linkspartei) geworden war“, ihre „Bitte als begründet“ angesehen[933]. Sie

---

928 Dokumentation in junge Welt v. 30.8.2007, Nr. 201, S. 3. Auf eine Unterscheidbarkeit von SPD und dd_vg. hatte beim Einstieg der dd_vg. bei der *Frankfurter Rundschau* auch *Storz* selbst hingewiesen (vgl. dazu *o.V.*, Frankfurter Allgemeine Zeitung v. 8.4.2004, Nr. 84, S. 57). Andererseits hatte *Inge Wettig-Danielmeier* in eben diesem Kontext ausgeführt: „Viele sind überrascht [...], wenn sie hören, dass *die SPD* Eigentümerin verschiedener Medien ist“ (*Wettig-Danielmeier*, Financial Times Deutschland v. 15.3.2004, Nr. 52, S. 32 – Hervorhebung nur hier). S. zum Ganzen auch *Weischenberg*, im Interview mit Ridder, Frankfurter Rundschau v. 5.5.2004, Nr. 104, S. 2.

929 Dokumentation in junge Welt v. 30.8.2007, Nr. 201, S. 3.

930 *Storz*, zitiert in: Meisner, Der Tagesspiegel v. 1.9.2007, Nr. 19654, S. 31. Wie *Storz* auch *Hanfeld*, Frankfurter Allgemeine Zeitung v. 13.3.2008, Nr. 62, S. 40. Vgl. ferner *Grimberg*, taz v. 17.10.2007, Nr. 8405, S. 17.

931 *Storz*, zitiert in: Meisner, Der Tagesspiegel v. 1.9.2007, Nr. 19654, S. 31. Medienberichten zufolge war es die SPD-Medienholding dd_vg., die als seinerzeitige Mehrheitseignerin des betreffenden Verlages die Abberufung von *Storz* durchgesetzt hat (vgl. *o.V.*, Frankfurter Allgemeine Zeitung v. 21.3.2007, Nr. 68, S. 38; vgl. auch *Fülberth*, junge Welt v. 30.8.2007, Nr. 201, S. 3). Zur Einigung zwischen der *Frankfurter Rundschau* und *Wolfgang Storz* im Jahr 2007 vgl. *o.V.*, Frankfurter Allgemeine Zeitung v. 21.3.2007, Nr. 68, S. 38.

932 *Wettig-Danielmeier*, zitiert in: o.V., Frankfurter Allgemeine Zeitung, v. 18.10.2007, Nr. 242, S. 22.

933 *Wettig-Danielmeier*, zitiert in: o.V., DER SPIEGEL 34/2007 v. 20.8.2007, S. 78; anders: *Walther*, NG/FH 6/2011, S. 58.

vertrat sogar die Ansicht, sie hätte in dieser Causa „den richtigen Konflikt suchen müssen“[934].

Später kritisierte *Inge Wettig-Danielmeier*, über das Wirken des Chefredakteurs *Wolfgang Storz* werde „in verschiedenen Medien eine Legende gepflegt“, die *Storz* „als Opfer der intoleranten damaligen Mehrheitseigentümerin SPD“ darstelle[935]. „Tatsächlich“ lag der „Fehler“ nach Ansicht von *Inge Wettig-Danielmeier* aber „wohl darin“, dass die *Karl-Gerold*-Stiftung *Storz* „2002 zum Chefredakteur gemacht hatte und von ihm den entscheidenden Beitrag zur Sanierung des Unternehmens erwartete, den er nicht leisten konnte“[936].

Bemerkenswert ist bei alledem, dass *Inge Wettig-Danielmeier* anlässlich des Bekanntwerdens der hier vorgestellten Kontroverse zugab, auch schon früher Briefe an Zeitungen mit SPD-Anteilseigentum geschickt zu haben[937].

d) Zur Bedeutsamkeit selbst kleiner Parteibeteiligungen in den Medien

Wenn politische Parteien Medienbeteiligungen innehaben, ist nicht nur möglich, dass dies auch aus inhaltlichen Motiven erfolgt. Es besteht sogar „eine Art Anfangsverdacht“, dass *jede* solche Beteiligung, „und mag sie noch so gering sein, immer der politischen Einflussnahme dient“[938].

aa) Die politischen Parteien als (potentiell) besonders starke Minderheitseigentümer

Schon ganz allgemein gilt, dass bereits „eine kleine resolute Minderheit [...] in einer indifferenten Gesellschaftergruppe erheblichen Einfluss ausüben“ kann[939]. Im Blick speziell auf den Einfluss der politischen Parteien tritt hinzu, dass sich die Parteien „in besonderer Weise darauf [verstehen], die Interessen anderer Gruppen hinter ihre parteipolitische Formierung zu scharen“[940], und dies selbst dort, wo sie – wie im

934 *Wettig-Danielmeier*, zitiert in: Meisner, Der Tagesspiegel v. 1.9.2007, Nr. 19654, S. 31.

935 *Wettig-Danielmeier*, NG/FH 9/2011, S. 58.

936 *Wettig-Danielmeier*, a.a.O. Zur *Karl-Gerold*-Stiftung vgl. *Appelius*, Frankfurter Allgemeine Zeitung v. 14.5.2004, Nr. 112, S. 44.

937 Vgl. *Wettig-Danielmeier*, in: o.V., Frankfurter Allgemeine Zeitung v. 18.10.2007, Nr. 242, S. 22.

938 Vgl. *Schindler*, Die Partei als Unternehmer, 2006, S. 75 f.; anders: BVerfGE 121, 30 (58).

939 So *Cordes*, ZParl 40 (2009), S. 134 m.w.N.

940 *Graf Vitzthum*, HGR II, 2006, § 48 Rdnr. 50 Fn. 160.

Bereich der Binnenkontrolle des öffentlich-rechtlichen Rundfunks – formell in der Minderheit sind[941]. Dieser Befund ist im hier interessierenden Zusammenhang umso bedeutsamer, als sich „[ä]hnlich wie bei den Freundeskreisen in den Aufsichtsgremien des öffentlich-rechtlichen Rundfunks" auch bei den Gesellschaftern im privaten Rundfunk Interessenverbünde herausbilden können[942].

---

941 *Graf Vitzthum*, ebenda; in diesem Sinne auch *Grimm*, im Gespräch mit Armbruster, Frankfurter Allgemeine Zeitung v. 7.3.2009, Nr. 56, S. 38; *Ricker*, Öffentliche mündliche Anhörung des Innenausschusses des Hess. Landtags zu dem Gesetzentwurf der Landesregierung für ein Gesetz zur Änderung des Hessischen Pressegesetzes (Hess. LT-Drucks. 16/4393) in der 51. Sitzung am 17.11.2005, Sten. Bericht INA/16/51, S. 5; *Graf v. Pestalozza*, NJW 1981, 2161. Vermittels der sog. Freundeskreise der großen Parteien ist es möglich, „Personalentscheidungen an parteipolitischen Gesichtspunkten auszurichten" (*Grimm*, HdbVerfR, 2. Aufl., 1994, § 14 Rdnr. 75; s. auch *P. M. Huber*, Festschrift für Herbert Bethge, 2009, S. 507; *Wieland*, Die Freiheit des Rundfunks, 1984, S. 258, sowie – im Zuge der „Causa *Brender*" – *Hans H. Klein*, Frankfurter Allgemeine Zeitung v. 17.12.2009, Nr. 293, S. 8, und *Grimm*, im Gespräch mit Armbruster, Frankfurter Allgemeine Zeitung v. 7.3.2009, Nr. 56, S. 38). Bemängelt wurde insoweit in jüngerer Vergangenheit, die Freundeskreise der verschiedenen politischen Lager und die „Grauen" hätten sich vorab auf den neu zum ZDF-Intendanten gewählten *Thomas Bellut* geeinigt (vgl. hierzu *Hanfeld*, Eilantrag gegen ZDF-Intendantenwahl gescheitert, FAZ.NET v. 15.6.2011, im Internet abrufbar unter <http://www.faz.net/aktuell/feuilleton/medien/2.1756/die-wahl-im-zdf-eilantrag-gegen-zdf-intendantenwahl-gescheitert-1651649.html> [letzter Abruf 5.1.2012]). Auf harsche Kritik stieß es dabei namentlich, dass ein Bürger aus Hessen, der ebenfalls ZDF-Intendant werden wollte, vom Fernsehrat des Senders „nicht einmal zu einem Vorstellungsgespräch eingeladen" wurde (*Hanfeld*, a.a.O.). Das OVG Rheinland-Pfalz hat dies allerdings nicht beanstandet (vgl. OVG Rheinland-Pfalz, DVBl. 2011, 1110). Beim MDR sollte in jüngerer Vergangenheit *Bernd Hilder* „mit sanftem Druck der Union und besonders der sächsischen Staatskanzlei" auf den Intendantenposten „geschoben werden" (so *Grimberg*, taz v. 27.9.2011, Nr. 9609, S. 18). Dieses Unterfangen scheiterte allerdings. Zur Intendantin gewählt wurde hier die bisherige Justitiarin des Senders, *Karola Wille*.

942 So richtig: BVerfGE 121, 30 (67). Das Thema der Freundeskreise spielte dem Vernehmen nach auch bei der Präsidentenwahl bei der BLM im Jahr 2011 eine zentrale Rolle (vgl. *Auer/Szymanski*, Süddeutsche Zeitung v. 2.2.2011, Nr. 26, S. 39). Es wurde ferner im Vorfeld der Direktorenwahl bei der Landesanstalt für Medien und Kommunikation (LMK) in Rheinland-Pfalz virulent (vgl. *Widmann*, Süddeutsche Zeitung v. 21.12.2011, Nr. 294, S. 15). Im Blick speziell auf Medienbeteiligungen von Parteien ist des Weiteren nicht zu übersehen, dass diese regelmäßig auch zu „publizistischen Koalitionen" zwischen den betreffenden Parteien und anderen Medienunternehmern führen (vgl. *H. M. Kepplinger*, zitiert in: Bähr, FOCUS 13/2000 v. 27.3.2000, S. 281;

bb) Zur Unmöglichkeit der Bestimmung irrelevanter Beteiligungen

Die Hessische Landesregierung hat im Verfahren zum Hessischen Privatrundfunkgesetz zu Recht die Position bezogen, nur mit einem *gänzlichen* Ausschluss der Rundfunkbeteiligungen von Parteien lasse sich der Gefahr begegnen, dass Parteien auf die Sendungen des privaten Rundfunks inhaltlichen Einfluss übten[943]. Es gibt keine Schwelle, unterhalb derer eine Einflussnahme von Seiten einer Partei unmöglich erscheint[944]. Selbst bei bloßen Bagatellbeteiligungen von Parteien kann ein „subtiler Einfluss" der Parteien nicht ausgeschlossen werden[945].

cc) Zur inhaltlichen Relevanz von Minderheitsbeteiligungen und mittelbaren Beteiligungen (BVerfGE 121, 30 ff.)

Auch das Bundesverfassungsgericht hat im Verfahren zum Hessischen Privatrundfunkgesetz ausgeführt, Einwirkungsmöglichkeiten auf die Unternehmensstrategie ergäben sich „auch für Minderheitsgesellschafter aus der Möglichkeit der Ausübung von Informations- und Kontrollrechten, der Ablehnung von Beschlüssen, die der Zustimmung einer qualifizierten Mehrheit bedürfen, der Möglichkeit zur Erhebung von Gesellschafterklagen (actio pro socio), der Anfechtung von Gesellschafterbeschlüssen, der Klage auf Auflösung der Gesellschaft oder der Ankündigung des Austritts mit dem dann entstehenden Abfindungsanspruch"[946]. Es hat

Feser, Vermögensmacht und Medieneinfluss, 2003, S. 308: „Seilschaften"). Vgl. in diesem Zusammenhang auch *Hanfeld*, Frankfurter Allgemeine Zeitung v. 13.3.2008, Nr. 62, S. 40: „Über die dd_vg. kooperiert die SPD mit den anderen großen Verlagskonzernen des Landes, mit der WAZ, mit Madsack (wo man selbst 23 Prozent der Anteile hält), mit Springer, mit DuMont Schauberg, mit dem Verleger *Ippen* und mit der Südwestdeutschen Medienholding".

943 So der damalige Leiter der Hessischen Staatskanzlei, *Stefan Grüttner* (vgl. *ders.*, in: Pressemitteilung der Hessischen Staatskanzlei v. 19.9.2007).

944 Vgl. *Grüttner* (zitiert in: o.V., Der Tagesspiegel v. 20.9.2007, Nr. 19673, S. 35).

945 So richtig der Bevollmächtigte der Hessischen Landesregierung im Verfahren zum Hessischen Privatrundfunkgesetz, *Möstl*, zitiert in: o.V., Karlsruhe prüft Grenzen der Beteiligung von Parteien am Privatfunk, Agence France-Presse-Bericht v. 19.9.2007, Nr. DEU112. Auf der nämlichen Linie: *Ricker*, Zusammenfassende Stellungnahme zur geplanten Änderung der Publizitätspflicht im Hessischen Pressegesetz v. 9.11.2005, Ausschussvorlage INA/16/40, Teil 2, S. 61. Vgl. auch Nds. StGH, LVerfGE 16, 377 (392).

946 BVerfGE 121, 30 (63). Zustimmend: *Poscher*, Stellungnahme zu dem Entwurf eines Gesetzes zur Neuregelung der Beteiligung von Unternehmen im Hessischen Privatrundfunkgesetz, Hess. LT-Drucks. 17/503, Ausschussvorlage HAA/17/5, Teil 2, S. 48.

den Blick auf die „Möglichkeit von Stimmrechtsvereinbarungen der Gesellschafter oder gesonderter gesellschaftsvertraglicher Regelungen, die ebenfalls höhere Einflussmöglichkeiten eines bestimmten Gesellschafters auf die Geschicke des betreffenden Unternehmens vorsehen können“ gelenkt[947]. Dabei hat es hervorgehoben, entscheidend sei insoweit „nicht allein der nominale Anteil am Kapital oder an Stimmrechten, sondern der tatsächliche Einfluss auf die Programmgestaltung oder die Programminhalte“[948]. Ferner hat das Gericht betont, (auch) eine fehlende Veröffentlichung von Minderheitsbeteiligungen oder von mittelbaren Beteiligungen könne sich „erheblich auf die öffentliche und individuelle Meinungsbildung auswirken“[949].

dd) Zum Problem der „Schere im Kopf“ des Journalisten

Auch das Problem der Schere im Kopf von Journalisten, die für Medien mit Parteibeteiligung tätig sind, stellt sich schon im Falle kleiner Beteiligungen. Denn auch solche vermitteln, wie *Johannes Weberling* ausführt, „nicht nur vielleicht einen gesellschaftsrechtlichen Einfluss“, sondern auch und „vor allem einen inhaltlichen Einfluss“[950]. *Weberling* begründet dies damit, dass man gegenüber jemandem, mit dem man in einer Gesellschafterversammlung am Tisch sitze, eine – sub specie freiheitlicher Kommunikation verpönte[951] – „Beißhemmung“ an den Tag lege[952].

Sicherlich entfaltet die Schere im Kopf des Journalisten auch bei Medien *ohne* Parteibeteiligung ihre die Meinungsvielfalt zumindest beeinträchtigende Wirkung. Selbstzensur gehört sogar nach der provozierenden Einschätzung eines renommierten Journalisten zur „Grundausstattung“ jedes Journalisten[953]. Allerdings darf nicht

947 BVerfGE 121, 30 (63).

948 BVerfGE 121, 30 (63).

949 BVerfGE 121, 30 (67).

950 *Weberling*, Statement, in: Bachmann/Daubner/Krüger, Unübersichtlich und millionenschwer – Das Geschäftsimperium der SPD, report München v. 23.10.2000, Sendungstranskript, S. 17.

951 Hierzu: *v. Coelln*, Diskussionsbeitrag, in: Stern/Peifer/Hain (Hrsg.), Publizistischer und ökonomischer Wettbewerb unter den Bedingungen der neuen Medienwelt, 2010, S. 108; vgl. auch *Limbach*, AfP 1999, 413 ff., sowie *Lehr*, Frankfurter Allgemeine Zeitung v. 9.4.2002, Nr. 82, S. 12.

952 *Weberling*, Statement, in: Bachmann/Daubner/Krüger, Unübersichtlich und millionenschwer – Das Geschäftsimperium der SPD, report München v. 23.10.2000, Sendungstranskript, S. 17.

953 Vgl. *Ulrich Wickert*, in: Broder (Hrsg.), Die Schere im Kopf, 1976, S. 138; vgl. zum Thema auch *Th. Eschenburg*, in: Jaspers/Sarraute/Toynbee/Eschenburg, Werden

außer Betracht bleiben, dass der durch Medienbeteiligungen von politischen Parteien verursachten Schere eine ganz besondere Qualität zukommt. Denn diese betrifft *die politischen Machthaber*[954]. Letztlich bringen Medienbeteiligungen von Parteien die Gefahr mit sich, dass „die maßgeblichen Akteure auf der politischen Bühne" zugleich „die maßgeblichen Rezensenten" werden[955]. Das tangiert eine Demokratie mehr als andere Fälle journalistischer Selbstdisziplinierung[956]; der „chilling effect on freedom of expression"[957] erscheint insofern weitaus bedeutsamer als in anderen Fällen[958].

e) Fazit

Entgegen weit verbreiteter Ansicht ist von einer hohen praktischen Relevanz der Frage auszugehen, ob Medienbeteiligungen von Parteien mit der verfassungsgebotenen Freiheitlichkeit der politischen Willensbildung vereinbar sind.

---

wir richtig informiert?, 1964, S. 84, sowie *Günter Grass*, Süddeutsche Zeitung v. 4.7.2011, Nr. 151, S. 11, und *Kloepfer*, Verfassungsrecht II, 2010, § 61 Rdnr. 186.

954 Vgl. hierzu *v. Arnim*, APuZ 21/1990, S. 28 (allerdings ohne die hier vorgenommene Akzentuierung; vgl. auch *ders.*, Das System, 2001, S. 194 ff.). Zur „Schere im Kopf" des Journalisten s. auch *Bethge*, HStR IX, 3. Aufl., 2011, § 203 Rdnr. 87, sowie *Mahrenholz*, in: Stern (Hrsg.), 40 Jahre Grundgesetz, 1990, S. 104. Gegen die Bedeutsamkeit der Schere im Kopf im Kontext des hiesigen Themas (im Blick auf das Medienengagement der SPD) allerdings *H. M. Kepplinger*, der der Auffassung ist, eine „Linientreue" bei der Einstellung von Redakteuren mache die Schere im Kopf der Journalisten „überflüssig" (*H. M. Kepplinger*, zitiert in: Bähr, FOCUS 13/2000 v. 27.3.2000, S. 281).

955 Vgl. hierzu *Morlok*, Gutachten zum Entwurf zur Änderung des Niedersächsischen Mediengesetzes (Gesetzentwurf der Fraktionen der CDU und der FDP, Nds. LT-Drucks. 15/450) anlässlich der Anhörung des Ausschusses für Bundes- und Europaangelegenheiten und Medien des Niedersächsischen Landtags am 24.11.2003, Vorlage 14 zu Nds. LT-Drucks. 15/450, S. 3; vgl. ferner *Scholz*, Deutschland – in guter Verfassung?, 2004, S. 135 f.; *Sannwald*, in: Schmidt-Bleibtreu/Hofmann/Hopfauf (Hrsg.), GG, 12. Aufl., 2011, Art. 21 Rdnr. 60; *Köhler*, Parteien im Wettbewerb, 2006, S. 203; *Köppl*, ZfP 53. Jg. (2006), S. 441.

956 Vgl. dazu auch BVerfGE 121, 30 (57 f.), wo dem Rundfunk eine „*besondere* Kontrollfunktion gegenüber staatlichem Handeln" zugesprochen wird (Hervorhebung nur hier).

957 Wendung nach EGMR, Urteil v. 10.5.2011 – 48009/08, BeckRS 2011, 14019 (*Max Mosley*), Rdnr. 126. Zum Begriff des „chilling effect" näher *Koreng*, Zensur im Internet, 2010, S. 34 Fn. 70.

958 Anders (in seiner Stellungnahme zum Einstieg der SPD-Medienholding bei der *Frankfurter Rundschau*) *Nonnenmacher*, zitiert in: Baumgartner, Die Presse v. 31.3.2004, Nr. 16838, S. 31.

Die entsprechende Frage hat, wie eingangs bereits angesprochen[959], drei Hauptdimensionen: Zum ersten ist zu untersuchen, ob (zumindest partiell) eine verfassungsrechtlich begründete funktionale Unvereinbarkeit von Parteien und Medien besteht (hierzu im Folgenden unter C.). Zum zweiten stellt sich das Problem, ob Medienbeteiligungen von Parteien mit dem Grundsatz der Staatsfreiheit der Medien vereinbar sind (s. hierzu D.). Zum dritten ist dem Anschlussproblem nachzugehen, ob speziell Rundfunkbeteiligungen von Parteien mit der verfassungsgebotenen Überparteilichkeit des Rundfunks in Einklang stehen (sub E.).

Diese Fragen gilt es im Folgenden zu beantworten.

C. Unvereinbarkeit der Funktionen von Parteien und Medien unter dem Aspekt (auch) der Freiheitlichkeit der politischen Willensbildung?

Medienbeteiligungen von politischen Parteien wären in jedem Fall auch dann verfassungsrechtlich unzulässig, wenn zwischen den Funktionen von Parteien und Medien (auch) im Blick auf die Freiheitlichkeit der politischen Willensbildung eine verfassungsrechtliche Inkompatibilität bestünde[960]. Eine verfassungsrechtlich gebotene Trennung von Parteien und Medien unter diesem Aspekt könnte zum einen der Funktion der *Medien* nach Art. 5 Abs. 1 S. 2 GG (hierzu sogleich unter I.) und zum anderen der Funktion der *Parteien* aus Art. 21 Abs. 1 S. 1 GG geschuldet sein (sub II.).

I. Funktionale Unvereinbarkeit von Parteien und Medien aufgrund der Funktion der *Medien*?

1. *Markus Möstl*: Funktionale Unvereinbarkeit von Parteien und Medien

Die Auffassung, es bestehe eine strukturelle und der Funktion der *Medien* geschuldete Inkompatibilität von Parteien und Medien, wird namentlich von *Markus*

959 Oben, Kap. 1 D. III. 1., S. 58.

960 Zur (funktionalen) Inkompatibilität von Parteien und Medien unter dem Aspekt, dass die medienwirtschaftliche Betätigung ein Unterfall der den Parteien durch Art. 21 Abs. 1 S. 1 GG verbotenen erwerbswirtschaftlichen Betätigung ist, s. oben, Kap. 4 C. VII., S. 151 ff.

Möstl vertreten[961]. Er ist der Ansicht, die Funktionen von Parteien und Medien erwiesen sich, zumindest partiell, als inkompatibel[962]. *Möstl* führt aus: „Die zu Kontrollierenden (die Parteien) sollen sich nicht selbst kontrollieren (als Medienbetreiber), die zu Vermittelnden nicht selbst zu den Mittlern werden“[963].

Im Einzelnen differenziert *Möstl* allerdings zwischen dem Rundfunk einerseits und der Presse (sowie den Telemedien) andererseits. Er führt aus, die Pressefreiheit gem. Art. 5 Abs. 1 S. 2 GG sei eine „gerade auch im Veranstalterinteresse an einer möglichst wirkkräftigen Verbreitung eigener Meinungen bestehende Freiheit“, auf die sich grundsätzlich auch die Parteien in vollem Umfang berufen könnten[964]. Insofern lägen die Dinge anders als beim Rundfunk. Der Rundfunk sei „kein im Interesse des Veranstalters bestehendes Instrument der Verbreitung eigener Meinungen“, sondern „ein im demokratiestaatlichen Interesse bestehendes Medium der kritischen Berichterstattung und Vermittlung der Vielfalt der anzutreffenden Meinungen sowie der Kontrolle des politischen Geschehens“[965]. Er könne die ihm zukommende „Rolle eines freien Kontrollorgans und kritischen Mittlers zwischen Politik und Volk“ nicht erfüllen, wenn er seinerseits von der Politik kontrolliert werde[966]. Deshalb sei es nicht nur verfassungsrechtlich zulässig, sondern geboten, die Parteien von der Veranstaltung klassischen Rundfunks auszuschließen[967]. Im Bereich von Presse und Telemedien hingegen reiche es prinzipiell aus, wenn der Gesetzgeber Offenlegungspflichten statuiere[968]. Solche Pflichten überführten die Parteibeteiligung „aus dem problematischen Bereich der Inkompatibilität von Parteien und parteineutralen ‚Berichterstattungs-Medien‘ in den seinerseits

961 Zuletzt *Möstl,* AöR Bd. 135 (2010), S. 137.

962 *Möstl*, DÖV 2003, 110; *ders.*, AöR Bd. 135 (2010), S. 136 f.

963 *Möstl*, DÖV 2003, 110.

964 *Möstl*, Stellungnahme zum Gesetzentwurf der Fraktionen der CDU und der FDP zur Änderung des Niedersächsischen Mediengesetzes (Nds. LT-Drucks. 15/450), Vorlage 6 zu Nds. LT-Drucks. 15/450, S. 3; vgl. auch *ders.*, in: Lindner/Möstl/Wolff, Verfassung des Freistaates Bayern, 2009, Art. 111 Rdnr. 14.

965 *Möstl*, Stellungnahme zum Gesetzentwurf der Fraktionen der CDU und der FDP zur Änderung des Niedersächsischen Mediengesetzes (Nds. LT-Drucks. 15/450), Vorlage 6 zu Nds. LT-Drucks. 15/450, S. 2. Vgl. auch *Birkert/Reiter/Scherer* (Hrsg.), Landesmediengesetz Baden-Württemberg, Kommentar, Nachtrag zur 2. Aufl., 2003, Erl. zu § 13 n.F., Rdnr. 4.

966 *Möstl*, a.a.O.

967 *Möstl*, DÖV 2003, 113.

968 *Möstl*, DÖV 2003, 113. Für die Telemedien dürften seines Erachtens die von ihm für den Pressebereich erarbeiteten Grundsätze zur Anwendung gelangen (vgl. *ders.*, a.a.O., 112 Fn. 45).

zulässigen und von der Partei-Veranstalterfreiheit gedeckten Bereich von Medien, die von den Parteien offen als Instrument im politischen Meinungskampf eingesetzt werden"[969].

2. Der Ansatz von *Möstl* im Spiegel von Rechtsprechung und Literatur

a) Rechtsprechung

Das Bundesverfassungsgericht hat im Verfahren zum Hessischen Privatrundfunkgesetz betont, der – seiner Ansicht nach bestehenden – grundrechtlichen Position der Parteien bei der Zulassung zum Privatrundfunk könne nicht entgegengehalten werden, es bestünde eine strukturelle Unvereinbarkeit von politischen Parteien und Rundfunk[970]. Zwar komme dem Rundfunk eine besondere Kontrollfunktion gegenüber staatlichem Handeln zu[971]. Doch sei diese lediglich eine der vielfältigen Aufgaben des Rundfunks; sie sei im Bereich des privaten Rundfunks auch nicht von jedem Rundfunkunternehmen gleichermaßen zu gewährleisten[972].

Dies liegt auf der Linie des Niedersächsischen Staatsgerichtshofs. Auch dieser hat in seinem Urteil zu den Rundfunkbeteiligungen von politischen Parteien hervorgehoben, der Rundfunk sei von Art. 5 Abs. 1 S. 2 GG (welchen der Gerichtshof i.V.m. der landesrechtlichen Bestimmung des Art. 3 Abs. 2 NdsVerf. anführt) nicht von vornherein ausschließlich als ein unabhängiges Medium der kritischen Berichterstattung und Vermittlung konzipiert[973].

b) Literatur

In der Literatur hat *Möstl* hingegen Zustimmung erfahren[974]. Vielfach wurde sein Ansatz allerdings auch abgelehnt. So hat *Hendrik Reffken* bemerkt, weder das

---

969 *Möstl*, DÖV 2003, 111.

970 BVerfGE 121, 30 (57).

971 BVerfGE 121, 30 (57 f.).

972 BVerfGE 121, 30 (58), mit Bezugnahme auf BVerfGE 73, 118 (159 f., 171).

973 Vgl. Nds. StGH, LVerfGE 16, 377 (388).

974 *Schmitt Glaeser*, HStR III, 3. Aufl., 2005, § 38 Rdnr. 52; *Kunig*, HStR III, 3. Aufl., 2005, § 40 Rdnr. 92 Fn. 210; *Cordes*, ZParl 40 (2009), S. 130 ff.; *Feser*, Vermögensmacht und Medieneinfluss, 2003, S. 312 f. Vgl. auch die (von *Markus Möstl* vertretene) Hessische Landesregierung im Verfahren zum Hessischen Privatrundfunkgesetz (BVerfGE 121, 30 [40 f.]), sowie die FDP-Bundestagsfraktion in ihrem Entwurf zur Änderung des Parteiengesetzes v. 5.5.2004 (BT-Drucks. 15/3097, Begründung, S. 4 f.; s. zu diesem Entwurf bereits oben, Kap. 3 E. II., S. 109 f.).

einzelne Medienunternehmen[975] noch die Medienunternehmen in ihrer Gesamtheit[976] seien verfassungsrechtlich verpflichtet, bestimmte Aufgaben zu erfüllen[977]. Die „öffentliche Aufgabe" der Medien sei „keine verfassungsrechtlich verbindliche, sondern allenfalls eine medienpolitische Forderung"[978]. Verfassungsrechtlich relevante Rückschlüsse könnten aus ihr nicht gezogen werden[979]. Es sei allein Aufgabe des Gesetzgebers, zu gewährleisten, dass der Anteil an Medienunternehmen mit Parteibeteiligung auf dem Medienmarkt nicht einen Umfang erreiche, „bei dem das existentielle Funktionieren des Prozesses freier individueller und öffentlicher Meinungsbildung gefährdet" sei[980].

3. Stellungnahme

a) Die Funktion der Medien in der Demokratie

Den Medien kommt höchste demokratische Relevanz zu. Ohne ihre Freiheit ist ein freiheitlicher Staat schlechterdings nicht denkbar[981]. Das Bundesverfassungsgericht hat die Rolle der Medien in der Bundesrepublik Deutschland in seiner bekannten *Spiegel*-Entscheidung[982] mit den folgenden klassischen Worten umschrieben:

---

975 *Reffken*, Politische Parteien und ihre Beteiligungen an Medienunternehmen, 2007, S. 296.

976 *Reffken*, a.a.O., S. 303.

977 *Markus Möstl* hat auf diese Kritik geantwortet (*ders.*, AöR Bd. 135 [2010], S. 137). Er ist der Meinung, „dass jedenfalls das Rundfunkrecht im Interesse der Funktionsfähigkeit des Rundfunks traditionell sehr wohl Anforderungen an den einzelnen Rundfunkveranstalter" stelle. Auch das Bundesverfassungsgericht habe in seinem Urteil zum Hessischen Privatrundfunkgesetz (BVerfGE 121, 30 ff.) bei der Anwendung des Grundsatzes der Staatsfreiheit des Rundfunks auf die politischen Parteien auf das *einzelne* Unternehmen abgestellt.

978 *Reffken*, Medienmacht SPD, ZEIT ONLINE v. 11.3.2008, abrufbar unter <http://www.zeit.de/online/2008/11/parteien-medien-reffken> [letzter Abruf 5.1.2012].

979 *Reffken*, ebenda.

980 *Reffken*, Politische Parteien und ihre Beteiligungen an Medienunternehmen, 2007, S. 303.

981 *Steiner*, in: Gottwald (Hrsg.), Recht und Gesellschaft in Deutschland und Japan, 2009, S. 17. Vgl. auch *Hoffmann-Riem*, in: Berka/Grabenwarter/Holoubek (Hrsg.), Unabhängigkeit der Medien, 2011, S. 52 f.; *Grimm*, in: Heun/Honecker/Morlok/Wieland (Hrsg.), Evangelisches Staatslexikon, Neuausgabe 2006, Stichwort „Medien", Sp. 1498.

982 BVerfGE 20, 162 (175).

„In der repräsentativen Demokratie steht die Presse zugleich als ständiges Verbindungs- und Kontrollorgan zwischen dem Volk und seinen gewählten Vertretern in Parlament und Regierung. Sie fasst die in der Gesellschaft und ihren Gruppen unaufhörlich sich neu bildenden Meinungen und Forderungen kritisch zusammen, stellt sie zur Erörterung und trägt sie an die politisch handelnden Staatsorgane heran, die auf diese Weise ihre Entscheidungen auch in Einzelfragen der Tagespolitik ständig am Maßstab der im Volk tatsächlich vertretenen Auffassungen messen können“[983].

Es liegt auf dieser Linie, wenn es im *Cicero*-Urteil des Bundesverfassungsgerichts heißt:

„Die Freiheit der Medien ist konstituierend für die freiheitliche demokratische Grundordnung. Eine freie Presse und ein freier Rundfunk sind daher von besonderer Bedeutung für den freiheitlichen Staat. Dementsprechend gewährleistet Art. 5 Abs. 1 S. 2 GG den im Bereich von Presse und Rundfunk tätigen Personen und Organisationen Freiheitsrechte und schützt darüber hinaus in seiner objektiv-rechtlichen Bedeutung auch die institutionelle Eigenständigkeit der Presse und des Rundfunks“[984].

Auch in seinem *Lissabon*-Urteil hat das Gericht ausgeführt, kulturelle Fragen wie jene nach der Ordnung der Meinungs-, Presse- und Versammlungsfreiheit gehörten zu den „wesentlichen Bereichen demokratischer Gestaltung“[985].

b) Beeinträchtigung dieser Funktion durch ein Medienengagement von Parteien?

Die so umrissene demokratienotwendige Funktion der Medien kann durch ein Engagement der politischen Parteien im Bereich der Medien beeinträchtigt werden. Dies gilt gerade dann, wenn sich politische Parteien medienunternehmerisch betätigen[986]. Es wurde bereits dargelegt, dass medienunternehmerisch tätige Parteien zumindest auf ein Agenda-Cutting bedacht sein werden, also darauf, für sie nicht günstige Aspekte zu unterdrücken[987]. Das unterminiert nicht zuletzt die *indirekte*

---

983 Die Literatur teilt diese Ansicht, vgl. nur *v. Coelln*, Zur Medienöffentlichkeit der Dritten Gewalt, 2005, S. 172 ff.; *Grimm*, in: Heun/Honecker/Morlok/Wieland (Hrsg.), Evangelisches Staatslexikon, Neuausgabe 2006, Stichwort „Medien“, Sp. 1498 ff.; *Kübler*, Medien, Menschenrechte und Demokratie, 2008, Kap. 2, § 5 II., S. 52 ff.; *Kloepfer*, HStR III, 3. Aufl., 2005, § 42 Rdnrn. 35 ff.

984 BVerfGE 117, 244 (258 f.) – Rückverweise entfernt.

985 BVerfGE 123, 267 (358).

986 Vgl. auch *Möstl*, AöR Bd. 135 (2010), S. 137.

987 Hierzu: *Brettschneider*, in: v. Alemann/Marschall (Hrsg.), Parteien in der Mediendemokratie, 2002, S. 78, sowie oben, Kap. 1 D. III. 2., S. 59 f.; vgl. auch den früheren Bundeswirtschaftsminister *Wolfgang Clement*, zitiert in: o.V., „Mit Grundrechten nicht vereinbar“, sueddeutsche.de v. 30.11.2008, abrufbar unter <http://www.sueddeutsche.

Kontrollfunktion der Medien, wie sie darin besteht, den verschiedenen politischen Akteuren eine Plattform zu bieten[988], und kann gerade dann „politisch fatale Konsequenzen“ haben, wenn sich ein Thematisierungsdruck aufstaut[989]. Gezeigt wurde ferner, dass es (gleichsam umgekehrt) auch dazu kommen kann, dass aufgrund politischer Einflussnahme bestimmte Themen ins Blatt „gedrückt“ werden sollen[990], oder dass Journalisten, die bei Medien mit Parteibeteiligungen arbeiten, gerade wegen dieser Beteiligungen eine „Beißhemmung“ an den Tag legen[991]. Auf diese Weise kommt es zu einer Interessenskollision zwischen Kontrolleur und Kontrolliertem[992] und damit zu einer strukturellen Funktionsstörung[993].

c) Folge: Verfassungsrechtlich begründete Unvereinbarkeit von Parteien und Medien?

Zu einer Verfassungswidrigkeit der Medienbeteiligungen von Parteien würden die genannten Aspekte allerdings nur führen, wenn zwischen Parteien und Medien eine *verfassungsrechtlich* begründete Inkompatibilität bestünde. Eine solche setzte voraus, dass es sich bei der Funktion der Medien um eine solche *normativer* Art im Sinne eines Verfassungsauftrags handelt[994].

Diese Bedingung ist, jedenfalls im Blick auf die (im Mittelpunkt der vorliegenden Untersuchung stehenden) in Privatrechtsform betriebenen Medien, nicht erfüllt. Die Ansicht von *Reffken*, weder das einzelne Medienunternehmen noch die Medienunternehmen in ihrer Gesamtheit seien *verfassungsrechtlich* verpflichtet, bestimmte Aufgaben zu erfüllen, ist zutreffend. Zwar wird insbesondere der

---

de/politik/clement-keilt-gegen-die-spd-mit-grundrechten-nicht-vereinbar-1.367820> [letzter Abruf 5.1.2012].

988 *Strohmeier*, Politik und Massenmedien, 2004, S. 89.

989 *Luhmann*, Die Politik der Gesellschaft, 2000, S. 309. Vgl. auch *v. Arnim*, Politische Parteien im Wandel, 2011, S. 39.

990 S. hierzu dieses Kapitel, B. III. 2. c) dd), S. 185 ff.

991 Vgl. dieses Kapitel, B. III. 2. d) dd), S. 191.

992 *Schmitt Glaeser*, Der freiheitliche Staat des Grundgesetzes, 2008, S. 186; vgl. auch *ders.*, HStR III, 3. Aufl., 2005, § 38 Rdnr. 52. S. auch *Möstl*, AöR Bd. 135 (2010), S. 137. Vgl. ferner *v. Arnim*, APuZ 21/1990, S. 28; *v. Alemann* (unter Mitarbeit von *Erbentraut* u. *J. Walther*), Das Parteiensystem der Bundesrepublik Deutschland, 4. Aufl., 2010, S. 137.

993 Wendung nach *Möstl*, DÖV 2003, 111; vgl. auch *Schmitt Glaeser*, HStR III, 3. Aufl., 2005, § 38 Rdnr. 52.

994 *Reffken*, Politische Parteien und ihre Beteiligungen an Medienunternehmen, 2007, S. 283 sowie S. 304 und S. 307.

Presse eine „öffentliche Aufgabe" zugeschrieben[995]. Ebenso wenig aber, wie sich mit dieser Aufgabe Sonderrechte für dieses Medium begründen lassen, lassen sich mit ihr Sonderpflichten der Presse begründen[996]. Gerade auch insofern gilt, dass die Kommunikationsmittel „nicht zu pflichtigen Demokratiemissionaren hochstilisiert werden [dürfen]"[997]. Im Blick auf die Presse geht damit anerkanntermaßen einher, dass diese keinerlei inhaltlichen Vorgaben im Sinne eines Ausgewogenheits- oder Vielfaltsgebots unterliegt[998]. Sie genießt vollumfänglichen Tendenzschutz[999], welcher auch das Recht zur Einseitigkeit und Parteinahme beinhaltet[1000]. Mehr noch: Sogar, ob die Presse von ihrer Freiheit Gebrauch macht, ist prinzipiell Grundrechtsvoraussetzung, nicht Grundrechtspflicht dieses Akteurs[1001].

Doch auch im Blick auf den privaten Rundfunk liegen die Dinge prinzipiell nicht anders[1002]. Die (auch diesem zufallende) öffentliche Aufgabe[1003] ist nur solange unbedenklich, wie sie „nicht zu einem Grundpflichtenstatus zu Lasten der Grundrechtsträger mit konkreten Obliegenheiten umgepolt wird"[1004]. *Herbert Bethge* hat Recht, wenn er bemerkt, eine „derart reflektierte und disziplinierte Funktionalisierung" mindere nichts an Grundrechtssubstanz, weil es mehr um

---

995 Vgl. BVerfGE 20, 162 (175).

996 Richtig: *Schwetzler*, Persönlichkeitsschutz durch Presseselbstkontrolle, 2005, S. 95 m.w.N.

997 So plastisch: *Bethge*, HStR IX, 3. Aufl., 2011, § 203 Rdnr. 89. Vgl. auch *Bullinger*, in: Löffler, Presserecht, 5. Aufl., 2006, § 3 Rdnr. 20. S. auch *Reffken*, Politische Parteien und ihre Beteiligungen an Medienunternehmen, 2007, S. 307 (unter zutreffendem Hinweis auf die insoweit bestehende Divergenz zur Aufgabe der politischen Parteien).

998 Vgl. *Stürner*, AfP 2002, 284. S. auch *Bullinger*, in: Löffler, Presserecht, 5. Aufl., 2006, § 3 Rdnr. 55; *Ladeur*, in: Paschke/Berlit/Meyer (Hrsg.), Hamburger Kommentar – Gesamtes Medienrecht, 2. Aufl., 2012, Kap. 3, 4. Abschn., Rdnr. 11.

999 Vgl. hierzu BVerfGE 52, 283 (296).

1000 S. *Bethge*, Festschrift für Walter Schmitt Glaeser, 2003, S. 473. Entsprechendes gilt im Blick auf in Privatrechtsform betriebene Telemedien (vgl. *Müller-Terpitz*, AfP 2008, 340).

1001 So richtig (und im Blick auch auf andere Medien) *Christian Bamberger*, in: Demel et al. (Hrsg.), Funktionen und Kontrolle der Gewalten, 2001, S. 315, der auf die Betriebspflicht (nur) des öffentlich-rechtlichen Rundfunks hinweist (a.a.O., Fn. 47, unter Bezugnahme auf *Bethge*, NJW 1982, 2147 f.).

1002 *Reffken*, Politische Parteien und ihre Beteiligungen an Medienunternehmen, 2007, S. 307.

1003 BVerfGE 97, 228 (267).

1004 *Bethge*, DÖV 2002, 677. Fundamentalkritisch: *A. Arndt*, in: Löffler (Hrsg.), Die Rolle der Massenmedien in der Demokratie, 1966, S. 4 ff.

Grundrechtserwartungen denn um sanktionierbare Auflagen gehe[1005]. Er führt aus, (auch) private Rundfunkveranstalter dürften nicht als „Erfüllungsgehilfen einer objektiven Kommunikationsordnung" angesehen werden[1006]. An dieser Sicht gilt es auch in Zeiten einer zunehmenden Boulevardisierung (auch) des Programmangebots der öffentlich-rechtlichen Sender[1007] festzuhalten[1008]. Im *extra-radio*-Beschluss des Bundesverfassungsgerichts heißt es: „Die Rundfunkfreiheit ist in ihrem Kern Programmfreiheit. Sie gewährleistet, dass der Rundfunk frei von externer Einflussnahme entscheiden kann, wie er seine publizistische Aufgabe erfüllt"[1009]. Anders als dies bei *Markus Möstl* zumindest durchscheint, kommt (auch) Hörfunk und Fernsehen nicht nur eine Medien-Funktion zu. Auch Hörfunk und Fernsehen stellen „selbst einen entscheidenden Faktor in dem permanenten Prozess der öffentlichen Meinungs- und Willensbildung dar"[1010]. Die Programmfreiräume der privaten Rundunkveranstalter sind dabei deutlich „größer als diejenigen der öffentlich-rechtlichen Anstalten, die zur Objektivität, Ausgewogenheit,

---

1005 *Bethge*, DÖV 2002, 677; s. ferner *Hain*, K&R 2010, 639. Auf der Basis der hier bezogenen Position zielte es ins Leere, dass der seinerzeitige Leiter der Hessischen Staatskanzlei, *Grüttner*, in der mündlichen Verhandlung in Sachen Hessisches Privatrundfunkgesetz vom 19.9.2007 vor dem Bundesverfassungsgericht betonte, der Umstand, dass die SPD ihren Anspruch auf Teilhabe am privaten Rundfunk „offensichtlich ausschließlich mit wirtschaftlichen Interessen" begründe, laufe dem Aspekt zuwider, dass der Privatfunk „kein Wirtschaftsunternehmen mit angeschlossenem Sendebetrieb" sei, sondern, nicht anders als der öffentlich-rechtliche Rundfunk, einen „Auftrag zur unabhängigen Berichterstattung" habe (*Grüttner*, zitiert in: o.V., epd medien 78/2007 v. 3.10.2007, S. 23).

1006 *Bethge*, DÖV 2002, 677 m.w.N.; vgl. auch *ders.*, HStR IX, 3. Aufl., 2011, § 203 Rdnr. 90. S. auch *v. Coelln*, Zur Medienöffentlichkeit der Dritten Gewalt, 2005, S. 174.

1007 Hierzu *Bethge*, Diskussionsbeitrag, in: BLM-Symposion Medienrecht 2011, 2011, S. 136; *Vesting*, BLM-Symposion Medienrecht 2011, 2011, S. 46 f.; *Schertz/Höch*, Privat war gestern, 2011, S. 182 ff.; Süddeutsche Zeitung v. 15./16.10.2011, Nr. 238, S. 1 (Titel): „Langeweile als Programm".

1008 Vgl. *Bethge*, Diskussionsbeitrag, in: BLM-Symposion Medienrecht 2011, 2011, S. 136.

1009 BVerfGE 97, 298 (310), unter Rückverweis auf BVerfGE 59, 231 (258); 87, 181 (201); 90, 60 (87). Zur Programmfreiheit als Kern der Rundfunkfreiheit vgl. auch *Bethge*, Festschrift für Walter Rudolf, 2001, S. 406; *Stern*, Staatsrecht IV/1, 2006, § 110 III 1, S. 1679 ff.

1010 BVerfGE 35, 202 (222), unter Bezugnahme auf BVerfGE 12, 113 (125); 12, 205 (260).

Neutralität und Tendenzlosigkeit gehalten sind“[1011]. Privaten Rundfunkveranstaltern ist nur ein Grundstandard gleichgewichtiger Vielfalt aufgegeben[1012]. Im Übrigen genießen (auch sie) vollumfänglichen Tendenzschutz[1013].

4. Fazit

Eine aus der Medienfunktion herrührende Inkompatibilität der Funktionen von Parteien und Medien besteht nicht. Dementsprechend sind Medienbeteiligungen von Parteien auch nicht allein deshalb verfassungswidrig, weil sie die Funktion der *Medien* beeinträchtigen (können).[1014] Das hat letztlich auch *Markus Möstl* anerkannt. Er geht selbst im Falle der Rundfunkbeteiligungen von Parteien *nicht* von einer Verfassungswidrigkeit der Medienbeteiligungen von Parteien aus[1015]. Er hält

---

1011 *Bethge*, DÖV 2002, 674 mit Nachweisen zur Rspr.; vgl. auch *ders.*, HStR IX, 3. Aufl., 2011, § 203 Rdnrn. 58 u. 90, sowie *Stock*, Festschrift für Norbert Schneider, 2010, S. 28.

1012 *Bethge*, DÖV 2002, 674 mit Nachweisen zur Rspr.

1013 *Bethge*, ebenda.

1014 Auch die Vertretung der Parteien in den Landesmedienanstalten ist nicht geeignet, die Parteien von der Rundfunkveranstaltung auszuschließen. Gegen eine verfassungsrechtliche Inkompatibilität von Aufsichts- und Veranstalterfunktion der Parteien (vgl. *Hans H. Klein*, Festschrift für Hartmut Maurer, 2001, S. 203) streitet schon der Umstand, dass das Grundgesetz den Parteien *keinen* Anspruch auf Vertretung in den Landesmedienanstalten vermittelt (vgl. dazu BVerfGE 121, 30 [65]). Nicht maßgeblich kann hingegen sein, dass dann, wenn man von einer verfassungsrechtlichen Inkompatibilität von Aufsichts- und Veranstalterfunktion ausginge, eine solche auch „bei allen Gruppen vorliegen [müsste], die sowohl in den Landesmedienanstalten vertreten als auch als Rundfunkveranstalterinnen tätig sind“ (so aber – im Anschluss an *Hans H. Klein*, Festschrift für Hartmut Maurer, 2001, S. 203 – *Kersjes*, Medienbeteiligungen politischer Parteien, 2009, S. 128). Denn die politischen Parteien und andere Vereinigungen lassen sich *nicht* über einen Leisten schlagen (vgl. auch *Schmidt*, Rundfunkvielfalt, 1984, S. 80). Kritisch dazu, dass das Bundesverfassungsgericht die Frage einer etwaigen Inkompatibilität von Aufsichts- und Veranstalterfunktion der Parteien in seinem Urteil zum Hessischen Privatrundfunkgesetz nicht betrachtet hat: *Cordes*, ZParl 40 (2009), S. 134. Der Verfassungsrichter *Udo Di Fabio* hatte in der mündlichen Verhandlung dieses Verfahrens noch gefragt: „Was ist eigentlich, wenn ein Sender, an dem eine Partei Anteile hat, ein Programm verbreitet, das nach Auffassung der Landesmedienanstalt menschenverachtend ist? In den Gremien der Landesmedienanstalt sitzen ja auch Vertreter der Parteien“ (*ders.*, zitiert in: o.V., Frankfurter Allgemeine Zeitung v. 20.9.2007, Nr. 219, S. 4).

1015 Das übersieht *Reffken*, Politische Parteien und ihre Beteiligungen an Medienunternehmen, 2007, S. 280 f.

es lediglich für *zulässig*, Rundfunkbeteiligungen von Parteien vollumfänglich zu verbieten[1016].

II. Funktionale Unvereinbarkeit von Parteien und Medien aufgrund der Funktion der *Parteien*?

1. Einleitung

Die Parteien haben nach Art. 21 Abs. 1 S. 1 GG die Aufgabe, bei der politischen Willensbildung des Volkes mitzuwirken und den Bürgern einen chancengleichen Einfluss auf die Entscheidung über die Grundlinien der Politik zu eröffnen[1017]. Hierbei handelt es sich, anders als bei der (ebenfalls) demokratienotwendigen Funktion der Medien, um eine solche verfassungsrechtlicher Art im Sinne eines Verfassungsauftrags[1018]. Deshalb sind den Parteien durch Art. 21 Abs. 1 S. 1 GG (parteien-) zweckwidrige und (parteien-) zweckgefährdende Aktivitäten verfassungskräftig untersagt[1019].

Vor diesem Hintergrund erweisen sich Medienbeteiligungen von politischen Parteien jedenfalls (auch) dann als verfassungsrechtlich unzulässig, wenn sie nicht offen gelegt werden.

2. Verfassungswidrigkeit nicht offen gelegter Medienbeteiligungen von politischen Parteien

a) Im Allgemeinen

Mindestens dann, wenn sich politische Parteien verdeckt an Medienunternehmen beteiligen dürften, könnten die Parteien den Bürger subtil manipulieren. Das liefe

---

1016 *Möstl*, in: Lindner/Möstl/Wolff, Verfassung des Freistaates Bayern, 2009, Art. 111 a Rdnr. 12 (gegen die Zulässigkeit eines vollumfänglichen Verbots noch *ders.*, Stellungnahme zum Gesetzentwurf der Fraktionen der CDU und der FDP zur Änderung des Niedersächsischen Mediengesetzes [Nds. LT-Drucks. 15/450], Vorlage 6 zu Nds. LT-Drucks. 15/450, S. 3).

1017 Vgl. *P. M. Huber*, Statement für die Anhörung der CDU/CSU-Bundestagsfraktion zum Thema „Das Transparenzgebot des Grundgesetzes und die SPD-Parteifinanzen" am 20.10.2000 in Berlin, Umdruck S. 1, BT-Drucks. 14/9300, Anlagenband III, S. 882.

1018 Vgl. dazu *Reffken*, Politische Parteien und ihre Beteiligungen an Medienunternehmen, 2007, S. 305 ff. m.w.N.

1019 Vgl. hierzu Kap. 4 C. V. 1, S. 139 ff.

der Wertung des Art. 21 Abs. 1 S. 1 GG diametral zuwider. Diese Norm liefert den Parteien gerade keine Ermächtigung zur Manipulation des Bürgers[1020]. Maßgeblich hierfür ist, dass die Parteien im demokratischen Verfassungsstaat um der Rechte der Bürger und des Volkes willen da sind und nicht umgekehrt[1021]. Sie erscheinen als die „Hilfsorgane des Volkes“[1022].

Es ist mit dem Demokratieprinzip schlechterdings nicht vereinbar, „wenn Parteien, denen die Teilnahme an Wahlen wesenseigen ist, unerkannt an den Medien beteiligt sind und dadurch Einfluss auf den Willensbildungsprozess der Bürger nehmen“[1023]. Den Parteien ist jedes für den Bürger nicht erkennbare „information placement“ untersagt[1024]. Denn durch ein solches kommt es zu „[k]onkrete[n] Gefährdungen für die Funktionsfähigkeit der Parteien“[1025]. Im äußersten Fall droht eine für den Bürger nicht erkennbare Wahlempfehlung einer politischen Partei in eigener Sache[1026]. Eine solche wäre ein Schulbeispiel für eine „selbsterzeugte Legitimation“ der Macht von Parteien[1027].

Hierin scheint eine Parallele zum (einfachgesetzlichen) Rundfunkrecht durch. Denn auch nach diesem ist, wie *Bernd Holznagel* im Zuge der Diskussion um die Erosion der demokratischen Öffentlichkeit hervorgehoben hat, die „politische Schleichwerbung“ unzulässig[1028]. Auf der verfassungsrechtlichen Ebene ist

---

1020 *P. M. Huber,* K&R 2004, 222; vgl. auch die Begründung zu dem Gesetzentwurf der CDU/CSU-Bundestagsfraktion vom 13.11.2001 zur Änderung des Parteiengesetzes (BT-Drucks. 14/7441, Begründung, S. 7). Auch *Werner Heun* ist der Ansicht, die Parteien seien nach dem Grundgesetz in ihrem Handlungsradius insofern beschränkt, als ihre Tätigkeit nicht „mit dem politischen Prozess in Konflikt“ geraten dürfe (*Heun*, Diskussionsbeitrag, in: Ipsen [Hrsg.], 40 Jahre Parteiengesetz, 2009, S. 114). In diesem Sinne auch *Cao*, Parteien als Eigentümer von Medien, 2010, S. 113.

1021 *Gusy*, in: AK-GG, Art. 21 Rdnr. 51.

1022 *Grimm*, in: Adolf-Arndt-Kreis (Hrsg.), Parteien ohne Volk, 2008, S. 10. Vgl. auch *Kohler*, Politikfinanzierung, 2010, S. 287. Vgl. hierzu oben, Kap. 4 C. V. 2. a), S. 142.

1023 *Kersjes*, Medienbeteiligungen politischer Parteien, 2009, S. 287.

1024 Wendung nach *Kotzur*, Diskussionsbeitrag, in: VVDStRL Heft 68 (2009), S. 456.

1025 Vgl. hierzu *Cordes*, Medienbeteiligungen politischer Parteien, 2009, S. 362; s. hierzu auch oben, Kap. 1 D. III. 2., S. 60.

1026 Dieses Problem wurde – zumindest in den Medien – auch bereits als solches erkannt (vgl. hierzu *Silalahi*, Berliner Zeitung v. 12.8.2005, Nr. 187, S. 26). Zur Wahlempfehlung der *Financial Times Deutschland* für die Bundestagswahl 2005 vgl. o.V., Financial Times Deutschland v. 12.9.2005, Nr. 177, S. 35.

1027 Wendung nach *Cordes*, ZParl 40 (2009), S. 131.

1028 *Holznagel*, VVDStRL Heft 68 (2009), S. 389, unter Hinweis auf § 7 Abs. 6, 8 RStV a.F. (vgl. hierzu § 7 Abs. 7, 9 sowie § 8 Abs. 6 RStV i.d.F. d. 13. RÄStV).

maßgeblich, dass nach dem Demokratiemodell in Art. 20 und 21 GG „die Aktivbürger nicht als die leichtverführbaren Kunden eines Supermarktes [erscheinen], deren einzige Bestimmung eben darin besteht, sich verführen zu lassen", sondern „als die eigentlichen Träger der Staatsgewalt (Art. 20 Abs. 2 S. 1 GG), die von ihnen in Wahlen und Abstimmungen ausgeübt wird (Art. 20 Abs. 2 S. 2 GG)"[1029]. Es geht „darum, den Delegations- und Verantwortungszusammenhang vom Volk zu den Staatsorganen transparent, durchlässig, rational und kontrolliert zu halten"[1030].

b) Insb.: Parteibeteiligungen an Medien mit (vermeintlich) primär serviceorientiertem oder unterhaltendem Charakter

Da die Frage der Vereinbarkeit der Medienbeteiligungen von Parteien mit dem Grundsatz der Freiheitlichkeit der politischen Willensbildung oft nicht zentral genug gestellt wird, ist der Hinweis geboten, dass sich die Verfassungswidrigkeit von nicht offen gelegten Medienbeteiligungen von Parteien auch auf Beteiligungen an Medien mit (vermeintlich) primär serviceorientiertem oder unterhaltendem Charakter bezieht. In der verfassungsrechtlichen Betrachtung der Medienbeteiligungen von Parteien scheint bisweilen die Ansicht durch, solche Beteiligungen erwiesen sich nur dann als Verfassungsproblem, wenn sie den Parteien Einfluss auf Medien bzw. Medienprodukte eröffneten, die offenkundig von Relevanz für die politische Meinungs- und Willensbildung sind.

Exemplarisch für diese Meinungsrichtung sei an dieser Stelle der Hessische Landtagsabgeordnete *Jörg-Uwe Hahn* zitiert, der in einer Sachverständigenanhörung zu einem Entwurf der Hessischen Landesregierung für ein Gesetz zur Änderung des Hessischen Pressegesetzes zur Offenlegung von Parteibeteiligungen an Presseunternehmen[1031] das Folgende fragte: „Dürfen wir überhaupt diesen generellen Begriff

---

Zustimmend: *Kotzur*, Diskussionsbeitrag, in: VVDStRL Heft 68 (2009), S. 456. Vgl. in diesem Kontext auch den Hinweis von *Engels*, AfP 2011, 440 auf die (viel kritisierte) Themenplatzierung in der ARD-Vorabendserie „Marienhof".

1029 *Volkmann*, Politische Parteien und öffentliche Leistungen, 1993, S. 99.

1030 *Holznagel*, VVDStRL Heft 68 (2009), S. 384, im Anschluss an *Häberle*, in: ders., Die Verfassung des Pluralismus, 1980, S. 126, 130.

1031 Hess. LT-Drucks. 16/4393. § 5 Hess. LPG wurde im Jahr 2005 um folgenden Absatz 3 ergänzt (Hess. GVBl. I 2005, S. 838): „Gehören einer politischen Partei im Sinne des § 2 des Parteiengesetzes unmittelbar oder mittelbar mindestens 5 v. H. der Anteile an dem Unternehmen oder stehen ihr unmittelbar oder mittelbar mindestens 5 v. H. der Stimmrechte zu, so hat sie dies dem Unternehmen unverzüglich schriftlich unter Angabe von Art und Umfang der Beteiligung mitzuteilen. Als Anteile,

‚periodische Druckwerke' festschreiben? Denn eigentlich ist es ja unverhältnismäßig, dass es im Impressum stehen muss, wenn – ich phantasiere jetzt – die Y-Partei über eine Beteiligung an einem Reisemagazin beteiligt ist"[1032]. Ein Reisemagazin steht für *Hahn* als Beispiel für „irgendetwas [...], bei dem man nun wirklich keine

die der politischen Partei gehören, gelten auch Anteile, die einem Unternehmen, an dem die politische Partei unmittelbar oder mittelbar zu mindestens 15 v. H. beteiligt ist oder einem anderen für Rechnung der politischen Partei oder einem anderen für Rechnung eines Unternehmens, an dem die politische Partei unmittelbar oder mittelbar zu mindestens 15 v. H. beteiligt ist, gehören. Als Stimmrechte, die der politischen Partei zustehen, gelten auch Stimmrechte aus Anteilen nach Satz 2 sowie solche Stimmrechte Dritter, auf deren Ausübung die politische Partei kraft einer Vereinbarung oder aufgrund einer sonstigen Abstimmung Einfluss nehmen kann. Der Verleger des periodischen Druckwerks hat zu den in Abs. 2 genannten Erscheinungszeitpunkten die Angaben nach Satz 1 im Impressum des Druckwerks offen zu legen". Vgl. hierzu *Damm*, in: Schiwy/Schütz/Dörr (Hrsg.), Medienrecht, 5. Aufl., 2010, Stichwort „Presseordnungsrecht", S. 462 – „komplizierte Regelung" und „quasi [...] ‚Lex *Frankfurter Rundschau*'". Vgl. ferner *Kersjes*, Medienbeteiligungen politischer Parteien, 2009, S. 80. Zur Kritik der SPD-Medienholding an der Beibehaltung dieses (vermeintlichen) „Sonderrechts" in einer späteren Novelle des Hessischen Pressegesetzes (Hess. GVBl. I 2010, S. 610) dd_vg.-Geschäftsführer *Linnekugel*, Stellungnahme zum Gesetzentwurf der Landesregierung für ein Zweites Gesetz zur Änderung des Hessischen Pressegesetzes (Hess. LT-Drucks. 18/2731) anlässlich der Anhörung des Innenausschusses des Hessischen Landtags am 25.11.2010, Ausschussvorlage INA/18/34, Teil 2, S. 19, 25 f. Gegen die Annahme, insoweit liege diskriminierendes Sonderrecht vor: *Hans H. Klein*, Stellungnahme zum Entwurf eines Gesetzes zur Änderung des Hessischen Pressegesetzes (Hess. LT-Drucks. 16/4393) und zum Änderungsantrag der Fraktion der SPD im Hessischen Landtag (Hess. LT-Drucks. 16/4473), Ausschussvorlage INA/16/40, Teil 1, S. 22 f. Eine spezielle Impressumspflicht für Parteibeteiligungen findet sich auch im Freistaat Bayern. Dort heißt es in § 1 Abs. 4 DVO BayLPG (Bay. GVBl. 2005, S. 303 ff.): „Werden Beteiligungen im Sinn der Abs. 1 bis 3 von politischen Parteien oder Wählergruppen gehalten, ist darauf unter bruchteilsmäßiger Angabe der Höhe der Beteiligung hinzuweisen". Diese Bestimmung dient der Durchführung von Art. 8 Abs. 3 BayLPG, welcher die Bekanntgabe der Inhaber- und Beteiligungsverhältnisse eines Verlags, der eine Zeitung oder eine Zeitschrift herausgibt, postuliert (hierzu auch *Kersjes*, Medienbeteiligungen politischer Parteien, 2009, S. 80).

1032 Vgl. den Abg. *Hahn*, Öffentliche mündliche Anhörung des Innenausschusses des Hess. Landtags zu dem Gesetzentwurf der Landesregierung für ein Gesetz zur Änderung des Hessischen Pressegesetzes (Hess. LT-Drucks. 16/4393) in der 51. Sitzung am 17.11.2005, Sten. Bericht INA/16/51, S. 15.

Angst haben muss, dass es dort eine parteipolitische Richtung gibt"[1033]. *Hahn* ist sicherlich zuzugeben, dass es „hinreichend viele Beispiele" für „Blätter und Blättchen gibt, die selbst dann, wenn sie zu 100 Prozent im Eigentum einer politischen Partei stehen, vermutlich keinen maßgeblichen Einfluss auf die politische Willensbildung des Volkes nehmen"[1034]. Allerdings kann sich die Ausrichtung von Presseprodukten jederzeit ändern[1035]. Die freie Entscheidung über die geistige und politische Haltung einer Zeitung gehört zum Kern der Pressefreiheit[1036]. *Hans H. Klein* hat in seiner Antwort auf die Frage des Abgeordneten *Hahn* daher darauf aufmerksam gemacht, dass sich die heute weit verbreiteten Anzeigenblätter im Laufe der Zeit „alle einen redaktionellen Teil zugelegt" hätten[1037]. Hinzu kommt, dass auch in so vermeintlich unpolitischen Druckwerken wie Reisemagazinen politische Inhalte „verpackt" sein können. Auch hierauf hat *Hans H. Klein* hingewiesen. Er hat es in diesem Kontext als „nicht ganz uninteressant" bezeichnet, dass nach seiner Kenntnis auch die SPD ein Reisebüro unterhalte. Er sagte: „Wer weiß also, was sie [die SPD, d. Verfasser] in ihren Reisemagazinen – ausdrücklich oder unterschwellig – an politischen Meinungsäußerungen transportiert?"[1038]

Eine entsprechende Frage lässt sich auch im Blick auf die Beteiligung der SPD-Medienholding dd_vg. an der „ÖKO-TEST Holding AG" formulieren, die mit 100 Prozent an der „ÖKO-TEST Verlag GmbH" beteiligt ist, in welcher das bekannte Magazin *ÖKO-TEST* erscheint[1039].

Besonders hervorzuheben ist, dass es auch der Unterhaltung nicht am Politikbezug mangelt[1040]. Dieser Hinweis ist von besonderer Dringlichkeit, weil sich die

---

1033 So der Abg. *Hahn*, a.a.O.

1034 *Hans H. Klein*, Öffentliche mündliche Anhörung des Innenausschusses des Hess. Landtags zu dem Gesetzentwurf der Landesregierung für ein Gesetz zur Änderung des Hessischen Pressegesetzes (Hess. LT-Drucks. 16/4393) in der 51. Sitzung am 17.11.2005, Sten. Bericht INA/16/51, S. 19.

1035 *Hans H. Klein*, a.a.O. Diesen Aspekt verkennt *Dörries*, Süddeutsche Zeitung v. 4.6.2003, Nr. 151, S. 35.

1036 *Häberle/Scheuing*, JuS 1970, 527. Vgl. BVerfGE 52, 283 (296).

1037 *Hans H. Klein*, Öffentliche mündliche Anhörung des Innenausschusses des Hess. Landtags zu dem Gesetzentwurf der Landesregierung für ein Gesetz zur Änderung des Hessischen Pressegesetzes (Hess. LT-Drucks. 16/4393) in der 51. Sitzung am 17.11.2005, Sten. Bericht INA/16/51, S. 19. In diesem Sinne auch *Ricker*, ebenda, S. 21.

1038 *Hans H. Klein*, a.a.O.

1039 Angaben nach *Deutsche Druck- und Verlagsgesellschaft mbH* (Hrsg.), Geschäftsbericht 2010, S. 10.

1040 *Grimm*, in: Heun/Honecker/Morlok/Wieland (Hrsg.), Evangelisches Staatslexikon, Neuausgabe 2006, Stichwort „Medien", Sp. 1498 f.

Wähler heute „immer seltener Informationen und immer häufiger Unterhaltung zu[wenden]"[1041] und sich der Mediennutzer ganz besonders in Form der Unterhaltung manipulieren lässt[1042].

Selbst so vermeintlich unpolitische Medienprodukte wie die bekannten Kinder-Hörspiele von *Benjamin Blümchen* und *Bibi Blocksberg* beinhalten oft explizite (und offenbar auch intendierte) politische Bezüge[1043]. Für das vorliegende Thema ist dies insofern von besonderem Interesse, als auch die SPD-Medienholding an einem Unternehmen beteiligt ist, das Medienprodukte für Kinder anbietet[1044].

1041 *Noelle-Neumann/Donsbach/Kepplinger*, in: dies., Wählerstimmungen in der Mediendemokratie, 2005, S. 12. Vgl. dazu auch *Hallenberger* (Hrsg.), Gute Unterhaltung?!, 2011, S. 7: „Die Unterhaltungsbranche ist unbestritten der wichtigste Teil der Medienwirtschaft". Zum Ganzen auch *Schulz*, PVS, Sonderheft 45/2011 (2012), S. 421, sowie *Klass*, Unterhaltung ohne Grenzen?, 2011.

1042 Vgl. dazu *Kotzur*, Diskussionsbeitrag, in: VVDStRL Heft 68 (2009), S. 456, sowie *Cao*, Parteien als Eigentümer von Medien, 2010, S. 113, die fordert, an einer „Presse mit niedrigem Niveau" solle keine Parteibeteiligung möglich sein. *Cao* argumentiert, die Leser der entsprechenden Publikationen seien „relativ leicht" beeinflussbar (ebenso und an dieser Stelle den Blick auf die *BILD*-Zeitung lenkend: *dies*., a.a.O., S. 102 f.). Zum Verbot der staatlichen Geschmacks- und Niveaukontrolle im Bereich der Medien vgl. *Bethge*, in: Sachs (Hrsg.), GG, 6. Aufl., 2011, Art. 5 Rdnr. 111; *ders.*, Festschrift für Walter Rudolf, 2001, S. 413 ff. Zu dem sich unabhängig hiervon stellenden Problem der Bestimmung von „Qualität" *Hallenberger* (Hrsg.), Gute Unterhaltung?!, 2011, passim.

1043 *Strohmeier*, APuZ 41/2005, S. 11. Erst kürzlich geriet der neue Film der *Muppets* unter „Kommunismusverdacht" (hierzu sowie zu den Vorwürfen, die Comicreihe *Tim* und *Struppi* sei mit rassistischen Klischees durchsetzt, sowie zu der Meinung, bei den *Schlümpfen* ließen sich faschistische Züge ausmachen: *Cohrs*, Financial Times Deutschland v. 7.12.2011, *Muppets* unter Kommunismusverdacht, abrufbar unter <http://www.ftd.de/lifestyle/entertainment/:comandante-kermit-muppets-unter-kommunismusverdacht/60139416.html> [letzter Abruf 5.1.2012]).

1044 An der TIVOLA Publishing GmbH (vgl. hierzu oben, Kap. 2 B. II., S. 70). Im Kontext des Einstiegs der SPD-Medienholding bei TIVOLA kritisierte die seinerzeitige familienpolitische Sprecherin der CDU/CSU-Bundestagsfraktion, *Maria Eichhorn*, die SPD setze nun „das unsägliche Wort" von der „Lufthoheit über den Kinderbetten" bedenkenlos in Geschäftspolitik um (*Eichhorn*, zitiert nach Heinen, DIE WELT v. 21.3.2003, Nr. 68, S. 31). Die damalige Schatzmeisterin der SPD, *Inge Wettig-Danielmeier*, betonte freilich auch insoweit: „Die […] unterstellte politische Einflussnahme auf die Produktpolitik des Verlages gibt es nicht" (*Wettig-Danielmeier*, zitiert in: o.V., DIE WELT v. 22.3.2003, Nr. 69, S. 7). Vgl. in diesem Zusammenhang auch § 15 S. 1 Nr. 1 und § 44 S. 1 Nr. 1 RStV, wo Kindersendungen von der – nach diesen Normen ausnahmsweise zulässigen – Produktplatzierung ausgenommen werden.

c) *Insb.: Parteibeteiligungen an als unabhängig firmierenden Telemedienunternehmen*

Ferner ist der Hinweis geboten, dass gegen versteckte Beteiligungen von politischen Parteien „an einem als politisch unabhängig auftretenden Informationsanbieter im Internet“ (mithin versteckte Parteibeteiligungen an Telemedienunternehmen) mindestens die gleichen Bedenken bestehen wie im Blick auf andere verdeckte Medienbeteiligungen von Parteien[1045]. Maßgeblich für diese Sicht ist, dass sich das Internet gerade (auch) für politische Manipulation als besonders anfällig erweist[1046].

3. Verfassungswidrigkeit auch von *offen gelegten* Medienbeteiligungen von politischen Parteien?

Möglicherweise gilt es sogar noch einen Schritt weiter zu gehen und die Verfassungswidrigkeit der Medienbeteiligungen von politischen Parteien aufgrund einer Unvereinbarkeit mit der Parteifunktion aus Art. 21 Abs. 1 S. 1 GG auch im Falle der Offenlegung der jeweiligen Beteiligungen anzunehmen.

a) *Stellungnahme*

Maßgeblich für die Stellungnahme zu dieser Frage hat zu sein, ob (auch) insoweit den Parteienzweck nach Art. 21 Abs. 1 S. 1 GG zumindest gefährdende Aktivitäten vorliegen. Das ist zu bejahen, und zwar schon allein deshalb, weil durch Medienbeteiligungen von Parteien gerade (auch) im Falle der Offenlegung die Glaubwürdigkeit der betreffenden Parteien unterminiert wird[1047]. Hinzu tritt der Umstand, dass, gerade weil Art. 21 Abs. 1 S. 1 GG den Parteien eine Manipulation des Bürgers

---

1045 Vgl. *Feser,* Vermögensmacht und Medieneinfluss, 2003, S. 312.

1046 *Kube*, HStR IV, 3. Aufl., 2006, § 91 Rdnr. 76; vgl. auch *Baer*, Blätter für deutsche und internationale Politik 1/2011, S. 90. Die besondere Manipulationsanfälligkeit des Internets liegt nicht zuletzt darin begründet, dass für dieses Medium die Möglichkeit der anonymen Informationsverbreitung typisch ist (vgl. *Bruns,* AfP 2011, 422). Ferner besteht die Möglichkeit der Blockade von Internetinhalten, vgl. *Holznagel/Schumacher*, in: Kloepfer (Hrsg.), Netzneutralität in der Informationsgesellschaft, 2011, S. 48, sowie die Berichte über entsprechende Vorfälle im Umfeld der jüngsten Parlamentswahl in Russland (dazu *Nienhuysen,* Süddeutsche Zeitung v. 5.12.2011, Nr. 280, S. 8). Zur Integrität von Informationen im Internet auf grundsätzlicher Ebene: *Berka*, in: ders./Grabenwarter/Holoubek, Medien im Web, 2009, S. 69 ff.

1047 Vgl. dazu bereits oben, Kap. 4 C. VII. 2. c) ff), S. 160 ff.

verbietet, die politische Aufgabe der Parteien allein in der Meinungsbildung in *eigenem* Namen bestehen kann[1048]. Auch im Falle offen gelegter Medienbeteiligungen betreiben die Parteien aber nicht Meinungsbildung in *eigenem*, sondern in *fremdem* Namen, nämlich in jenem des betreffenden Mediums[1049]. Die Parteibeteiligungen werden auch im Falle ihrer Offenlegung *nicht* „offen als Instrument im politischen Meinungskampf eingesetzt“[1050]. Dies zeigt sich schon daran, dass die Parteien betonen, sie hielten ihre Medienbeteiligungen nicht zum Zwecke der Einflussnahme auf die redaktionellen Inhalte[1051]. Hinzu tritt der Umstand, dass der Bürger selbst bei der Offenlegung der entsprechenden Beteiligungen von der ihm vertrauten und insbesondere durch den Titel geprägten Umgebung „abgelenkt“ wird. Der (gute) Name des betreffenden Mediums übertüncht jeden Hinweis auf die (Mit-) Urheberschaft der betreffenden Partei. *Joachim Wieland* hat (im Zuge kritischer Bemerkungen zu den Wahlwerbespots von Parteien) darauf hingewiesen, dass sich im Wettbewerbsrecht für vergleichbare Konstellationen die Begriffe der „Ausbeutung eines fremden guten Rufes“ und der „Anlehnung an fremde Produkte“ fänden[1052].

Auch insoweit liegt eine Parallele zum einfachgesetzlichen Rundfunkrecht nahe. Nach diesem sind Produktplatzierungen prinzipiell unzulässig (vgl. § 7 Abs. 7 S. 1 RStV), und das, obwohl für sie die Kennzeichnung begriffsprägend ist (vgl. § 2 Abs. 2 Nr. 11 RStV)[1053]. Unzulässig sind dem RStV zufolge

---

1048 So auch *P. M. Huber*, Öffentliche Sachverständigenanhörung der CDU/CSU-Bundestagsfraktion zum Thema „Das Transparenzgebot des Grundgesetzes und die SPD-Parteifinanzen“ am 20.10.2000, Protokoll, S. 31 (vgl. BT-Drucks. 14/9300, Anlagenband III, S. 868); kritisch: *Birk/Wolffgang*, DÖV 1991, 485.

1049 Zumindest in dieser Richtung auch *Elisabeth Noelle* (*dies.*, Schriftliche Auskunft v. 31.1.2006), nach deren Empfinden der „berühmte Passus des Grundgesetzes, dass Parteien bei der Willensbildung des Volkes mitwirken, […] im Medienbereich eher auf offen sichtbare Stellungnahmen gemünzt [ist], wie z.B. durch Zeitungen, die als Parteizeitungen für jeden erkennbar sind“. Auf dieser Linie auch *Eschweiler*, Diskussionsbeitrag, in: Wettig-Danielmeier/Stiegler (Hrsg.), Reform der Parteienfinanzierung, 2001, S. 29.

1050 So (im Blick auf Pressebeteiligungen) aber *Möstl*, DÖV 2003, 111.

1051 S. dieses Kapitel, B. III. 1. a), S. 168 ff.

1052 Vgl. *Wieland*, ZUM 1994, 449 m.w.N.; vgl. hierzu auch § 4 Nr. 9 b UWG sowie § 14 Abs. 2 Nr. 3 MarkenG. Zum Ganzen auch *Beater*, Unlauterer Wettbewerb, 2011, IV. Teil, 2. Abschn., § 23 Rdnrn. 2074 ff.; *Boesche*, Wettbewerbsrecht, 4. Aufl., 2011, Rdnrn. 387 ff.; *Winter*, ZUM 2003, 536.

1053 Dazu *Engels*, AfP 2011, 440; *Goldbeck*, in: Paschke/Berlit/Meyer (Hrsg.), Hamburger Kommentar – Gesamtes Medienrecht, 2. Aufl., 2012, 3. Teil, Kap. 2, 28. Abschn., Rdnr. 164.

namentlich Produktplatzierungen in Sendungen, die „neben unterhaltenden Elementen im Wesentlichen informierenden Charakter haben, Verbrauchersendungen und Ratgebersendungen mit Unterhaltungselementen“ (vgl. § 15 S. 2, § 44 S. 2 RStV). Das soll die Verbraucher davor schützen, dass Werbetreibende ihre Waren oder Dienstleistungen in Sendungen platzieren, in denen objektive Beratung gesucht oder erwartet wird[1054]. Genau eine solche „Beratung“ bzw. Information – und nicht eine von den Parteien inhaltlich beeinflusste oder gar manipulierte – sucht bzw. erwartet der Rezipient auch von den ihm vertrauten Medien wie Tageszeitungen[1055]. Um dies mit *Andreas Feser* zu verdeutlichen: „Die SPD äußert ihre Meinung beispielsweise im *vorwärts*. Der Leser rechnet auch damit, im *vorwärts* die Meinung der SPD kennen zu lernen. Die *Hannoversche Allgemeine Zeitung* oder die *Sächsische Zeitung* dagegen werden dem Leser nicht verkauft, um die Meinung der SPD zu verbreiten, sondern mit dem Anspruch, unabhängig zu informieren. Für die Beurteilung der Frage, ob eine Partei an einer unabhängigen Zeitung Anteile halten sollte, kann ihr Grundrecht der freien Meinungsäußerung keine Rolle spielen“[1056].

Wie sehr sich die Parteien hinter dem Titel eines Mediums verstecken können, lässt sich daran illustrieren, dass sich die *Frankfurter Rundschau* dem Bürger selbst nach ihrer 90-prozentigen Übernahme durch die SPD-Medienholding im Untertitel noch als „unabhängig“ empfahl[1057]. Nicht weniger irreführend wäre es für den Leser, würde ein „kapitalmäßig einer Partei gehörendes Unternehmen ein von ihm herausgegebenes Presseorgan als überparteilich bezeichnen“[1058]. „Selbstprädikatisierungen“

1054 Näher: *Engels*, AfP 2011, 441.

1055 Zum Verbot eines Parteiensponsorings im Rundfunk vgl. *Bornemann*, Ordnungswidrigkeiten in Rundfunk und Telemedien, 2. Aufl., 2011, S. 178.

1056 *Feser*, Vermögensmacht und Medieneinfluss, 2003, S. 311. Ähnlich: *Kersjes*, Medienbeteiligungen politischer Parteien, 2009, S. 315.

1057 Der Titelkopf der Deutschlandausgabe des Blattes vom 3.8.2004 freilich wurde, wie es die Zeitung selbst wendete, „durch einen technischen Fehler entstellt“ (vgl. die Erklärung „Reine Kopfsache“, fr-online.de v. 3.8.2004, abrufbar unter <http://www.fr-online.de/wir-ueber-uns/reine-kopfsache-oder–woody-war-s—wie-das–un-abhanden-kam,4353508,2798064.html> [letzter Abruf 5.1.2012]). In diesem Kopf war nicht, wie sonst, „unabhängige Tageszeitung“ zu lesen, sondern „abhängige“. Für Konkurrenzblätter wie die WELT lag hier vor dem Hintergrund, dass kurz vor dem Vorfall die SPD-Medienholding bei dem Blatt (mehrheitlich) eingestiegen war, der „Verdacht der Sabotage […] besonders nahe“ (vgl. *Seel*, DIE WELT v. 4.8.2004, Nr. 180, S. 1). S. zum Ganzen auch *Haller*, in: Duve/Haller (Hrsg.), Leitbild Unabhängigkeit, 2004, S. 145 f.

1058 Vgl. *Forsthoff*, AfP 1973, 402. Soweit *Forsthoff* freilich ausführt, alle Bestrebungen, einem Presseorgan zu verwehren, sich als „unabhängig“ oder „überparteilich“

solcher Art täuschen den Bürger[1059]. Gerade auch durch sie „defungiert“ eine politische Partei ihren Einfluss auf den öffentlichen Diskurs[1060].

b) Postulate bei unterstellter Richtigkeit der Gegenauffassung

Sofern man sich der hier bezogenen Position nicht anzuschließen vermag und stattdessen dem verbreiteten Ansatz folgen will, durch eine Offenlegung ließen sich Medienbeteiligungen von Parteien – zumindest insoweit – vom Verdikt der Verfassungswidrigkeit befreien[1061], hat man in jedem Fall eine für jedermann erkennbare Offenlegung zu fordern[1062]. Eine solche bedingt Regelmäßigkeit und gute Sichtbarkeit[1063].

Im Blick auf die letztgenannte Voraussetzung kann dabei das Impressum in keinem Fall ausreichen[1064]. Denn dieses kennt (und liest) nicht jedermann[1065]. Noch abseitiger erscheint die etwa von *Kunig* vertretene Ansicht, eine Offenlegung

---

zu bezeichnen, entbehrten im Blick auf die verfassungsrechtlich verbürgte Pressefreiheit sachlicher Legitimation (*Forsthoff*, AfP 1973, 403), kann dem – jedenfalls in Bezug auf die politischen Parteien als Medienunternehmer – nicht beigetreten werden. Maßgeblich ist insoweit, dass Art. 21 Abs. 1 S. 1 GG den Parteien keine Ermächtigung zur Manipulation des Bürgers liefert. Hinzu kommt, dass eine unrichtige Information unter dem Blickwinkel der Meinungsfreiheit kein verfassungsrechtlich schützenswertes Gut ist. Das hat auch das Bundesverfassungsgericht anerkannt, und dies etwa in einer Entscheidung zur versteckten Bildmanipulation mittels Fotomontage (vgl. BVerfG, AfP 2005, 173).

1059 Nach *Forsthoff*, AfP 1973, 402.

1060 Wendung nach *P. M. Huber*, Öffentliche Sachverständigenanhörung der CDU/CSU-Bundestagsfraktion zum Thema „Das Transparenzgebot des Grundgesetzes und die SPD-Parteifinanzen“ am 20.10.2000, Protokoll, S. 23 (BT-Drucks. 14/9300, Anlagenband III, S. 860).

1061 Auch insoweit grundlegend: *Möstl*, DÖV 2003, 111 f.; diesem folgend (und unter Zustimmung zu BT-Drucks. 14/7441, S. 3) *P. M. Huber*, K&R 2004, 222; *Sannwald*, in: Schmidt-Bleibtreu/Hofmann/Hopfauf (Hrsg.), GG, 12. Aufl., 2011, Art. 21 Rdnr. 60 b. Vgl. auch *Feser*, Vermögensmacht und Medieneinfluss, 2003, S. 313.

1062 In diesem Sinne: *H. M. Kepplinger*, Schriftliche Auskunft v. 16.12.2006.

1063 Ebenso *Feser*, Vermögensmacht und Medieneinfluss, 2003, S. 314.

1064 Anders: *H. M. Kepplinger*, Schriftliche Auskunft v. 16.12.2006; wie dieser: *Ricker*, Zusammenfassende Stellungnahme zur geplanten Änderung der Publizitätspflicht im Hessischen Pressegesetz v. 9.11.2005, Ausschussvorlage INA/16/40, Teil 2, S. 59; *Kersjes*, Medienbeteiligungen politischer Parteien, 2009, S. 330; vgl. auch *Möstl*, DÖV 2003, 106, sowie, diesem folgend, *Krumbholz*, Finanzierung und Rechnungslegung der politischen Parteien und deren Umfeld, 2010, S. 94 Fn. 466.

1065 Vgl. auch *Cordes*, Medienbeteiligungen politischer Parteien, 2009, S. 330.

allein im Rechenschaftsbericht der Parteien reiche aus[1066]. Zu fordern wäre schon eine Offenlegung (und zwar auch von Minderheitsbeteiligungen[1067]) im (Unter-) Titel des betreffenden Mediums[1068] oder unter dem Senderlogo[1069]. Im Hörfunkbereich erscheinen Durchsagepflichten geboten[1070].

1066 Kritisch auch *Cordes,* ZParl 40 (2009), S. 138.

1067 In diesem Sinne (unter Hinweis auf BVerfG, AfP 2008, 174 [182, Rdnrn. 136 ff.] = BVerfGE 121, 30 [67]) auch *Gersdorf,* Stellungnahme zu dem Gesetzentwurf der Fraktion der SPD im Hessischen Landtag v. 14.8.2008 (Hess. LT-Drucks. 17/503), Ausschussvorlage HAA/17/5, Teil 1, S. 15. *Ricker*, Zusammenfassende Stellungnahme zur geplanten Änderung der Publizitätspflicht im Hessischen Pressegesetz, v. 9.11.2005, Ausschussvorlage INA/16/40, Teil 2, S. 61, hält sogar die Offenlegung sämtlicher Medienbeteiligungen von Parteien für erforderlich. Weniger weit geht *P. M. Huber*, Öffentliche Anhörung des Hauptausschusses des Landtags Nordrhein-Westfalen in der 64. Sitzung am 19.5.2009, Prot. NRW LT-Hauptausschuss 14/890, S. 9, demzufolge „ab einem zurechenbaren Anteil von Medienbeteiligungen von politischen Parteien oder von ihnen gehaltenen Unternehmen in Höhe von 25 Prozent dies im Impressum oder an anderer Stelle hinreichend deutlich gemacht werden [sollte]".

1068 Vgl. dazu auch die im Kontext der Übernahme der *Frankfurter Rundschau* durch die SPD-Medienholding von der Hessischen Landesregierung geäußerte Erwartung, die dd_vg. werde ihre Beteiligung an zentraler Stelle auf der Titelseite des Blattes der Zeitung kenntlich machen (vgl. *o.V.*, Frankfurter Allgemeine Zeitung v. 5.5.2004, Nr. 104, S. 42); kritisch zu Offenlegungspflichten solcher Art: *Schütz,* im Gespräch mit Schömann-Finck, Die Medienbeteiligungen der SPD, Diplomarbeit Katholische Universität Eichstätt-Ingolstadt, März 2005, Anhang, S. II, namentlich mit dem Argument, einen entsprechenden „Brauch" habe es auch in der DDR gegeben.

1069 Ähnlich wie hier (allerdings nur im Blick auf Mehrheitsbeteiligungen) *Cordes,* ZParl 40 (2009), S. 138; kritisch dagegen *Kersjes*, Medienbeteiligungen politischer Parteien, 2009, S. 317 f., die dafür plädiert, die Impressumspflicht im Rahmen des Internetangebots der betreffenden Rundfunkveranstalter zu verwirklichen. Einem solchen Unterfangen steht allerdings schon entgegen, dass bei Weitem noch nicht alle Deutschen das Internet nutzen; vielen ist das, sei es aus finanziellen Gründen oder solchen des Alters, nicht möglich (s. zu diesem Problem auch *K. Meier*, Journalistik, 2. Aufl., 2011, S. 231; *Neuberger*, tendenz 2/2011, 14). *Baer*, Blätter für deutsche und internationale Politik 1/2011, S. 96, macht insoweit ein „Netzprekariat" aus. Üblicherweise wird der betreffende Umstand mit dem Begriff der „digital divide" beschrieben (vgl. exemplarisch *Grimm*, in: Heun/Honecker/Morlok/Wieland [Hrsg.], Evangelisches Staatslexikon, Neuausgabe 2006, Stichwort „Medien", Sp. 1505). Richtig ist vor diesem Hintergrund in jedem Fall die These, dass sich über ein „Grundrecht auf Netzzugang" nachdenken lasse (in diesem Sinne *Baer*, Blätter für deutsche und internationale Politik 1/2011, S. 100).

1070 Kritisch (und unter Hinweis auf Aspekte der Praktikabilität): *Kersjes*, Medienbeteiligungen politischer Parteien, 2009, S. 317. Vgl. in diesem Kontext auch § 7 Abs. 7 S. 3 RStV, demzufolge auf eine Produktplatzierung eindeutig hinzuweisen ist.

Doch auch die verbreitete Ansicht[1071], eine monatliche Offenlegung sei für die gebotene Regelmäßigkeit ausreichend, geht nicht weit genug. Eine Offenlegung wäre täglich vonnöten[1072]. Denn nur auf diese Weise hätte auch der nur gelegentliche Konsument eines bestimmten Medienprodukts zumindest die Chance, auf die Parteibeteiligung aufmerksam zu werden. Das gilt nicht nur, aber doch im besonderen Maße im Blick auf den Rundfunk, der (gerade auch) durch seine besondere „Flüchtigkeit" zu charakterisieren ist[1073]. Darum dürfte die betreffende Offenlegung auch nicht etwa im Nachtprogramm „versteckt" werden.

4. Fazit

Die These, zwischen Parteien und Medien bestehe (partiell) eine funktionale Inkompatibilität, ist zumindest insoweit richtig, als Medienbeteiligungen von Parteien betroffen sind. Maßgeblich hierfür ist, dass solche Beteiligungen die verfassungsnormative Funktion der Parteien nach Art. 21 Abs. 1 S. 1 GG konterkarieren (können).

D. Vereinbarkeit der Medienbeteiligungen von politischen Parteien mit dem Verfassungsgrundsatz der Staatsfreiheit der Medien?

I. Einleitung

Medienbeteiligungen von politischen Parteien erweisen sich möglicherweise auch als unvereinbar mit dem Grundsatz der Staatsfreiheit der Medien aus Art. 5 Abs. 1

„Sie ist zu Beginn und zum Ende einer Sendung sowie bei deren Fortsetzung nach einer Werbeunterbrechung *oder im Hörfunk durch einen gleichwertigen Hinweis angemessen zu kennzeichnen*" (§ 7 Abs. 7 S. 4 RStV – Hervorhebung nur hier).

1071 Vgl. *H. M. Kepplinger*, Schriftliche Auskunft v. 16.12.2006.

1072 Wie hier *Kersjes*, Medienbeteiligungen politischer Parteien, 2009, S. 315, im Anschluss an *Reffken*, Politische Parteien und ihre Beteiligungen an Medienunternehmen, 2007, S. 400, welcher eine tägliche Offenlegung für zweckmäßig hält. Vgl. auch *Cordes*, Medienbeteiligungen politischer Parteien, 2009, S. 330.

1073 Vgl. hierzu auch den damaligen Leiter der Hessischen Staatskanzlei, *Grüttner,* welcher in der mündlichen Verhandlung des Zweiten Senats des Bundesverfassungsgerichts in Sachen Hessisches Privatrundfunkgesetz auf den suggestiven Charakter des Rundfunks abhob. *Grüttner* argumentierte, anders als die Presse wirke der Rundfunk „suggestiv" und überbringe seine Botschaft nur verdeckt, ohne mögliche Einflussfaktoren offen zu legen (vgl. hierzu *Grüttner,* in: o.V, epd medien 78/2007 v. 3.10.2007, S. 23).

S. 2 GG, wie er nicht nur im Blick auf den Rundfunk Geltung beansprucht[1074], sondern auch hinsichtlich der Presse und hinsichtlich der Telemedien[1075]. Da freilich in jüngerer Zeit hinsichtlich der Staatsfreiheit gerade im Rundfunkbereich massive Erosionstendenzen ausgemacht wurden[1076] und auch die beiden verfassungsgerichtlichen Entscheidungen zum Thema der Medienbeteiligungen von Parteien dem Rundfunkbereich galten, sollen im Folgenden zunächst die Rundfunkbeteiligungen von Parteien und der Grundsatz der Staatsfreiheit des Rundfunks im Fokus stehen.

II. Vereinbarkeit der Rundfunkbeteiligungen von politischen Parteien mit dem Verfassungsgrundsatz der Staatsfreiheit des Rundfunks?

1. Der Grundsatz der Staatsfreiheit des Rundfunks als „rocher de bronze" der deutschen Rundfunkordnung

Der Grundsatz der Staatsfreiheit (bzw. Staatsferne[1077]) des Rundfunks ist „ein sehr deutscher" und nur vor dem Hintergrund „der Erfahrungen mit dem NS-Regime" verständlicher Verfassungsgrundsatz[1078]. Er gehört zu den „rochers de bronze" der deutschen Rundfunkordnung[1079]. Da es der Sinn des Art. 5 GG ist, „die freie

1074 Grundlegend: BVerfGE 12, 205 (263).

1075 Vgl. auch *Holznagel*, VVDStRL Heft 68 (2009), S. 389, sowie *Horn*, VVDStRL Heft 68 (2009), S. 442. Zum Ganzen auch *Christian Bamberger*, in: Demel et al. (Hrsg.), Funktionen und Kontrolle der Gewalten, 2001, S. 322 ff.

1076 *P. M. Huber*, Festschrift für Herbert Bethge, 2009, S. 497 ff.

1077 Vgl. hierzu *v. Coelln*, Stellungnahme der Bayerischen Staatsregierung et al. zum Normenkontrollantrag der Landesregierung Rheinland-Pfalz gegen den ZDF-Staatsvertrag vor dem Bundesverfassungsgericht (Vf. 1 BvF 1/11), Funkkorrespondenz 34/2011, S. 16 f. m.w.N.

1078 *P. M. Huber*, Festschrift für Herbert Bethge, 2009, S. 497. Die Medien waren unter der Herrschaft der Nationalsozialisten bekanntermaßen „gleichgeschaltet" (hierzu *Knies*, in: Bitburger Gespräche 2007/I, S. 2; *Kübler*, Medien, Menschenrechte und Demokratie, 2008, Kap. 1, § 2 III., S. 16 ff.; *Frei/Schmitz*, Journalismus im Dritten Reich, 4. Aufl., 2011). Zur Medienlenkung in der DDR und im kommunistischen Osteuropa: *Bösch*, Mediengeschichte, 2011, S. 189 ff.

1079 *P. M. Huber*, Festschrift für Herbert Bethge, 2009, S. 497; *Gersdorf*, Staatsfreiheit des Rundfunks in der dualen Rundfunkordnung der Bundesrepublik Deutschland, 1991; *Jarass*, Die Freiheit des Rundfunks vom Staat, 1981; *Cornils*, Ausgestaltungsgesetzesvorbehalt und staatsfreie Normsetzung im Rundfunkrecht, 2011, S. 101 ff.; *Gounalakis/Zagouras*, Medienkonzentrationsrecht, 2008, S. 19 f.

Entstehung einer öffentlichen Meinung und damit auch des Staatswillens zu garantieren, [...] wäre es absolut undenkbar, der jeweiligen Regierung und der sie tragenden Parlamentsmehrheit in einem Staatsrundfunk bzw. Staatsfernsehen gewissermaßen das Mittel zur *Perpetuierung* ihres eigenen demokratischen Mandats in die Hand zu geben"[1080]. Ein Staatsrundfunk wäre der rundfunkverfassungsrechtliche „worst case"[1081]. Vor diesem Hintergrund führt das Bundesverfassungsgericht in seinem Urteil zum Hessischen Privatrundfunkgesetz vom 12.3.2008 aus:

> „Auch wenn der Staat als Garant einer umfassend zu verstehenden Rundfunkfreiheit unverzichtbar ist, besteht die Gefahr, die Rundfunkfreiheit auch politischen Interessen unterzuordnen. Gegen eine Gängelung der Medien durch den Staat haben sich die Kommunikationsgrundrechte ursprünglich gerichtet, und in der Abwehr staatlicher Kontrolle der Berichterstattung finden sie auch heute ein wesentliches Anwendungsfeld (vgl. BVerfGE 57, 295 [320]; 90, 60 [88])"[1082].

2. Die politischen Parteien als pflichtige Adressaten des Grundsatzes der Staatsfreiheit des Rundfunks?

a) Die Adressatenstellung von staatlicher Exekutive, Judikative und Legislative

Adressat des Grundsatzes der Staatsfreiheit des Rundfunks ist namentlich die staatliche Exekutive „in all ihren Ausprägungen"[1083]. Von dem Grundsatz erfasst werden aber auch die Judikative[1084] und die Legislative[1085].

1080 *Herzog*, in: Maunz/Dürig, GG, Loseblatt, Stand Oktober 2011, Art. 5 Abs. 1, 2 Rdnr. 213.

1081 *Cornils*, ZJS 2009, 467.

1082 BVerfGE 121, 30 (52).

1083 *Dietlein*, in: Stern, Staatsrecht IV/2, 2011, § 114 V 2 f γ, S. 91, mit Bezugnahme auf (unter anderem) BVerfGE 73, 118 (182); 83, 238 (323 f.); vgl. ferner *Holznagel*, MMR 2011, 301, und *Gersdorf*, Grundzüge des Rundfunkrechts, 2003, Rdnr. 145. Zur Gebotenheit der Einbeziehung auch von Regierungsvertretern anderer europäischer Staaten am Beispiel des (ehemaligen) italienischen Ministerpräsidenten *Silvio Berlusconi*: *Lehr*, Frankfurter Allgemeine Zeitung v. 9.4.2002, Nr. 82, S. 12. Zur Problematik ausländischer Staatsfonds im Medienbereich *P. Müller*, Süddeutsche Zeitung v. 28./29.7.2007, Nr. 172, S. 21.

1084 *Dietlein*, in: Stern, Staatsrecht IV/2, 2011, § 114 V 2 f γ, S. 91, unter Bezugnahme auf BVerfGE 73, 118 (182), sowie auf *Schiwy*, in: Ricker/Schiwy, Rundfunkverfassungsrecht, 1997, D Rdnr. 16.

1085 *Dietlein*, in: Stern, Staatsrecht IV/2, 2011, § 114 V 2 f γ, S. 91, unter Rekurs – unter anderem – auf BVerfGE 83, 238 (323 f.); 90, 60 (89 f.).

b) Einbeziehung auch der politischen Parteien?

Ob auch die politischen Parteien Adressaten des Grundsatzes der Staatsfreiheit des Rundfunks sind, ist Gegenstand einer mit Verve ausgefochtenen Kontroverse. Für *Peter M. Huber* gehört es mit zu den „wichtigsten Gründen für die Erosion des Grundsatzes der Staatsfreiheit [des Rundfunks, d. Verfasser]“, dass es bis heute nicht gelungen sei, „Stellung und Funktion der politischen Parteien im Rundfunkverfassungsrecht überzeugend zu bewältigen“[1086].

aa) Meinungsstand

aaa) Rechtsprechung

Das Bundesverfassungsgericht ist der Ansicht, der Grundsatz der Staatsfreiheit des Rundfunks sei auch im Blick auf die politischen Parteien zu beachten[1087]. Es schließt „vom verfassungsrechtlichen Postulat der Staatsferne des Rundfunks auf ein Gebot der Parteiferne des Rundfunks“[1088]. Das Gericht betont, die Parteien seien zwar nicht dem Staat zuzuordnen. Allerdings wiesen sie „verglichen mit anderen gesellschaftlichen Kräften eine besondere Staatsnähe auf“[1089]. Es führt aus: „Sie sind ihrem Wesen nach auf die Erlangung staatlicher Macht ausgerichtet und üben entscheidenden Einfluss auf die Besetzung der obersten Staatsämter aus. Die Parteien beeinflussen die Bildung des Staatswillens, indem sie in die staatlichen Institutionen hineinwirken, vor allem durch Einflussnahme auf die Beschlüsse und Maßnahmen von Parlament und Regierung. Hierbei kommt es zu personellen Überschneidungen zwischen politischer Partei und Staatsorgan“[1090].

Das liegt auf der Linie des Niedersachsen-Urteils des Bundesverfassungsgerichts, in welchem es heißt:

> „Wenn nach § 5 Abs. 1 S. 2 LRG politischen Parteien und den von ihnen abhängigen Unternehmen, Personen und Vereinigungen eine Erlaubnis [zur Rundfunkveranstaltung, d. Verfasser] nicht erteilt werden darf, so ist das im Hinblick auf den besonderen Status der Parteien nicht zu beanstanden. Darauf, ob im Rundfunk eine Lage der Binnen- oder der gesicherten Außenpluralität besteht, kommt es nicht an.

1086 *P. M. Huber*, Festschrift für Herbert Bethge, 2009, S. 507.

1087 Zuletzt BVerfGE 121, 30 (53, 55); vgl. auch bereits BVerfGE 73, 118 (190).

1088 *v. Coelln*, in: Menzel/Müller-Terpitz (Hrsg.), Verfassungsrechtsprechung, 2. Aufl., 2011, Artikel „BVerfGE 121, 30 – Pressebeteiligung“, S. 861. In diesem Sinne auch bereits BVerfGE 90, 60 (89); vgl. hierzu auch *Bethge*, MP 2004, 123 f.

1089 BVerfGE 121, 30 (54).

1090 BVerfGE 121, 30 (54 f.) – Rückverweise entfernt.

Maßgebend sind vielmehr die Gesichtspunkte der *Staatsferne* und der Überparteilichkeit des Rundfunks"[1091].

Nicht anders als das Bundesverfassungsgericht geht auch der Niedersächsische Staatsgerichtshof davon aus, die Parteien seien Adressaten des Grundsatzes der Staatsfreiheit des Rundfunks; es wäre seiner Ansicht nach wegen „der regelmäßig bestehenden Verquickungen von Parteien und Staatsorganen" mit dem Gebot der Staatsferne des Rundfunks nicht vereinbar, wenn eine politische Partei als alleinige Veranstalterin eines Rundfunkvollprogramms aufträte[1092].

bbb) Literatur

α) Politische Parteien als pflichtige Adressaten des Grundsatzes der Staatsfreiheit des Rundfunks

Die Mehrheit der Vertreter des Schrifttums folgt der verfassungsgerichtlichen Rechtsprechung in der Anwendbarkeit des Grundsatzes der Staatsfreiheit des Rundfunks auf die politischen Parteien. So heißt es bei *Rupert Scholz*: „Wer das für Demokratie und freiheitliche Rechtsstaatlichkeit selbstverständliche Prinzip der Staatsfreiheit der Medien ernst nimmt, der muss auch [...] Medienbeteiligungen von politischen Parteien einen klaren Riegel vorschieben. Politische Parteien dürfen sich ebenso wenig an Unternehmen der Presse wie an privaten Rundfunk- und Fernsehsendern beteiligen oder gar solche Medien als Kapitaleigner beherrschen"[1093]. So weit geht *Peter Badura* nicht. Auch er ist aber der Ansicht, die Parteien könnten „an der ‚Staatsfreiheit' der Medien nicht als ‚staatsfreie' Unternehmen partizipieren"[1094]. Es liegt auf dieser Linie, wenn *Christoph Degenhart* meint, Staatsfreiheit des Rundfunks müsse auch Parteienfreiheit des Rundfunks bedeuten[1095].

1091 BVerfGE 73, 118 (190) – Hervorhebung nur hier. Kritisch: *Cornils*, ZJS 2009, 465 ff.

1092 Nds. StGH, LVerfGE 16, 377 (392).

1093 *Scholz*, Deutschland – in guter Verfassung?, 2004, S. 136.

1094 *Badura*, Festschrift für Richard Bartlsperger, 2006, S. 6 m.w.N.; vgl. auch *Starck*, in: Hoffmann-Riem/Starck (Hrsg.), Das Niedersächsische Rundfunkgesetz vor dem Bundesverfassungsgericht, 1987, S. 307 f.; *Schmidt*, Rundfunkvielfalt, 1984, S. 80 f.; anders: *Reffken*, NVwZ 2008, 857 ff.

1095 *Degenhart*, in: Bonner Kommentar, Loseblatt, Stand Oktober 2011, Art. 5 Abs. 1 u. 2 Rdnr. 725; *Ladeur*, in: Paschke/Berlit/Meyer (Hrsg.), Hamburger Kommentar – Gesamtes Medienrecht, 2. Aufl., 2012, Kap. 3, 4. Abschn., Rdnr. 113.

β) Politische Parteien keine pflichtigen Adressaten des Grundsatzes der Staatsfreiheit des Rundfunks

Andere Vertreter der Literatur gehen davon aus, der Grundsatz der Staatsfreiheit des Rundfunks sei auf die politischen Parteien nicht oder zumindest nicht in jedem Fall anwendbar.

Für unanwendbar auf die politischen Parteien hält den Grundsatz der Staatsfreiheit des Rundfunks etwa *Matthias Cornils*. Er schreibt: „Parteien als Rundfunkveranstalter und -unternehmer dürfen und müssen, anders als das Bundesverfassungsgericht meint, nur den allgemeinen vielfaltsichernden Vorgaben des Rundfunkrechts unterworfen werden wie andere gesellschaftliche Akteure auch, nicht aber einem Sonderregime, das demjenigen der Ausgrenzung des Staates entspricht oder nahe kommt"[1096]. *Cornils* argumentiert, die Parteien seien „trotz aller gar nicht zu bestreitenden tatsächlichen Verbindungen zu staatlichen Ämtern aus grundrechtlicher Sicht gesellschaftliche Formationen"[1097]. Hierdurch lägen sie „in der Reichweite des rundfunkverfassungsrechtlichen Verbots einseitiger Meinungsmacht, ohne allerdings insoweit anders behandelt zu werden als andere gesellschaftlich-politische Machtfaktoren"[1098].

Ähnlich klingt es bei *Hendrik Reffken*. Er vertritt die Auffassung, der Grundsatz der Staatsfreiheit des Rundfunks gelte „für staatliche Institutionen. Die Parteien sind jedoch nicht der Staat, sondern – wie es das Bundesverfassungsgericht formuliert hat – frei gebildete, in der Gesellschaft wurzelnde Gruppen. Solange die Parteien mit ihren Beteiligungen den Meinungsmarkt nicht beherrschen, droht von ihnen keine Gefahr für einen freien Meinungswettbewerb. Denn anders als Staatsmedien können Medienunternehmen mit Parteienbeteiligung weder auf die nahezu unbegrenzten sachlichen und personellen Ressourcen des Staates zurückgreifen noch staatliche Autorität für sich in Anspruch nehmen"[1099].

1096 *Cornils*, Medienrechtliches Kolloquium zum 75. Geburtstag von Hartmut Schiedermair, 2011, S. 60; vgl. auch bereits *ders.*, ZJS 2009, 465 ff.

1097 *Cornils*, Medienrechtliches Kolloquium zum 75. Geburtstag von Hartmut Schiedermair, 2011, S. 60.

1098 *Cornils*, ebenda.

1099 *Reffken*, Medienmacht SPD, ZEIT ONLINE v. 11.3.2008, abrufbar unter <http://www.zeit.de/online/2008/11/parteien-medien-reffken> [letzter Abruf 5.1.2012]; *ders.*, Politische Parteien und ihre Beteiligungen an Medienunternehmen, 2007, S. 277 f.; *ders.*, NVwZ 2008, 860; *Kamps*, MIP 2007, 39; *Kluth*, in: Epping/Hillgruber (Hrsg.), BeckOK GG, Ed. 13 (Stand: 1.1.2012), Art. 21 Rdnr. 75; vgl. auch v. *Coelln*, in: Menzel/Müller-Terpitz (Hrsg.), Verfassungsrechtsprechung, 2. Aufl., 2011, Artikel „BVerfGE 121, 30 – Pressebeteiligung", S. 861.

Für *Reffken* birgt die Thematisierung der politischen Parteien unter der Chiffre der Staatsfreiheit des Rundfunks sogar die Gefahr, „die aus Gründen rechtsstaatlicher Freiheitssicherung klar zu treffende Unterscheidung von Staat und Gesellschaft verfassungsrechtlich zu verwischen und sich der Parteienstaatslehre von *Leibholz* wieder anzunähern“[1100]. *Reffken* hätte es deshalb bevorzugt, wenn das Bundesverfassungsgericht in seinem Urteil zum Hessischen Privatrundfunkgesetz, anstatt den Grundsatz der Staatsfreiheit des Rundfunks in seiner Anwendbarkeit auch auf die politischen Parteien zu erstrecken, einen eigenständigen „Grundsatz der Freiheit des Rundfunks [von] parteipolitischer Beherrschung“ etabliert hätte[1101].

Michael Müller kritisiert an der Rechtsprechung des Bundesverfassungsgerichts, die „Unterstellung der Staatsnähe“ durch das Bundesverfassungsgericht treffe nur auf wenige Parteien zu[1102]. Er ist der Ansicht, vor allem die Parteien, die nicht in den Legislativorganen vertreten seien, zeichneten sich durch eine besondere Staatsferne aus[1103].

bb) Stellungnahme

Entscheidend für die Beurteilung der Frage, ob die politischen Parteien pflichtige Adressaten des Grundsatzes der Staatsfreiheit des Rundfunks sind, sind vier Aspekte: der Realbefund, der besondere Organisationszweck der politischen Parteien, der systematische Standort der Parteien im Grundgesetz sowie die historische Perspektive.

aaa) Realbefund

Der Realbefund ist durch die „besondere Staatsnähe“[1104] der politischen Parteien gekennzeichnet[1105]. Er hat zu gegenwärtigen, „dass die Funktionsträger der

---

1100 *Reffken*, NVwZ 2008, 860.

1101 *Reffken*, a.a.O.

1102 *Michael Müller*, AfP 2009, 440. Auf der nämlichen Linie *v. Coelln*, in: Menzel/Müller-Terpitz (Hrsg.), Verfassungsrechtsprechung, 2. Aufl., 2011, Artikel „BVerfGE 121, 30 – Pressebeteiligung“, S. 861.

1103 *Michael Müller*, AfP 2009, 440.

1104 Vgl. dazu BVerfGE 121, 30 (54, 61, 68).

1105 *Dörr*, Der Grundsatz der Staatsferne und die Zusammensetzung der Rundfunkgremien, 2010, S. 12 f., mit Bezugnahme auf *P. M. Huber*, Festschrift für Herbert Bethge, 2009, S. 507; vgl. auch *Möllers*, Staat als Argument, 2. Aufl., 2011, S. 347; *v. Arnim*, Politische Parteien im Wandel, 2011, S. 35 ff.; *Böckenförde*, in: Nonnenmacher (Hrsg.), Die gespendete Macht, 2000, S. 60 ff.; *Jarass*, Gutachten 56. DJT, politischen Parteien im Mehr-Ebenen-System von EU, Bund, Ländern und Kommunen typischerweise in Personalunion das Gros der Staatsämter bekleiden und dass die politischen Parteien die politische Willensbildung auf allen Ebenen dominieren, einschließlich der kommunalen und funktionalen Selbstverwaltung“[1106]. Dem „ungeschulten Auge [ist es] kaum möglich […], zwischen politischer Partei und Staat, zwischen Parteifunktionär und Amtsträger zu unterscheiden, zumal die Parteien sich immer ungenierter des Staates bemächtigen, indem sie nahezu alle staatlichen Organe mit ihren Parteigängern durchdringen“[1107]. Zusätzlich relevant ist, dass „die Kooperation zwischen den Ebenen bzw. zwischen den politischen Akteuren der verschiedenen politischen Ebenen“ auch nach der jüngsten Föderalismusreform „zu den wesentlichen Charakteristika des deutschen Bundesstaates“ zählt[1108]. Die Politik im kooperativen Bundesstaat ist – und das streitet auch *gegen* das Argument der „föderalistischen Brechung“ des Staatseinflusses in den Aufsichtsgremien des öffentlich-rechtlichen Rundfunks[1109] – auch nach der genannten Reform verflochten[1110].

1986, G 19; *C. Hahn,* Die Aufsicht des öffentlich-rechtlichen Rundfunks, 2010, S. 177. S. ferner *Ahmed,* Begrenzung politischer Parteien im Rundfunk, 2011, S. 51.

1106 *P. M. Huber*, Festschrift für Herbert Bethge, 2009, S. 507; vgl. auch *Dietlein,* in: Stern, Staatsrecht IV/2, 2011, § 114 V 2 g γ ββ, S. 97.

1107 *Schmitt Glaeser*, Festschrift für Herbert Bethge 2009, S. 74. Vgl. auch *Ossenbühl*, Symposium aus Anlass der Vollendung des 65. Lebensjahres von Fritz Ossenbühl, 2000, S. 125; *Gersdorf*, Grundzüge des Rundfunkrechts, 2003, Rdnr. 145.

1108 So *Laufer/Münch*, Das föderale System der Bundesrepublik Deutschland, 8. Aufl., 2010, S. 181.

1109 Vgl. auch *Hain,* Antrag gemäß Art. 93 Abs. 1 Nr. 2 GG, §§ 13 Nr. 6, 76 ff. BVerfGG der Regierung des Landes Rheinland-Pfalz v. 3.1.2011, S. 33 ff.; *Pöppelmann*, Stellungnahme des Deutschen Journalisten-Verbandes e. V. zum Antrag auf abstrakte Normenkontrolle der Regierung des Landes Rheinland-Pfalz – 1 BvF 1/11 – v. 23.6.2011, S. 20; für die Validität des Arguments der „föderativen Brechung“ des Staatseinflusses dagegen *v. Coelln*, Stellungnahme der Bayerischen Staatsregierung et al. zum Normenkontrollantrag der Landesregierung Rheinland-Pfalz gegen den ZDF-Staatsvertrag vor dem Bundesverfassungsgericht (Vf. 1 BvF 1/11), Funkkorrespondenz 34/2011, S. 14 und v.a. 21 ff. In diesem Sinne äußerte sich auch der Sender selbst (vgl. o.V., epd medien 28/2011 v. 15.7.2011, S. 6 f.).

1110 Vgl. dazu *Laufer/Münch*, Das föderale System der Bundesrepublik Deutschland, 8. Aufl., 2010, S. 181 ff. m.w.N. S. zum Ganzen auch *Pöppelmann*, Stellungnahme des Deutschen Journalisten-Verbandes e. V. zum Antrag auf abstrakte Normenkontrolle der Regierung des Landes Rheinland-Pfalz – 1 BvF 1/11 – v. 23.6.2011, S. 20. Gerade auch die Parteien sind „zu einer einheitlichen Willensbildung über alle formalen Zuständigkeitsordnungen hinweg“ in der Lage (vgl. *P. M. Huber*, Festschrift für

Soweit gegen diese Argumentation eingewandt wird, die Annahme der besonderen Staatsnähe der Parteien sei zu undifferenziert, weil nur „ein geringer Teil der politischen Parteien [...] überhaupt jemals Wahlerfolge und staatliche Ämter" erringe und die Parteien „zum weitaus größeren Teil [...] tatsächlich rein im Status politischer Vereine" verblieben[1111], ist dem zu entgegnen, dass die besondere Mittelstellung der Parteien *allen* Parteien zukommt[1112]. Hinzu tritt der Umstand, dass in Deutschland gerade auch die Parteien *untereinander* in vielfältiger Weise, etwa durch Koalitionsregierungen, verbunden sind[1113].

Gegen eine Berücksichtigung dieses Realbefundes lässt sich auch nicht einwenden, die Normativität des Grundgesetzes dürfe nicht durch die Faktizität[1114] unterlaufen werden[1115]. Denn ebenso „selbstverständlich", wie „eine Interpretation der Rundfunkgewährleistung Gefährdungslagen für die Vielfalt der Meinungen

---

Herbert Bethge, 2009, S. 507). Auch dort, wo ihr Einfluss durch das Prinzip der „föderalen Brechung" an und für sich begrenzt sein sollte, sammeln sich letztlich wieder nach Parteizugehörigkeit geordnete Gruppen (so *Dieter Dörr,* zitiert nach Holzner, MMR-Aktuell 2010, 299963 – Tagungsbericht zum „Mainz Media Forum" vom 2. Februar 2010, das dem Thema „Das ZDF und die Staatsfreiheit des Rundfunks" galt). Mustergültig zeigt sich dies in der Gremienaufsicht des öffentlich-rechtlichen Rundfunks (richtig: *P. M. Huber*, Festschrift für Herbert Bethge, 2009, S. 507; vgl. auch *Grimm*, im Gespräch mit Armbruster, Frankfurter Allgemeine Zeitung v. 7.3.2009, Nr. 56, S. 38).

1111 *Cornils*, Medienrechtliches Kolloquium zum 75. Geburtstag von Hartmut Schiedermair, 2011, S. 51; auf der nämlichen Linie *v. Coelln*, in: Menzel/Müller-Terpitz (Hrsg.), Verfassungsrechtsprechung, 2. Aufl., 2011, Artikel „BVerfGE 121, 30 – Pressebeteiligung", S. 861; *ders.*, Stellungnahme der Bayerischen Staatsregierung et al. zum Normenkontrollantrag der Landesregierung Rheinland-Pfalz gegen den ZDF-Staatsvertrag vor dem Bundesverfassungsgericht (Vf. 1 BvF 1/11), Funkkorrespondenz 34/2011, S. 30 f. Vgl. auch *Jörn Ipsen*, DVBl. 2009, 552 f., und *Michael Müller,* AfP 2009, 438.

1112 *Möstl,* Anhörung des Ausschusses für Bundes- und Europaangelegenheiten und Medien des Niedersächsischen Landtags zum Entwurf eines Gesetzes zur Änderung des Niedersächsischen Mediengesetzes (Gesetzentwurf der Fraktionen der CDU und der FDP – Nds. LT-Drucks. 15/450) in der 14. Sitzung am 24.11.2003, Niederschrift über den öffentlichen Teil der Sitzung, S. 6; in dieser Richtung auch *Lenski*, PartG, 2011, § 1 Rdnr. 9. Vgl. (unter Hinweis auf BVerfGE 60, 53 ff.) auch *Schmidt*, Rundfunkvielfalt, 1984, S. 80 f.

1113 Vgl. *Pöppelmann*, Stellungnahme des Deutschen Journalisten-Verbandes e. V. zum Antrag auf abstrakte Normenkontrolle der Regierung des Landes Rheinland-Pfalz - 1 BvF 1/11 - v. 23.6.2011, S. 20. Vgl. auch *Oberreuter/Kranenpohl*, in: Gerlach et al. (Hrsg.), Politikwissenschaft in Deutschland, 2010, S. 175.

1114 Grundlegend: *Jellinek*, Allgemeine Staatslehre, 3. Aufl., 1960, S. 337 ff.

1115 Vgl. hierzu *Quaritsch*, Das parlamentslose Parlamentsgesetz, 2. Aufl., 1961, S. 36 ff.

im Rundfunk möglichst realitätsgerecht erfassen" muss[1116], hat sie auch Gefährdungen für die Staatsfreiheit der Medien möglichst realitätsnah zu verarbeiten[1117].

bbb) Der besondere Organisationszweck der politischen Parteien

Relevant ist des Weiteren, dass die Staatsnähe der Parteien bereits in der Funktionszuweisung des Art. 21 Abs. 1 S. 1 GG angelegt ist. Es wird in der Literatur zu Recht darauf hingewiesen, dass die Parteien „kraft ihrer Aufgabenstellung in einer spezifischen Symbiose mit dem Staat" lebten[1118]. Sie beeinflussen auch „die Bildung des Staatswillens, indem sie in die staatlichen Institutionen hineinwirken, vor allem durch Einflussnahme auf die Beschlüsse und Maßnahmen von Parlament und Regierung"[1119]. Gerade auch deshalb dürfen die Medienfreiheiten nicht allein auf den Staat fixiert bleiben[1120]. Die Parteien stehen *aus deren Blickwinkel* im Lager des Staates[1121]. Eine Medienunternehmerschaft von politischen Parteien droht die „medientypische Vermittlungsfunktion", die staatlichen Einfluss abfedern soll[1122], zu untergraben.

ccc) Der systematische Standort der politischen Parteien im Grundgesetz

Nicht außer Betracht bleiben darf, dass die Parteien in Art. 21 GG angesprochen sind, welcher Bestandteil des Staatsorganisationsrechts ist[1123]. Dieser systematische

---

1116 *Cornils*, Medienrechtliches Kolloquium zum 75. Geburtstag von Hartmut Schiedermair, 2011, S. 50.

1117 Vor diesem Hintergrund gilt es die oft vertretene Ansicht zurückzuweisen, Medienbeteiligungen von Parteien seien gerade (auch) deshalb verfassungsgemäß, weil es faktisch illusorisch wäre, die Parteien von Presse und Rundfunk fernzuhalten (in diesem Sinne etwa *Holznagel*, MMR 2008, 596).

1118 *Hans H. Klein*, Frankfurter Allgemeine Zeitung v. 17.12.2009, Nr. 293, S. 8. Schon früh in der Diskussion: *Schmidt*, Rundfunkvielfalt, 1984, S. 80 f.; *Grimm*, HdbVerfR, 2. Aufl., 1994, § 14 Rdnr. 74.

1119 BVerfGE 121, 30 (54 f.), unter Bezugnahme auf BVerfGE 3, 19 (26); 14, 121 (133); 20, 56 (99, 101); 44, 125 (145 f.); 52, 63 (83); 107, 339 (358 f.).

1120 So (im Blick auf die Rundfunkfreiheit) *Grimm*, HdbVerfR, 2. Aufl., 1994, § 14 Rdnr. 76; vgl. auch *Cordes*, ZParl 40 (2009), S. 131.

1121 (Nur im Blick auf den Rundfunk) *Cordes*, ZParl 40 (2009), S. 131; *Möstl*, in: Lindner/Möstl/Wolff, Verfassung des Freistaates Bayern, 2009, Art. 111 a Rdnrn. 10, 12. In diesem Sinne auch bereits *Grimm*, HdbVerfR, 2. Aufl., 1994, § 14 Rdnr. 75. Vgl. auch *Degenhart*, in: Bonner Kommentar, Loseblatt, Stand Oktober 2011, Art. 5 Abs. 1 u. 2 Rdnr. 725.

1122 Vgl. hierzu *Degenhart*, AfP 2010, 328.

1123 *Dörr*, Der Grundsatz der Staatsferne und die Zusammensetzung der Rundfunkgremien, 2010, S. 12; vgl. auch *E. Fricke*, Anwaltschaft und Gesetzgebung, 1993, S. 30 f.

Standort weist darauf hin, dass die Parteien dem Staat näher stehen als der Gesellschaft[1124]. Auch dies streitet für die Einbeziehung der Parteien in den Verfassungsgrundsatz der Staatsfreiheit des Rundfunks[1125].

ddd) Die historische Perspektive

Zu selten wird betont, dass auch die historische Perspektive „für die Beachtung des Staatsfreiheitsgrundsatzes in Bezug auf die Parteien" spricht[1126]. *Caroline Hahn* weist zu Recht darauf hin, dass im Nationalsozialismus eine einzige Partei – die NSDAP – Einfluss auf alle staatlichen Entscheidungen auszuüben vermochte[1127]. Ein Rekurs (auch) auf diese historische Perspektive[1128] erscheint umso zwingender, als das Bundesverfassungsgericht in seinem viel beachteten *Wunsiedel*-Beschluss ausgeführt hat, das Grundgesetz könne „weithin geradezu als Gegenentwurf zu dem Totalitarismus des nationalsozialistischen Regimes gedeutet werden"[1129]. Das Grundgesetz sei „von seinem Aufbau bis in viele Details hin darauf ausgerichtet, aus den geschichtlichen Erfahrungen zu lernen und eine Wiederholung solchen Unrechts ein für alle Mal auszuschließen"[1130].

eee) Fazit

Auch die politischen Parteien sind als pflichtige Adressaten des Grundsatzes der Staatsfreiheit des Rundfunks anzusehen. Die Richtigkeit dieses Ansatzes wird evident, wenn man sich vergegenwärtigt, dass auf der Basis des Ansatzes, die Parteien seien nicht Adressaten des Grundsatzes der Staatsfreiheit des Rundfunks, ein proportional nur aus Parteivertretern bestehendes Gremium staatsferner wäre als

1124 *Dörr*, Der Grundsatz der Staatsferne und die Zusammensetzung der Rundfunkgremien, 2010, S. 12. Vgl. auch *Graf v. Pestalozza*, ZRP 1979, 27.

1125 Vgl. auch *Schmidt*, Rundfunkvielfalt, 1984, S. 80 f.

1126 *C. Hahn*, Die Aufsicht des öffentlich-rechtlichen Rundfunks, 2010, S. 178.

1127 Vgl. *C. Hahn*, a.a.O., S. 178, Fn. 1054.

1128 Zu dieser auch *H. M. Kepplinger*, in: Faulbaum/Wolf (Hrsg.), Gesellschaftliche Entwicklungen im Spiegel der empirischen Sozialforschung, 2010, S. 135.

1129 BVerfGE 124, 300 (328); vgl. hierzu *v. Münch*, Rechtspolitik und Rechtskultur, 2011, S. 230. Zum Ganzen auch *Dreier*, Gilt das Grundgesetz ewig?, 2009, S. 64, der ausführt, auch das „Gegenbild des Stalinismus und [die] Lage in den Ostblockstaaten" habe bei der Verabschiedung des Grundgesetzes eine Rolle gespielt.

1130 BVerfGE 124, 300 (328).

ein solches, in dem neben einem Ministerialbeamten eine Vielzahl von Gruppenangehörigen vertreten ist[1131].

3. Die Reichweite des Grundsatzes der Staatsfreiheit des Rundfunks

a) Meinungsstand

aa) Bundesverfassungsgericht

Das Bundesverfassungsgericht differenziert im Blick auf die Reichweite des Grundsatzes der Staatsfreiheit des Rundfunks zwischen der institutionalisierten Staatlichkeit und den politischen Parteien. Letztere werden besser gestellt[1132].

aaa) Im Hinblick auf die institutionalisierte Staatlichkeit

Dem Bundesverfassungsgericht zufolge verbietet der Grundsatz der Staatsfreiheit des Rundfunks im Blick auf die institutionalisierte Staatlichkeit zunächst, dass der Staat „unmittelbar oder mittelbar eine Anstalt oder Gesellschaft beherrscht, die Rundfunksendungen veranstaltet“[1133]. Das Gericht betont, dass ein „von staatlichen Organen veranstalteter, beherrschter oder kontrollierter Rundfunk“ kein mit dem Grundgesetz vereinbarer Zustand wäre[1134].

Hierbei bleibt das Gericht allerdings nicht stehen. Es hat den Grundsatz der Staatsfreiheit des Rundfunks in seiner jüngeren Rechtsprechung von einem (bloßen) Beherrschungs- und Auslieferungsverbot zu einem Instrumentalisierungsverbot weiter entwickelt[1135]. So heißt es zuletzt in der Entscheidung des Bundesverfassungsgerichts zum Hessischen Privatrundfunkgesetz:

> „In dem Beherrschungsverbot erschöpft sich die Garantie der Rundfunkfreiheit gegenüber dem Staat […] nicht. Vielmehr soll jede politische Instrumentalisierung des Rundfunks ausgeschlossen werden (BVerfGE 90, 60 [88])“[1136].

Entgegen der Ansicht von *Peter M. Huber*[1137] hat das Gericht damit freilich *kein* „striktes Beteiligungsverbot“ für den Staat an privaten Rundfunkveranstaltern

---

1131 So – am Beispiel der Gremienaufsicht des öffentlich-rechtlichen Rundfunks – *Möllers*, Staat als Argument, 2. Aufl., 2011, S. 342 Fn. 287.

1132 *P. M. Huber*, Festschrift für Herbert Bethge, 2009, S. 510.

1133 BVerfGE 12, 205 (263); aus jüngerer Zeit: BVerfGE 121, 30 (61).

1134 *Degenhart*, NVwZ 2010, 878, unter Bezugnahme auf BVerfGE 83, 238 (330).

1135 *Holznagel*, MMR 2008, 596.

1136 BVerfGE 121, 30 (61).

1137 *P. M. Huber*, Festschrift für Herbert Bethge, 2009, S. 508.

statuiert[1138]. Es fordert sub specie der Staatsfreiheit des Rundfunks auch insoweit *keine* vollständige Freiheit des Rundfunks „von jeglicher staatlicher Berührung"[1139]. Das Gericht führt aus, das „Prinzip der Staatsfreiheit und Überparteilichkeit des Rundfunks" sei nicht als ein striktes Trennungsgebot zu deuten, „sondern wegen des gesetzgeberischen Ausgestaltungsvorbehalts, der Entsendung von Vertretern in die rundfunkrechtlichen Aufsichtsgremien und der weiteren von der Rechtsprechung unbeanstandet gelassenen Einflussmöglichkeiten eher als ein System der Staatsferne"[1140]. Staatsfreiheit des Rundfunks bedeutet für das Gericht danach (nur), „dass der Staat weder selbst Rundfunkveranstalter sein noch *bestimmenden* Einfluss auf das Programm der von ihm unabhängigen Veranstalter gewinnen darf"[1141].

1138 Richtig: *v. Coelln*, Stellungnahme der Bayerischen Staatsregierung et al. zum Normenkontrollantrag der Landesregierung Rheinland-Pfalz gegen den ZDF-Staatsvertrag vor dem Bundesverfassungsgericht (Vf. 1 BvF 1/11), Funkkorrespondenz 34/2011, S. 16; vgl. auch *Hartstein/Ring/Kreile/Dörr/Stettner/Cole*, RStV, Loseblatt, Stand Oktober 2011, § 20 a Rdnr. 9; s. ferner *Holznagel*, MMR 2011, 301.

1139 BVerfGE 121, 30 (53); tendenziell kritisch: *Gounalakis/Zagouras*, Medienkonzentrationsrecht, 2008, S. 20.

1140 BVerfGE 121, 30 (67). Die Begriffe „Staatsferne" und „Staatsfreiheit" werden überwiegend als „semantische Variationen derselben Sache" betrachtet (vgl. etwa *Bethge*, ZG Bd. 10 [1995], S. 108; *Hain*, Die zeitlichen und inhaltlichen Einschränkungen der Telemedienangebote von ARD, ZDF und Deutschlandradio nach dem 12. RÄndStV, 2009, S. 33). Zur prinzipiellen Zulässigkeit der Vertretung des Staates in den Organen der öffentlich-rechtlichen Rundfunkanstalten vgl. BVerfGE 12, 205 (263), wonach Art. 5 GG nicht hindere, „dass auch Vertretern des Staates in den Organen des ‚neutralisierten' Trägers der Veranstaltungen ein *angemessener Anteil* eingeräumt wird" (Hervorhebung nur hier; kritisch: *Gersdorf*, Grundzüge des Rundfunkrechts, 2003, Rdnr. 144). Wie groß dieser Anteil sein darf, ist bislang noch nicht geklärt. Das Gericht hat insoweit bisher lediglich ausgeführt, dass sich „ein grob einseitig zusammengesetztes Kontrollgremium" nicht zur Sicherung der Meinungsvielfalt im Rundfunk eigne und daher auch nicht die Anforderungen des Art. 5 Abs. 1 Satz 2 GG erfülle (BVerfGE 83, 238 [335]; dazu *Cornils*, Medienrechtliches Kolloquium zum 75. Geburtstag von Hartmut Schiedermair, 2011, S. 55 ff.; *Degenhart*, K&R 2011, 374). Gelegenheit zur Klarstellung bietet insoweit das aktuell beim Bundesverfassungsgericht anhängige (und von der Landesregierung von Rheinland-Pfalz initiierte) Normenkontrollverfahren zum ZDF-Staatsvertrag (1 BvF 1/11). Vgl. hierzu dieses Kapitel, B. III. 2. c) cc) bbb) β), S. 183 ff.

1141 BVerfGE 121, 30 (61), unter Bezugnahme auf BVerfGE 83, 238 (330) – Hervorhebung nur hier.

bbb) Im Hinblick auf die politischen Parteien

α) Besserstellung der politischen Parteien gegenüber dem Staat

αα) Befund

Gegenüber den politischen Parteien bringt das Bundesverfassungsgericht den Grundsatz der Staatsfreiheit des Rundfunks nur in deutlich modifizierter[1142] und abgeschwächter Form zur Anwendung. Letzten Endes stellt es die politischen Parteien in seinem Urteil zum Hessischen Privatrundfunkgesetz gegenüber dem Staat insofern besser, als es im Blick auf sie die Grenze des zulässigen Einflusses auf einen Rundfunkveranstalter nicht schon bei einem *bestimmenden* Einfluss auf das Programm des betreffenden Rundfunkveranstalters verortet, sondern erst bei einem *beherrschenden*[1143]. Das hat das Gericht zwar nicht explizit ausgeführt. Es hat aber betont:

> „Der Gesetzgeber ist von Verfassungs wegen nicht gehalten, sich bei der Begrenzung der Beteiligungsmöglichkeiten der Parteien an Rundfunkunternehmen auf das Verbot einer Beherrschung im Sinne von § 17 AktG zu beschränken“ [1144].

Hieraus ist zu schließen, dass den Parteien in der Sicht des Bundesverfassungsgerichts (lediglich) kein beherrschender Einfluss auf das Programm eines Rundfunkveranstalters zukommen darf[1145].

ββ) Dogmatischer Ansatz des Gerichts

Das Bundesverfassungsgericht erreicht die beschriebene Besserstellung der politischen Parteien bei der Anwendung des Grundsatzes der Staatsfreiheit des Rundfunks

---

1142 *Reffken*, NVwZ 2008, 860.

1143 Vgl. *P. M. Huber*, Festschrift für Herbert Bethge, 2009, S. 508.

1144 BVerfGE 121, 30 (62).

1145 *P. M. Huber*, Festschrift für Herbert Bethge, 2009, S. 508; vgl. auch *Musiol*, FD-GewRS 2008, 256278; enger hingegen *Cornils*, Medienrechtliches Kolloquium zum 75. Geburtstag von Hartmut Schiedermair, 2011, S. 45, nach dem das Urteil des Gerichts „verschärfend so gelesen werden [muss], dass die Zulassung einer Rundfunkbeteiligung oder gar Rundfunkveranstaltung von Parteien mit bestimmendem Einfluss verfassungsrechtlich verboten wäre“. I.E. wie *Cornils*: *Dörr*, Stellungnahme zu dem Gesetzentwurf der Fraktion der SPD im Hessischen Landtag v. 14.8.2008 (Hess. LT-Drucks. 17/503), Ausschussvorlage HAA/17/5, Teil 1, S. 22. Tendenziell weitergehend dagegen der Niedersächsische Staatsgerichtshof (nur Verbot des Auftritts einer Partei als alleinige Veranstalterin eines Rundfunkvollprogramms, vgl. Nds. StGH, LVerfGE 16, 377 [392]).

konstruktiv dadurch, dass es „das subjektive gleichsam halbe Veranstalterrecht der Parteien, das der ‚Grundrechtsbeachtungsanspruch' liefert[1146], mit dem gegenläufigen, auf Verdrängung der Parteien aus dem Rundfunk zielenden Staatsfreiheitsgebot" *abwägt*[1147].

β) Statuierung einer Beteiligungsgrenze in BVerfGE 121, 30 ff. als Fortentwicklung von BVerfGE 73, 118 ff.

Mit der im Urteil zum Hessischen Privatrundfunkgesetz vertretenen Auffassung, den Parteien *dürfe* kein beherrschender Einfluss auf das Programm eines Rundfunkveranstalters zukommen[1148], entwickelt das Bundesverfassungsgericht seinen Ansatz aus dem Niedersachsen-Urteil fort. Denn in letzterem hieß es lediglich, es sei „nicht zu beanstanden", wenn der Gesetzgeber den politischen Parteien und den von diesen abhängigen Unternehmen, Personen und Vereinigungen eine Erlaubnis zur Veranstaltung von Rundfunk verwehre[1149]. Ein Verbot dieser Art sei im Hinblick auf den besonderen Status der Parteien zulässig, wobei irrelevant sei, „ob im Rundfunk eine Lage der Binnen- oder der gesicherten Außenpluralität" bestehe[1150]. Maßgebend seien vielmehr die Gesichtspunkte der Staatsferne und der Überparteilichkeit des Rundfunks[1151].

1146 Vgl. dazu bereits oben, Kap. 4 C. IV. 2. b) bb), S. 137 f.

1147 Vgl. hierzu die Analyse von *Cornils*, Medienrechtliches Kolloquium zum 75. Geburtstag von Hartmut Schiedermair, 2011, S. 44. Der Ansatz des Gerichts liegt auf der Linie der Erwägungen, die der (damalige) Vizepräsident des Bundesverfassungsgerichts, *Hassemer*, in der mündlichen Verhandlung zu dem betreffenden Verfahren angestellt hat. *Hassemer* bezeichnete es als die für das Gericht entscheidende Frage, wann die Beherrschung eines Rundfunksenders durch eine Partei beginne (*ders.*, zitiert in: o.V., Karlsruhe prüft Grenzen der Beteiligung von Parteien am Privatfunk, Agence France-Presse-Bericht v. 19.9.2007, Nr. DEU112).

1148 BVerfGE 121, 30 (62).

1149 BVerfGE 73, 118 (190); vgl. dazu auch *Herzog*, in: Maunz/Dürig, GG, Loseblatt, Stand Oktober 2011, Art. 5 Abs. 1, 2 Rdnr. 214 b. Auf der Linie des Gerichts auch *Scheuner*, Das Grundrecht der Rundfunkfreiheit, 1982, S. 81. Für die Zulässigkeit der Rundfunkveranstaltung durch politische Parteien: *Bethge*, Rundfunkfreiheit und privater Rundfunk, 1985, S. 38 ff.

1150 BVerfGE 73, 118 (190).

1151 BVerfGE 73, 118 (190).

bb) Literatur

aaa) Zustimmung zum Ansatz des Bundesverfassungsgerichts

Die Literatur folgt in der Bemessung der Reichweite des Grundsatzes der Staatsfreiheit des Rundfunks mehrheitlich dem Bundesverfassungsgericht. Sie teilt überwiegend auch den Ansatz des Gerichts, der Grundsatz der Staatsfreiheit des Rundfunks könne gegenüber den Parteien nur in modifizierter Form zur Anwendung kommen. So meint *Dietlein*, das Bundesverfassungsgericht habe in seiner Entscheidung zum Hessischen Privatrundfunkgesetz der „gesellschaftlichen Verortung“ der Parteien mit Recht durch eine „abgestufte Staatsfreiheitsdogmatik“ entsprochen[1152]. Auch *Wieland* ist der Auffassung, das Gericht habe insoweit eine „salomonische Lösung“ getroffen[1153]. *Holznagel* schließlich führt aus, das Gericht habe in seinem Urteil zum Hessischen Privatrundfunkgesetz „die Belange der Staatsfreiheit des Rundfunks und der Rechte der politischen Parteien für die derzeit bestehende Medienlandschaft angemessen justiert“[1154].

1152 *Dietlein*, in: Stern, Staatsrecht IV/2, 2011, § 114 V 1 c β, S. 64 Fn. 241.

1153 *Wieland*, Öffentliche Anhörung des Hauptausschusses des Hessischen Landtags zu dem Gesetzentwurf der Hessischen Landesregierung für ein Gesetz zur Änderung des Privatrundfunkgesetzes (Hess. LT-Drucks. 18/315) in der 3. Sitzung am 27.5.2009, Sten. Bericht Hess. LT-Hauptausschuss, Ausschussvorlage HAA/18/3, S. 25. Ähnlich *Ritlewski*, Pluralismus als Strukturprinzip im Rundfunk, 2009, S. 85, welcher von einer gelungenen „Zwitterlösung“ spricht.

1154 *Holznagel*, MMR 2008, 597. Zentral gestellt haben den Ansatz des Gerichts, zumindest der Sache nach, auch die Bayerische Staatsregierung, die Hessische Landesregierung, die Niedersächsische Landesregierung, die Regierung des Saarlandes, die Staatsregierung des Freistaates Sachsen sowie die Landesregierung von Schleswig-Holstein in ihrer Stellungnahme zum Bundesverfassungsgericht in dem aktuell bei diesem anhängigen Verfahren zum ZDF-Staatsvertrag (1 BvF 1/11). Sie sind der Meinung, es würde den Maßstäben der Rundfunkfreiheit nicht gerecht, den Vertreter einer Partei in der Gremienaufsicht des öffentlich-rechtlichen Rundfunks wie einen „echten“ Staatsvertreter zu werten (vgl. *v. Coelln*, Stellungnahme der Bayerischen Staatsregierung et al. zum Normenkontrollantrag der Landesregierung Rheinland-Pfalz gegen den ZDF-Staatsvertrag vor dem Bundesverfassungsgericht [Vf. 1 BvF 1/11], Funkkorrespondenz 34/2011, S. 30). Sie weisen darauf hin, dass in der Entscheidung des Bundesverfassungsgerichts zum Hessischen Privatrundfunkgesetz die These klar zurückgewiesen worden sei, die Parteien ließen sich aus der spezifischen Sicht des Rundfunks nicht sinnvoll von der staatlichen Sphäre scheiden (*v. Coelln*, a.a.O., S. 29 f., unter Bezugnahme auf BVerfGE 121, 30 [54]).

bbb) Kritik an der Sicht des Bundesverfassungsgerichts

Kritisch hat sich hingegen *Cornils* geäußert. Abgesehen davon, dass er selbst die Parteien nicht als Adressaten des Grundsatzes der Staatsfreiheit des Rundfunks einstuft, ist er der Ansicht, die Wirkkraft dieses Grundsatzes dürfe nicht im Ausgestaltungsermessen des Rundfunkgesetzgebers liegen[1155]. In eben diese Richtung weist es, wenn *Christian von Coelln* bemerkt: „Sofern man das [vom Bundesverfassungsgericht aus dem Postulat der Staatsferne abgeleitete] Postulat der Parteiferne des Rundfunks [...] dem Grunde nach akzeptiert, lässt sich [...] bezweifeln, ob es vor diesem Hintergrund richtig sein kann, Parteien über Art. 21 Abs. 1 GG und Art. 5 Abs. 1 S. 2 GG im Ergebnis einen (eingeschränkten) Anspruch auf Zugang zum Rundfunk zu geben“[1156].

b) Stellungnahme

aa) Die Reichweite des Grundsatzes der Staatsfreiheit des Rundfunks in seiner Anwendung auf die institutionalisierte Staatlichkeit

In der Sicht des Bundesverfassungsgerichts, Staatsfreiheit des Rundfunks bedeute im Blick auf die institutionalisierte Staatlichkeit nicht mehr, als dass der Staat weder selbst Rundfunkveranstalter sein noch bestimmenden Einfluss auf das Programm der von ihm unabhängigen Veranstalter gewinnen dürfe, kommt eine am rundfunkspezifischen Vielfaltsgebot orientierte Auslegung des Grundsatzes der Staatsfreiheit des Rundfunks zum Ausdruck[1157]. Sie erinnert an die berühmte Sentenz des Gerichts, der Rundfunk dürfe weder dem Staat noch einer gesellschaftlichen Gruppe ausgeliefert werden[1158]. Letztlich stellt das Gericht mit seinem Ansatz den Staat im Blick auf den öffentlichen Kommunikationsprozess mit Privaten auf eine Stufe.

Eine solche Gleichstellung begegnet Bedenken. Vieles spricht für die Lesart, die – vom Bundesverfassungsgericht so bezeichnete – „staatliche Teilhabe an öffentlicher Kommunikation“[1159] lasse sich nicht mit (vermeintlich) ähnlich

---

1155 *Cornils*, Medienrechtliches Kolloquium zum 75. Geburtstag von Hartmut Schiedermair, 2011, S. 45.

1156 *v. Coelln*, in: Menzel/Müller-Terpitz (Hrsg.), Verfassungsrechtsprechung, 2. Aufl., 2011, Artikel „BVerfGE 121, 30 – Pressebeteiligung“, S. 861; ähnlich *Gounalakis/Zagouras*, Medienkonzentrationsrecht, 2008, S. 20.

1157 Zutreffende Analyse bei *Gersdorf*, Grundzüge des Rundfunkrechts, 2003, Rdnr. 142.

1158 Vgl. BVerfGE 12, 205 (262); 90, 60 (88).

1159 Vgl. BVerfGE 105, 252 (268); 105, 279 (301). Kritisch: *Bethge*, AfP-Sonderheft 2007, 18 f.; *ders.*, HGR III, 2009, § 72 Rdnr. 43. Auf der nämlichen Linie nun auch gelagerten Aktivitäten von gesellschaftlichen Akteuren vergleichen[1160]. Maßgeblich hierfür ist, dass gesellschaftliche Akteure auch insoweit „in Ausübung staatsgerichteter Bürgerfreiheit tätig“ werden[1161], während die „kompetenzrechtlich näher zu unterfütternde Informationstätigkeit des Staates“ gerade durch die Grundrechte gebunden und beschränkt ist[1162]. Ein „harmonische[s], quasi Waffen- und Mittelgleichheit suggerierende[s] Bild eines freien Kommunikations- und Interaktionsprozesses zwischen Staat und Bürger“ droht diese Differenzierung zu unterlaufen[1163].

Richtiger Ansicht nach ist der Grundsatz der Staatsfreiheit des Rundfunks mit *Hubertus Gersdorf* daher aus dem grundgesetzlichen Demokratieprinzip abzuleiten, „demzufolge sich die Willensbildung vom Volk zu den Staatsorganen und nicht in umgekehrter Folge zu vollziehen hat“[1164].

Das hat Folgen für die Bestimmung der Reichweite des Grundsatzes der Staatsfreiheit des Rundfunks. Dieser Grundsatz ist bei richtiger Betrachtung im Sinne eines strikten, d. h. *absoluten*, „Einmischungs- und Beeinträchtigungsverbotes“ in Bezug auf die Programminhalte zu interpretieren[1165]. Vor diesem Hintergrund ist

---

das Bundesverfassungsgericht im Fall „*Konrad Löw*“. In diesem heißt es, es sei mindestens missverständlich, wenn die angegriffene verwaltungsgerichtliche Entscheidung von einem „freien Kommunikations- und Interaktionszusammenhang“ zwischen Bürger und Staat spreche und staatlichen Stellen ein gewisses Recht zur Teilhabe am „Meinungskampf“ zubilligen wolle (vgl. BVerfG, NJW 2011, 512; zustimmend: *Schoch*, NVwZ 2011, 196: „staatliche Teilhabe an öffentlicher Kommunikation“ als „eher feuilletonistische Floskel“).

1160 *Bethge*, AfP-Sonderheft 2007, 18 f.

1161 *v. Coelln*, Zur Medienöffentlichkeit der Dritten Gewalt, 2005, S. 17.

1162 *Bethge*, HGR III, 2009, § 72 Rdnr. 43; *Ossenbühl*, NVwZ 2011, 1357. Von besonderer Dringlichkeit ist der entsprechende Hinweis aktuell im Blick auf die zunehmend intensiver werdende Öffentlichkeitsarbeit der Ermittlungsbehörden (dazu *Lehr*, NStZ 2009, 409 ff.; zu dem – gerade auch hierin zum Ausdruck kommenden – Phänomen der Litigation-PR vgl. *Huff*, DRiZ, 2010, 114 ff.).

1163 *Bethge*, AfP-Sonderheft 2007, S. 18 m.w.N.

1164 *Gersdorf*, Grundzüge des Rundfunkrechts, 2003, Rdnr. 142; vgl. auch *ders.*, Staatsfreiheit des Rundfunks in der dualen Rundfunkordnung der Bundesrepublik Deutschland, 1991, S. 73.

1165 *Gersdorf*, Grundzüge des Rundfunkrechts, 2003, Rdnr. 142; umfassend: *ders.*, Staatsfreiheit des Rundfunks in der dualen Rundfunkordnung der Bundesrepublik Deutschland, 1991, S. 90 ff.; vgl. auch *Lehr/Brosius-Gersdorf*, RTkom 2001, 98; *Thaenert*, in: Seipold (Hrsg.), Media Art Culture, 2008, S. 167; *Grimm*, im Gespräch mit Armbruster, Frankfurter Allgemeine Zeitung v. 7.3.2009, Nr. 56, S. 38. Keinen Bedenken im Hinblick auf den Grundsatz der Staatsfreiheit des Rundfunks begegnen die Mitwirkung des Staates an einem privaten Rundfunksender verfassungsrechtlich unzulässig[1166]. Unternehmensbeteiligungen des Staates im Bereich des Rundfunks sind auf dieser Basis, gleich in welcher Höhe, verfassungswidrig[1167]. Es liegt auf dieser Linie, dass das Bundesverfassungsgericht selbst ausführt, der Grundsatz der Staatsfreiheit des Rundfunks gebiete es, Einflussmöglichkeiten des Staates „insoweit auszuschalten, als sie nicht der Herstellung oder Erhaltung der Rundfunkfreiheit dienen und durch Schranken des Grundrechts nicht gedeckt sind"[1168].

bb) Die Reichweite des Grundsatzes der Staatsfreiheit des Rundfunks in seiner Anwendung auf die politischen Parteien

Zu klären bleibt, ob auch den politischen Parteien sub specie der Staatsfreiheit des Rundfunks sämtliche Rundfunkbeteiligungen untersagt sind, oder ob dem Bundesverfassungsgericht zumindest darin zu folgen ist, der Grundsatz der Staatsfreiheit des Rundfunks sei im Blick auf die Parteien nur in abgeschwächter Form anzuwenden.

Das Bundesverfassungsgericht hat in seiner Entscheidung zum Hessischen Privatrundfunkgesetz betont, die Parteien könnten auch im Rundfunkbereich einen Einfluss ausüben, der sich von einem als staatlich in Erscheinung tretenden Einfluss der Mehrheitsparteien kaum unterscheiden lasse[1169]. Ferner hatte es bereits in seiner ersten Rundfunkgebührenentscheidung ausgeführt, „die Neigung zur Instrumentalisierung des Rundfunks" könne „nicht nur bei der Regierung, sondern auch bei den im Parlament vertretenen Parteien bestehen"[1170]. Von einer wie auch immer gearteten Beschränkung auf die Mehrheitsparteien war seinerzeit nicht die Rede. Vielmehr kommt die besondere Mittelstellung der politischen Parteien auch den (noch) nicht im Parlament vertretenen Parteien zu. Der Aspekt, dass die Parteien auch *untereinander* in vielfältiger Weise verflochten sind[1171], tritt hinzu.

Maßnahmen, die der Herstellung oder Erhaltung der Rundfunkfreiheit dienen. Solche Maßnahmen können sogar verfassungsrechtlich geboten sein (vgl. BVerfGE 121, 30 [52]; vgl. auch *E. Fricke*, in: ders./Ott, Verwaltungsrecht in der anwaltlichen Praxis, 2. Aufl., 2005, § 43 C Rdnr. 158).

1166 Richtig: *Gersdorf*, in: Morlok/v. Alemann/Streit (Hrsg.), Medienbeteiligungen politischer Parteien, 2004, S. 72.

1167 *Gersdorf*, a.a.O.

1168 BVerfGE 121, 30 (53), unter Bezugnahme auf BVerfGE 73, 118 (182).

1169 BVerfGE 121, 30 (61 f.), unter Bezugnahme auf BVerfGE 73, 118 (165).

1170 BVerfGE 90, 60 (89); vgl. hierzu auch *Bethge*, MP 2004, 123.

1171 Vgl. *Pöppelmann*, Stellungnahme des Deutschen Journalisten-Verbandes e. V. zum Antrag auf abstrakte Normenkontrolle der Regierung des Landes Rheinland-Pfalz – 1 BvF 1/11 – v. 23.6.2011, S. 20.

Vor diesem Hintergrund ist es geboten, den Grundsatz der Staatsfreiheit des Rundfunks gegenüber den politischen Parteien exakt mit dem Gehalt zur Anwendung zu bringen, den er auch gegenüber der institutionalisierten Staatlichkeit aufweist[1172]. Jede Besserstellung der politischen Parteien verbietet sich. Die Parteien lassen sich gerade aus dem Blickwinkel des Rundfunks von der staatlichen Sphäre nicht sinnvoll scheiden[1173].

Der hier bezogenen Position stehen nicht die eigene Staatsfreiheit der politischen Parteien[1174] und die (aus dieser resultierende) prinzipielle Grundrechtsfähigkeit dieser Vereinigungen entgegen[1175]. Denn politische Parteien und andere Vereinigungen werden gerade auch „im Grundrechtsbereich durchgängig ungleich behandelt"[1176]. Richtiger Ansicht nach kann vor allem „die besondere Ausrichtung der politischen Parteien auf die Teilhabe an der Staatsgewalt" dazu führen, dass den Parteien „bestimmte Grundrechtspositionen von vornherein nicht zustehen"[1177]. Zu diesen gehören (gerade auch insoweit) jene, die Unternehmensbeteiligungen im Rundfunkbereich betreffen[1178]. Zumindest hinsichtlich solcher Beteiligungen sind die Parteien *nicht* Träger der Rundfunkfreiheit aus Art. 5 Abs. 1 S. 2 GG. Die Grundrechtsfähigkeit der Parteien ist insofern „partiell beschränkt"[1179]. *Ci Cao* betont zu Recht, die Staatsfreiheit der Medien werde nicht nur durch Medienmonopole von Parteien „beseitigt"[1180], sondern auch durch jede andere Art der Einflussnahme von Seiten der Parteien auf die Berichterstattung. *Cao* ist der Auffassung, die Parteien dürften „bei der Ausübung ihrer Grundrechte" nicht „auf staatsfreie

---

1172 Wie hier: *Degenhart*, K&R 2009, 291.

1173 So auch die Hessische Landesregierung im Verfahren zum Hessischen Privatrundfunkgesetz (BVerfGE 121, 30 [41]).

1174 Vgl. zu dieser BVerfGE 85, 264 (283), sowie BVerfGE 107, 339 (367).

1175 Wie hier: *Cordes*, ZParl 40 (2009), S. 131. Kritisch: *v. Coelln*, in: Menzel/Müller-Terpitz (Hrsg.), Verfassungsrechtsprechung, 2. Aufl., 2011, Artikel „BVerfGE 121, 30 – Pressebeteiligung", S. 861.

1176 So *W. Schmidt*, NJW 1984, 766.

1177 *W. Schmidt*, a.a.O.

1178 Anders: *H. M. Kepplinger*, Statement, in: Bachmann/Daubner/Krüger, Unübersichtlich und millionenschwer – Das Geschäftsimperium der SPD, report München v. 23.10.2000, Sendungstranskript, S. 18.

1179 Vgl. *Cao*, Parteien als Eigentümer von Medien, 2010, S. 82, im Anschluss an *Eisele*, Die Grundrechtsstellung der politischen Parteien und ihr verfassungsrechtlicher Status aus Art. 21 GG in ihren Auswirkungen für Verfahren vor dem Bundesverfassungsgericht, 1970, S. 38. Ebenso: *Cordes*, ZParl 40 (2009), S. 131.

1180 So (im Blick auf Pressebeteiligungen von Parteien) *Cao*, a.a.O, S. 113.

Medien“ Einfluss nehmen[1181]. Täten sie dies, würde die demokratische Willensbildungskette „abgebrochen“[1182] und das Demokratieprinzip verletzt[1183].

4. Ergebnis

Nach alledem erweisen sich Rundfunkbeteiligungen von politischen Parteien als unvereinbar mit dem Grundsatz der Staatsfreiheit des Rundfunks. Sie sind auch aus diesem Grunde verfassungswidrig.

III. Vereinbarkeit der Pressebeteiligungen und der Telemedienbeteiligungen von politischen Parteien mit den Verfassungsgrundsätzen der Staatsfreiheit der Presse bzw. der Staatsfreiheit der Telemedien?

1. Die weitgehende Ausblendung des Aspekts in der verfassungsrechtlichen Diskussion

Medienbeteiligungen von politischen Parteien werden im Blick auf den Aspekt der Staatsfreiheit der Medien oftmals nur hinsichtlich des Rundfunks, nicht aber auch hinsichtlich der Presse oder der Telemedien als problematisch eingestuft[1184]. Auch hiergegen hat sich die Kritik zu wenden. Der Grundsatz der Staatsfreiheit der Medien ist *medienübergreifend* zu verstehen[1185]. Er erfasst auch die Presse[1186] und die Telemedien[1187].

1181 *Cao*, a.a.O., S. 82, unter Bezugnahme auf BVerfGE 121, 30 (61 ff.).

1182 *Cao*, a.a.O., S. 111; ähnlich: *Heun*, Diskussionsbeitrag, in: Ipsen (Hrsg.), 40 Jahre Parteiengesetz, 2009, S. 114.

1183 *Cao*, a.a.O., S. 95; vgl. auch *Scholz*, Deutschland – in guter Verfassung?, 2004, S. 136.

1184 Exemplarisch: *Zippelius/Würtenberger*, Deutsches Staatsrecht, 32. Aufl., 2008, § 11 III Rdnr. 50. Berechtigte Kritik bei *Degenhart*, in: Bonner Kommentar, Loseblatt, Stand Oktober 2011, Art. 5 Abs. 1 u. 2 Rdnr. 485, und *Feser*, Vermögensmacht und Medieneinfluss, 2003, S. 311 f.

1185 *Bethge*, in: Sachs (Hrsg.), GG, 6. Aufl., 2011, Art. 5 Rdnr. 18; *E. Klein*, DÖV 1999, 758.

1186 BVerfGE 80, 124 (134); BGH, Urteil v. 15.12.2011 – I ZR 129/10 („Einkauf Aktuell“); *Degenhart*, AfP 2009, 207 ff.

1187 *Kunisch*, MMR 2011, 798; vgl. auch bereits *Lehr/Brosius-Gersdorf*, RTkom 2001, 91 ff.

2. Die politischen Parteien (auch) als pflichtige Adressaten der Grundsätze der Staatsfreiheit der Presse und der Staatsfreiheit der Telemedien

Auch in den Bereichen von Presse und Telemedien ist der Grundsatz der Staatsfreiheit der Medien auf die politischen Parteien anzuwenden. Das folgt bereits aus dem Prinzip der Einheit der Rechtsordnung, das nach richtiger Ansicht „vor allem als Postulat der Widerspruchsfreiheit" zu deuten ist[1188].

3. Die Reichweite der Grundsätze der Staatsfreiheit der Presse und der Staatsfreiheit der Telemedien in ihrer Anwendung auf die institutionalisierte Staatlichkeit

a) Einleitung

Der Grundsatz der Staatsfreiheit der Medien ist auch in seinen Spielarten der Staatsfreiheit der Presse und der Staatsfreiheit der Telemedien als ein striktes, an den Staat adressiertes Einmischungs- und Beeinträchtigungsverbot hinsichtlich der redaktionellen Inhalte zu interpretieren[1189]. Er wurzelt auch insoweit im grundgesetzlichen Demokratieprinzip.

1188 Vgl. *Ruffert*, Vorrang der Verfassung und Eigenständigkeit des Privatrechts, 2001, S. 42, unter Bezugnahme insbesondere auf BVerfGE 98, 83 (97) sowie BVerfGE 98, 106 (118 f.) und BVerfGE 98, 265 (301). Zur Anwendbarkeit des Grundsatzes der Staatsfreiheit des *Rundfunks* auf die politischen Parteien vgl. dieses Kapitel, D. II. 2. b) bb), S. 219 ff.

1189 Wie hier: *Lehr/Brosius-Gersdorf*, RTkom 2001, 98. Zu den (so titulierten) Drohanrufen von Bundespräsident *Christian Wulff* beim Axel-Springer-Verlag, welche zu Beginn des Jahres 2012 für großes Aufsehen sorgten und offenbar im Kontext von Recherchen zu einem angeblichen Privatkredit von *Wulff* erfolgten, vgl. *Dahlkamp et. al.*, DER SPIEGEL 2/2012 v. 9.1.2012, S. 16 ff. S. ferner *Grimm*, im Interview mit o.V., Dieter Grimm: Wulffs Anruf war kein Eingriff in die Pressefreiheit, verfassungsblog.de v. 7.1.2012, abrufbar unter <http://verfassungsblog.de/dieter-grimm-wulffs-anruf-war-kein-eingriff-die-pressefreiheit/> [letzter Abruf 20.1.2012]. S. auch *Wieland*, Drohanrufe könnten *Wulff* den Job kosten, Legal Tribune Online v. 16.1.2012, abrufbar unter <http://www.lto.de/de/html/nachrichten/5306/diskussion-ueber-praesidentenanklage-drohanrufe-koennten-wulff-den-job-kosten/> [letzter Abruf 21.1.2012].

b) Die Reichweite des Grundsatzes der Staatsfreiheit der Presse

Es ist wegen des Grundsatzes der Staatsfreiheit der Presse nicht nur verfassungswidrig, wenn der Staat „Zeitungen“ herausgibt, die die eigenständige Vermittlungs- und Filterleistung der Medien unterspülen[1190], sondern auch, wenn er sich an fremden Verlagshäusern beteiligt[1191]. Das Bundesverfassungsgericht hat in seiner Entscheidung zum Postzeitungsdienst ausgeführt:

> „Wenn sich der Staat [...] zu Förderungsmaßnahmen für die Presse entschließt, wie das in Gestalt des Postzeitungsdienstes geschehen ist, verlangt Art. 5 Abs. 1 S. 2 GG, dass *jede* Einflussnahme auf Inhalt und Gestaltung einzelner Presseerzeugnisse sowie Verzerrungen des publizistischen Wettbewerbs insgesamt vermieden werden“[1192].

Diese Feststellungen müssen für verlegerische Aktivitäten des Staates erst recht gelten, ist hier der Staatseinfluss doch noch größer. Darum besteht für den Staat ein striktes Funktionsverbot zunächst im Bereich der „im engeren Sinn meinungsbildenden, ‚politischen‘ Presse“[1193]. Dem Staat ist „die publizistische Verbreitung von Fremdinformationen versagt, soweit er dadurch in Konkurrenz zur freien Presse tritt“[1194]. Jede Staatsbeteiligung ist insoweit

---

1190 *Ladeur*, DÖV 2002, 1 ff.; vgl. auch *ders.*, ZUM 2010, 960 (mit berechtigter Kritik an der – tendenziell in die gegenteilige Richtung weisenden – Entscheidung BVerfG, NJW 2011, 511 ff. – Fall „Konrad Löw“). S. zum Ganzen auch *Degenhart*, AfP 2009, 207 ff.

1191 Wie hier: *Ladeur*, in: Paschke/Berlit/Meyer (Hrsg.), Hamburger Kommentar – Gesamtes Medienrecht, 2. Aufl., 2012, Kap. 3, 4. Abschn., Rdnrn. 8, 35. Ebenso: *Paschke*, Medienrecht, 3. Aufl., 2009 Rdnr. 204. Vgl. auch *Lehr/Brosius-Gersdorf*, RTkom 2001, 98. Großzügiger: *Degenhart*, AfP 2010, 325, unter Bezugnahme (unter anderem) auf BVerfGE 12, 205 (260).

1192 BVerfGE 80, 124 (133 f.) – Hervorhebung nur hier. Fundamentalkritisch zu einer Staatsfinanzierung oder auch nur Staatsunterstützung der Presse ob des hierdurch möglichen Staatseinflusses *Prantl*, Blätter für deutsche und internationale Politik 8/2009, S. 100 f.; vgl. auch *v. Coelln*, Diskussionsbeitrag, in: Stern/Peifer/Hain (Hrsg.), Publizistischer und ökonomischer Wettbewerb unter den Bedingungen der neuen Medienwelt, 2010, S. 108. Anders: *J. Habermas*, Süddeutsche Zeitung v. 16./17.5.2007, Nr. 112, S. 13. Zum Ganzen auch *Löffler* (Hrsg.), Der Staat als Mäzen der Medien?, 1981.

1193 *Degenhart*, AfP 2010, 329; s. auch *Vesting*, BLM-Symposion Medienrecht 2011, 2011, S. 45.

1194 *Lehr/Brosius-Gersdorf*, RTkom 2001, 98, im Anschluss an *Schürmann*, AfP 1993, 435, 437. Vgl. auch *Ladeur*, in: Paschke/Berlit/Meyer (Hrsg.), Hamburger Kommentar – Gesamtes Medienrecht, 2. Aufl., 2012, Kap. 3, 4. Abschn., Rdnrn. 8, 35. Tendenziell großzügiger aber offenbar der BGH im Urteil v. 15.12.2011 – I ZR verfassungswidrig[1195]; Staatspublikationen sind „allenfalls unter dem Gesichtspunkt der Öffentlichkeits- und Aufklärungsarbeit kompetenzrechtlich legitimiert"[1196].

Da es „in einer freiheitlich verfassten Ordnung wie der des Grundgesetzes keinen unter Gesichtspunkten freiheitlicher Kommunikation schlechthin irrelevanten Bereich geben kann"[1197], muss ein Funktionsverbot für den Staat im Bereich der Presse insbesondere auch auf dem Feld der Unterhaltungsmedien angenommen werden[1198]. Auch insoweit ist relevant, dass sich die Mediennutzer heute immer häufiger der – für Manipulation besonders geeigneten – Unterhaltung zuwenden. Der schon in Begriffen wie „Infotainment"[1199] zum Ausdruck kommende Umstand, dass alle Versuche, messerscharf zwischen Information und Unterhaltung zu trennen, zum Scheitern verurteilt sind, tritt hinzu[1200].

c) Die Reichweite des Grundsatzes der Staatsfreiheit der Telemedien

aa) Absolutes Verbot

Das Bundesverfassungsgericht hat sich mit der „neuartigen Medienverfassung [...] bislang nur in einigen Randbemerkungen beschäftigt"[1201]. Gerade deshalb und auch, weil das Internet besonders anfällig für politische Manipulation ist, sind auch staatliche Beteiligungen an „fremden" Telemedienunternehmen verfassungsrechtlich unzulässig.

129/10 („Einkauf Aktuell"), wonach sich der Staat (lediglich) nicht selbst oder durch von ihm beherrschte Gesellschaften presseunternehmerisch betätigen dürfe (vgl. Pressemitteilung des BGH Nr. 198/2011 v. 16.12.2011).

1195 *Ladeur*, in: Paschke/Berlit/Meyer (Hrsg.), Hamburger Kommentar – Gesamtes Medienrecht, 2. Aufl., 2012, Kap. 3, 4. Abschn., Rdnr. 8.

1196 *Bethge*, in: Sachs (Hrsg.), GG, 6. Aufl., 2011, Art. 5 Rdnr. 80 m.w.N.

1197 *Degenhart*, AfP 2009, 209; s. auch *Kersjes*, Medienbeteiligungen politischer Parteien, 2009, S. 330. Vgl. ferner *Steiner*, in: Gottwald (Hrsg.), Recht und Gesellschaft in Deutschland und Japan, 2009, S. 22, sowie *Winter*, SpuRt 2004, 99 (unter Bezugnahme auf BVerfGE 97, 228 [258]); zum Politikbezug von wissenschaftlichen Äußerungen BVerfG, NJW 2011, 3639.

1198 Vgl. dazu auch *Lehr/Brosius-Gersdorf*, RTkom 2001, 98.

1199 Hierzu *Holznagel*, VVDStRL Heft 68 (2009), S. 396 m.w.N.; vgl. auch *Bornemann*, Ordnungswidrigkeiten in Rundfunk und Telemedien, 2. Aufl., 2011, S. 179.

1200 *A. Arndt*, in: Löffler (Hrsg.), Die Rolle der Massenmedien in der Demokratie, 1966, S. 16.

1201 *Vesting*, BLM-Symposion Medienrecht 2011, 2011, S. 22, unter Bezugnahme auf BVerfGE 119, 181 (218 f.).

bb) Zur Maßgeblichkeit der für die Rundfunkfreiheit geltenden Grundsätze

Es ist in der Literatur anerkannt, dass auf die „neuen Medien" die allgemeinen Grundsätze für staatliches Handeln in thematischem Zusammenhang mit Kommunikation anwendbar sind[1202]. Das sind im vorliegend interessierenden Bereich prinzipiell jene für den Rundfunk im verfassungsrechtlichen Sinn. Maßgeblich ist insofern, dass es sich bei den Telemedien um Rundfunk i.S.d. Art. 5 Abs. 1 S. 2 GG handelt[1203]. Dass diese neuen Medien dem der Rundfunkfreiheit inhärenten Ausgestaltungsvorbehalt nicht vollumfänglich unterfallen[1204], steht auf einem anderen Blatt. Entscheidend ist an dieser Stelle, dass sich die Telemedien – nicht anders als der (klassische) Rundfunk auch – durch ihre elektromagnetische Verbreitungsform auszeichnen. Genau diese aber ist richtiger Ansicht nach das maßgebliche Abgrenzungskriterium zwischen Presse und Rundfunk im grundgesetzlichen Sinne[1205].

1202 Vgl. *Degenhart,* in: Bonner Kommentar, Loseblatt, Stand Oktober 2011, Art. 5 Abs. 1 u. 2 Rdnr. 726.

1203 Vgl. *v. Coelln,* in: Stern/Peifer/Hain (Hrsg.), Publizistischer und ökonomischer Wettbewerb unter den Bedingungen der neuen Medienwelt, 2010, S. 26 ff.; *ders.*, in: Institut für interdisziplinäre Medienforschung (Hrsg.), Medien und Wandel, 2011, S. 214 ff.; *Ory*, in: Wandtke (Hrsg.), Medienrecht IV, 2. Aufl., 2011, Teil 1, Kap. 1, § 1 Rdnrn. 43, 53; vgl. auch bereits *Lehr/Brosius-Gersdorf,* RTkom 2001, 97. Anders (und gerade im Kontext der Internetaktivitäten von politischen Parteien): *Kube*, HStR IV, 3. Aufl., 2006, § 91 Rdnr. 77 (mit Rdnrn. 20 f.); *Birkert/Reiter/Scherer* (Hrsg.), Landesmediengesetz Baden-Württemberg, Kommentar, Nachtrag zur 2. Aufl., 2003, Erl. zu § 13 n.F., Rdnr. 4. Offen gelassen bei *Ladeur*, in: Paschke/Berlit/Meyer (Hrsg.), Hamburger Kommentar – Gesamtes Medienrecht, 2. Aufl., 2012, Kap. 3, 4. Abschn., Rdnr. 73.

1204 *v. Coelln,* in: Stern/Peifer/Hain (Hrsg.), Publizistischer und ökonomischer Wettbewerb unter den Bedingungen der neuen Medienwelt, 2010, S. 31 m.w.N.; *ders.*, BLM-Symposion Medienrecht 2010, 2011, S. 44; vgl. auch *Stern,* Staatsrecht IV/1, 2006, § 110 IV 3 b α, S. 1726. Telemedien sind insbesondere zulassungs- und anmeldefrei, vgl. § 4 TMG und § 54 Abs. 1 S. 1 RStV (hierzu *Papier/Schröder*, Verfassungsfragen des Dreistufentests, 2011, S. 80, sowie *Heckmann,* in: ders. [Hrsg.], jurisPK-Internetrecht, 3. Aufl., 2011, Kap. 1, Rdnrn. 217 ff.). Je näher sie freilich „am Rundfunk liegen, desto strenger sind die auf sie anwendbaren Regelungen" (vgl. *v. Coelln*, BLM-Symposion Medienrecht 2010, 2011, S. 44).

1205 *v. Coelln,* in: Stern/Peifer/Hain (Hrsg.), Publizistischer und ökonomischer Wettbewerb unter den Bedingungen der neuen Medienwelt, 2010, S. 27 f.; *ders.*, BLM-Symposion Medienrecht 2010, 2011, S. 28 ff.; vgl. auch *Brand*, Rundfunk im Sinne des Artikel 5 Abs. 1 Satz 2 GG, 2002, S. 60; vgl. auch *Schwartmann*, Die Beteiligung von Presseunternehmen am Rundfunk, 2010, S. 21.

cc) Zur fortbestehenden Gebotenheit der Abgrenzung von Presse und Rundfunk

Die Abgrenzung zwischen Presse und Rundfunk ist heute keineswegs überholt; die Presse- und die Rundfunkfreiheit aus Art. 5 Abs. 1 S. 2 GG sind trotz aller Konvergenz der Medien nicht zu einer einheitlichen Medienfreiheit verschmolzen. *Herbert Bethge* hat dies wie folgt auf den Punkt gebracht: „Konvergent mögen die technischen Fazilitäten sein; die Schutzbereiche der jeweiligen Grundrechte sind es nicht"[1206]. Gegen jeden dahin zielenden Begründungsversuch[1207] ist schon der Wortlaut der Verfassung in Anschlag zu bringen: Art. 5 Abs. 1 S. 2 GG unterscheidet zwischen den Medien Presse, Rundfunk und Film. Im Blick auf den Rundfunk (und den in der vorliegenden Untersuchung nicht näher interessierenden Film) spricht das Grundgesetz im Übrigen nur von der „Freiheit der *Berichterstattung*"[1208].

dd) Zur Relevanz der Abgrenzung von Presse und Rundfunk im Online-Bereich

Die Abgrenzung zwischen Presse- und Rundfunkfreiheit ist insbesondere im Online-Bereich relevant. Zwar wäre die Konstruktion einer „Internetfreiheit" als unbenanntes und dann in Art. 2 GG anzusiedelndes Freiheitsrecht[1209] möglich[1210]. Allerdings besteht kein Bedürfnis für solch einen Schritt[1211]. Maßgeblich ist insofern, dass der Rundfunkbegriff aus Art. 5 Abs. 1 S. 2 GG nicht nur dynamisch ausgelegt werden

1206 *Bethge*, BLM-Symposion Medienrecht 2011, 2011, S. 84. Vgl. auch *Di Fabio*, AfP-Sonderheft 2007, 3.

1207 Für eine Interpretation von Art. 5 Abs. 1 Satz 2 GG als allgemeine Medienfreiheit, die neben Rundfunk- und Pressefreiheit auch die „Freiheit der Internetdienste" gewährleiste, *Holznagel/Schumacher*, MIND – Co:llaboratory Discussion Paper Series No. 1 (2011), S. 18. Vgl. auch *dies.*, in: Kloepfer (Hrsg.), Netzneutralität in der Informationsgesellschaft, 2011, S. 58 ff., sowie *Holznagel*, AfP 2011, 534. In diesem Sinne auch *Fechner*, in: Stern/Becker (Hrsg.), Grundrechte-Kommentar, Art. 5 Rdnrn. 121 f.; jedenfalls, soweit der „status negativus" betroffen ist, auch *Koreng*, Zensur im Internet, 2010, S. 247 und S. 98 ff.

1208 Hervorhebung nur hier. Vgl. zu diesem Argument *v. Coelln*, BLM-Symposion Medienrecht 2010, 2011, S. 23 f., der – zu Recht – auch darauf hinweist, für eine fortbestehende Unterscheidung der Schutzbereiche von Presse- und Rundfunkfreiheit spreche auch die ursprüngliche Verteilung der Gesetzgebungskompetenzen im Grundgesetz (näher: *ders.*, a.a.O., S. 25). S. auch *Möstl*, DÖV 2003, 108.

1209 In diesem Sinne namentlich *Mecklenburg*, ZUM 1997, 532. Kritisch: *Brand*, Rundfunk im Sinne des Artikel 5 Abs. 1 Satz 2 GG, 2002, S. 234 ff.; *Koreng*, Zensur im Internet, 2010, S. 85.

1210 Vgl. *Bethge*, BLM-Symposion Medienrecht 2011, 2011, S. 84.

1211 Ablehnend auch *E. Fricke*, in: ders./Ott, Verwaltungsrecht in der anwaltlichen Praxis, 2. Aufl., 2005, § 43 A Rdnr. 13.

kann, sondern sogar dynamisch ausgelegt werden muss[1212]. Hierdurch verfügt die Rundfunkfreiheit über genügend Elastizität zur „Einbeziehung sämtlicher elektronischer Medien" und mithin auch der Telemedien[1213].

4. Die Reichweite der Grundsätze der Staatsfreiheit der Presse und der Staatsfreiheit der Telemedien in ihrer Anwendung auf die politischen Parteien

Auch in den Bereichen von Presse und Telemedien verbietet sich jede Modifikation der Reichweite des Staatsfreiheitsgrundsatzes im Blick auf die Parteien. Maßgeblich hierfür ist, dass sich auch insoweit parteilicher Einfluss nicht sinnvoll von staatlichem Einfluss scheiden lässt.

5. Fazit

Auch Pressebeteiligungen und Telemedienbeteiligungen von politischen Parteien sind unvereinbar mit dem Grundsatz der Staatsfreiheit der Medien.

IV. Ergebnis

Medienbeteiligungen von politischen Parteien sind, gleich ob im Bereich des Rundfunks, der Presse oder der Telemedien, auch deshalb verfassungswidrig, weil sie gegen den Verfassungsgrundsatz der Staatsfreiheit der Medien verstoßen.

E. Vereinbarkeit speziell der Rundfunkbeteiligungen von politischen Parteien mit dem Verfassungsgrundsatz der Überparteilichkeit des Rundfunks?

Speziell Rundfunkbeteiligungen von politischen Parteien sind darüber hinaus möglicherweise auch unvereinbar mit dem Verfassungsgebot der Überparteilichkeit

1212 BVerfGE 83, 238 (302); für die Literatur: *Stern*, Staatsrecht IV/1, 2006, § 110 II 3 b, S. 1668 f.; *v. Coelln*, AfP 2008, 439 ff.; *P. Kirchhof*, Die Finanzierung des öffentlich-rechtlichen Rundfunks, 2010, S. 19; *Holznagel/Kibele*, in: Spindler/Schuster, Recht der elektronischen Medien, 2. Aufl., 2011, § 2 RStV Rdnr. 13.

1213 *v. Coelln*, in: Stern/Peifer/Hain (Hrsg.), Publizistischer und ökonomischer Wettbewerb unter den Bedingungen der neuen Medienwelt, 2010, S. 37 f.; *ders.*, in: BLM-Symposion Medienrecht, 2010, 2011, S. 35.

des Rundfunks[1214]. Die politischen Parteien sind nicht überparteilich und sollen es von Verfassungs wegen auch nicht sein. Sie sind nichts weniger als „politische Tendenzbetriebe“[1215].

I. Die Überparteilichkeit des Rundfunks als Verfassungsgrundsatz

Die Existenz des Gebots der Überparteilichkeit des Rundfunks ist nicht unumstritten. Kritisiert wird, „[i]n der auch in der Rechtsprechung des Bundesverfassungsgerichts tradierten Vorstellung von der Überparteilichkeit des Rundfunks“ lebe „die (letztlich obrigkeitsstaatliche, im staatlichen Bereich allerdings seit der Abschaffung der konstitutionellen Monarchie überholte und mittlerweile aufgegebene) Vorstellung fort, über politische Fragen und Entscheidungen könne von einem jenseits der Parteien (oder ‚über‘ ihnen) angesiedelten Standort aus geurteilt und befunden werden“[1216].

Die besseren Gründe freilich sprechen dafür, Art. 5 Abs. 1 S. 2 GG (auch) ein Verfassungsgebot der Überparteilichkeit des Rundfunks zu entnehmen. Denn Überparteilichkeit kann bei genauerem Besehen „auch beim Bundesverfassungsgericht nicht so verstanden werden, dass das Rundfunkrecht einen Standpunkt des Rundfunks ‚über den Parteien‘ gewährleisten“ soll[1217]. Die „Überparteilichkeit“ soll auch dort nur die Unabhängigkeit von den politischen Parteien zum Ausdruck bringen[1218].

1214 Für die Verfassungswidrigkeit der Rundfunkbeteiligungen von politischen Parteien (auch) unter diesem Aspekt namentlich *Sannwald*, in: Schmidt-Bleibtreu/Hofmann/Hopfauf (Hrsg.), GG, 12. Aufl., 2011, Art. 21 Rdnr. 60. Anders: BVerfGE 121, 30 (66 f.); Nds. StGH, LVerfGE 16, 377 (393); *Bethge*, Rundfunkfreiheit und privater Rundfunk, 1985, S. 38 f.; *ders.*, in: Sachs (Hrsg.), GG, 6. Aufl., 2011, Art. 5 Rdnr. 114 mit Fn. 376 a; *Cornils*, ZJS 2009, 465 ff.

1215 *Sarcinelli*, Politische Kommunikation in Deutschland, 3. Aufl., 2011, S. 221; s. auch oben, Kap. 1 D. III. 4., S. 63 f.

1216 *Hans H. Klein*, Festschrift für Hartmut Maurer, 2001, S. 200, unter Hinweis auf BVerfGE 73, 118 (190).

1217 *Poscher*, Antrag im Verfahren der abstrakten Normenkontrolle nach Art. 54 Nr. 3 NdsVerf. i.V.m. § 8 Nr. 8, § 33 f. StaatsgerichtshofG Nds gegen § 6 Abs. 3 Satz 2–4 NMedienG (i.d.F. v. 11.12.2003) vor dem Niedersächsischen Staatsgerichtshof (StGH 4/04), 2004, S. 47.

1218 Allgemein zu diesem Begriffsverständnis: *Forsthoff*, AfP 1973, 402.

II. Zur Verfassungswidrigkeit der Rundfunkbeteiligungen von politischen Parteien auf der Basis eines *einheitlichen* Prinzips der Staatsfreiheit und Überparteilichkeit des Rundfunks

Sofern man die Überparteilichkeit des Rundfunks – im Einklang mit der jüngeren Rechtsprechung des Bundesverfassungsgerichts[1219] – nur als Element eines *einheitlichen* „Prinzip[s] der Staatsfreiheit und Überparteilichkeit des Rundfunks" ansieht, ergibt sich die Verfassungswidrigkeit der Rundfunkbeteiligungen von politischen Parteien bereits aus dem Prinzip der Einheit der Rechtsordnung, das vor allem die Widerspruchsfreiheit der Rechtsordnung postuliert. Denn bereits das Prinzip der Staatsfreiheit des Rundfunks ist als ein *absolutes* Beteiligungsverbot für politische Parteien am privaten Rundfunk zu interpretieren[1220].

Die Zusammenführung der Grundsätze der Staatsfreiheit und der Überparteilichkeit des Rundfunks unter einem einheitlichen Dach bringt Gewinn. Denn gerade angesichts des besonderen Einflusses der Parteien auf den Staatsapparat ist – wie *Ralf Poscher* bemerkt[1221] – die Sicherung der Überparteilichkeit des Rundfunks von besonderer Bedeutung.

III. Zur Verfassungswidrigkeit der Rundfunkbeteiligungen von politischen Parteien auf der Basis eines *selbständigen* Prinzips der Überparteilichkeit des Rundfunks

Doch auch, wenn die Grundsätze der Staatsfreiheit und Überparteilichkeit des Rundfunks – im Einklang mit der früheren Rechtsprechung des Bundesverfassungsgerichts[1222] – voneinander geschieden werden, können die Dinge, jedenfalls im Ergebnis, nicht anders liegen. Denn auch in diesem Fall sind die beiden Postulate aufeinander bezogen. Die Wendung von der Überparteilichkeit des Rundfunks bringt gerade in diesem Fall zum Ausdruck, dass *nur* ein „Struktureinfluss" der

1219 Vgl. BVerfGE 121, 30 (66 f.).

1220 Vgl. dazu dieses Kapitel, D. II. 3. b) bb), S. 232 f.

1221 *Poscher*, Antrag im Verfahren der abstrakten Normenkontrolle nach Art. 54 Nr. 3 Verf. Nds i.V.m. § 8 Nr. 8, § 33 f. StaatsgerichtshofG Nds gegen § 6 Abs. 3 Satz 2–4 NMedienG (i.d.F. v. 11.12.2003) vor dem Niedersächsischen Staatsgerichtshof (StGH 4/04), 2004, S. 47.

1222 Vgl. BVerfGE 73, 118 (190).

politischen Parteien im privaten Rundfunk zulässig ist, nicht aber eine Einflussnahme von Seiten der Parteien auf konkrete Programminhalte[1223]. Eine solche wäre „in jeder Form unakzeptabel“ und verfassungswidrig[1224].

IV. Fazit

Speziell Rundfunkbeteiligungen von politischen Parteien sind auch deshalb verfassungswidrig, weil sie nicht mit der Überparteilichkeit des Rundfunks zu vereinbaren sind. Auch die Überparteilichkeit des Rundfunks fordert die „Parteienfreiheit“ des Rundfunks. Sie steht insoweit sinnbildlich für das schon vor einiger Zeit formulierte Desiderat, es müsse „der Versuch gemacht werden, statt zwischen Staat und Gesellschaft stärker zwischen Kommunikationssystem und Machtsystem“ zu scheiden[1225]. Dieses Desiderat ist vor dem Hintergrund des Bestehens von Medienbeteiligungen von politischen Parteien in der Bundesrepublik Deutschland aktueller denn je.

1223 *Gebrande*, Rundfunkregulierung zwischen Staatsferne und Politik, Stichworte-Skript zum Vortrag vom 31.5.2005 an der Universität Passau, unveröffentlicht, S. 23.

1224 *Gebrande*, a.a.O.

1225 *Grimm*, HdbVerfR, 2. Aufl., 1994, § 14 Rdnr. 76, unter Bezugnahme auf *Langenbucher/Mahle*, Publizistik 18 (1973), S. 325.

Gesamtergebnis

Medienbeteiligungen von politischen Parteien sind verfassungswidrig. Sie verstoßen sowohl gegen das dem Grundgesetz zu entnehmende Verbot einer erwerbswirtschaftlichen Betätigung von politischen Parteien als auch gegen den Grundsatz der Freiheitlichkeit der politischen Willensbildung.

Kapitel 6: Zusammenfassung der wesentlichen Ergebnisse

I. Von einer breiten Öffentlichkeit noch immer unbemerkt, verfügen politische Parteien in Deutschland über beträchtliche Unternehmensbeteiligungen in den Bereichen Presse, Rundfunk und Telemedien.

II. Medienunternehmensbeteiligungen von politischen Parteien sind negativ abzugrenzen von anderen Phänomenen, die den Parteien – zumindest potentiell – Einfluss auf die Medienberichterstattung geben:

   1. Näherhin lassen sich Medienunternehmensbeteiligungen von Parteien nicht mit den durch ihre parteiadäquate Tendenzhaltung zu charakterisierenden Parteimedien vergleichen. Das gleiche gilt für die Beteiligung der Parteien an der Aufsicht des öffentlich-rechtlichen bzw. privaten Rundfunks und das Recht der Parteien auf Ausstrahlung von Wahlwerbesendungen im Rundfunk.
   2. Medienunternehmensbeteiligungen von Parteien lassen sich auch nicht mit Medienunternehmensbeteiligungen vergleichen, die Parteimitglieder für *eigene* Rechnung halten.

III. Die populäre Ansicht, *nur* die SPD verfüge über Unternehmensbeteiligungen im Medienbereich, ist falsch. Richtig ist hingegen die Annahme, die SPD sei die größte Medienunternehmerin unter den deutschen Parteien: Über ihre Holdinggesellschaft dd_vg. hält sie diverse Beteiligungen an – zum Teil auch sehr bekannten – Presse-, Rundfunk- und Telemedienunternehmen.

IV. Die im Zentrum der vorliegenden Untersuchung stehende Frage, ob Medienunternehmensbeteiligungen von politischen Parteien verfassungsgemäß sind, wird weit überwiegend im positiven Sinne beantwortet (vgl. hierzu insb. BVerfGE 121, 30 ff.). Die durchaus vertretene gegenteilige Position wird oft nicht einmal referiert.

V. Bei Lichte betrachtet provozieren Medienunternehmensbeteiligungen von politischen Parteien bereits die Frage, ob sich politische Parteien überhaupt erwerbswirtschaftlich betätigen dürfen. Schon diese Frage ist zu verneinen:

   1. Den politischen Parteien ist durch Art. 21 Abs. 1 S. 1 GG aufgegeben, bei der politischen Willensbildung des Volkes mitzuwirken. Hierin liegt ein verfassungsnormativer Handlungsauftrag an die Parteien, dem ein Verbot zweckwidriger und zweckgefährdender Parteiaktivitäten korrespondiert.

2. Erwerbswirtschaftliche Aktivitäten von Parteien unterfallen diesem Verbot, weil sie die Funktionserfüllung der Parteien mindestens gefährden. Sie können namentlich zu sachlichen/personellen Abhängigkeiten der Parteien, zu „Parteipleiten", zu einem „Abheben" der Parteien von der Basis sowie zu Problemen im Hinblick auf die innerparteiliche Demokratie, die Chancengleichheit der Parteien und die Glaubwürdigkeit der Parteien führen.
3. Der hier bezogenen Position steht nicht die prinzipiell anzuerkennende Grundrechtsfähigkeit der politischen Parteien entgegen. Maßgeblich hierfür ist, dass die grundrechtliche Freiheit der Parteien ihren *Zuschnitt* durch die Mitwirkungsaufgabe des Art. 21 Abs. 1 S. 1 GG erhält. Dies kann so weit reichen, dass den Parteien bestimmte Grundrechtspositionen von vornherein nicht zustehen.
4. Das an die politischen Parteien adressierte grundgesetzliche Verbot der erwerbswirtschaftlichen Betätigung wirkt absolut. Es erstreckt sich insbesondere auch auf den Medienbereich. Maßgeblich hierfür ist, dass Unternehmensbeteiligungen von Parteien im Medienbereich die Funktionserfüllung der Parteien nicht weniger, sondern eher noch mehr gefährden als Unternehmensbeteiligungen von Parteien in anderen Wirtschaftszweigen.

VI. Medienunternehmensbeteiligungen von politischen Parteien werfen auch die Frage ihrer Vereinbarkeit mit der verfassungsgebotenen Freiheitlichkeit der politischen Willensbildung auf. Beteiligungen dieses Zuschnitts eröffnen den Parteien mannigfaltige Einflusspotentiale auf die redaktionellen Inhalte der betreffenden Medien. Auch unter diesem Aspekt erweisen sich Medienunternehmensbeteiligungen von politischen Parteien als verfassungswidrig. Im Einzelnen gilt das Folgende:

1. Parteien als Medienunternehmer betreiben – und dies selbst dann, wenn die jeweilige Beteiligung offen gelegt ist – nicht Meinungsbildung in *eigenem*, sondern in *fremdem* Namen, nämlich in jenem des betreffenden Mediums. Dies steht nicht in Einklang mit der Funktion der Parteien nach Art. 21 Abs. 1 S. 1 GG, welche den Parteien jede Manipulation des Bürgers verbietet. Die Funktionen von Parteien und Medien sind vor diesem Hintergrund insoweit als verfassungsrechtlich *inkompatibel* anzusehen.
2. Nicht nur im Hinblick auf den Rundfunksektor, sondern auch hinsichtlich der Bereiche von Presse und Telemedien steht Medienunternehmensbeteiligungen von Parteien ferner der Verfassungsgrundsatz der Staatsfreiheit der Medien entgegen:

a) Der Verfassungsgrundsatz der Staatsfreiheit der Medien ist auch an die politischen Parteien adressiert. Er wurzelt im grundgesetzlichen

Demokratieprinzip und ist eo ipso im Sinne eines strikten „Einmischungs- und Beeinträchtigungsverbots“ zu verstehen.

b) Die vom Bundesverfassungsgericht vertretene Auffassung, der Grundsatz der Staatsfreiheit der Medien könne im Hinblick auf die (eigene) Staatsfreiheit der Parteien auf diese Vereinigungen nur in abgeschwächter Form zur Anwendung kommen, ist abzulehnen. Maßgeblich für diese Sicht ist, dass die Parteien besonders staatsnahe Organisationen sind.

3. Speziell Rundfunkbeteiligungen von politischen Parteien erweisen sich als unvereinbar mit der verfassungsgebotenen Überparteilichkeit des Rundfunks. Unerheblich ist, ob man von einem einheitlichen „Prinzip der Staatsfreiheit und Überparteilichkeit des Rundfunks“ ausgeht, oder ob man die Überparteilichkeit des Rundfunks als selbständigen Verfassungsgrundsatz ansieht.

Literaturverzeichnis

I. Einzelschriften

Ahmed, Attia, Begrenzung politischer Parteien im Rundfunk, 2011.

von Alemann, Ulrich (unter Mitarbeit von *Erbentraut, Philipp*, und *Walther, Jens*), Das Parteiensystem der Bundesrepublik Deutschland, 4. Aufl., 2010.

Altmeppen, Klaus-Dieter, Journalismus und Medien als Organisationen, 2006.

Angelov, Miroslav, Vermögensbildung und unternehmerische Tätigkeit politischer Parteien, 2006.

von Arnim, Hans Herbert, Staatslehre der Bundesrepublik Deutschland, 1984.

von Arnim, Hans Herbert, Das System, 2001.

von Arnim, Hans Herbert, Politische Parteien im Wandel, 2011.

Arnold, Klaus, Qualitätsjournalismus, 2009.

Badura, Peter, Staatsrecht, 4. Aufl., 2010.

Beater, Axel, Medienrecht, 2007.

Beater, Axel, Unlauterer Wettbewerb, 2011.

Bethge, Herbert, Zur Problematik von Grundrechtskollisionen, 1977.

Bethge, Herbert, Die Grundrechtsberechtigung juristischer Personen nach Art. 19 Abs. 3 Grundgesetz, 1985.

Bethge, Herbert, Rundfunkfreiheit und privater Rundfunk, 1985.

Bethge, Herbert (unter Mitwirkung von *von Coelln, Christian*), Rechtsberatung im privaten Rundfunk, 2000.

Bethge, Herbert, Der verfassungsrechtliche Status der Bayerischen Landeszentrale für neue Medien (BLM), 2. Aufl., 2011.

Bethge, Herbert/von Coelln, Christian, Grundriss Verfassungsrecht, 4. Aufl., 2011

Betzinger, Michael, Sponsoring im öffentlichen Raum, 2011.

Boesche, Katharina Vera, Wettbewerbsrecht, 4. Aufl., 2011.

Boll, Friedhelm, Die deutsche Sozialdemokratie und ihre Medien, 2002.

Bornemann, Roland, Ordnungswidrigkeiten in Rundfunk und Telemedien, 2. Aufl., 2011.

Bösch, Frank, Mediengeschichte, 2011.

Brand, Torsten, Rundfunk im Sinne des Artikel 5 Abs. 1 Satz 2 GG, 2002.

Brox, Hans/Rüthers, Bernd/Henssler, Martin, Arbeitsrecht, 18. Aufl., 2011.

Bumke, Ulrike, Die öffentliche Aufgabe der Landesmedienanstalten, 1995.

Cao, Ci, Parteien als Eigentümer von Medien, 2010.

Chomsky, Noam, Media Control, 1991.

von Coelln, Christian, Zur Medienöffentlichkeit der Dritten Gewalt, 2005.

von Coelln, Christian, Spielräume des Gesetzgebers für die Erweiterung des Zugangs der Zeitungsverlage zum Rundfunk in Bayern, 2006.

Cordes, Malte, Medienbeteiligungen politischer Parteien, 2009.

Cornils, Matthias, Ausgestaltungsgesetzesvorbehalt und staatsfreie Normsetzung im Rundfunkrecht, 2011.

Dagtoglou, Prodromos, Die Parteipresse, 1967.

Danker, Uwe/Oddey, Markus/Roth, Daniel/Schwabe, Astrid, Am Anfang standen Arbeitergroschen, 2003.

Degenhart, Christoph, Staatsrecht I, 27. Aufl., 2011.

Depenheuer, Otto, Politik und Geld, 2001.

Detterbeck, Steffen, Zum präventiven Rechtsschutz gegen ultra-vires-Handlungen öffentlich-rechtlicher Zwangsverbände, 1990.

Dörr, Dieter, Der Grundsatz der Staatsferne und die Zusammensetzung der Rundfunkgremien, 2010.

Dörr, Dieter/Schwartmann, Rolf, Medienrecht, 3. Aufl., 2010.

Downs, Anthony, An Economic Theory of Democracy, 1957.

Dreier, Horst, Gilt das Grundgesetz ewig?, 2009.

Eggert, Manfred, Die deutsche ultra-vires-Lehre, 1977.

Eisele, Egbert W., Die Grundrechtsstellung der politischen Parteien und ihr verfassungsrechtlicher Status aus Art. 21 GG in ihren Auswirkungen für Verfahren vor dem Bundesverfassungsgericht, 1970.

Eisenhardt, Ulrich/Wackerbarth, Ulrich, Gesellschaftsrecht I, 15. Aufl., 2011.

Engel, Clemens L. J., Parteien - Verfassungsgerichtsbarkeit - Rundfunk, 2009.

Fechner, Frank, Entscheidungen zum Medienrecht, 2. Aufl., 2010.

Fehling, Michael, Die Konkurrentenklage bei der Zulassung privater Rundfunkveranstalter, 1994.

Feser, Andreas, Der Genossen-Konzern, 2002.

Feser, Andreas, Vermögensmacht und Medieneinfluss, 2003.

Forsthoff, Ernst, Der Verfassungsschutz der Zeitungspresse, 1969.

Frei, Norbert/Schmitz, Johannes, Journalismus im Dritten Reich, 4. Aufl., 2011.

Fricke, Ernst, Anwaltschaft und Gesetzgebung, 1993.

Fülberth, Georg, Doch wenn sich die Dinge ändern, 2. Aufl., 2009.

Gersdorf, Hubertus, Staatsfreiheit des Rundfunks in der dualen Rundfunkordnung der Bundesrepublik Deutschland, 1991.

Gersdorf, Hubertus, Öffentliche Unternehmen im Spannungsfeld zwischen Demokratie- und Wirtschaftlichkeitsprinzip, 2000.

Gersdorf, Hubertus, Grundzüge des Rundfunkrechts, 2003.
Gersdorf, Hubertus, Legitimation und Limitierung von Onlineangeboten des öffentlich-rechtlichen Rundfunks, 2009.
Gersdorf, Hubertus, Verfassungsprozessrecht, 3. Aufl., 2010.
Ginsborg, Paul, Berlusconi: Politisches Modell der Zukunft oder italienischer Sonderweg?, 2005.
Gounalakis, Georgios/Zagouras, Georgios, Medienkonzentrationsrecht, 2008.
Grimm, Dieter, Die Verfassung und die Politik, 2001.
Habermas, Jürgen, Strukturwandel der Öffentlichkeit, 1962.
Hahn, Caroline, Die Aufsicht des öffentlich-rechtlichen Rundfunks, 2010.
Hain, Karl-E., Die zeitlichen und inhaltlichen Einschränkungen der Telemedienangebote von ARD, ZDF und Deutschlandradio nach dem 12. RÄndStV, 2009
Hain, Karl-E., Grenzen der Zentralisierung von Zulassungs- und Aufsichtsentscheidungen im föderalen Rundfunksystem, 2009.
Henke, Wilhelm, Das Recht der politischen Parteien, 2. Aufl., 1972.
Henzgen, Daniel, Die Rechenschaftslegung politischer Parteien, 2008.
Herrmann, Günter/Lausen, Matthias, Rundfunkrecht, 2. Aufl., 2004.
Herzog, Roman, Verfassungsrechtliche Grundlagen des Parteienstaates, 1993.
Herzog, Roman, „Der Umbruch im Parteiensystem und seine Folgen", 2009.
Hesse, Albrecht, Rundfunkrecht, 3. Aufl., 2003.
Hesse, Konrad, Grundzüge des Verfassungsrechts der Bundesrepublik Deutschland, 20. Aufl., 1995.
von der Heydte, Friedrich August Freiherr/Sacherl, Karl, Soziologie der deutschen Parteien, 1955.
Hientzsch, Christina, Die politische Partei in der Insolvenz, 2010.
Hillgruber, Christian/Goos, Christoph, Verfassungsprozessrecht, 3. Aufl., 2011.
Holznagel, Bernd/Dörr, Dieter/Hildebrand, Doris, Elektronische Medien, 2008.
Hufen, Friedhelm, Staatsrecht II, 2. Aufl., 2008.
Hufen, Friedhelm, Staatsrecht II, 3. Aufl., 2011.
Ipsen, Jörn, Der Staat der Mitte, 2009.
Isensee, Josef, Grundrechte und Demokratie – Die polare Legitimation im grundgesetzlichen Gemeinwesen, 1981.
Isensee, Josef/Axer, Peter, Jugendschutz im Fernsehen, 1998.
Jäckel, Michael, Medienwirkungen, 5. Aufl., 2011.
Jarass, Hans D., Die Freiheit des Rundfunks vom Staat, 1981.
Jarass, Hans D., In welcher Weise empfiehlt es sich, die Ordnung des Rundfunks und sein Verhältnis zu anderen Medien – auch unter dem Gesichtspunkt der Harmonisierung – zu regeln?, Gutachten G für den 56. Deutschen Juristentag,

in: Ständige Deputation des Deutschen Juristentages (Hrsg.), Verhandlungen des sechsundfünfzigsten Deutschen Juristentages, Berlin 1986, Band I (Gutachten), 1986, G 9 ff.

Jellinek, Georg, Allgemeine Staatslehre, 3. Aufl., 1960.

Kaiser, Joseph H., Presseplanung, 1972.

Kendziur, Daniel F., Neue Wege für den Rechtsschutz Privater gegen die Wirtschaftstätigkeit der öffentlichen Hand, 2009.

Kepplinger, Hans Mathias, Politikvermittlung, 2009.

Kepplinger, Hans Mathias, Journalismus als Beruf, 2011.

Kepplinger, Hans Mathias/Maurer, Marcus, Abschied vom rationalen Wähler, 2005.

Kersjes, Julia, Medienbeteiligungen politischer Parteien, 2009.

Kirchhof, Paul, Das Gesetz der Hydra, 2006.

Kirchhof, Paul, Die Finanzierung des öffentlich-rechtlichen Rundfunks, 2010

Klass, Nadine, Unterhaltung ohne Grenzen?, 2011.

Kleber, Claus-D., Privater Rundfunk, 1986.

Klein, Hans Hugo, Die Grundrechte im demokratischen Staat, 1972.

Kloepfer, Michael, Vielfaltsicherung durch Ebenentrennung in der Massenkommunikation, 2010.

Kloepfer, Michael, Verfassungsrecht, Bd. II, 2010.

Kloepfer, Michael, Verfassungsrecht, Bd. I, 2011.

Köhler, Jan, Parteien im Wettbewerb, 2006.

Kohler, Uwe, Politikfinanzierung, 2010.

Köppler, Rudolf, Die Mitwirkung bei der politischen Willensbildung des Volkes als Vorrecht der Parteien, 1974.

Koreng, Ansgar, Zensur im Internet, 2010.

Krausnick, Daniel, Das deutsche Rundfunksystem unter dem Einfluss des Europarechts, 2005.

Krumbholz, Arne, Finanzierung und Rechnungslegung der politischen Parteien und deren Umfeld, 2010.

Kübler, Friedrich, Medien, Menschenrechte und Demokratie, 2008.

Kübler, Friedrich /Assmann, Heinz-Dieter, Gesellschaftsrecht, 6. Aufl., 2006.

Kühling, Jürgen, Die Kommunikationsfreiheit als europäisches Gemeinschaftsgrundrecht, 1999.

Kunisch, Johann Kaspar, Rundfunk im Internet und der Grundsatz der Staatsfreiheit des Rundfunks, 2011.

Küstermann, Burkhard, Das Transparenzgebot des Art. 21 Abs. 1 Satz 4 GG und seine Ausgestaltung durch das Parteiengesetz, 2003.

Lackner, Herbert, Verfassungsrechtliche Probleme von Sendezeiten für Dritte im Rahmen der dualen Rundfunkordnung, 1999.

Landfried, Christine, Parteifinanzen und politische Macht, 2. Aufl., 1994.

Laufer, Heinz, Verfassungsgerichtsbarkeit und politischer Prozess, 1968.

Laufer, Heinz/Münch, Ursula, Das föderale System der Bundesrepublik Deutschland, 8. Aufl., 2010.

Leibholz, Gerhard, Das Wesen der Repräsentation unter besonderer Berücksichtigung des Repräsentativsystems, 1929.

Lerche, Peter, Verfassungsrechtliche Aspekte der „inneren Pressefreiheit“, 1974.

Loewenstein, Karl, Verfassungslehre, 2. Aufl., 1969.

Luhmann, Niklas, Die Politik der Gesellschaft, 2000.

Maletzke, Gerhard, Psychologie der Massenkommunikation, 1963.

Manssen, Gerrit, Staatsrecht II, 7. Aufl., 2010.

Marschall, Stefan, Das politische System Deutschlands, 2. Aufl., 2011.

Mauersberger, Axel, Die Freiheit der Parteien, 1994.

Maurer, Hartmut, Staatsrecht I, 6. Aufl., 2010.

Meier, Klaus, Journalistik, 2. Aufl., 2011.

Meyer, Philip, The Vanishing Newspaper, 2006.

Möllers, Christoph, Staat als Argument, 2. Aufl., 2011.

Morlok, Martin, Selbstverständnis als Rechtskriterium, 1993.

Morlok, Martin (unter Mitarbeit von *Krüper, Julian*, und *Roßner, Sebastian*), Parteienfinanzierung im demokratischen Rechtsstaat, 2009.

Müller-Terpitz, Ralf, Die Finanzautonomie der Bayerischen Landeszentrale für neue Medien im Lichte der aktuellen Förderung lokaler und regionaler Fernsehangebote, 2010.

von Münch, Ingo, Rechtspolitik und Rechtskultur, 2011.

Naßmacher, Karl-Heinz, The Funding of Party Competition, 2009.

Nawiasky, Hans, Allgemeine Rechtslehre als System der rechtlichen Grundbegriffe, 2. Aufl., 1948.

Niewöhner, Florian, Elektronische Benutzerführungssysteme und chancengerechter Zugang zum digitalen Fernsehen, 2004.

Noelle-Neumann, Elisabeth, Die Schweigespirale, 1980.

Paal, Boris P., Medienvielfalt und Wettbewerbsrecht, 2010.

Papier, Hans-Jürgen/Schröder, Meinhard, Verfassungsfragen des Dreistufentests, 2011.

Paschke, Marian, Medienrecht, 3. Aufl., 2009.

Paul, Nadja, Die Rundfunkbeteiligungen politischer Parteien, 2010.

Peters, Butz, Öffentlich-rechtliche Online-Angebote, 2010.

Quaritsch, Helmut, Das parlamentslose Parlamentsgesetz, 2. Aufl., 1961.
Reffken, Hendrik, Politische Parteien und ihre Beteiligungen an Medienunternehmen, 2007.
Ressmann, Wolfgang, Strukturprobleme sozialdemokratischer Medienunternehmen, 1991.
Ricker, Reinhart, Verfassungsrechtliche Aspekte eines Mediengesetzes für Rheinland-Pfalz, 1985.
Ricker, Reinhart/Schiwy, Peter, Rundfunkverfassungsrecht, 1997.
Riepl, Wolfgang, Das Nachrichtenwesen des Altertums, 1913.
Ritlewski, Kristoff M., Pluralismus als Strukturprinzip im Rundfunk, 2009.
Rossen, Helge, Freie Meinungsbildung durch den Rundfunk, 1988.
Rudzio, Wolfgang, Das politische System der Bundesrepublik Deutschland, 8. Aufl., 2011.
Ruffert, Matthias, Vorrang der Verfassung und Eigenständigkeit des Privatrechts, 2001.
Sarcinelli, Ulrich, Politische Kommunikation in Deutschland, 3. Aufl., 2011.
Schertz, Christian/Höch, Dominik, Privat war gestern, 2011.
Scheuner, Ulrich, Das Grundrecht der Rundfunkfreiheit, 1982.
Schindler, Alexandra, Die Partei als Unternehmer, 2006.
Schlaich, Klaus/Korioth, Stefan, Das Bundesverfassungsgericht, 8. Aufl., 2010.
Schmidt, Helmut/Stern, Fritz, Unser Jahrhundert, 2010.
Schmidt, Walter, Rundfunkvielfalt, 1984.
Schmitt, Carl, Verfassungslehre, 1928.
Schmitt Glaeser, Walter, Der freiheitliche Staat des Grundgesetzes, 2008.
Schneider, Tobias, Vermögen und erwerbswirtschaftliche Betätigung politischer Parteien, 2008.
Scholz, Rupert, Deutschland – in guter Verfassung?, 2004.
Schömann-Finck, Clemens, Die Medienbeteiligungen der SPD, Diplomarbeit Katholische Universität Eichstätt-Ingolstadt, März 2005.
Schulz, Winfried, Politische Kommunikation, 3. Aufl., 2011.
Schulz, Wolfgang/Dreyer, Stephan/Hagemeier, Stefanie, Machtverschiebung in der öffentlichen Kommunikation, 2011.
Schulz, Wolfgang/Held, Thorsten, Regulierung durch Anreize, 2011.
Schulz, Wolfgang/Kaserer, Christoph/Trappel, Josef, Finanzinvestoren im Medienbereich, 2008.
Schwartmann, Rolf, Verfassungsfragen der Allgemeinfinanzierung politischer Parteien, 1995.

Schwartmann, Rolf, Die Beteiligung von Presseunternehmen am Rundfunk, 2010.
Schwetzler, Angelika, Persönlichkeitsschutz durch Presseselbstkontrolle, 2005.
Seifert, Karl-Heinz, Die politischen Parteien im Recht der Bundesrepublik Deutschland, 1975.
Shirvani, Foroud, Das Parteienrecht und der Strukturwandel im Parteiensystem, 2010.
Stein, Ekkehart/Frank, Götz, Staatsrecht, 21. Aufl., 2010.
Stephan, Torben, Die Medienbeteiligungen der SPD, Diplomarbeit FU Berlin, 2004.
Stern, Klaus, Das Staatsrecht der Bundesrepublik Deutschland, Bd. I, 2. Aufl., 1984.
Stern, Klaus, Das Staatsrecht der Bundesrepublik Deutschland, Bd. III/1, 1988.
Stern, Klaus, Das Staatsrecht der Bundesrepublik Deutschland, Bd. IV/1, 2006.
Stern, Klaus, Das Staatsrecht der Bundesrepublik Deutschland, Bd. IV/2, 2011.
Stern, Klaus/Bethge, Herbert, Öffentlich-rechtlicher und privatrechtlicher Rundfunk, 1971.
Strohmeier, Gerd, Moderne Wahlkämpfe – wie sie geplant, geführt und gewonnen werden, 2002.
Strohmeier, Gerd, Politik und Massenmedien, 2004.
Tettinger, Peter J., Neue Medien und Verfassungsrecht, 1980.
Thoma, Richard, Über Wesen und Erscheinungsformen der modernen Demokratie, 1948.
Tranfaglia, Nicola, Ma esiste il quarto potere in Italia?, 2005.
Tsatsos, Dimitris Th./Morlok, Martin, Parteienrecht, 1982.
Volkmann, Ute, Legitime Ungleichheiten, 2006.
Volkmann, Uwe, Politische Parteien und öffentliche Leistungen, 1993.
Volkmann, Uwe, Staatsrecht II, 2. Aufl., 2011.
Wewer, Göttrik, Sozialdemokratische Wirtschaftsbetriebe, 1998.
Weischenberg, Siegfried/Malik, Maja/Scholl, Armin, Die Souffleure der Mediengesellschaft, 2006.
Wieland, Joachim, Die Freiheit des Rundfunks, 1984.
Wiesendahl, Elmar, Parteien, 2006.
Wiesendahl, Elmar, Volksparteien, 2011.
Wolf, Christopher, Der Kulturauftrag des öffentlich-rechtlichen Rundfunks in der Rechtsprechung des Bundesverfassungsgerichts, 2010.
Zentara, Kai F., Medienordnung und Öffentlicher Diskurs, 2009.
Zippelius, Reinhold/Würtenberger, Thomas, Deutsches Staatsrecht, 32. Aufl., 2008.

II. Aufsätze

Altmeppen, Klaus-Dieter, The gradual disappearance of foreign news on German television: Is there a future for global, international, world or foreign news?, Journalism Studies, Vol. 11, No. 4, 2010, S. 567 ff.

Angelov, Miroslav/Roth, Alexander, Auf dem Weg zu mehr Transparenz bei den Einnahmen politischer Parteien aus Wirtschaftstätigkeit: Eine Zwischenbilanz anhand der aktuellen Rechenschaftsberichte, KritV 2006, S. 21 ff.

von Arnim, Hans Herbert, Politische Parteien, DÖV 1985, 593 ff.

von Arnim, Hans Herbert, Entmündigen die Parteien das Volk? – Parteienherrschaft und Volkssouveränität, APuZ 21/1990, S. 25 ff.

von Arnim, Hans Herbert, Parteienfinanzierung: Zwischen Notwendigkeit und Missbrauch – Alte Probleme und neue Entwicklungen, NVwZ 2003, 1076 ff.

von Arnim, Hans Herbert, Parteien in der Kritik, DÖV 2007, 221 ff.

Baer, Susanne, Braucht das Grundgesetz ein Update? – Demokratie im Internetzeitalter, Blätter für deutsche und internationale Politik 1/2011, S. 90 ff.

Bethge, Herbert, Grundrechtsträgerschaft juristischer Personen: Zur Rechtsprechung des Bundesverfassungsgerichts, AöR Bd. 104 (1979), S. 54 ff. und S. 265 ff.

Bethge, Herbert, Grundrechtsverwirklichung und Grundrechtssicherung durch Organisation und Verfahren, NJW 1982, 1 ff.

Bethge, Herbert, Grundpflichten als verfassungsrechtliche Dimension, NJW 1982, 2145 ff.

Bethge, Herbert, Rundfunkgesetzgebung: Thematik, Trends, Tendenzen, ZG Bd. 10 (1995), S. 101 ff.

Bethge, Herbert, Die Freiheit des privaten Rundfunks, DÖV 2002, 673 ff.

Bethge, Herbert, Das Duell der Kanzlerkandidaten im Spannungsfeld zwischen Rundfunkfreiheit und Parteiengleichheit, ZUM 2003, 253 ff.

Bethge, Herbert, Die staatliche Teilhabe an öffentlicher Kommunikation, AfP-Sonderheft 2007, 18 ff.

Bethge, Herbert, Staatsrechtslehre als Wissenschaft, Die Verwaltung 43 (2010), S. 429 ff.

Betzinger, Michael, Parteiensponsoring, DVBl. 2010, 1204 ff.

Birk, Dieter/Wolffgang, Michael, Neue Formen der Parteiarbeit, DÖV 1991, 481 ff.

Boll, Friedhelm, Medienbeteiligungen politischer Parteien: Die Grundsatzfragen in historischer Perspektive, Orientierungen zur Wirtschafts- und Gesellschaftspolitik 101 (3/2004), S. 78 ff.

Bösch, Frank, „Berlusconi von links“? – Die Medien der SPD in historischer Perspektive, Archiv für Sozialgeschichte (44) 2004, S. 501 ff.

Bosman, Wieland, Paradigmenwechsel in der Rundfunkfinanzierung: Von der Rundfunkgebühr zum Rundfunkbeitrag, K&R 2012, 5 ff.

Bruns, Alexander, Persönlichkeitsschutz im Internet – medienspezifisches Privileg oder medienpersönlichkeitsrechtlicher Standard?, AfP 2011, 421 ff.

Bruns, Tissy, Journalismus auf der Couch, Neue Gesellschaft/Frankfurter Hefte 7-8/2010, S. 33 ff.

Bullinger, Martin, Bedeutungsverlust der Pressefreiheit?, AfP-Sonderheft 2007, 21 ff.

von Coelln, Christian, Die Rundfunkrechtsordnung Deutschlands – eine entwicklungsoffene Ordnung, AfP 2008, 433 ff.

von Coelln, Christian, Garantie und Reichweite der Medienfreiheit in Deutschland, OstEuR 2011, Beilage zu Heft 1, S. 10 ff.

Cordes, Malte, Medienbeteiligungen politischer Parteien – zugleich eine Besprechung des Urteils des Bundesverfassungsgerichts vom 12. März 2008 – 2 BvF 4/03, ZParl 40 (2009), S. 123 ff.

Cornils, Matthias, Parteilicher Rundfunk? – Die politischen Parteien als Gegenstand und Faktor der Berichterstattung im Privatrundfunk, ZJS 2009, 465 ff.

Degenhart, Christoph, Rundfunkrecht in der Entwicklung – Ein Rechtsprechungsbericht, K&R 2007, 1 ff.

Degenhart, Christoph, Medienbeteiligungen von Finanzinvestoren, AfP 2008, 251 ff.

Degenhart, Christoph, Rundfunkrecht in der Entwicklung – Ein Rechtsprechungsbericht, K&R 2008, 214 ff.

Degenhart, Christoph, Staatspresse in der Informationsgesellschaft: Verfassungsrechtliche und wettbewerbsrechtliche Schranken für die Publikationstätigkeit der öffentlichen Hand, AfP 2009, 207 ff.

Degenhart, Christoph, Die Entwicklung des Rundfunkrechts im Jahr 2008, K&R 2009, 289 ff.

Degenhart, Christoph, Wozu die Aufregung? – Anmerkungen zur Causa Brender aus verfassungsrechtlicher Sicht, K&R 2010, 8 f.

Degenhart, Christoph, Der Staat im freiheitlichen Kommunikationsprozess: Funktionsträgerschaft, Funktionsschutz und Funktionsbegrenzung, AfP 2010, 324 ff.

Degenhart, Christoph, Verfassungswidrige Zusammensetzung der Gremien des ZDF? – Anmerkungen zum aktuellen Verfassungskonflikt, NVwZ 2010, 877 ff.

Degenhart, Christoph, Die Entwicklung des Rundfunkrechts 2009/2010 – Ein Rechtsprechungsbericht (Teil 1), K&R 2011, 374 ff.

Degenhart, Christoph, Rundfunkfreiheit und Programmgestaltung in der Rundfunkordnung des BayMG: Zugleich Anmerkung zu BVerfG, Beschluss vom 8. Dezember 2010 – 1 BvR 2743/10 (ZUM 2011, 234), ZUM 2011, 375 ff.

Degenhart, Christoph, Verfassungsfragen der Internet-Kommunikation: Wie die Rundfunkfreiheit in die Online-Welt hineinstrahlt, CR 2011, 231 ff.

Di Fabio, Udo, Medienfreiheit: Kontinuität und Wandel, AfP-Sonderheft 2007, 3 ff.

Dörr, Dieter, Die Mitwirkung des Verwaltungsrats bei der Bestellung des ZDF-Chefredakteurs und das Problem der Gremienzusammensetzung, K&R 2009, 555 ff.

van Eimeren, Birgit/Frees, Beate, Drei von vier Deutschen im Netz – ein Ende des digitalen Grabens in Sicht? – Ergebnisse der ARD/ZDF-Onlinestudie 2011, MP 2011, 334 ff.

van Eimeren, Birgit/Ridder, Christa-Maria, Trends in der Nutzung und Bewertung der Medien 1970 bis 2010 – Ergebnisse der ARD/ZDF-Langzeitstudie Massenkommunikation, MP 2011, 2 ff.

Engels, Stefan, Mehr Gestaltungsspielräume für die Sender, AfP 2011, 438 ff.

Ewer, Wolfgang, Anwaltliche Verschwiegenheit stärken – Anwalt soll auch bei Entbindung von Schweigepflicht stumm sein dürfen, AnwBl. 2010, 475 ff.

Feser, Andreas, SPD – Wettbewerbsvorsprung im Privatradio, Politische Studien Heft 386, 53. Jahrgang, November/Dezember 2002, S. 74 ff.

Feser, Andreas, Wettbewerb mit Schlagseite, Die politische Meinung, Nr. 400, März 2003, S. 71 ff.

Feser, Andreas, Medienbeteiligungen politischer Parteien: Ein Fremdkörper in einer demokratischen Ordnung, Orientierungen zur Wirtschafts- und Gesellschaftspolitik 101 (3/2004), S. 65 ff.

Feser, Andreas, Die Glaubwürdigkeit der „dpa“ sichern, Politische Studien, Heft 403, 56. Jahrgang, September/Oktober 2005, S. 101 ff.

Fikentscher, Wolfgang/Möllers, Thomas M.J., Die (negative) Informationsfreiheit als Grenze von Werbung und Kunstdarbietung, NJW 1998, 1337 ff.

Fischinger, Philipp S., Der Grundrechtsverzicht, JuS 2007, 808 ff.

Forsthoff, Ernst, Zur Selbstqualifizierung eines Presseorgans als „unabhängig“ oder „überparteilich“, AfP 1973, 402 f.

Frey, Dieter, Leistungsschutzrecht für Presseverleger: Überlegungen zur Struktur und zu den Auswirkungen auf die Kommunikation im Internet, MMR 2010, 291 ff.

Frowein, Jochen Abr./Bank, Roland, Financing of Political Parties in Comparative Perspective, ZaöRV Bd. 61 (2001), S. 29 ff.

Geerlings, Jörg, Pressefusionskontrolle contra Pressefreiheit? – 7. GWB-Novelle und deren Auswirkungen auf den Zeitungs- und Zeitschriftenmarkt, AfP 2004, 329 ff.

Gersdorf, Hubertus, Netzneutralität: Juristische Analyse eines „heißen Eisens", AfP 2011, 209 ff.

Grimm, Dieter, Rundfunkfreiheit als Rundum-Freiheit: Medienmacht, Medienfreiheit und Medienkontrolle, epd medien 41/2006 vom 27.5.2006, S. 5 ff.

Gundel, Jörg, Das Verbot der ideellen Rundfunkwerbung auf dem Prüfstand der EMRK: Anmerkungen zu zwei neueren Entscheidungen des EGMR, ZUM 2005, 345 ff.

Hain, Karl-E., Nachrichten- und Informationsanteile in privaten Fernsehprogrammen, K&R 2010, 638 ff.

Hain, Karl-E./Ferreau, Frederik, Rechtliche Bindungen des ZDF-Verwaltungsrats? – Überlegungen anlässlich der bevorstehenden Entscheidung in der „Causa Brender", K&R 2009, 692 ff.

Heckmann, Dirk, Eingriff durch Symbole? – Zur Reichweite grundrechtlichen Schutzes vor geistiger Auseinandersetzung, JZ 1996, 880 ff.

Heckmann, Dirk, Smart Life – Smart Privacy Management: Privatsphäre im total digitalisierten Alltag, K&R 2011, 1 ff.

Heinig, Hans Michael, Sponsoring von Parteiveranstaltungen, JZ 2010, 485 ff.

Henke, Wilhelm, Die Parteien im Staat des Bonner Grundgesetzes: Art. 21 GG und der Bericht der Parteienrechtskommission, DÖV 1958, 646 ff.

Hoffmann-Riem, Wolfgang, Mediendemokratie als rechtliche Herausforderung, Der Staat 42 (2003), S. 193 ff.

Holznagel, Bernd, Netzneutralität als Aufgabe der Vielfaltssicherung, K&R 2010, 95 ff.

Holznagel, Bernd, Konvergenz in lokalen und regionalen Medienmärkten: Spielräume für eine Beteiligung kommunaler TK-Unternehmen an Rundfunkveranstaltern, MMR 2011, 300 ff.

Holznagel, Bernd, Meinungsbildung im Internet, NordÖR 2011, 205 ff.

Holznagel, Bernd, Internetdienstefreiheit und Netzneutralität, AfP 2011, 532 ff.

Holznagel, Bernd/Schumacher, Pascal, Die Freiheit der Internetdienste, MIND – Co:llaboratory Discussion Paper Series No. 1 (2011), S. 14 ff.

Huber Peter M., Medienbeteiligungen politischer Parteien, K&R 2004, 216 ff.

Huber, Peter M., Aktuelle Fragen des Drei-Stufen-Tests, ZUM 2010, 201 ff.

Huff, Martin W., Die Öffentlichkeitsarbeit im Zusammenhang mit Gerichtsverfahren – Litigation-PR als Modewort: Diskussionen um den Umgang mit den Medien in Gerichtsverfahren, DRiZ, 2010, 114 ff.

Ipsen, Jörn, Grundgesetz und politische Parteien, DVBl. 2009, 552 ff.

Isensee, Josef, Transformation von Macht in Recht – das Amt, ZBR 2004, 3 ff.

Jentsch, Hans-Joachim, Nachdenken über die Parteien, ThürVBl. 1999, 108 ff.

Klein, Eckart, Maßstäbe für die Freiheit der öffentlichen und privaten Medien – unter besonderer Berücksichtigung internationaler Verpflichtungen, DÖV 1999, 758 ff.

Klein, Hans Hugo, Medienbeteiligungen politischer Parteien: Verfassungsrechtliche Erwägungen, Orientierungen zur Wirtschafts- und Gesellschaftspolitik 101 (3/2004), S. 68 ff.

Koch, Thorsten, „Eckpunkte" eines neuen Parteiengesetzes? – Verfassungsrechtliche Anforderungen und Gestaltungsspielräume des Gesetzgebers am Beispiel einiger aktueller Reformvorschläge, ZG Bd. 16 (2001), S. 339 ff.

Köppl, Stefan, Italien unter Berlusconi – eine Demokratie in Gefahr?, ZfP 53. Jg. (2006), S. 438 ff.

Köppl, Stefan, Berlusconis Italien – ein Rätsel?, Gesellschaft – Wirtschaft – Politik 59. Jg. (2010), Nr. 1, S. 53 ff.

Kunisch, Johann Kaspar, Verfassungswidrige Telemedienaufsicht durch Regierungsstellen – Aufsicht über Internetdienste im Schutzbereich der Rundfunkfreiheit, MMR 2011, 796 ff.

Ladeur, Karl-Heinz, Verfassungsrechtliche Fragen regierungsamtlicher Öffentlichkeitsarbeit und öffentlicher Wirtschaftstätigkeit im Internet, DÖV 2002, 1 ff.

Langenbucher, Wolfgang R./Mahle, Walter A., „Umkehrproporz" und kommunikative Relevanz: Zur Zusammensetzung und Funktion der Rundfunkräte, Publizistik, 18. Jg., 1973, S. 322 ff.

Lehr, Gernot, Grenzen für die Öffentlichkeitsarbeit der Ermittlungsbehörden, NStZ 2009, 409 ff.

Lehr, Gernot, Verfassungswidriger Staatszugriff? – Der ZDF-Verwaltungsrat und die Causa Brender, epd medien 93/2009 vom 25.11.2009, S. 10 f.

Lehr, Gernot/Brosius-Gersdorf, Frauke, Städte im Internet – Zur verfassungsrechtlichen Zulässigkeit von Internet-Auftritten der Städte, RTkom 2001, 91 ff.

Leibholz, Gerhard, Verfassungsrechtliche Stellung und innere Ordnung der Parteien, Referat auf dem 38. Deutschen Juristentag, in: Ständige Deputation des Deutschen Juristentages (Hrsg.), Verhandlungen des achtunddreißigsten Deutschen Juristentages, Frankfurt a. Main 1950, 1951, C 2 ff.

Leyendecker, Hans, Wirtschaftsstrafrecht in den Medien, wistra 2011, 176 ff.

Limbach, Jutta, 50 Jahre Pressefreiheit, AfP 1999, 413 ff.

Maunz, Theodor, Die verfassungsrechtliche Stellung der politischen Partei in Bayern, BayVBl. 1960, 1 ff.

Maurer, Hartmut, Die Rechtsstellung der politischen Parteien, JuS 1991, 881 ff.

Maurer, Hartmut, Die politischen Parteien im Prozess, JuS 1992, 296 ff.

Maurer, Marcus, Fakten oder Floskeln? – Die Inhalte der Wahlprogramme im Bundestagswahlkampf 2005 in der Tagespresse, Publizistik, 52. Jg., 2007, S. 174 ff.

Mecklenburg, Wilhelm, Internetfreiheit, ZUM 1997, 525 ff.

Möllers, Christoph, Pressefreiheit im Internet: Zu verfassungsrechtlichen Grenzen der Regulierung von Online-Bewegtbildern von Zeitungen, AfP 2008, 241 ff.

Möstl, Markus, Politische Parteien als Medienunternehmer – Eine Beurteilung aus verfassungsrechtlicher Sicht, DÖV 2003, 106 ff.

Möstl, Markus, Medienbeteiligungen politischer Parteien: Ein generelles Verbot wäre nicht legitim, Orientierungen zur Wirtschafts- und Gesellschaftspolitik 101 (3/2004), S. 74 ff.

von Mutius, Albert, Grundfälle zum Kommunalrecht, JuS 1977, 319 ff.

Müller, Michael, Die Rundfunkfreiheit emanzipiert sich – Zu den aktuellen Entscheidungen der Verfassungsgerichte, MMR 2005, VI f.

Müller, Michael, Partei-TV? – Zur Vergewisserung der Dogmatik der Rundfunkfreiheit: Unter Berücksichtigung der neueren Rechtsprechung, insbesondere des 9. Rundfunkurteils des BVerfG vom 12.3.2008, AfP 2009, 433 ff.

Müller-Franken, Sebastian, Demokratie als Wettbewerbsordnung, DVBl. 2009, 1072 ff.

Müller-Terpitz, Ralf, Öffentlich-rechtlicher Rundfunk und Neue Medien – Eine gemeinschafts- und verfassungsrechtliche Betrachtung, AfP 2008, 335 ff.

Müller-Terpitz, Ralf, „Smart Sanctions“ versus Pressefreiheit: Staatenunabhängige Embargomaßnahmen im Antiterrorkampf und ihre Auswirkungen auf die Presse, K&R Beihefter 1/2011, S. 1 ff.

Neuberger, Christoph, Strukturwandel 2.0: Zur Veränderung der politischen Kommunikation durch das Internet, tendenz 2/2011, S. 12 ff.

Oberreuter, Heinrich, Krise der Demokratie?, Internationale Katholische Zeitschrift Communio (IKaZ) 40. Jg. (2011), S. 323 ff.

Ohly, Ansgar, Verändert das Internet unsere Vorstellung von Persönlichkeit und Persönlichkeitsrecht?, AfP 2011, 428 ff.

Ory, Stephan, Herausforderungen der Medienfreiheit – oder: Der Rundfunk als Endpunkt der Konvergenz?, AfP 2011, 19 ff.

Ossenbühl, Fritz, Medien zwischen Macht und Recht, JZ 1995, 633 ff.

Ossenbühl, Fritz, Die Parteien im System des Grundgesetzes, BayVBl. 2000, 161 ff.

Ossenbühl, Fritz, Verbraucherschutz durch Information, NVwZ 2011, 1357 ff.

von Pestalozza, Christian Graf, Rundfunkfreiheit in Deutschland, ZRP 1979, 25 ff.

von Pestalozza, Christian Graf, Der Schutz vor der Rundfunkfreiheit in der Bundesrepublik Deutschland, NJW 1981, 2158 ff.

Prantl, Heribert, Sind Zeitungen systemrelevant? – Journalismus zwischen Morgen und Grauen, Blätter für deutsche und internationale Politik 8/2009, S. 99 ff.

Prantl, Heribert, Das tägliche Brot der Demokratie: Was Wissenschaft, Publizistik und Politik miteinander zu tun haben, Blätter für deutsche und internationale Politik 6/2010, S. 81 ff.

Röper, Horst, Zeitungen 2010: Rangverschiebungen unter den größten Verlagen, MP 2010, 218 ff.

Rösler, Hannes, Medienwirtschaftsrecht: Wettbewerb auf privaten Medienmärkten und die Funktion des öffentlich-rechtlichen Rundfunks, JZ 2009, 438 ff.

Röttgen, Norbert, Transparente Parteifinanzen – Plädoyer für einen Neuanfang, Die politische Meinung, Nr. 382, September 2001, S. 87 ff.

Rusconi, Gian Enrico, Die Mediendemokratie und ihre Grenzen – am Beispiel von Berlusconis Italien, APuZ 35-36/2004, S. 32 ff.

Sarcinelli, Ulrich/Unger, Simone, Zukunft der Medien: „Schöne neue Web 2.0-Welt", Neue Gesellschaft/Frankfurter Hefte 7-8/2010, S. 29 ff.

Scheuner, Ulrich, Parteiengesetz und Verfassungsrecht, DÖV 1968, 88 ff.

Schmidt, Karsten, Wirtschaftstätigkeit von „Idealvereinen" durch Auslagerung auf Handelsgesellschaften: Bemerkungen zum ADAC-Urteil des BGH, NJW 1983, 543 ff.

Schmidt, Walter, Politische Parteien und andere Vereinigungen, NJW 1984, 762 ff.

Schmitt Glaeser, Walter, Die Macht der Medien in der Gewaltenteilung, JöR n.F. Bd. 50 (2002), S. 169 ff.

Schmitt Glaeser, Walter, Politik und Medien – ein brisantes Mischsystem, Die politische Meinung, Nr. 391, Juni 2002, S. 11 ff.

Schmitt Glaeser, Walter, Wer herrscht in der Demokratie?, JöR n.F. Bd. 57 (2009), S. 119 ff.

Schoch, Friedrich, Die Schwierigkeiten des BVerfG mit der Bewältigung staatlichen Informationshandelns, NVwZ 2011, 193 ff.

Schürmann, Frank, Staatliche Mediennutzung – Staatspresse, amtliche Verlautbarungen, Staatsrundfunk, Rundfunksponsoring, AfP 1993, 435 ff.

Stender-Vorwachs, Jutta, Die Richtlinie über audiovisuelle Mediendienste: Eine Analyse der medienrechtlichen Veränderungen, JöR n.F. Bd. 58 (2010), S. 235 ff.

Strohmeier, Gerd, Politik bei Benjamin Blümchen und Bibi Blocksberg, APuZ 41/2005, S. 7 ff.

Stürner, Rolf, Medien zwischen Regulierung und Reglementierung – Sanktionen gegen Medien?, AfP 2002, 283 ff.

Wahl, Rainer, Der Vorrang der Verfassung und die Selbständigkeit des Gesetzesrechts, NVwZ 1984, 401 ff.

Walther, Rudolf, Niedergang und Transformation: Zum Wandel des Tageszeitungsmarktes, Neue Gesellschaft/Frankfurter Hefte 6/2011, S. 57 ff.

Wettig-Danielmeier, Inge, Zur Lage bei der Frankfurter Rundschau, Neue Gesellschaft/Frankfurter Hefte 9/2011, S. 57 f.

Wieland, Joachim, Wahlwerbung im Spannungsfeld zwischen Freiheit des Rundfunks und Freiheit der Parteien, ZUM 1994, 447 ff.

Wiesendahl, Elmar, Parteien in turbulenten Zeiten, Neue Gesellschaft/Frankfurter Hefte 6/2011, S. 4 ff.

Winands, Günter, Subventionsvergabe durch politische Parteien?, ZRP 1987, 185 ff.

Winter, Michael, Fußball im Radio: Live aus dem Stadion? – Zum rechtlichen Rahmen der Hörfunkübertragungen von Bundesligaspielen, ZUM 2003, 531 ff.

Winter, Michael, Das Fehlen eines Kurzberichterstattungsrechts für Hörfunksender: Ein Manko des geltenden Rundfunkrechts, SpuRt 2004, 98 ff.

Winter, Michael, Der völkerrechtliche Schutz Kriegsgefangener vor Abbildungen ihrer Person in den Medien, AVR Bd. 42 (2004), S. 425 ff.

III. Kommentare

Baumbach, Adolf/Hopt, Klaus, Handelsgesetzbuch, Kommentar, 35. Aufl., 2012.

Birkert, Eberhard/Reiter, Hans J./Scherer, Frank (Hrsg.), Landesmediengesetz Baden-Württemberg, Kommentar, 2. Aufl., 2001.

Birkert, Eberhard/Reiter, Hans J./Scherer, Frank (Hrsg.), Landesmediengesetz Baden-Württemberg, Kommentar, Nachtrag zur 2. Aufl., 2003.

Bornemann, Roland/von Coelln, Christian/Hepach, Stefan/Himmelsbach, Gero/Lörz, Volker (Hrsg.), Bayerisches Mediengesetz, Loseblatt, Stand Oktober 2011.

Denninger, Erhard/Hoffmann-Riem, Wolfgang/Schneider, Hans-Peter/Stein, Ekkehart (Hrsg.), Kommentar zum Grundgesetz für die Bundesrepublik Deutschland, Reihe Alternativkommentare, Loseblatt, Stand August 2002.

Dolzer, Rudolf/Graßhof, Karin/Kahl, Wolfgang/Waldhoff, Christian (Hrsg.), Bonner Kommentar zum Grundgesetz, Loseblatt, Stand Oktober 2011.
Dreier, Horst (Hrsg.), Grundgesetz, Bd. I, Artikel 1 bis 19, 2. Aufl., 2004.
Dreier, Horst (Hrsg.), Grundgesetz, Bd. II, Artikel 20 bis 82, 2. Aufl., 2006.
Epping, Volker/Hillgruber, Christian (Hrsg.), Beck'scher Online-Kommentar Grundgesetz, Edition 13 (Stand: 1.1.2012).
Friauf, Karl-Heinrich/Höfling, Wolfram (Hrsg.), Berliner Kommentar zum Grundgesetz, Loseblatt, Stand 2011.
Hahn, Werner/Vesting, Thomas (Hrsg.), Beck'scher Kommentar zum Rundfunkrecht, 2. Aufl., 2008.
Hartstein, Reinhard/Ring, Wolf-Dieter/Kreile, Johannes/Dörr, Dieter/Stettner, Rupert/Cole, Mark D., Rundfunkstaatsvertrag, Loseblatt, Stand Oktober 2011.
Heckmann, Dirk (Hrsg.), juris PraxisKommentar Internetrecht, 3. Aufl., 2011.
Ipsen, Jörn (Hrsg.), Parteiengesetz, Kommentar, 2008.
Jarass, Hans D./Pieroth, Bodo (Hrsg.), Grundgesetz für die Bundesrepublik Deutschland, Kommentar, 11. Aufl., 2011.
Kersten, Jens/Rixen, Stephan (Hrsg.), Parteiengesetz (PartG) und europäisches Parteienrecht, Kommentar, 2009.
Lenski, Sophie-Charlotte, Parteiengesetz und Recht der Kandidatenaufstellung, Handkommentar, 2011.
Lindner, Josef Franz/Möstl, Markus/Wolff, Heinrich Amadeus (Hrsg.), Verfassung des Freistaates Bayern, Kommentar, 2009.
Löffler, Martin, Presserecht, Kommentar, 5. Aufl., 2006.
von Mangoldt, Hermann/Klein, Friedrich/Starck, Christian, Kommentar zum Grundgesetz, Band 1: Präambel, Art. 1 bis 19, 6. Aufl., 2010.
von Mangoldt, Hermann/Klein, Friedrich/Starck, Christian, Kommentar zum Grundgesetz, Band 2: Art. 20 bis 82, 6. Aufl., 2010.
Maunz, Theodor/Dürig, Günter, Grundgesetz, Loseblatt, Stand Oktober 2011.
Maunz, Theodor/Schmidt-Bleibtreu, Bruno/Klein, Franz/Bethge, Herbert (Hrsg.), BVerfGG, Loseblatt, Stand September 2011.
von Münch, Ingo/Kunig, Philip (Hrsg.), Grundgesetz-Kommentar, Band 2 (Art. 20 bis Art. 69), 4./5. Aufl., 2001.
Nawiasky, Hans/Schweiger, Karl/Knöpfle, Franz (Hrsg.), Die Verfassung des Freistaates Bayern, Loseblatt, Stand Juli 2008.
Palandt, Otto, Bürgerliches Gesetzbuch, Kommentar, 71. Aufl., 2012.
Paschke, Marian/Berlit, Wolfgang/Meyer, Claus (Hrsg.), Hamburger Kommentar – Gesamtes Medienrecht, 2. Aufl., 2012.
Sachs, Michael (Hrsg.), Grundgesetz, Kommentar, 6. Aufl., 2011.

Schmidt-Bleibtreu, Bruno/Hofmann, Hans/Hopfauf, Axel (Hrsg.), Kommentar zum Grundgesetz, 12. Aufl., 2011.
Schreiber, Wolfgang, Bundeswahlgesetz, Kommentar, 8. Aufl., 2009.
Spindler, Gerald/Schuster, Fabian (Hrsg.), Recht der elektronischen Medien, Kommentar, 2. Aufl., 2011.
Staudinger, Julius von, Kommentar zum Bürgerlichen Gesetzbuch, Buch 2, Recht der Schuldverhältnisse, §§ 611 bis 613, Dienstvertragsrecht 1, Neubearbeitung 2011 von *Philipp S. Fischinger* und *Reinhard Richardi.*
Stern, Klaus/Becker, Florian (Hrsg.), Grundrechte-Kommentar, 2010.

IV. Beiträge in Sammelwerken

Altmeppen, Klaus-Dieter, in: Bentele, Günter/Brosius, Hans-Bernd/Jarren, Otfried (Hrsg.), Lexikon Kommunikations- und Medienwissenschaft, 2006, Stichwort „Cross-Media", S. 33 f.
Altmeppen, Klaus-Dieter, Journalistische Berichterstattung und Media Social Responsibility: Über die doppelte Verantwortung von Medienunternehmen, in: Raupp, Juliana/Jarolimek, Stefan/Schultz, Friederike (Hrsg.), Handbuch CSR, 2011, S. 247 ff.
Altmeppen, Klaus-Dieter/Löffelholz, Martin, Zwischen Verlautbarungsorgan und „vierter Gewalt": Strukturen, Abhängigkeiten und Perspektiven des politischen Journalismus, in: Sarcinelli, Ulrich (Hrsg.), Politikvermittlung und Demokratie in der Mediengesellschaft, 1998, S. 97 ff.
Arndt, Adolf, Begriff und Wesen der öffentlichen Meinung, in: Löffler, Martin (Hrsg.), Die öffentliche Meinung, 1962, S. 1 ff.
Arndt, Adolf, Die Rolle der Massenmedien in der Demokratie, in: Löffler, Martin (Hrsg.), Die Rolle der Massenmedien in der Demokratie, 1966, S. 1 ff.
Badura, Peter, Die politischen Parteien in der Mediendemokratie, in: Geis, Max-Emanuel/Umbach, Dieter C. (Hrsg.), Planung – Steuerung – Kontrolle, Festschrift für Richard Bartlsperger zum 70. Geburtstag, 2006, S. 3 ff.
Bamberger, Christian, Die „vierte Gewalt": Medien als Wächter und Bewachte, in: Demel, Michael/Hausotter, Carola/Heibeyn, Claudia/Hendrischke, Oliver/Heselhaus, Sebastian/Karthaus, Arnim/Mayer, Matthias/Neumark, Frank/Schmehl, Arndt/Wallrabenstein, Astrid (Hrsg.), Funktionen und Kontrolle der Gewalten, 2001, S. 307 ff.
Berka, Walter, Zur Integrität von Informationen im Web, in: Berka, Walter/Grabenwarter, Christoph/Holoubek, Michael (Hrsg.), Medien im Web, 2009, S. 69 ff.

Bethge, Herbert, Verfassungsrechtliche Grundlagen, in: Fuhr, Ernst W./Rudolf, Walter/Wasserburg, Klaus (Hrsg.), Recht der Neuen Medien, 1989, S. 74 ff.

Bethge, Herbert, Rechtsfragen der Wahlwerbung in Hörfunk und Fernsehen, in: Becker, Jürgen (Hrsg.), Wahlwerbung politischer Parteien im Rundfunk, Symposion zum 65. Geburtstag von Ernst W. Fuhr, 1990, S. 31 ff.

Bethge, Herbert, Der Grundrechtseingriff, VVDStRL Heft 57 (1998), S. 7 ff.

Bethge, Herbert, Recht und Politik im Zustand des Skandals, in: Jahres- und Tagungsbericht der Görres-Gesellschaft 2000, 2000, S. 59 ff.

Bethge, Herbert, Über die Zulässigkeit privaten Rundfunks, in: Arndt, Hans-Wolfgang/Knemeyer, Franz-Ludwig/Kugelmann, Dieter/Meng, Werner/Schweitzer, Michael (Hrsg.), Völkerrecht und deutsches Recht, Festschrift für Walter Rudolf, 2001, S. 405 ff.

Bethge, Herbert, Die juristische Planbarkeit der Zukunft oder: Nachhaltige Entwicklung als Quadratur des Kreises?, in: Geiss, Jan/Wortmann, David/Zuber, Fabian (Hrsg.), Nachhaltige Entwicklung – Strategie für das 21. Jahrhundert?, 2003, S. 169 ff.

Bethge, Herbert, Pluralismus als medienrechtliches Ordnungsprinzip?, in: Horn, Hans-Detlef (Hrsg.), Recht im Pluralismus, Festschrift für Walter Schmitt Glaeser zum 70. Geburtstag, 2003, S. 465 ff.

Bethge, Herbert, Grundrechtskollisionen, in: Merten, Detlef/Papier, Hans-Jürgen (Hrsg.), Handbuch der Grundrechte in Deutschland und Europa, Bd. III, 2009, § 72

Bethge, Herbert, Grundrechtswahrnehmung, Grundrechtsverzicht, Grundrechtsverwirkung, in: Isensee, Josef/Kirchhof, Paul (Hrsg.), Handbuch des Staatsrechts der Bundesrepublik Deutschland, Bd. IX, 3. Aufl., 2011, § 203.

Bethge, Herbert, Möglichkeiten und Grenzen öffentlich-rechtlicher Trägerschaft über private Angebote, in: Bayerische Landeszentrale für neue Medien (Hrsg.), BLM-Symposion Medienrecht 2011, 2011, S. 77 ff.

Biedenkopf, Kurt, Zur Verantwortung der Verbände, in: Mayntz, Renate (Hrsg.), Verbände zwischen Mitgliederinteressen und Gemeinwohl, 1992, S. 273 ff.

Böckenförde, Ernst-Wolfgang, Die Krise unserer Demokratie verlangt eine Rückbildung des Parteienstaates, in: Nonnenmacher, Günther (Hrsg.), Die gespendete Macht, 2000, S. 55 ff.

Böckenförde, Ernst-Wolfgang, Demokratische Willensbildung und Repräsentation, in: Isensee, Josef/Kirchhof, Paul (Hrsg.), Handbuch des Staatsrechts der Bundesrepublik Deutschland, Bd. III, 3. Aufl., 2005, § 34.

Boll, Friedhelm, Entwicklung der Medienbeteiligung politischer Parteien am Beispiel der SPD, in: Morlok, Martin/von Alemann, Ulrich/Streit, Thilo (Hrsg.), Medienbeteiligungen politischer Parteien, 2004, S. 15 ff.

Boomgaarden, Hajo G./Semetko, Holli A., Nachrichten-Bias: Medieninhalte, Bevölkerungswahrnehmungen und Wahlentscheidungen bei der Bundestagswahl 2009, in: Schmitt-Beck, Rüdiger (Hrsg.), Wählen in Deutschland, PVS, Sonderheft 45/2011 (2012), S. 442 ff.

Brettschneider, Frank, Wahlen in der Mediengesellschaft – Der Einfluss der Massenmedien auf die Parteipräferenz, in: von Alemann, Ulrich/Marschall, Stefan (Hrsg.), Parteien in der Mediendemokratie, 2002, S. 57 ff.

Bullinger, Martin, Medien, Pressefreiheit, Rundfunkverfassung, in: Badura, Peter/ Dreier, Horst (Hrsg.), Festschrift 50 Jahre Bundesverfassungsgericht, Bd. II, 2001, S. 193 ff.

von Coelln, Christian, Publizistische Vielfaltssicherung – „altes Denken" oder zukunftsträchtiges Postulat?, in: Stern, Klaus/Peifer, Karl-Nikolaus/Hain, Karl-Eberhard (Hrsg.), Publizistischer und ökonomischer Wettbewerb unter den Bedingungen der neuen Medienwelt, 2010, S. 17 ff.

von Coelln, Christian, Die Entwicklung des Rundfunkbegriffs, in: Bayerische Landeszentrale für neue Medien (Hrsg.), BLM-Symposion Medienrecht 2010, 2011, S. 17 ff.

von Coelln, Christian, BVerfGE 121, 30 – Pressebeteiligung: Die Unzulässigkeit des vollständigen Ausschlusses politischer Parteien vom Rundfunk, in: Menzel, Jörg/Müller-Terpitz, Ralf (Hrsg.), Verfassungsrechtsprechung, 2. Aufl., 2011, S. 858 ff.

von Coelln, Christian, Internetfernsehen, elektronische Zeitungen und Co.: Antworten der Rechtsordnung auf die neue Medienwelt, in: Institut für interdisziplinäre Medienforschung (Hrsg.), Medien und Wandel, 2011, S. 209 ff.

Cornils, Matthias, Rundfunk und Parteien, in: Dörr, Dieter (Hrsg.), Die Macht der Medien: Medienrechtliches Kolloquium zum 75. Geburtstag von Hartmut Schiedermair, 2011, S. 41 ff.

Damm, Renate, in: Schiwy, Peter/Schütz, Walter J./Dörr, Dieter (Hrsg.), Medienrecht: Lexikon für Wissenschaft und Praxis, 5. Aufl., 2010, Stichwort „Presseordnungsrecht", S. 449 ff.

Degenhart, Christoph, Kommerzielle Aktivitäten öffentlicher Rundfunkveranstalter, in: Berka, Walter/Grabenwarter, Christoph/Holoubek, Michael (Hrsg.), Das Recht der Rundfunkfinanzierung, 2008, S. 87 ff.

Degenhart, Christoph, Grundrechtsausgestaltung und Grundrechtsbeschränkung, in: Merten, Detlef/Papier, Hans-Jürgen (Hrsg.), Handbuch der Grundrechte in Deutschland und Europa, Bd. III, 2009, § 61.

Degenhart, Christoph, Konvergenz der Medien und neue Informationsangebote öffentlich-rechtlicher Rundfunkveranstalter: Hilft der Public-Value-Test?, in: Gundel, Jörg/Heermann, Peter W./Leible, Stefan (Hrsg.), Konvergenz der Medien – Konvergenz des Rechts?, 2009, S. 81 ff.

Degenhart, Christoph, Netzneutralität – die Position von Presse und Rundfunk, in: Kloepfer, Michael (Hrsg.), Netzneutralität in der Informationsgesellschaft, 2011, S. 67 ff.

Depenheuer, Otto, Medien zwischen Recht und Ethik, in: Nußberger, Angelika/ Schmidt, Carmen (Hrsg.), Medienrecht und Meinungsfreiheit in Russland, 2005, S. 45 ff.

Di Fabio, Udo, Gewaltenteilung, in: Isensee, Josef/Kirchhof, Paul (Hrsg.), Handbuch des Staatsrechts der Bundesrepublik Deutschland, Bd. II, 3. Aufl., 2004, § 27.

Di Fabio, Udo, Parteien und Gemeinwohl, in: Morlok, Martin/von Alemann, Ulrich/Merten, Heike (Hrsg.), Gemeinwohl und politische Parteien, 2008, S. 38 ff.

Dörr, Dieter, Die Finanzierung des öffentlich-rechtlichen Rundfunks zwischen den Vorgaben aus Karlsruhe und den Anforderungen aus Brüssel, in: Detterbeck, Steffen/Rozek, Jochen/von Coelln, Christian (Hrsg.), Recht als Medium der Staatlichkeit, Festschrift für Herbert Bethge zum 70. Geburtstag, 2009, S. 451 ff.

Dörr, Dieter, Grundsätze der Medienregulierung, in: Dörr, Dieter/Kreile, Johannes/Cole, Mark D. (Hrsg.), Handbuch Medienrecht, 2. Aufl. 2011, E.

Droege, Michael, Steuerung durch finanzielle Anreize, finanzieller Ausgleich für regulatorische Markteingriffe, in: Bayerische Landeszentrale für neue Medien (Hrsg.), BLM-Symposion Medienrecht 2011, 2011, S. 97 ff.

Eberle, Carl-Eugen, Der Funktionsauftrag des ZDF im Digitalzeitalter, in: Stern, Klaus/Prütting, Hanns/Peifer, Karl-Nikolaus (Hrsg.), Neue Mediendienste und öffentlich-rechtlicher Rundfunk, 2009, S. 83 ff.

Eberle, Carl-Eugen, Netzneutralität – Determinanten und Anforderungen, in: Mehde, Veith/Ramsauer, Ulrich/Seckelmann, Margrit (Hrsg.), Staat, Verwaltung, Information, Festschrift für Hans Peter Bull zum 75. Geburtstag, 2011, S. 979 ff.

Eifert, Martin/Hoffmann-Riem, Wolfgang, Telekommunikations- und Medienrecht als Technikrecht, in: Schulte, Martin/Schröder, Rainer (Hrsg.), Handbuch des Technikrechts, 2. Aufl., 2010, S. 667 ff.

Eschenburg, Theodor, in: Jaspers, Karl/Sarraute, Nathalie/Toynbee, Arnold/ Eschenburg, Theodor, Werden wir richtig informiert?, 1964, S. 71 ff.

Fink, Udo, Die Konvergenz als Herausforderung für die duale Medienordnung, in: Dörr, Dieter (Hrsg.), Die Macht der Medien: Medienrechtliches Kolloquium zum 75. Geburtstag von Hartmut Schiedermair, 2011, S. 137 ff.

Frank, Götz, Mediatisierte Politik und das Gebot der Staatsferne, in: Böckelmann, Frank E. (Hrsg.), Medienmacht und Politik, 1989, S. 179 ff.

Fricke, Ernst, Medienrecht, in: Fricke, Ernst/Ott, Sieghart, Verwaltungsrecht in der anwaltlichen Praxis, 2. Aufl. 2005, § 43.

Fricke, Ernst, Die Anwaltschaft als Interessengruppe im Prozess der Normgebung, in: Deutscher Anwaltverein (Hrsg.), Anwälte und ihre Geschichte, 2011, S. 805 ff.

Gensch, Gerhard, in: Sjurts, Insa (Hrsg.), Gabler Lexikon Medienwirtschaft, 2. Aufl., 2011, Stichwort „Deutsche Presse-Agentur (dpa)", S. 107 ff.

Gensch, Gerhard, in: Sjurts, Insa (Hrsg.), Gabler Lexikon Medienwirtschaft, 2. Aufl., 2011, Stichwort „Nachrichtenagentur", S. 435 f.

Gersdorf, Hubertus, Medienbeteiligung politischer Parteien im Lichte des Rundfunkverfassungsrechts, in: Morlok, Martin/von Alemann, Ulrich/Streit, Thilo (Hrsg.), Medienbeteiligungen politischer Parteien, 2004, S. 69 ff.

Gersdorf, Hubertus, Sponsoring des öffentlich-rechtlichen Rundfunks, in: Morlok, Martin/von Alemann, Ulrich/Streit, Thilo (Hrsg.), Sponsoring – ein neuer Königsweg der Parteienfinanzierung?, 2006, S. 23 ff.

Gersdorf, Hubertus, Auswirkungen der Medienkonvergenz auf den Rundfunkbegriff und die Medienregulierung, in: Gundel, Jörg/Heermann, Peter W./Leible, Stefan (Hrsg.), Konvergenz der Medien – Konvergenz des Rechts?, 2009, S. 31 ff.

Goderbauer-Marchner, Gabriele, Qualitätsjournalismus im Crossmedia-Zeitalter: Passt das zusammen?, in: Hohlfeld, Ralf/Müller, Philipp/Richter, Annekathrin/Zacher, Franziska (Hrsg.), Crossmedia – Wer bleibt auf der Strecke?, 2010, S. 70 ff.

Grimm, Dieter, Politische Parteien, in: Benda, Ernst/Maihofer, Werner/Vogel, Hans-Jochen, Handbuch des Verfassungsrechts der Bundesrepublik Deutschland, 2. Aufl., 1994, § 14.

Grimm, Dieter, in: Heun, Werner/Honecker, Martin/Morlok, Martin/Wieland, Joachim (Hrsg.), Evangelisches Staatslexikon, 2006, Stichwort „Medien", Sp. 1498 ff.

Grimm, Dieter, Parteien(mit)wirkung: Parteien zwischen verfassungsrechtlichem Anspruch und politischer Wirklichkeit, in: Adolf-Arndt-Kreis (Hrsg.), Parteien ohne Volk, 2008, S. 9 ff.

Grimm, Dieter, Kritik der Dominanz ökonomischer Denkmodelle: Verfassungsfragen einer ökonomischen Deutung der Politik, in: von Alemann, Ulrich/Morlok, Martin/Krüper, Julian (Hrsg.), (Partei-) Politik im Zeichen des Marketing, 2010, S. 118 ff.

Grünwald, Andreas, Rundfunkrecht: Grundlagen, in: Raue, Peter/Hegemann, Jan (Hrsg.), Münchener Anwaltshandbuch Urheber- und Medienrecht, 2011, § 16.

Häberle, Peter, Struktur und Funktion der Öffentlichkeit im demokratischen Staat, in: Häberle, Peter, Die Verfassung des Pluralismus, 1980, S. 126 ff.

Hain, Karl-E., Rundfunkfreiheit als dienende Freiheit?, in: Dörr, Dieter (Hrsg.), Die Macht der Medien: Medienrechtliches Kolloquium zum 75. Geburtstag von Hartmut Schiedermair, 2011, S. 63 ff.

Haller, Michael, Redaktionelle Überparteilichkeit oder politische Einflussnahme? – Politikberichterstattung und SPD-Pressebesitz – eine empirische Untersuchung, in: Duve, Freimut/Haller, Michael (Hrsg.), Leitbild Unabhängigkeit, 2004, S. 145 ff.

Hege, Hans, The Power of Open, in: die medienanstalten – ALM GbR (Hrsg.), Digitalisierungsbericht 2011, 2011, S. 15 ff.

Herzog, Roman, Über Qualität entscheidet nicht die Quotenzählmaschine: Ein Plädoyer für Selbstreflexion, Distanz und Entzauberung, in: Hall, Peter Christian (Hrsg.), Jugendwahn und Altersängste?, Dokumentation der 31. Mainzer Tage der Fernsehkritik, 1999, S. 19 ff.

Hesse, Konrad, Die verfassungsrechtliche Stellung der politischen Parteien im modernen Staat, VVDStRL Heft 17 (1959), S. 11 ff.

Hillgruber, Christian, Grundrechtlicher Schutzbereich, Grundrechtsausgestaltung und Grundrechtseingriff, in: Isensee, Josef/Kirchhof, Paul (Hrsg.), Handbuch des Staatsrechts der Bundesrepublik Deutschland, Bd. IX, 3. Aufl., 2011, § 200.

Hoffmann-Riem, Wolfgang, Sozialwissenschaftlich belebte Rechtsanwendung, in: Damm, Reinhard/Heermann, Peter W./Veil, Rüdiger (Hrsg.), Festschrift für Thomas Raiser zum 70. Geburtstag am 20. Februar 2005, 2005, S. 515 ff.

Hoffmann-Riem, Wolfgang, Gewaltengliederung und Verantwortungsteilung als Ordnungsprinzip, in: Hufen, Friedhelm (Hrsg.), Verfassungen – Zwischen Recht und Politik, Festschrift für Hans-Peter Schneider, 2008, S. 183 ff.

Hoffmann-Riem, Wolfgang, Die Unabhängigkeit des Rundfunks, in: Berka, Walter/Grabenwarter, Christoph/Holoubek, Michael (Hrsg.), Unabhängigkeit der Medien, 2011, S. 49 ff.

Hoffmann-Riem, Wolfgang, Innovation, Recht und öffentliche Kommunikation – zur Einführung, in: Eifert, Martin/Hoffmann-Riem, Wolfgang (Hrsg.), Innovation, Recht und öffentliche Kommunikation, Innovation und Recht Bd. IV, 2011, S. 9 ff.

Hohmann-Dennhardt, Christine, Zur Delegationsfähigkeit der politischen Willensbildung: Think-Tanks, Wahlkampfteams, Spin-Doctors und das Gebot innerparteilicher Demokratie, in: von Alemann, Ulrich/Morlok, Martin/Krüper, Julian (Hrsg.), (Partei-) Politik im Zeichen des Marketing, 2010, S. 70 ff.

Holznagel, Bernd, Erosion demokratischer Öffentlichkeit?, VVDStRL Heft 68 (2009), S. 381 ff.

Holznagel, Bernd/Schumacher, Pascal, Kommunikationsfreiheiten und Netzneutralität, in: Kloepfer, Michael (Hrsg.), Netzneutralität in der Informationsgesellschaft, 2011, S. 47 ff.

Hömberg, Walter, Rundfunk der Bürger: Chancen und Probleme der gesellschaftlichen Kontrolle – Wolfgang R. Langenbucher zum 70. Geburtstag, in: Werneke, Frank (Hrsg.), Funk und Fernsehen für alle, 2008, S. 129 ff.

Hömberg, Walter, Sisyphosarbeit – 13 Thesen zur Kontrolle des Rundfunks, in: Lilienthal, Volker (Hrsg.), Professionalisierung der Medienaufsicht, 2009, S. 147 ff.

Hömberg, Walter, Die Zukunft des Journalismus, in: BayernForum der Friedrich Ebert-Stiftung (Hrsg.), Medien und Politik, 2010, S. 11 ff.

Horn, Hans-Detlef, Erosion demokratischer Öffentlichkeit?, VVDStRL Heft 68 (2009), S. 413 ff.

Huber, Peter M., Parteien in der Demokratie, in: Badura, Peter/Dreier, Horst (Hrsg.), Festschrift 50 Jahre Bundesverfassungsgericht, Bd. II, 2001, S. 609 ff.

Huber, Peter M., Die Staatsfreiheit des Rundfunks – Erosion und Neujustierung, in: Detterbeck, Steffen/Rozek, Jochen/von Coelln, Christian (Hrsg.), Recht als Medium der Staatlichkeit, Festschrift für Herbert Bethge zum 70. Geburtstag, 2009, S. 497 ff.

Huber, Peter M., Die Rechtsprechung des Bundesverfassungsgerichts zur Finanzierung des öffentlich-rechtlichen Rundfunks, in: Dörr, Dieter (Hrsg.), Die Macht der Medien: Medienrechtliches Kolloquium zum 75. Geburtstag von Hartmut Schiedermair, 2011, S. 81 ff.

Isensee, Josef, Regierbarkeit in einer parlamentarischen Demokratie, in: Isensee, Josef/Meyer, Hans, Zur Regierbarkeit der parlamentarischen Demokratie: Ein Cappenberger Gespräch, Cappenberger Gespräche der Freiherr-vom-Stein-Gesellschaft, Bd. 14, 1979, S. 15 ff.

Isensee, Josef, Grundrechtsvoraussetzungen und Verfassungserwartungen an die Grundrechtsausübung, in: Isensee, Josef/Kirchhof, Paul (Hrsg.), Handbuch des Staatsrechts der Bundesrepublik Deutschland, Bd. IX, 3. Aufl., 2011, § 190.

Kepplinger, Hans Mathias, Medien und Politik im Spiegel von 60 Jahren empirischer Forschung, in: Faulbaum, Frank/Wolf, Christof (Hrsg.), Gesellschaftliche Entwicklungen im Spiegel der empirischen Sozialforschung, 2010, S. 111 ff.

Klein, Hans Hugo, Parteien – Presse – Rundfunk, in: Geis, Max-Emanuel/Lorenz, Dieter (Hrsg.), Staat – Kirche – Verwaltung, Festschrift für Hartmut Maurer zum 70. Geburtstag, 2001, S. 193 ff.

Klein, Hans Hugo, Die Parteien und der Staat, in: Knies, Wolfgang (Hrsg.), Staat – Amt – Verantwortung, Festschrift für Friedrich Karl Fromme, 2002, S. 112 ff.

Klein, Hans Hugo, Medienbeteiligung politischer Parteien – Verfassungsrechtliche Betrachtungen, in: Morlok, Martin/von Alemann, Ulrich/Streit, Thilo (Hrsg.), Medienbeteiligungen politischer Parteien, 2004, S. 77 ff.

Kloepfer, Michael, Öffentliche Meinung, Massenmedien, in: Isensee, Josef/Kirchhof, Paul (Hrsg.), Handbuch des Staatsrechts der Bundesrepublik Deutschland, Bd. III, 3. Aufl., 2005, § 42.

Knies, Wolfgang, Auf dem Weg in den „verfassungsgerichtlichen Jurisdiktionsstaat"?, in: Burmeister, Joachim (Hrsg.), Verfassungsstaatlichkeit, Festschrift für Klaus Stern zum 65. Geburtstag, 1997, S. 1155 ff.

Knies, Wolfgang, Einführung in das Thema, Bitburger Gespräche, Jahrbuch 2007/1, S. 1 ff.

Korioth, Stefan, Die Rechtsprechung des Bundesverfassungsgerichts zur Parteienfinanzierung in der Bundesrepublik Deutschland, in: Manssen, Gerrit (Hrsg.), Die Finanzierung von politischen Parteien in Europa, 2008, S. 15 ff.

Kotzur, Markus, Demokratie als Wettbewerbsordnung, VVDStRL Heft 69 (2010), S. 173 ff.

Kube, Hanno, Neue Medien – Internet, in: Isensee, Josef/Kirchhof, Paul (Hrsg.), Handbuch des Staatsrechts der Bundesrepublik Deutschland, Bd. IV, 3. Aufl., 2006, § 91.

Kübler, Friedrich, Neue Medien zwischen publizistischem und ökonomischem Paradigma, in: Stern, Klaus/Peifer, Karl-Nikolaus/Hain, Karl-Eberhard (Hrsg.), Publizistischer und ökonomischer Wettbewerb unter den Bedingungen der neuen Medienwelt, 2010, S. 81 ff.

Kull, Edgar, „Dienende Freiheit" – dienstbare Medien?, in: Badura, Peter/Scholz, Rupert (Hrsg.), Wege und Verfahren des Verfassungslebens, Festschrift für Peter Lerche, 1993, S. 663 ff.

Kunig, Philip, Parteien, in: Isensee, Josef/Kirchhof, Paul (Hrsg.), Handbuch des Staatsrechts der Bundesrepublik Deutschland, Bd. II, 2. Aufl., 1998, § 33.

Kunig, Philip, Parteien, in: Isensee, Josef/Kirchhof, Paul (Hrsg.), Handbuch des Staatsrechts der Bundesrepublik Deutschland, Bd. III, 3. Aufl., 2005, § 40.

Lehr, Gernot, Auf dem Grat zwischen religiöser/weltanschaulicher Programmveranstaltung und Ideenwerbung: Eine Gestaltungsaufgabe für den Gesetzgeber?, in: Institut für Europäisches Medienrecht, Gedanken zu den Medien und ihrer Ordnung, Festschrift für Dr. Victor Henle, 2007, S. 175 ff.

Lepsius, Oliver, Die maßstabsetzende Gewalt, in: Jestaedt, Matthias/Lepsius, Oliver/Möllers, Christoph/Schönberger, Christoph, Das entgrenzte Gericht, 2011, S. 159 ff.

Löwer, Wolfgang, Zuständigkeiten und Verfahren des Bundesverfassungsgerichts, in: Isensee, Josef/Kirchhof, Paul (Hrsg.), Handbuch des Staatsrechts der Bundesrepublik Deutschland, Bd. III, 3. Aufl., 2005, § 70.

Luttermann, Claus, Unternehmerethik: Von Welthandel, Wucher und Wirtschaftsrecht, in: Burger, Anton/Kuhn, Heinrich/Kohmann, Oliver (Hrsg.), Gewinn und Ethik!: Ethische Perspektiven in den Wirtschaftswissenschaften, Festschrift zum 20-jährigen Gründungsjubiläum der Wirtschaftswissenschaftlichen Fakultät Ingolstadt der Katholischen Universität Eichstätt-Ingolstadt, 2010, S. 45 ff.

Mahrenholz, Ernst Gottfried, Bundesverfassungsgericht und Parteienstaatlichkeit, in: Stern, Klaus (Hrsg.), 40 Jahre Grundgesetz, 1990, S. 93 ff.

Mahrenholz, Ernst Gottfried, Eigeninteressen von Parteien, in: Morlok, Martin/von Alemann, Ulrich/Merten, Heike (Hrsg.), Gemeinwohl und politische Parteien, 2008, S. 108 ff.

Marcinkowski, Frank/Pfetsch, Barbara, Problemlagen der „Mediendemokratie“ – Theorien und Befunde zur Medialisierung von Politik, in: Marcinkowski, Frank/Pfetsch, Barbara (Hrsg.), Politik in der Mediendemokratie, 2009, S. 11 ff.

Masing, Johannes, Der Rechtsstatus des Einzelnen im Verwaltungsrecht, in: Hoffmann-Riem, Wolfgang/Schmidt-Aßmann, Eberhard/Voßkuhle, Andreas (Hrsg.), Grundlagen des Verwaltungsrechts, Bd. I., 2006, § 7.

Masing, Johannes, Unabhängige Behörden und ihr Aufgabenprofil, in: Masing, Johannes/Marcou, Gérard, Unabhängige Regulierungsbehörden, 2010, S. 181 ff.

Maurer, Hartmut, Der verfassungsgerichtliche Rechtsschutz der Gemeinden, politischen Parteien und Kirchen, in: Grote, Rainer u.a. (Hrsg.), Die Ordnung der Freiheit: Festschrift für Christian Starck zum siebzigsten Geburtstag, 2007, S. 335 ff.

Meier, Klaus, Crossmedialer Journalismus: Eine Analyse redaktioneller Konvergenz, in: Hohlfeld, Ralf/Müller, Philipp/Richter, Annekathrin/Zacher, Franziska (Hrsg.), Crossmedia – Wer bleibt auf der Strecke?, 2010, S. 94 ff.

Merten, Detlef, Negative Grundrechte, in: Merten, Detlef/Papier, Hans Jürgen (Hrsg.), Handbuch der Grundrechte in Deutschland und Europa, Bd. II, 2006, § 42.

Morlok, Martin, Für eine zweite Generation des Parteienrechts, in: Tsatsos, Dimitris Th. (Hrsg.), 30 Jahre Parteiengesetz in Deutschland, 2002, S. 53 ff.

Morlok, Martin, Parteienfinanzierung: Mängel und Reformchancen, in: von Arnim, Hans Herbert (Hrsg.), Reform der Parteiendemokratie, 2003, S. 155 ff.

Morlok, Martin, Einleitung zum Thema, in: Morlok, Martin/von Alemann, Ulrich/Streit, Thilo (Hrsg.), Medienbeteiligungen politischer Parteien, 2004, S. 9 ff.

Morlok, Martin, Sponsoring – ein neuer Königsweg der Parteienfinanzierung? – Einführung in die Thematik, in: Morlok, Martin/von Alemann, Ulrich/Streit, Thilo (Hrsg.), Sponsoring – ein neuer Königsweg der Parteienfinanzierung?, 2006, S. 9 ff.

Morlok, Martin, in: Heun, Werner/Honecker, Martin/Morlok, Martin/Wieland, Joachim (Hrsg.), Evangelisches Staatslexikon, 2006, Stichwort „Parteien, politische", Sp. 1742 ff.

Morlok, Martin, Handlungsfelder politischer Parteien, in: Ipsen, Jörn, (Hrsg.), 40 Jahre Parteiengesetz, 2009, S. 53 ff.

Morlok, Martin/Streit, Thilo, Germany, in: Grant, Thomas D. (Hrsg.), Lobbying, Government Relations and Campaign Finance Worldwide, 2005, S. 123 ff.

Müller-Franken, Sebastian, Bindung Privater an Grundrechte?: Zur Wirkung der Grundrechte auf Privatrechtsbeziehungen, in: Detterbeck, Steffen/Rozek, Jochen/von Coelln, Christian (Hrsg.), Recht als Medium der Staatlichkeit, Festschrift für Herbert Bethge zum 70. Geburtstag, 2009, S. 223 ff.

Müller-Terpitz, Ralf, BVerfGE 119, 181 – Rundfunkgebühren II, in: Menzel, Jörg/Müller-Terpitz, Ralf (Hrsg.), Verfassungsrechtsprechung, 2. Aufl., 2011, S. 839 ff.

Müller-Terpitz, Ralf/Rauchhaus, Alexandra, „Hybrid-TV". Eine neue Technik als Herausforderung für das Recht, in: Institut für interdisziplinäre Medienforschung (Hrsg.), Medien und Wandel, 2011, S. 309 ff.

Nettesheim, Martin, Grundrechtsschutz der Privatheit, VVDStRL Heft 70 (2011), S. 7 ff.

Neuberger, Christoph, Strukturen der Öffentlichkeit im Internet – Eine Skizze, in: Schwartmann, Rolf (Hrsg.), Leben im Schwarm, 2011, S. 21 ff.

Neverla, Irene, Journalismus in der Zeit – Zeit im Journalismus: Über Aktualität als Leitkategorie, in: Hackel-de Latour, Renate/Klenk, Christian/Schmolke, Michael/Stenert, Ute (Hrsg.), Vom Vorwort bis zum Friedhofsgespräch: Randlinien gesellschaftlicher Kommunikation, Festschrift für Walter Hömberg, 2010, S. 83 ff.

Noelle-Neumann, Elisabeth/Donsbach, Wolfgang/Kepplinger, Hans Mathias, Einleitung: Wählerstimmungen in der Mediendemokratie, in: dies., Wählerstimmungen in der Mediendemokratie, 2005, S. 9 ff.

Oberreuter, Heinrich, Macht durch Wahlen: die Parteien, in: Oberreuter, Heinrich (Hrsg.), Ungewissheiten der Macht, 1998, S. 19 ff.

Oberreuter, Heinrich/Kranenpohl, Uwe, Parteien, in: Gerlach, Irene/Jesse, Eckhard/Kneuer, Marianne/Werz, Nikolaus (Hrsg.), Politikwissenschaft in Deutschland, 2010, S. 167 ff.

Ory, Stephan, Rundfunkrecht, in: Wandtke, Artur-Axel (Hrsg.), Medienrecht, Band 4, 2. Aufl., 2011, Kapitel 1.

Pohlmann, Petra, Medienbeteiligungen politischer Parteien aus kartellrechtlicher Sicht, in: Morlok, Martin/von Alemann, Ulrich/Streit, Thilo (Hrsg.), Medienbeteiligungen politischer Parteien, 2004, S. 51 ff.

Rüfner, Wolfgang, Grundrechtsträger, in: Isensee, Josef/Kirchhof, Paul (Hrsg.), Handbuch des Staatsrechts der Bundesrepublik Deutschland, Bd. IX, 3. Aufl., 2011, § 196.

Rupp, Hans Heinrich, Die Unterscheidung von Staat und Gesellschaft, in: Isensee, Josef/Kirchhof, Paul (Hrsg.), Handbuch des Staatsrechts der Bundesrepublik Deutschland, Bd. II, 3. Aufl., 2004, § 31.

Rupp, Hans Heinrich, Bürgerrechte als staatliche Kompetenztitel? – Miszellen zum Verhältnis von Staat und Gesellschaft, in: Detterbeck, Steffen/Rozek, Jochen/von Coelln, Christian (Hrsg.), Recht als Medium der Staatlichkeit, Festschrift für Herbert Bethge zum 70. Geburtstag, 2009, S. 51 ff.

Schmitt Glaeser, Walter, Die Macht der Medien in der Gewaltenteilung, in: Konrad-Adenauer-Stiftung e.V., Die repräsentative Demokratie und die Macht der Medien, Zukunftsforum Politik, Nr. 48, Oktober 2002, S. 21 ff.

Schmitt Glaeser, Walter, Die grundrechtliche Freiheit des Bürgers zur Mitwirkung an der Willensbildung, in: Isensee, Josef/Kirchhof, Paul (Hrsg.), Handbuch des Staatsrechts der Bundesrepublik Deutschland, Bd. III, 3. Aufl., 2005, § 38.

Schmitt Glaeser, Walter, Glaubwürdigkeit – eine Verfassungserwartung an den Staat, in: Detterbeck, Steffen/Rozek, Jochen/von Coelln, Christian (Hrsg.), Recht als Medium der Staatlichkeit, Festschrift für Herbert Bethge zum 70. Geburtstag, 2009, S. 63 ff.

Schneider, Hans-Peter, Parteifinanzen und Parteivermögen: Verfassungsrechtliche Bemerkungen zu einer politischen Debatte, in: Grebing, Helga/Junker, Karin (Hrsg.), Frau – Macht – Zukunft, Festschrift für Inge Wettig-Danielmeier, 2001, S. 325 ff.

Schneider, Hans-Peter, Die Institution der politischen Partei in der Bundesrepublik Deutschland, in: Tsatsos, Dimitris Th./Schefold, Dian/Schneider, Hans-Peter (Hrsg.), Parteienrecht im europäischen Vergleich, 1990, S. 151 ff.

Schuler-Harms, Margarete, Medienbeteiligung politischer Parteien – Eine Bestandsaufnahme, in: Morlok, Martin/von Alemann, Ulrich/Streit, Thilo (Hrsg.), Medienbeteiligungen politischer Parteien, 2004, S. 29 ff.

Schüller-Keber, Valérie, in: Schiwy, Peter/Schütz, Walter J./Dörr, Dieter (Hrsg.), Medienrecht: Lexikon für Wissenschaft und Praxis, 5. Aufl. 2010, Stichwort „Rundfunkfreiheit“, S. 490 ff.

Schulz, Winfried, in: Noelle-Neumann, Elisabeth/Schulz, Winfried/Wilke, Jürgen (Hrsg.), Fischer Lexikon Publizistik/Massenkommunikation, Ausgabe 2009, Stichwort „Nachricht“, S. 359 ff.

Schulz, Winfried, Parteineigung, kognitive Mobilisierung und Informationsverhalten der Wähler in der neuen Medienwelt, in: Schmitt-Beck, Rüdiger (Hrsg.), Wählen in Deutschland, PVS, Sonderheft 45/2011 (2012), S. 419 ff.

Schulze-Fielitz, Helmuth, Schattenseiten des Grundgesetzes, in: Dreier, Horst (Hrsg.), Macht und Ohnmacht des Grundgesetzes, 2009, S. 27 ff.

Schwartmann, Rolf, Rundfunkrechtliche Grundlagen, in: Schwartmann, Rolf (Hrsg.), Praxishandbuch Medien-, IT- und Urheberrecht, 2. Aufl., 2011, Kapitel 3.

Schwartmann, Rolf, Öffentlich-rechtlicher Rundfunk, in: Schwartmann, Rolf (Hrsg.), Praxishandbuch Medien-, IT- und Urheberrecht, 2. Aufl., 2011, Kapitel 4.

Sjurts, Insa, Nationale Märkte und multimediale Alleskönner: Eine Herausforderung für die Sicherung der Meinungsvielfalt?, in: Institut für Informations-, Telekommunikations- und Medienrecht ITM (Hrsg.), Vom Bau des digitalen Hauses, Festschrift für Norbert Schneider, 2010, S. 209 ff.

Sjurts, Insa, in: Sjurts, Insa (Hrsg.), Gabler Lexikon Medienwirtschaft, 2. Aufl., 2011, Stichwort „Medienunternehmen“, S. 400.

Steiner, Udo, Das Spannungsverhältnis im Bereich des deutschen Verfassungsrechts – Am Beispiel des Rundfunkrechts, in: Gottwald, Peter (Hrsg.), Recht und Gesellschaft in Deutschland und Japan, 2009, S. 15 ff.

Stock, Martin, Public-Service-Idee und duales System – woher und wohin?, in: Institut für Informations-, Telekommunikations- und Medienrecht ITM (Hrsg.), Vom Bau des digitalen Hauses, Festschrift für Norbert Schneider, 2010, S. 25 ff.

Stolleis, Michael, Parteienstaatlichkeit – Krisensymptome des demokratischen Verfassungsstaats?, VVDStRL Heft 44 (1986), S. 7 ff.

Streinz, Rudolf, Innerparteiliche Sanktionen gegen Mitglieder politischer Parteien: Von Ordnungsmaßnahmen bis hin zum Parteiausschluss, in: Detterbeck, Steffen/Rozek, Jochen/von Coelln, Christian (Hrsg.), Recht als Medium der Staatlichkeit, Festschrift für Herbert Bethge zum 70. Geburtstag, 2009, S. 79 ff.

Stürner, Rolf, Pressefreiheit und Persönlichkeitsschutz im Selbstverständnis der Printmedien, Bitburger Gespräche, Jahrbuch 1999/1, S. 105 ff.

Tettinger, Peter J., Juristische Personen des Privatrechts als Grundrechtsträger, in Merten, Detlef/Papier, Hans Jürgen (Hrsg.), Handbuch der Grundrechte in Deutschland und Europa, Bd. II, 2006, § 51.

Thaenert, Wolfgang, Zwischen Rechtstradition und Globalisierung der Medien – Einflüsse Europas auf die deutsche Medienentwicklung, in: Seipold, Judith (Hrsg.), Media Art Culture, 2008, S. 165 ff.

Tsatsos, Dimitris Th., Krisendiskussion, politische Alternativlosigkeit, Parteienstaatsübermaß – Drei Gegenwartsaspekte zur Funktion der politischen Parteien nach Art. 21 Abs. 1 GG, in: Däubler-Gmelin, Herta/Kinkel, Klaus/Meyer, Hans/Simon, Helmut (Hrsg.), Gegenrede: Aufklärung – Kritik – Öffentlichkeit, Festschrift für Ernst Gottfried Mahrenholz, 1994, S. 397 ff.

Tsatsos, Dimitris Th., Die politischen Parteien in der Grundgesetzordnung, in: Gabriel, Oscar W./Niedermayer, Oskar/Stöss, Richard (Hrsg.), Parteiendemokratie in Deutschland, 2. Aufl., 2002, S. 131 ff.

Vesting, Thomas, Verfassungsrechtliche Anforderungen an die Aufsicht über Online-Medien (Rundfunk, Telemedien), in: Bayerische Landeszentrale für neue Medien (Hrsg.), BLM-Symposion Medienrecht 2011, 2011, S. 17 ff.

Vitzthum, Wolfgang Graf, Der funktionale Anwendungsbereich der Grundrechte, in: Merten, Detlef/Papier, Hans-Jürgen (Hrsg.), Handbuch der Grundrechte in Deutschland und Europa, Bd. II, 2006, § 48.

Volkmann, Uwe, Parteien zwischen verfassungsrechtlichem Anspruch und politischer Wirklichkeit, in: Ipsen, Jörn (Hrsg.), 40 Jahre Parteiengesetz, 2009, S. 79 ff.

Wandtke, Artur-Axel, Medien im technologischen Zeitalter, in: Wandtke, Artur-Axel (Hrsg.), Medienrecht, Band 1, 2. Aufl., 2011, Kapitel 1.

Wickert, Ulrich, Alles, was uns fehlt, ist Solidarität, in: Broder, Henryk M. (Hrsg.), Die Schere im Kopf, 1976, S. 138 ff.

Wieland, Joachim, Medienbeteiligung politischer Parteien, in: Morlok, Martin/von Alemann, Ulrich/Streit, Thilo (Hrsg.), Medienbeteiligungen politischer Parteien, 2004, S. 103 ff.

Wiesendahl, Elmar, Die Volksparteien in der Krise, in: Wieland, Joachim (Hrsg.), Entscheidungen des Parlaments in eigener Sache, Tagungsband zum Kolloquium anlässlich des 70. Geburtstages von Professor Dr. Hans Herbert von Arnim am 19. März 2010, 2011, S. 121 ff.

Wilke, Jürgen, in: Noelle-Neumann, Elisabeth/Schulz, Winfried/Wilke, Jürgen (Hrsg.), Fischer Lexikon Publizistik/Massenkommunikation, Ausgabe 2009, Stichwort „Medien DDR“, S. 235 ff.

V. Vermischtes

von Alemann, Ulrich, Diskussionsbeiträge, in: Morlok, Martin/von Alemann, Ulrich/Streit, Thilo (Hrsg.), Medienbeteiligungen politischer Parteien, 2004, S. 157 f. und 165 f.

ALM GbR (Hrsg.), Jahrbuch 2010/2011 – Landesmedienanstalten und privater Rundfunk in Deutschland, 2011.

Appel, Eva (Hrsg.), Leitmedium auf Bewährung: Dokumentation der 42. Mainzer Tage der Fernsehkritik, 2009.

Bachmann, Andreas/Daubner, Christian/Krüger, Jens, Unübersichtlich und millionenschwer – Das Geschäftsimperium der SPD, report München v. 23.10.2000, Bayerischer Rundfunk, Sendungstranskript.

Beck, Kurt, „Klebrige Kampagne": Die Attacken gegen Medienbeteiligungen der SPD, epd medien 100/2003 vom 20.12.2003, S. 31 ff.

Bethge, Herbert, Grundlinien des Gebührenurteils von 1994, Impulsreferat, MP 2004, 123 f.

Bethge, Herbert, Diskussionsbeiträge, in: Bayerische Landeszentrale für neue Medien (Hrsg.), BLM-Symposion Medienrecht 2011, 2011, S. 129 f. und 136 f.

Böckenförde, Ernst-Wolfgang (Hrsg.), Staat und Gesellschaft, 1976.

von Brünneck, Alexander, Diskussionsbeitrag, in: Wettig-Danielmeier, Inge/Stiegler, Ludwig (Hrsg.), Reform der Parteienfinanzierung, 2001, S. 25 f.

Bundespräsidialamt (Hrsg.), Empfehlungen der Kommission unabhängiger Sachverständiger zur Parteienfinanzierung, 1994.

Bundespräsidialamt (Hrsg.), Bericht der Kommission unabhängiger Sachverständiger zu Fragen der Parteienfinanzierung, 2001.

Burmeister, Joachim, Diskussionsbeitrag, in: Stern, Klaus (Hrsg.), 40 Jahre Grundgesetz, 1990, S. 154 f.

von Coelln, Christian, Diskussionsbeitrag, in: Stern, Klaus/Peifer, Karl-Nikolaus/Hain, Karl-Eberhard (Hrsg.), Publizistischer und ökonomischer Wettbewerb unter den Bedingungen der neuen Medienwelt, 2010, S. 107 f.

von Coelln, Christian, Diskussionsbeiträge, in: Bayerische Landeszentrale für neue Medien (Hrsg.), BLM-Symposion Medienrecht 2010, 2011, S. 92 f. und S. 98 ff.

von Coelln, Christian, „Verfassungskonform": Stellungnahme von sechs Unionsländern zur ZDF-Staatsvertragsklage der rheinland-pfälzischen Landesregierung von Ministerpräsident Kurt Beck (SPD), Funkkorrespondenz 34/2011, S. 11 ff.

Christlich Demokratische Union Deutschlands, Bundesgeschäftsstelle (Hrsg.), CDU/CSU, WIR HABEN DIE KRAFT, REGIERUNGSPROGRAMM 2009–2013, abrufbar unter <http://www.cdu.de/doc/pdfc/090628-beschluss-regierungsprogramm cducsu.pdf> [letzter Abruf 5.1.2012].

Deutsche Druck- und Verlagsgesellschaft mbH (Hrsg.), Geschäftsbericht 2010, abrufbar unter <http://www.ddvg.de/geschaeftsberichte/geschaeftsbericht-2010.pdf> [letzter Abruf 5.1.2012].

Di Fabio, Udo, Diskussionsbeitrag, in: Morlok, Martin/von Alemann, Ulrich/Merten, Heike (Hrsg.), Gemeinwohl und politische Parteien, 2008, S. 72 ff.

Dörr, Dieter, Grundrechte – Rundfunkrecht: Beteiligung politischer Parteien an privaten Rundfunkunternehmen (Darstellung und Analyse von: BVerfG, Urteil vom 12.3.2008–2 BvF 4/03), JuS 2009, 69 ff.

Dörr, Dieter, Vorwort, in: Paul, Nadja, Die Rundfunkbeteiligungen politischer Parteien, 2010, S. 5 f.

Dörr, Dieter (Hrsg.), Die Macht der Medien: Medienrechtliches Kolloquium zum 75. Geburtstag von Hartmut Schiedermair, 2011.

Eberle, Carl-Eugen/Gersdorf, Hubertus, Der praktische Fall - Öffentliches Recht: Der verbotene Parteienfunk, JuS 1991, 489 ff.

Ecke, Oliver, Relevanz der Medien für die Meinungsbildung, Studie von TNS Infratest im Auftrag der BLM, Juli 2011, abrufbar unter <http://www.blm.de/apps/documentbase/data/pdf1/Medienkonzentration.pdf> [letzter Abruf 5.1.2012].

Eschweiler, Walter, Diskussionsbeitrag, in: Wettig-Danielmeier, Inge/Stiegler, Ludwig (Hrsg.), Reform der Parteienfinanzierung, 2001, S. 27 ff.

Europäische Kommission, Grünbuch zur Konvergenz der Branchen Telekommunikation, Medien und Informationstechnologie und ihren ordnungspolitischen Auswirkungen – Ein Schritt in Richtung Informationsgesellschaft [KOM (97) 623].

Freie Demokratische Partei, Die Mitte stärken: Deutschlandprogramm 2009, abrufbar unter <http://www.fdp.de/files/565/Deutschlandprogramm09_Endfassung.pdf> [letzter Abruf 5.1.2012].

Friedrich-Ebert-Stiftung (Hrsg.), Politik ohne Parteien?, 2009.

Gebrande, Martin, Rundfunkregulierung zwischen Staatsferne und Politik, Vortrag am Dies Academicus vom 31.5.2005 an der Universität Passau, Stichworte-Skript, unveröffentlicht.

Gersdorf, Hubertus, Diskussionsbeitrag, in: Morlok, Martin/von Alemann, Ulrich/Streit, Thilo (Hrsg.), Medienbeteiligungen politischer Parteien, 2004, S. 129 f.

Gersdorf, Hubertus, Diskussionsbeitrag, in: Morlok, Martin/von Alemann, Ulrich/Streit, Thilo (Hrsg.), Sponsoring – ein neuer Königsweg der Parteienfinanzierung?, 2006, S. 54.

Goerlich, Helmut (Hrsg.), Rechtsfragen der Nutzung und Regulierung des Internet, 2010.

Grimm, Dieter, Diskussionsbeitrag, VVDStRL Heft 44 (1986), S. 124 ff.

Grimm, Dieter, Diskussionsbeitrag, in: Bayerische Landeszentrale für neue Medien (Hrsg.), BLM-Symposion Medienrecht 2010, 2011, S. 96 f.

Gundel, Jörg/Heermann, Peter W./Leible, Stefan (Hrsg.), Konvergenz der Medien – Konvergenz des Rechts?, 2009.

Häberle, Peter/Scheuing, Dieter H., Der praktische Fall: Öffentliches Recht: Der wählerische Zeitungsverleger, JuS 1970, 524 ff.

Hain, Karl-E., Antrag gemäß Art. 93 Abs. 1 Nr. 2 GG, §§ 13 Nr. 6, 76 ff. BVerfGG der Regierung des Landes Rheinland-Pfalz v. 3.1.2011, abrufbar unter <http://www.rlp.de/no_cache/ministerpraesident/staatskanzlei/medien/?cid=107640&did=71288&sechash=bb3211eb> [letzter Abruf 5.1.2012].

Hallenberger, Gerd (Hrsg.), Gute Unterhaltung?!, 2011.

Hegemann, Lothar, Diskussionsbeitrag, in: Morlok, Martin/von Alemann, Ulrich/Streit, Thilo (Hrsg.), Medienbeteiligungen politischer Parteien, 2004, S. 157.

Heun, Werner, Diskussionsbeitrag, in: Ipsen, Jörn (Hrsg.), 40 Jahre Parteiengesetz, 2009, S. 114 f.

Heymann, Christine, Duale Rundfunkordnung oder vielgliedrige Medienordnung? – Ein medienrechtlicher und medienpolitischer Diskurs: 108. Tagung des Studienkreises für Presserecht und Pressefreiheit am 12./13.11.2010 in Hamburg, AfP 2011, 25 ff.

Hoeren, Thomas/Sieber, Ulrich (Hrsg.), Handbuch Multimedia-Recht, Loseblatt, Stand August 2011.

Hoffmann-Riem, Wolfgang, Antrag gemäß Art. 93 Abs. 1 Nr. 2 GG von 197 Mitgliedern des Deutschen Bundestages vom 6.11.1984, in: Hoffmann-Riem, Wolfgang/Starck, Christian (Hrsg.), Das Niedersächsische Rundfunkgesetz vor dem Bundesverfassungsgericht, 1987, S. 41 ff.

Holznagel, Bernd, Anmerkung zum Urteil des Bundesverfassungsgerichts vom 12.3.2008 (2 BvF 4/03, MMR 2008, 591 ff.), MMR 2008, 596 f.

Holzner, Stefan, Diskussionsbericht vom Mainz Media Forum: „Das ZDF und die Staatsfreiheit des Rundfunks“, MMR-Aktuell 2010, 299963.

jugendschutz.net, Rechtsextremismus online: Beobachten und nachhaltig bekämpfen, Bericht 2010 über Recherchen und Maßnahmen, Version 2, 2011, abrufbar unter <http://www.hass-im-netz.info/fileadmin/dateien/dokumente/PDFs/Jahresberichte/bericht2010v2.pdf> [letzter Abruf 5.1.2012].

Kamps, Julia, Medienbeteiligungen politischer Parteien im Urteil des NStGH: Besprechung von NStGH, Urteil vom 6.9.2005 – Az. 4/04, MIP 2007, 36 ff.

Klein, Hans Hugo, Ergänzende Bemerkungen zum Gutachten im Auftrag der Kommission unabhängiger Sachverständiger zur Parteienfinanzierung, 25. Februar 2001, in: Bundespräsidialamt (Hrsg.), Bericht der Kommission unabhängiger Sachverständiger zu Fragen der Parteienfinanzierung, 2001, S. 225 ff.

Klein, Hans Hugo, Diskussionsbeitrag, in: Morlok, Martin/von Alemann, Ulrich/Streit, Thilo (Hrsg.), Medienbeteiligungen politischer Parteien, 2004, S. 100.

Kloepfer, Michael (Hrsg.), Netzneutralität in der Informationsgesellschaft, 2011

Koch, Thorsten, Diskussionsbeitrag, in: Ipsen, Jörn (Hrsg.), 40 Jahre Parteiengesetz, 2009, S. 121 f.

Kotzur, Markus, Diskussionsbeitrag, VVDStRL Heft 68 (2009), S. 456 f.

Krausnick, Daniel, Grundfälle zu Art. 19 Abs. 3 GG, Teil 1, JuS 2008, 869 ff.

Ladeur, Karl-Heinz, Anmerkung zu BVerfG, Beschluss vom 17. August 2010 – 1 BvR 2585/06, ZUM 2010, 960 f.

Lembcke, Oliver W., Neue Wege der Parteienfinanzierung, Besprechung von: Martin Morlok/Ulrich von Alemann/Thilo Streit (Hrsg.), Sponsoring – ein neuer Königsweg der Parteienfinanzierung?, Reffken, Hendrik: Politische Parteien und ihre Beteiligungen an Medienunternehmen, sowie Schindler, Alexandra, Die Partei als Unternehmer, ZParl 40 (2009), S. 222 ff.

Libor, Christine, Persönlichkeitsschutz und Internet – Verändern neue Kommunikationsformen das Persönlichkeitsrecht? – 109. Tagung des Studienkreises für Presserecht und Pressefreiheit am 06./07.05.2011 in Berlin, AfP 2011, 450 ff.

Libor, Christine, Suchmaschinen- und Netzneutralität – 110. Tagung des Studienkreises für Presserecht und Pressefreiheit e.V. am 11./12.11.2011 in Köln, AfP 2011, 549 ff.

Lilienthal, Volker, Dickes Ende: kommt erst noch – Die SPD rettet die „Frankfurter Rundschau" – und jetzt?, epd medien 35/2004 vom 8.5.2004, S. 3 ff.

Löffler, Martin (Hrsg.), Der Staat als Mäzen der Medien?, 1981.

Mann, Thomas/Püttner, Günter (Hrsg.), Handbuch der kommunalen Wissenschaft und Praxis, Bd. II, 3. Aufl., 2011.

Michel, Eva-Maria, Günter Herrmann zum 80. Geburtstag – Eröffnungsvortrag auf der Arbeitssitzung des Instituts für Urheber- und Medienrecht am 25. März 2011, ZUM 2011, 450 ff.

Morlok, Martin, Vorschläge zur Neuregelung des Rechts der Parteienfinanzierung: Gutachten, erstellt im Auftrag der Parteienfinanzierungskommission des Bundespräsidenten, in: Bundespräsidialamt (Hrsg.), Bericht der Kommission unabhängiger Sachverständiger zu Fragen der Parteienfinanzierung, 2001, S. 233 ff.

Morlok, Martin, Diskussionsbeitrag, in: Wettig-Danielmeier, Inge/Stiegler, Ludwig (Hrsg.), Reform der Parteienfinanzierung, 2001, S. 40 f.

Morlok, Martin/Poguntke, Thomas/Walther, Jens (Hrsg.), Politik an den Parteien vorbei, 2012.

Morlok, Martin/von Alemann, Ulrich/Streit, Thilo (Hrsg.), Vorwort der Herausgeber, in: Morlok, Martin/von Alemann, Ulrich/Streit, Thilo (Hrsg.), Medienbeteiligungen politischer Parteien, 2004, S. 7.

Möstl, Markus, Besprechung von Hendrik Reffken, Politische Parteien und ihre Beteiligungen an Medienunternehmen, 2007, sowie von Malte Cordes, Medienbeteiligungen politischer Parteien, 2009, AöR Bd. 135 (2010), S. 136 ff.

Müller-Terpitz, Ralf, Diskussionsbeitrag, in: Bayerische Landeszentrale für neue Medien (Hrsg.), BLM-Symposion Medienrecht 2011, 2011, S. 118 f.

Musiol, Christian, Urteilsanmerkung zu: BVerfG, Urteil vom 12.03.2008 – 2 BvF 4/03, BeckRS 2008, 33176, FD-GewRS 2008, 256278.

von Olenhusen, Albrecht Götz, Besprechung von Nadja Paul, Die Rundfunkbeteiligungen politischer Parteien, 2010, sowie von Ci Cao, Parteien als Eigentümer von Medien, 2010, UFITA 2011, S. 260 ff.

Ossenbühl, Fritz, Schlusswort, in: Isensee, Josef (Hrsg.), Gewaltenteilung heute: Symposium aus Anlass der Vollendung des 65. Lebensjahres von Fritz Ossenbühl, 2000, S. 123 ff.

Pitzer, Sissi, Bayerische Besonderheiten: Vor der Neuwahl des BLM-Präsidenten, epd medien 7/2011 vom 18.2.2011, S. 3 ff.

Pohlmann, Petra, Diskussionsbeitrag, in: Morlok, Martin/von Alemann, Ulrich/Streit, Thilo (Hrsg.), Medienbeteiligungen politischer Parteien, 2004, S. 63.

Pöppelmann, Benno H., Stellungnahme des Deutschen Journalisten-Verbandes e. V. zum Antrag auf abstrakte Normenkontrolle der Regierung des Landes Rheinland-Pfalz – 1 BvF 1/11 – v. 23.6.2011, abrufbar unter <http://www.djv.de/fileadmin/DJV/Infothek_NEU/ZDF-abstr-NK-DJV-StN.pdf> [letzter Abruf 5.1.2012].

Poscher, Ralf, Antrag im Verfahren der abstrakten Normenkontrolle nach Art. 54 Nr. 3 Verf. Nds i.V.m. § 8 Nr. 8, § 33 f. StaatsgerichtshofG Nds gegen § 6 Abs. 3 Satz 2–4 NMedienG (i.d.F. v. 11. Dezember 2003) vor dem Niedersächsischen Staatsgerichtshof (StGH 4/04), unveröffentlicht.

Reffken, Hendrik, Rundfunkbeteiligungen politischer Parteien (Besprechung von BVerfG, Urt. v. 12.3.2008 – 2 BvF 4/03, NVwZ 2008, 658 ff.), NVwZ 2008, 857 ff.

Roßner, Sebastian, Besprechung von Nadja Paul, Die Rundfunkbeteiligungen politischer Parteien, 2010, MIP 2011, S. 197 ff.

Sadowski, Antje, Besprechung von Malte Cordes, Medienbeteiligungen politischer Parteien, 2009, MIP 2010, S. 140 ff.

Schmitt-Beck, Rüdiger (Hrsg.), Wählen in Deutschland, PVS, Sonderheft 45/2011 (2012).

Schneider, Hans-Peter, Diskussionsbeiträge, in: Wettig-Danielmeier, Inge/Stiegler, Ludwig (Hrsg.), Reform der Parteienfinanzierung, 2001, S. 21 ff. und 32 f.

Schneider, Jens-Peter/Wimmer, Norbert, Beteiligung von politischen Parteien an Rundfunkveranstaltern – Anmerkung zum Urteil des Nds. StGH vom 6.9.2005, NdsVBl. 2006, 325 ff.

Schuler-Harms, Margarete, Diskussionsbeitrag, in: Morlok, Martin/von Alemann, Ulrich/Streit, Thilo (Hrsg.), Medienbeteiligungen politischer Parteien, 2004, S. 63 f.

Schütz, Walter J., im Gespräch mit Schömann-Finck, Clemens, in: Schömann-Finck, Clemens, Die Medienbeteiligungen der SPD, Diplomarbeit Katholische Universität Eichstätt-Ingolstadt, März 2005, Anhang, S. I ff.

Sjurts, Insa (Hrsg.), Gabler Lexikon Medienwirtschaft, 2. Aufl., 2011.

Sozialdemokratische Partei Deutschlands, Parteivorstand, Finanzbericht der Schatzmeisterin 2007-2008, Parteitag Dresden (13. bis 15. November 2009), 2009, abrufbar unter <http://www.spd.de/linkableblob/70436/data/finanzbericht_07_08.pdf> [letzter Abruf 5.1.2012].

Starck, Christian, Äußerung der Niedersächsischen Landesregierung vom 26.6.1985, in: Hoffmann-Riem, Wolfgang/Starck, Christian (Hrsg.), Das Niedersächsische Rundfunkgesetz vor dem Bundesverfassungsgericht, 1987, S. 240 ff.

Strehl, Dietmar, Diskussionsbeitrag, in: Morlok, Martin/von Alemann, Ulrich/Streit, Thilo (Hrsg.), Medienbeteiligungen politischer Parteien, 2004, S. 158.

Volkmann, Uwe, Diskussionsbeitrag, in: Morlok, Martin/von Alemann, Ulrich/Streit, Thilo (Hrsg.), Sponsoring – ein neuer Königsweg der Parteienfinanzierung?, 2006, S. 143 f.

Wettig-Danielmeier, Inge, Diskussionsbeitrag, in: Morlok, Martin/von Alemann, Ulrich/Streit, Thilo (Hrsg.), Medienbeteiligungen politischer Parteien, 2004, S. 140 f.

Wieland, Joachim, Zur verfassungsrechtlichen Zulässigkeit des Hessischen Privatrundfunkgesetzes, Antrag beim Bundesverfassungsgericht v. 15.6.2003, dokumentiert in: Deutsche Druck- und Verlagsgesellschaft mbH (Hrsg.), Geschäftsbericht 2002 (Anhang).

Wolling, Jens/Will, Andreas/Schumann, Christina (Hrsg.), Medieninnovationen, 2011.

Zeitungsartikel, Zeitschriftenartikel und Meldungen von Nachrichtenagenturen sind, soweit nicht anders vermerkt, in den Fußnoten abschließend zitiert. Gleiches gilt für Pressemitteilungen, Internetfundstellen und Stellungnahmen von Sachverständigen/Experten.

Anhang: Abkürzungsverzeichnis

a.A.	andere(r) Ansicht
a.a.O.	am angegebenen Ort
a.E.	am Ende
a.F.	alte Fassung
Abg.	Abgeordneter
ABl.	Amtsblatt
Abs.	Absatz, Absätze
AEUV	Vertrag über die Arbeitsweise der Europäischen Union
AfP	Archiv für Presserecht
AG	Aktiengesellschaft
AK-GG	Kommentar zum Grundgesetz für die Bundesrepublik Deutschland, Reihe Alternativkommentare
AktG	Aktiengesetz
ALM	Arbeitsgemeinschaft der Landesmedienanstalten
AnwBl	Anwaltsblatt
AöR	Archiv des öffentlichen Rechts
APuZ	Aus Politik und Zeitgeschichte
ARD	Arbeitsgemeinschaft der öffentlich-rechtlichen Rundfunkanstalten der Bundesrepublik Deutschland
Art.	Artikel
Aufl.	Auflage
AVMD-Richtlinie	Richtlinie über audiovisuelle Mediendienste
AVR	Archiv des Völkerrechts
Az.	Aktenzeichen
BAG	Bundesarbeitsgericht
BayLPG	Bayerisches Landespressegesetz
BayMG	Bayerisches Mediengesetz
BayVBl.	Bayerische Verwaltungsblätter
BayVerfGH	Bayerischer Verfassungsgerichtshof
Bd.	Band
BeckOK GG	Beck'scher Online-Kommentar Grundgesetz
BeckRS	Beck'sche Rechtsprechungssammlung
BGB	Bürgerliches Gesetzbuch
BGBl.	Bundesgesetzblatt

BGH	Bundesgerichtshof
BGHZ	Entscheidungen des Bundesgerichtshofs in Zivilsachen
BLM	Bayerische Landeszentrale für neue Medien
BSG	Bundessozialgericht
BT	Deutscher Bundestag
BT-Drucks.	Drucksachen des Deutschen Bundestags
BV	Bayerische Verfassung
BVerfG	Bundesverfassungsgericht
BVerfGE	Entscheidungen des Bundesverfassungsgerichts
BVerfGG	Bundesverfassungsgerichtsgesetz
BVerwG	Bundesverwaltungsgericht
BWahlG	Bundeswahlgesetz
bzw.	beziehungsweise
ca.	circa
Co.	Compagnie, Company
CR	Computer und Recht
CSR	Corporate Social Responsibility
d.h.	das heißt
dd_vg.	deutsche druck- und verlagsgesellschaft mbh
DDR	Deutsche Demokratische Republik
dens.	denselben
ders.	derselbe
dies.	dieselbe(n)
DJT	Deutscher Juristentag
DM	Deutsche Mark
DÖV	Die Öffentliche Verwaltung
dpa	Deutsche Presse-Agentur
DRiZ	Deutsche Richterzeitung
DVBl.	Deutsches Verwaltungsblatt
DVO	Durchführungsverordnung
e.V.	eingetragener Verein
Ed.	Edition
EGMR	Europäischer Gerichtshof für Menschenrechte
Einl.	Einleitung
EMRK	Europäische Menschenrechtskonvention
epd	Evangelischer Pressedienst
Erl.	Erläuterung

et al.	et alii, -ae
etc.	et cetera
EU	Europäische Union
EuGH	Europäischer Gerichtshof
f.	folgende
FAZ	Frankfurter Allgemeine Zeitung
FD-GewRS	Fachdienst Gewerblicher Rechtsschutz
FEVAC	Föderative Verlags-, Consulting- und Handelsgesellschaft
ff.	fortfolgende
Fn.	Fußnote(n)
FR	Frankfurter Rundschau
GbR	Gesellschaft bürgerlichen Rechts
gem.	gemäß
GG	Grundgesetz
ggf.	gegebenenfalls
GmbH	Gesellschaft mit beschränkter Haftung
GmbH & Co. KG	Gesellschaft mit beschränkter Haftung & Compagnie Kommanditgesellschaft
GVBl.	Gesetz- und Verordnungsblatt
GWB	Gesetz gegen Wettbewerbsbeschränkungen (Kartellgesetz)
GWP	Gesellschaft Wirtschaft Politik
HAA	Hauptausschuss
HdbVerfR	Handbuch des Verfassungsrechts
HGB	Handelsgesetzbuch
HGR	Handbuch der Grundrechte
HPRG	Hessisches Privatrundfunkgesetz
Hrsg.	Herausgeber
HStR	Handbuch des Staatsrechts
i.d.F. v.	in der Fassung vom
i.E.	im Ergebnis
i.G.	in Gründung
i.S.	im Sinne
i.S.d.	im Sinne des
i.S.v.	im Sinne von
i.V.m.	in Verbindung mit
IKaZ	Internationale Katholische Zeitschrift „Communio“

INA	Innenausschuss
insb.	insbesondere
IT	Informationstechnologie
Jg.	Jahrgang
JöR n.F.	Jahrbuch des öffentlichen Rechts der Gegenwart, neue Folge
JurisPK	juris PraxisKommentar
JuS	Juristische Schulung
JZ	Juristenzeitung
K&R	Kommunikation & Recht
Kap.	Kapitel
KEK	Kommission zur Ermittlung der Konzentration im Medienbereich
KG	Kommanditgesellschaft
KGaA	Kommanditgesellschaft auf Aktien
KOM	Kommission
KritV	Kritische Vierteljahresschrift für Gesetzgebung und Rechtswissenschaft
LRG	Landesrundfunkgesetz
LT	Landtag
LT-Drucks.	Drucksachen des Landtags
LVerfGE	Entscheidungen der Verfassungsgerichte der Länder
m.a.W.	mit anderen Worten
m.w.N.	mit weiteren Nachweisen
MarkenG	Gesetz über den Schutz von Marken und sonstigen Kennzeichen
mbH	mit beschränkter Haftung
Mio.	Millionen
MIP	Mitteilungen des Instituts für Deutsches und Europäisches Parteienrecht
MMR	MultiMedia und Recht
MP	Media Perspektiven
n.F.	neue Fassung, neue Folge
Nds. StGH	Niedersächsischer Staatsgerichtshof
NdsVBl.	Niedersächsische Verwaltungsblätter
NdsVerf.	Niedersächsische Verfassung
NG/FH	NEUE GESELLSCHAFT/FRANKFURTER HEFTE
NJW	Neue Juristische Wochenschrift

NMedienG	Niedersächsisches Mediengesetz
No.	Number
NordÖR	Zeitschrift für öffentliches Recht in Norddeutschland
Nr.	Nummer
NRW	Nordrhein-Westfalen
NSDAP	Nationalsozialistische Deutsche Arbeiterpartei
NStZ	Neue Zeitschrift für Strafrecht
NVwZ	Neue Zeitschrift für Verwaltungsrecht
NZA	Neue Zeitschrift für Arbeitsrecht
NZG	Neue Zeitschrift für Gesellschaftsrecht
o.g.	oben genannt(e/er/es)
o.V.	ohne Verfasserangabe
OLG	Oberlandesgericht
OstEuR	Osteuropa-Recht
OVG	Oberverwaltungsgericht
PartG	Parteiengesetz
Prot.	Protokoll
PVS	Politische Vierteljahresschrift
RÄStV	Rundfunkänderungsstaatsvertrag
rd.	rund
Rdnr.	Randnummer
Rdnrn.	Randnummern
RP	Rheinische Post
Rs.	Rechtssache
Rspr.	Rechtsprechung
RStV	Rundfunkstaatsvertrag
RTkom	Zeitschrift für das gesamte Recht der Telekommunikation
S.	Satz, Sätze, Seite(n)
s.	siehe
s.a.	siehe auch
SED	Sozialistische Einheitspartei Deutschlands
Slg.	Sammlung
sog.	sogenannt(e/er/es)
Sp.	Spalte(n)
SpuRt	Sport und Recht
st. Rspr.	ständige Rechtsprechung
StaatsgerichtshofG Nds.	Niedersächsisches Gesetz über den Staatsgerichtshof

sten.	stenographisch
StGH	Staatsgerichtshof
taz	die tageszeitung
ThürVBl.	Thüringer Verwaltungsblätter
TMG	Telemediengesetz
TNS	Taylor Nelson Sofres (Marktforschungsunternehmen)
u.	und
u.a.	und andere, unter anderem
UFITA	Archiv für Urheber-, Film-, Funk- und Theaterrecht
UrhG	Gesetz über das Urheberrecht und verwandte Schutzrechte (Urheberrechtsgesetz)
Urt.	Urteil
US	United States
USA	United States of America
UWG	Gesetz gegen den unlauteren Wettbewerb
v.	von, vom, vor, versus
v.a.	vor allem
Verf.	Verfasser, Verfassung
Verf. Nds	Niedersächsische Verfassung
Vf.	Verfahren
vgl.	vergleiche
Vol.	Volume
Vorbem.	Vorbemerkung
VVDStRL	Veröffentlichungen der Vereinigung der Deutschen Staatsrechtslehrer
WASG	Wahlalternative Arbeit und Soziale Gerechtigkeit
WAZ	Westdeutsche Allgemeine Zeitung
wistra	Zeitschrift für Wirtschafts- und Steuerstrafrecht
z.B.	zum Beispiel
ZaöRV	Zeitschrift für ausländisches öffentliches Recht und Völkerrecht
ZBR	Zeitschrift für Beamtenrecht
ZDF	Zweites Deutsches Fernsehen
ZDF-StV	ZDF-Staatsvertrag
ZfP	Zeitschrift für Politik
ZG	Zeitschrift für Gesetzgebung
ZJS	Zeitschrift für das Juristische Studium
ZParl	Zeitschrift für Parlamentsfragen

ZRP	Zeitschrift für Rechtspolitik
ZUM	Zeitschrift für Urheber- und Medienrecht
ZUM-RD	ZUM-Rechtsprechungsdienst

Studien und Materialien zum Öffentlichen Recht

Herausgegeben von Herbert Bethge

Band 1 Hans-Georg Kamann: Die Mitwirkung der Parlamente der Mitgliedstaaten an der europäischen Gesetzgebung. National-parlamentarische Beeinflussung und Kontrolle der Regierungsvertreter im Rat der Europäischen Union im Spannungsfeld von Demokratie und Funktionsfähigkeit des gemeinschaftlichen Entscheidungsverfahrens. 1997.

Band 2 Gerhard Spieß: Der Grundrechtsverzicht. 1997.

Band 3 Stefan Hepach: Der Grundrechtsstatus der Landesmedienanstalten. 1997.

Band 4 Michael Fraas: Sicherheitsrat der Vereinten Nationen und Internationaler Gerichtshof. Die Rechtmäßigkeitsprüfung von Beschlüssen des Sicherheitsrats der Vereinten Nationen im Rahmen des VII. Kapitels der Charta durch den Internationalen Gerichtshof. 1998.

Band 5 Friedrich Loschelder: Die Durchsetzbarkeit von Weisungen in der Bundesauftragsverwaltung. 1998.

Band 6 Gunila Dieterich: Rechtsschutz der deutschen Bundesländer vor dem Bundesverfassungsgericht in Angelegenheiten der Europäischen Union. 1998.

Band 7 Wolfgang Weiß: Die Personenverkehrsfreiheiten von Staatsangehörigen assoziierter Staaten in der EU. Eine vergleichende Analyse der Assoziationsabkommen. 1998.

Band 8 Christian Bamberger: Verfassungswerte als Schranken vorbehaltloser Freiheitsgrundrechte. Vom Verfassungs- zum Gegenseitigkeitsvorbehalt. 1999.

Band 9 Andreas Rohde: Freier Kapitalverkehr in der Europäischen Gemeinschaft. 1999.

Band 10 Herbert Bethge: Rechtsberatung im privaten Rundfunk. Rechtsgutachten, erstattet auf Ansuchen von SAT 1, unter Mitwirkung von Christian von Coelln. 2000.

Band 11 Marcel Vachek: Das Religionsrecht der Europäischen Union im Spannungsfeld zwischen mitgliedstaatlichen Kompetenzreservaten und Art. 9 EMRK. 2000.

Band 12 Kerstin Ebock: Der Schutz grundlegender Menschenrechte durch kollektive Zwangsmaßnahmen der Staatengemeinschaft. Vom Interventionsverbot zur Pflicht zur humanitären Intervention? 2000.

Band 13 Christiane Gucht: Das Zensurverbot im Gefüge der grundrechtlichen Eingriffskautelen. 2000.

Band 14 Markus Ruttig: Der Einfluß des EG-Beihilferechts auf die Gebührenfinanzierung der öffentlich-rechtlichen Rundfunkanstalten. 2001.

Band 15 Jochen Murach: Die Haftung der öffentlichen Hand im Verwaltungsschuldrecht. 2002.

Band 16 Holger Schäfer: Die ungeschriebenen Freiheitsrechte in der schweizerischen Bundesverfassung von 1874 im Vergleich mit dem Grundgesetz. 2002.

Band 17 Alexander Glos: Die deutsche Berufsfreiheit und die europäischen Grundfreiheiten. Ein Strukturvergleich. 2003.

Band 18 Georg Blasberg: Verfassungsgerichte als Ersatzgesetzgeber. Entscheidungsaussprüche bei Normenkontrollen von Bundesverfassungsgericht und Corte Costituzionale. 2003.

Band 19 Artur Müller-Wewel: Souveränitätskonzepte im geltenden Völkerrecht. 2003.

Band 20 Helmut Wirner: Kommunale Wohnungsunternehmen als öffentliche Auftraggeber im Sinne der EG-Vergaberichtlinien. 2003.

Band 21 Christian Abt: Die Mitwirkung der deutschen Bundesländer bei völkervertraglichen Handlungen im Rahmen der Europäischen Union. 2003.

Band 22 Wolfram Wormuth: Die Bedeutung des Europarechts für die Entwicklung des Völkerrechts. 2004.

Band 23 Sonja Rademacher: Diskriminierungsverbot und „Gleichstellungsauftrag". Zur Auslegung des Art. 3 Abs. 2 Satz 2 GG. 2004.

Band 24 Thomas Lennarz: Die Rechtsprechung des Europäischen Gerichtshofs und des Gerichts erster Instanz zu prozessualen Fragen des Verfügungsgrundsatzes und der Fristen. 2004.

Band 25 Florian Niewöhner: Elektronische Benutzerführungssysteme und chancengerechter Zugang zum digitalen Fernsehen. Eine Untersuchung unter besonderer Berücksichtigung der Position des öffentlich-rechtlichen Rundfunks. 2004.

Band 26 Oliver Glück: § 24c KWG und das Recht auf informationelle Selbstbestimmung. Eine Untersuchung der Verfassungsmäßigkeit des automatisierten Abrufs von Kontoinformationen. 2005.

Band 27 Siegfried Kwanka: Die Einwirkungen des Europarechts auf den vorläufigen Rechtsschutz im nationalen Verwaltungsprozess. 2006.

Band 28 Christian von Coelln: Spielräume des Gesetzgebers für die Erweiterung des Zugangs der Zeitungsverlage zum Rundfunk in Bayern. Rechtsgutachten, erstattet auf Ansuchen des Verbandes Bayerischer Zeitungsverleger e.V. 2006.

Band 29 Christoph Schultes: Die verfassungsändernde Volksgesetzgebung in Bayern. Eine Untersuchung zur Revision der Bayerischen Verfassung durch Volksbegehren und Volksentscheid. 2006.

Band 30 Kai Thum: Einfachgesetzliche Präzisierung des verfassungsrechtlichen Funktionsauftrags des öffentlich-rechtlichen Rundfunks. Zugleich ein Beitrag zur Dogmatik der Rundfunkfreiheit. 2007.

Band 31 Stefan Remmert: Wirtschaftssanktionen zum Schutz der Menschenrechte. Zur Frage ihrer Vereinbarkeit mit dem allgemeinen Zoll- und Handelsabkommen (GATT). 2008.

Band 32 Anna-Mirjam Frey: Die Romanfigur wider Willen. 2008.

Band 33 Eva Maria Schimpfhauser: Das Gewaltmonopol des Staates als Grenze der Privatisierung von Staatsaufgaben. Dargestellt am Beispiel des Strafvollzuges. 2009.

Band 34 Torben Frank: Der Schutz von Unternehmensgeheimnissen im Öffentlichen Recht. 2009.

Band 35 Katja Gößling: Der Aufenthaltsstatus von ausländischen Arbeitnehmern in der Bundesrepublik Deutschland. Gemeinschaftsrechtliche Vorgaben und ihre Umsetzung in das nationale Recht. 2009.

Band 36 Daniel Ferdinand Kendziur: Neue Wege für den Rechtsschutz Privater gegen die Wirtschaftstätigkeit der öffentlichen Hand. 2009.

Band 37 Cathrin I. Mächtle: Bildungsspezifische Implikationen des allgemeinen Diskriminierungsverbots und der Freizügigkeit. 2010.

Band 38 Johanna Dittmann: Privatrechtliche Diskriminierungsverbote aus verfassungsrechtlicher Sicht. Eine Untersuchung unter besonderer Berücksichtigung des Allgemeinen Gleichbehandlungsgesetzes. 2010.

Band 39 Angela Streibel: Rassendiskriminierung als Eingriff in das allgemeine Persönlichkeitsrecht. 2010.

Band 40 Katja Arnold: Die grundrechtliche Schutzbereichsbegrenzung. 2011.

Band 41 Christian Hümmer: Die Bundeswehr im Innern. Reichweite und Grenzen von Artikel 35 Absatz 2 Satz 2 GG und Artikel 35 Absatz 3 Satz 1 GG und deren Verhältnis zu Artikel 87a GG und Artikel 91 GG. 2011.

Band 42 Susanne Pech: Außenpolitisch motivierte Sanktionen der EU. 2013.

Band 43 Michael Winter: Medienbeteiligungen politischer Parteien. 2014.

www.peterlang.com